SoLoMo – Always-on im Handel

Gerrit Heinemann · Christian W. Gaiser

SoLoMo – Always-on im Handel

Die soziale, lokale und mobile Zukunft des Omnichannel-Shopping

3., überarbeitete und aktualisierte Auflage

Springer Gabler

Prof. Dr. Gerrit Heinemann
eWeb Research Center
Hochschule Niederrhein
Mönchengladbach, Deutschland

Christian W. Gaiser
Bonial International GmbH
Berlin, Deutschland

ISBN 978-3-658-13544-7   ISBN 978-3-658-13545-4 (eBook)
DOI 10.1007/978-3-658-13545-4

Die Deutsche Nationalbibliothek verzeichnet diese Publikation in der Deutschen Nationalbibliografie; detaillierte bibliografische Daten sind im Internet über http://dnb.d-nb.de abrufbar.

Springer Gabler
© Springer Fachmedien Wiesbaden 2014, 2015, 2016

Lektorat: Barbara Roscher, Birgit Borstelmann

Gedruckt auf säurefreiem und chlorfrei gebleichtem Papier

Springer Gabler ist Teil von Springer Nature
Die eingetragene Gesellschaft ist Springer Fachmedien Wiesbaden GmbH

Vorwort

Das Shopping der Zukunft zeichnet sich durch ein begleitendes Ineinandergreifen von sozialer Vernetzung, Lokalisierung und mobiler Internetnutzung beim Ladenbesuch aus. Der Schlüssel für dieses Zusammenspiel, das in Fachkreisen als „SoLoMo" (Sozial, Lokal, Mobil) bezeichnet wird, liegt im Smartphone, das immer mehr eine Art „Fernbedienung des Lebens" darstellt. Zu jeder Zeit und an jedem Ort wird dieses bereits von einer rasant steigenden Anzahl an Usern genutzt, die damit „always-on" sind, auch während ihres Ladenbesuches. Die Mehrzahl der Kunden erwartet schon heute, über Smartphone und Tablet Informationen über ihre lokalen Händler abrufen und den stationären Kauf damit vorbereiten zu können. Deswegen stellen Location-based Services eine große Chance für Offline-Händler dar, den neuen Kundenerwartungen entgegenzukommen und den digitalen Trend für ihr Geschäft nutzen zu können. Sie bieten für stationäre Händler darüber hinaus auch die Möglichkeit, die Digitalisierung in einem ersten Schritt in Angriff zu nehmen. Location-based Services wird diesbezüglich nicht selten sogar eine Schlüsselrolle für den stationären Handel der Zukunft zugeschrieben. Denn für die Mehrzahl der Kunden bietet das Auffinden der richtigen Information im Internet mittlerweile den größten Nutzen und wird damit zum wertvollsten Teil in ihrem Kaufprozess. Die dadurch ausgelöste Veränderung des Kaufverhaltens führt auch dazu, dass das einzelne Geschäft für den Kunden an Bedeutung verliert und im Extremfall nur noch als „Point-of-Sale" wahrgenommen wird, während der „Point-of-Decision" sich zunehmend ins Netz verlagert. Hier sind auch die benötigten Informationen zur Produktauswahl in viel größerem Umfang vorhanden. Dass diesbezüglich Location-based Services das Potenzial haben, dem digitalen Einkaufsverhalten von Konsumenten Rechnung zu tragen und deren Erwartungen an lokale Händler zu erfüllen, konnte in der zugrunde liegenden kaufDA-Studie gezeigt werden. Diese wurde nach 2013 und 2014 zum dritten Mal in Zeitreihe durchgeführt.

Bei der Konzeption sowie Auswertung und Dokumentation der Studie haben uns Frau Sarah Stevens, Frau Denise Schönherr sowie Herr Joachim M. Guentert tatkräftig unterstützt, wofür wir ihnen an dieser Stelle danken möchten. Abschließend möchten wir gerne darauf verweisen, dass es unser vordringlichstes Anliegen war, mit diesem benutzerfreundlich gestaltetem Buch wiederum eine Brücke zwischen Theorie und Praxis zu bauen. Sollten wir diesem Anspruch jedoch nicht genügt haben, bitten wir um Nachsicht, aber auch um entsprechendes Feedback.

Gerrit Heinemann
Christian W. Gaiser

Inhaltsverzeichnis

Abkürzungsverzeichnis

3G	3. Generation
Abb.	Abbildung
AGOF	Arbeitsgemeinschaft Online-Forschung
API	Application Programming Interface
App	Application
B2B	Business to Business
B2C	Business to Consumer
BEVH	Bundesverband E-Commerce und Deutscher Versandhandel e. V
BITKOM	Bundesverband Informationswirtschaft Telekommunikation Neue Medien
CATI	Computer Assisted Telephone Interview
CEO	Chief Executive Officer
CGA	Consumer-Generated-Advertising
CGC	Consumer-Generated-Content
CIC	Customer-Interaction-Center
CRM	Customer-Relationship-Management
DMB	Digital Multimedia Broadcasting
DVB	Digital Video Broadcasting
E	Electronic
EC	Electronic Cash
ECC	E-Commerce-Center
EDGE	Enhanced Data Rates for GSM Evolution
EHI	Euro Handelsinstitut
FAZ	Frankfurter Allgemeine Zeitung
GfK	Gesellschaft für Konsumforschung
GPS	Global Positioning System
GSM	Global System for Mobile Communications
GuV	Gewinn- und Verlustrechnung
HMWVL	Hessisches Ministerium für Wirtschaft, Verkehr und Landesentwicklung
HSDPA	High Speed Downlink Packet Access
HSPA+	High Speed Packet Access+
HTML	Hyper Text Markup Language
http	Hyper Text Transfer Protocol

IFH	Institut für Handelsforschung
IMS	IP Multimedia Subsystem
IVR	Interactive Voice Response
LBS	Location Based Services
LTE	Long Term Evolution
M, M	Mobile, Mobile
MB	Megabyte
MMS	Multimedia Messaging Service
MP3	Moving Picture 3
n	number/Fallzahl
NFC	Near-Field-Communication
o. J.	ohne Jahr
OHA	Open Handset Alliance
OS	Operating System
PC	Personal Computer
PDA	Personal Digital Assistant
PDF	Portable Document Format
PIN	Personal Identification Number
POI	Point of Interest
POS	Point of Sale
QR	Quick Response
RFID	Radio Frequency Identification-System
ROI	Return of Investments
ROPO	Research Online – Purchase Offline
RP	Rheinische Post
SMS	Short Message Service
TIFF	Tagged Image File Format
UGC	User-Generated-Content
UMTS	Universal Mobile Telecommunications System
URL	Uniform Resource Locator
USP	Unique Selling Proposition
VolP	Voice of Internet Protocoll
WAMS	Welt am Sonntag
WAP	Wireless Application Protocol
WLAN	Wireless Local Area Network

„Always-on und Always-in-Touch" – das neue Kaufverhalten

1.1 Die Kunden wollen es so – Das mobile Universum

Zweifelsohne spielt das mobile Internet eine Schlüsselrolle im zukünftigen Handel. Mit ihm wird der simultane Kauf auf allen Kanälen möglich, z. B. mit dem Smartphone im Laden. Dieses gehört mittlerweile zum Alltag, denn mehr als 70 % der deutschsprachigen Wohnbevölkerung über 14 Jahren nutzen inzwischen internetfähige Mobiles für den Zugang ins World Wide Web (vgl. Abb. 1.1). Sie gebrauchen ihr Gerät nicht mehr nur zum Telefonieren, E-Mail-Schreiben oder Chatten, sondern zunehmend auch zur Suche von Produktinformationen oder zum unmittelbaren Online-Kauf (vgl. AGOF 2013; kaufDA 2015). Auch stationäre Käufer beginnen mittlerweile ihren Einkaufsprozess mit der Recherche im mobilen Netz und nutzen dafür verstärkt lokale Dienste. Zwar nutzen Smartphone-Besitzer dazu auch andere Gerätetypen, also Desktop, Mobile oder Tablet, gestartet wird die Informationsrecherche aber überwiegend mit dem Smartphone. Dieses erfolgt dabei häufig in Leerzeiten wie z. B. im Stau, in der Schlange oder im Wartezimmer. Den Informationsprozess setzen die Kunden zu Hause am Desktop fort, wo dann zunehmend auch gekauft wird. Google nennt dieses Phänomen „Multi-Screening" (Google 2012). Aber nicht nur in Leerzeiten, auch parallel zum Fernsehen wird immer mehr im mobilen Internet gesurft, entweder per Mobile oder per Tablet. Dabei treffen Kunden immer häufiger bereits Kaufentscheidungen, die zum Teil im Online-Shop oder am nächsten Tag in einem stationären Geschäft zum Vollzug kommen (kaufDA 2015; Google und Ipsos OTX MediaCT 2012b). Wo aber liegen die Grenzen der Smartphone-Nutzung? Die Frage kann nur aus Sicht der User beantwortet werden, denn diese treiben die Entwicklung: Die Kunden wollen es so und erwarten zunehmend, ihr Smartphone jederzeit und überall nutzen zu können (kaufDA 2015; PBS-Business 2013). Die Nutzung der Internet- und Mobile-Technologie steht aktuellen Studien zur Folge vor allem in Deutschland erst am Anfang (kaufDA 2015).

© Springer Fachmedien Wiesbaden 2016
G. Heinemann und C.W. Gaiser, *SoLoMo – Always-on im Handel*,
DOI 10.1007/978-3-658-13545-4_1

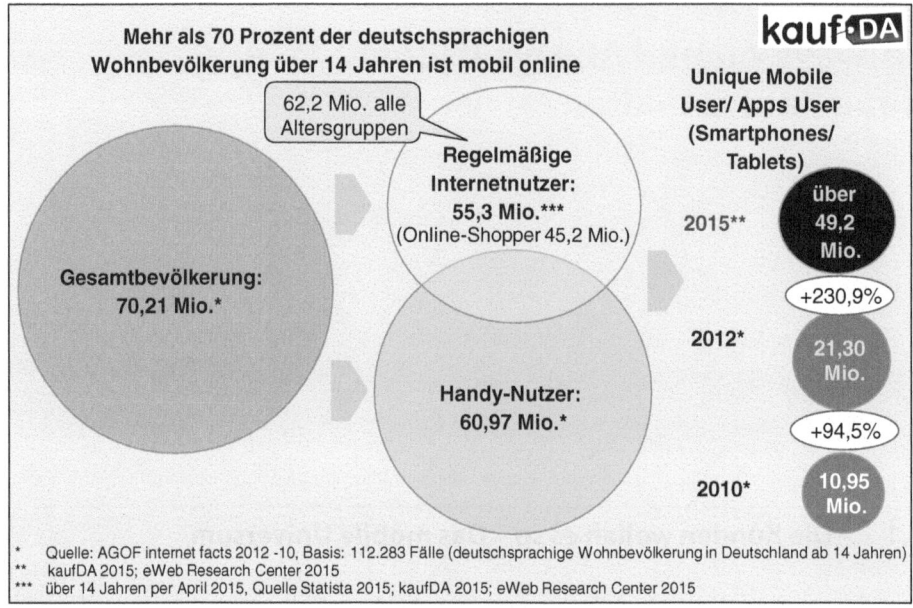

Abb. 1.1 Das digitale Universum in Deutschland 2015. (Quelle: kaufDA 2015; eWeb Research Center 2015)

Einige harte Wachstumsfaktoren werden erst noch wirksam, wie unter anderem die allmähliche Verbesserung der immer noch schlechten und sich erst langsam aufbauenden Connectivity und Netzinfrastruktur in Deutschland. Hinzu kommt das sich erst noch entwickelnde Angebot stationärer Händler im Netz oder aber die allmählich auf den deutschen Markt kommende internationale Online-Konkurrenz. Nach Prognosen von eMarketer wird in 2018 bereits rund 20 % des Online-Umsatzes in Europa „Cross Border Trade" sein, also grenzüberschreitend stattfinden (vgl. Abb. 1.2; eMarketer 2015).

Ausländische Online-Anbieter werden ein strategisches Fenster nutzen können, denn die meisten deutschen Online- und vor allem Mobile-Shops hinken dem Stand ausländischer Anbieter immer noch hinterher. Nur rund 50 % der Online-Shops in Deutschland sind mobil optimiert und nur ca. 30 % aller Händler sind überhaupt online (Factbook 2015; Online-Monitor 2015). Dieses werden vor allem die auf die Märkte drängenden „Digital Natives" oder besser „Smart Natives" einfordern. Insbesondere die „Smart Natives". Diese „Smartphone-Intensivnutzer" sind noch jung und in den meisten Fällen noch nicht geschäftsfähig. Mit ihrem Eintritt als Kunden in die Handelslandschaft wird sich das Online- und Mobile-Wachstum die nächsten Jahre noch beschleunigen und sich damit die disruptive Entwicklung der letzten Jahre weiter fortsetzen. Im Zuge dieser Entwicklung wachsen derzeit die direkt über Smartphones realisierten Mobile-Commerce-Umsätze beschleunigt an, und zwar überproportional zum Online-Wachstum (vgl. Heinemann 2015). Diesbezüglich beträgt der mobile Anteil am Online-Handel

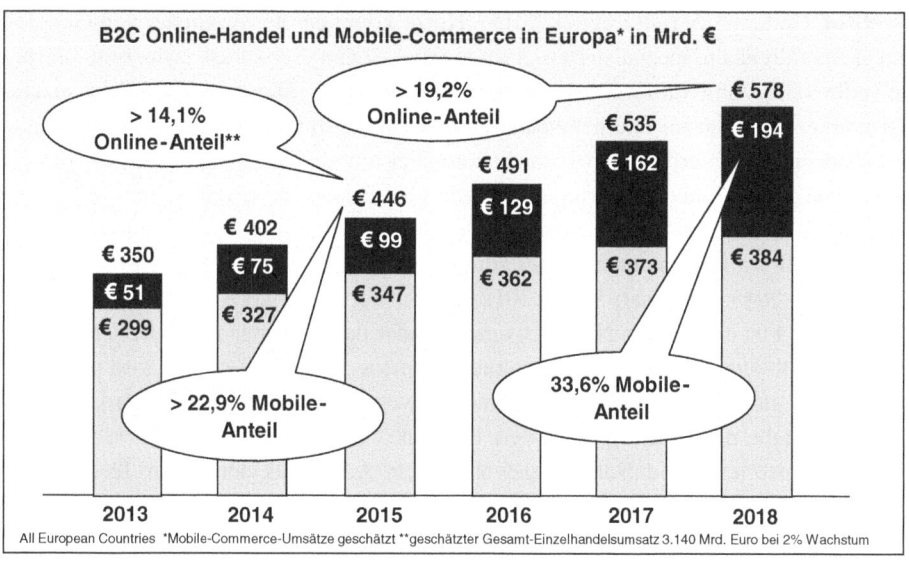

Abb. 1.2 Zukünftiger Anteil des Mobile Commerce am Online-Handel in Europa. (Quelle: Bevh 2016; eMarketer 2015 auf Basis von EMOTA 2013 European Multichannel and Online Trade Association)

in 2015 schon über 20 % (Bevh 2016), was bereits einem Umsatzvolumen von rund 9,7 Mrd. EUR entspricht. Schon bis 2018 wird sich das Mobile-Commerce-Umsatzvolumen gegenüber 2014 nahezu vervierfachen, was dann rund 33,6 % vom gesamten Online-Handelsumsatz ausmachen dürfte. Dieses würde dann rund 194 Mrd. EUR Mobile-Commerce-Umsatz in Europa und annähernd 20 Mrd. EUR in Deutschland entsprechen, also mehr als die Summe der gesamten Online-Handelsumsätze des Jahres 2010 in Höhe von 19,1 Mrd. EUR. Dieser Umsatz gibt allerdings bei Weitem nicht die tatsächliche Bedeutung des Mobile Commerce wieder. Bei der parallelen Nutzung der unterschiedlichen Einkaufs- und Informationskanäle – auch Omnichannel-Nutzung genannt – kommt dem mobilen Internet zusätzlich eine wesentliche Zubringerrolle für das stationäre Geschäft zu. So wird die Rolle des mobilen Netzes zur generellen Kaufvorbereitung bedeutender und beeinflusst nachhaltig den Kauf im Laden. Dazu wird zunehmend das Smartphone oder der Tablet-PC benutzt, die bereits „Hauptzugangsgerät" für soziale Netzwerke geworden sind.

1.2   Sozial: Internet und soziale Netze als Lebensmittelpunkt

Nahezu zwei Drittel der weltweit mehr als 3,3 Mrd. Internetnutzer sind in sozialen Netzwerken aktiv: Alleine Facebook kommt per Ende 2015 auf nahezu 1,6 Mrd. Nutzer, davon 900 Mio. Whats-App-, 700 Mio. Messenger- und 400 Mio. Instagram-User in der

Facebook-Community (allfacebook 2015). Hinzu kommen die Mitglieder von Google+ und den zahlreichen spezialisierten „Professional Social Networks", wie zum Beispiel LinkedIn oder Xing (allfacebook 2015; Statista 2015a). Diese enorme Zahl sozialer Netzwerker verbringt im Internet einen immer größeren Teil der Freizeit. Der Zugang zu den sozialen Netzen erfolgt dabei zunehmend über mobile Geräte. Die Zahl der mobilen Internetnutzer steigt überproportional und erreichte Ende 2015 bereits mehr als 2,3 Mrd. (Statista 2016a). Dabei erweitert das mobile Internet das Handy vom Kommunikations- zum Interaktionsmedium und macht es zum Lebensmittelpunkt des „digitalen Lifestyles" (Heinemann 2013; Go-Smart-Studie 2012, S. 18), wobei Online-Angebote jederzeit ver- fügbar sind. Für die „Smart Natives" verschwindet damit immer mehr der Unterschied zwischen mobilem und stationärem Internet. Die neue „digitale Realität" wird gelebt, wo auch immer sich ihre Intensivnutzer gerade bewegen. Die situative Nutzbarkeit macht in hohem Maße den mobilen Mehrwert für seine Nutzer aus und verändert gleichzei- tig deren Ansprüche und Nutzungsgewohnheiten. Auf Basis der neuen Technologien und Tools entstehen dabei diverse Möglichkeiten der Kommunikation. Diesbezüglich machen Menschen zwar das, was sie immer schon gemacht haben, allerdings mit ande- ren Mitteln (vgl. Mindwyse 2011, S. 6): Facebook-Liken ist diesbezüglich wohl das am meisten genutzte Tool. Aber auch Bewerten, Bookmarken, Kommentieren sowie Disku- tieren sind beliebt. Hinzu kommt das Hochladen eigener Inhalte, Status-up-dates sowie das Teilen oder Fragen, um nur einige der gängigen Social-Media-Aktivitäten zu nen- nen. Bei dem Teilen oder auch Sharing erzählen Menschen von dem, was sie machen und interessiert. Sei es über Hobbys, Urlaubsfotos, lustige und skurrile Geschichten oder Partnerschaftserlebnisse. Das Bewerten steht in der Beliebtheitsskala immer noch ganz oben. Entscheidungen werden zunehmend auf der Meinungsbasis Anderer getroffen. Alles und jeder wird bewertet, seien es Ärzte, Spielplätze, Arbeitgeber, Restaurants oder sogar Toiletten. Fragen werden in die Community hineingegeben und dort beantwortet (Mindwyse 2011). Blogger und Community-Mitglieder beantworten sogar Servicean- fragen zunehmend untereinander selbst (Ich-sag-mal 2011; Heinemann 2016). Von den 1,59 Mrd. Facebook-Usern per Ende 2015 nutzen nur noch 14 % ausschließlich einen Desktop für den Facebook-Zugang. Wie Abb. 1.3 zeigt, tun dies immerhin 86 % mobil und stationär. Bereits 52 % nutzen das Netzwerk nur noch mobil, so dass über alles die Quote der mobilen Facebook-Nutzung bei rund 88 % liegen dürfte. Damit verwenden schon mehr als 1,4 Mrd. Nutzer Facebook über die mobilen Apps und die mobile Web- seite (Statista 2016b). Ihre Smartphones haben die Facebook-Nutzer immer dabei und sowohl bei Android als auch bei Apple iOS ist Facebook die mit Abstand meistbenutzte App. Darüber hinaus verfügen viele Apps über einen Facebook-Login. Der mobile Trend setzt sich auch im Sommer fort, wo bisher eigentlich ein Sommerloch bei der Internet- nutzung zu verzeichnen war. Jan Firsching von Futurebiz führt aus, dass die mobilen Facebook-User selbst im Biergarten ihren News-Feed überprüfen. Das Smartphone wird zum Strand, ins Schwimmbad oder zur Grillparty mitgenommen und ist immer dabei. Für den Urlaub kreisen die Gedanken mittlerweile um einen günstigen Datentarif, denn

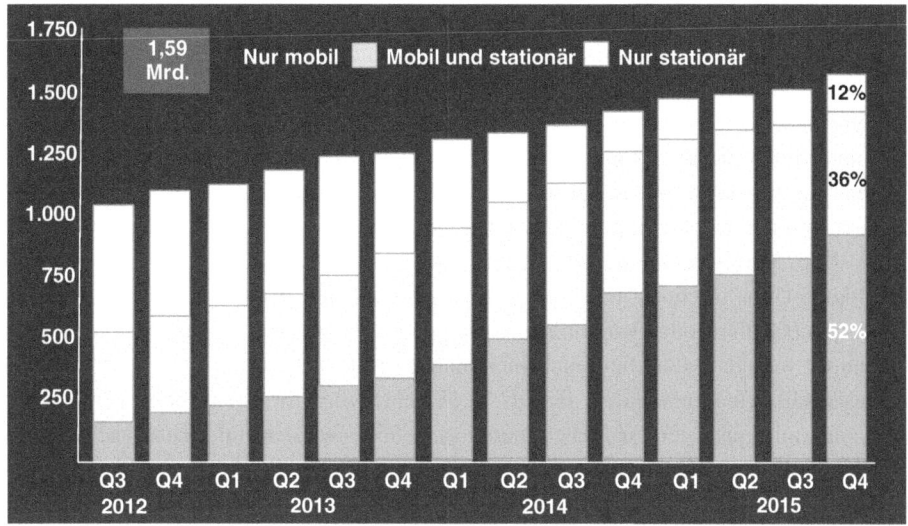

Abb. 1.3 Facebook-Nutzer weltweit. (Quelle: allfacebook 2015; Statista 2016b)

schließlich sollen die Urlaubsfotos ja umgehend auf Facebook und Instagram veröffentlicht werden (Firsching 2013b).

Insofern ist es dringend geboten, dass Unternehmen ihre Inhalte für die mobile
Nutzung optimieren. Prägnante Texte, ansprechende Fotos und mobil optimierte
Websites sollten Pflicht sein. Dieses gilt nicht nur für die Landing Page, sondern den
gesamten Online-Shop bzw. alle Pages. Die Online-Händler sollten sich bewusst
machen, dass nicht nur die Anzahl der mobilen Nutzer steigt, sondern auch die
Verweildauer, die über Mobiles bei Facebook um 21 % höher liegt (Firsching 2013b).
Die mobile Nutzung von sozialen Netzen wird zusätzlich durch die stark wachsende
User-Zahl gepusht. Zu einem Wachstumstreiber entwickelt sich deswegen auch das
Mobile Advertising, das von den Händlern bisher allerdings kaum berücksichtigt bzw.
budgetiert wird. Schon in 2012 wuchs diesbezüglich das relevante Brutto-Werbevolumen
um rund 70 % gegenüber dem Vorjahr an (Hofmann 2012), allerdings auf noch
relativ niedrigem Niveau. Auch insgesamt gehen die Brutto-Werbeaufwendungen in
Zeitschriften und Zeitungen zugunsten von Online-Werbung zurück (BVDW 2012,
S. 13). Zumindest ist dieser Trend bei stationären Händlern zu beobachten (Haug 2013;
EHI/KPMG 2012, S. 37).

1.3   Lokal und Mobil: Smartphones als Hilfsmittel für Einkäufe

Die enorm schnellen Wachstumsraten für internetfähige Mobiltelefone haben zur Folge,
dass mittlerweile die Mehrzahl der Mobilfunknutzer mit einem internetfähigen Gerät
unterwegs ist und dieses dann auch beim stationären Einkauf nutzen möchte (kaufDA

2015; Haug 2013; Aquino und Radwanick 2012). So steigt die Rolle des mobilen Netzes zur generellen Kaufvorbereitung weiter an und beeinflusst nachhaltig den Kauf im Laden. Schon setzt die Mehrzahl der Smartphone-Nutzer ihr Gerät am Point-of-Sale ein, viele davon allerdings heimlich (kaufDA 2015). Denn auch in Deutschland hält immer noch die gute Kinderstube davon ab, das Smartphone zu zücken. Von den Kunden, die das Handy im Laden in der Tasche lassen, tut dies ein gutes Drittel, weil „es sich einfach nicht gehört". So lautet eines der Ergebnisse der kaufDA-Studie, die in Kap. 5 vollumfänglich dargestellt wird (kaufDA 2015). Fünf Prozent der Smartphone-User fürchten sich sogar vor unmittelbaren Konsequenzen und haben Angst, von Händlern oder Verkäufern angesprochen zu werden. Tatsache ist aber, dass sich immer weniger Menschen auch hierzulande zurückhalten und ihr Smartphone im Ladengeschäft offen verwenden. Bereits 71 % gebrauchen ihr Smartphone gewöhnlich, um Produktinformationen zu recherchieren, und 55 % würden auf Grundlage der dort gefundenen Produktinformationen auch das recherchierte Produkt direkt auf ihrem Smartphone oder Tablet kaufen. Immerhin 52 % finden Location-based Services attraktiv für das stationäre Shopping, auch wenn sie sich häufig noch nicht bewusst darüber sind (vgl. Abb. 1.4). Insofern werden Smartphones bereits umfassend als Hilfsmittel für den Einkauf genutzt. Ungefähr die Hälfte der Smartphone-User tut dieses zum Auffinden eines Ladengeschäftes sowie zum Preisvergleich. Fast ein Viertel der Smartphone-Besitzer haben ihr Gerät immer dabei, um Preise vergleichen und sich über Produkte informieren zu können (vgl. kaufDA 2015; Google und Ipsos OTX MediaCT 2012).

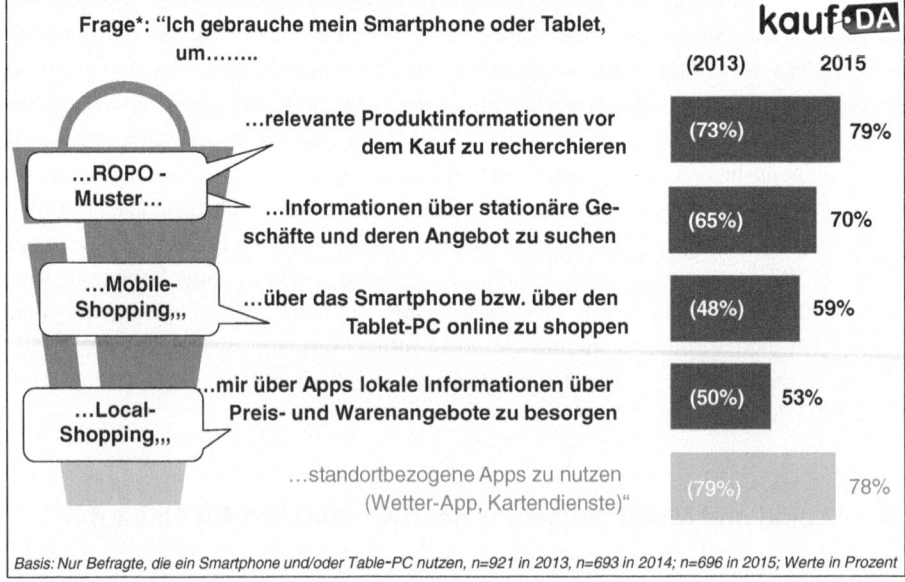

Abb. 1.4 Smartphones als Hilfsmittel für Einkäufe. (Quelle: kaufDA 2015; eWeb Research Center 2015)

Erstaunlicherweise ist trotz dieser Entwicklung eine Vielzahl selbst großer deutscher Online-Shops noch nicht für die steigende Mobilität ihrer User gerüstet. Eine Studie der United Digital Group (UDG) ergab, dass viele Online-Händler bereits heute schon Umsatz verschenken, weil ihr Angebot noch nicht richtig Mobile-fähig ist. Deswegen führt es nicht selten zu Kaufabbrüchen seitens der User. Nur die wenigsten Online-Shops verfügen offensichtlich über eine den jeweiligen Bildschirmgrößen angepasste Ansicht. „Vor allem in diesem Bereich ist die mobile E-Commerce-Landschaft in Deutschland noch ausbaufähig", bemerkt dazu Matthias Thürling, E-Commerce-Spezialist der UDG (Springer Professional 2013). Insofern ist Handlungsdruck gegeben, denn aktuellen Studien zufolge sind 33 % der Europäer bereit, Einkäufe per Smartphone oder Tablet-PC zu erledigen. Und sogar 29 % der befragten Smartphone-Besitzer haben bereits ihr mobiles Gerät zum Shopping genutzt. Dieses dürfte wiederum eine noch höhere Beteiligung von Smartphone-Nutzern an sozialen Netzwerken zur Folge haben (kaufDA 2015; Google und Ipsos OTX MediaCT 2012).

Dieses gilt auch für das Multi-Screening und mobile Formatevielfalt: Die Internetnutzer lassen sich nicht mehr einem bestimmten Gerätetyp zuordnen, sondern nutzen unterschiedliche Formate in unterschiedlichen Situationen oder auch parallel. Diese Entwicklung wird neuerdings als „Multi-Screening" bezeichnet und weist darauf hin, dass zunehmend flexible Formatlösungen gefragt sein werden. „Mobile Commerce ist Couch-Commerce" (kaufDA 2015; DDV dialog 2013, S. 22) kennzeichnet am treffendsten die parallele Mediennutzung.

1.4   SoLoMo: Schlüsselthema für den Handel der Zukunft

Durch das mobile Internet und die neuen Smartphones ist die Kommunikation an jedem Ort und zu jeder Zeit möglich. Dabei teilen Nutzer zunehmend Informationen zu ihrem Aufenthaltsort und zu lokalen Angeboten (kaufDA 2015; Mindwyse 2011). Diese werden nicht mehr zeitversetzt, sondern in Echtzeit mit dem Netzwerk ausgetauscht. Insofern ist das soziale Netzwerk Begleiter in allen Lebenssituationen und zu allen Themen. Es verändert die Definition von Privatsphäre, denn ein größerer Teil des eigenen Lebens wird dadurch öffentlich. Virtuelle Identitäten dienen der Selbstdarstellung und sind für Digital Natives essenziell (kaufDA 2015; Mindwyse 2011). „Menschen sind damit einverstanden, Informationen über sich mit anderen zu teilen", so Marc Zuckerberg (von Kuhnhardt 2012). Diese soziale Mediennutzung kann nicht mehr isoliert betrachtet werden, sondern findet zunehmend im Zusammenspiel mit Lokalisierung und Location-based Services sowie mobiler Internetnutzung statt. Dieses Zusammenspiel bildet die Basis für die „Synergien des SoLoMo", die sich aus der sozialen, lokalen und mobilen Vernetzung (SoLoMo) ergeben und ganz neue Möglichkeiten der Vermarktungseffizienz erlauben (von Kunhardt 2012). Da die Anzahl der Intensivnutzer von Smartphones und mobilem Internet in den nächsten Jahren rasant anwachsen wird, dürfte auch die SoLoMo-Vernetzung in gleichem Ausmaß zunehmen.

Die meisten der Intensivnutzer surfen täglich im mobilen Internet. Diese Gruppe der „Smart Natives" bildet eine wesentliche Basis für das SoLoMo.

Die mit der Smartphone-Penetration einhergehende SoLoMo-Vernetzung ergibt sich aus der kombinierten Antwort bzw. Lösung folgender Fragestellungen (von Kunhardt 2013):

- **Social:** Wie bewegen sich Fans auf Social-Media-Plattformen und was erwarten sie dort von ihren Händlern und ihren Lieblingsmarken?
- **Local:** Welche Möglichkeiten bietet die Lokalisierung der Kunden für lokale und stationäre Angebotsformen?
- **Mobile:** Welche Möglichkeiten bietet das Mobile-Marketing bzw. der Mobile Commerce und wie können Unternehmen ihre „mobilen" Fans/Konsumenten abholen?

Als wesentlicher Treiber dieser Entwicklung gilt zweifelsohne die soziale Vernetzung in Kombination mit der voranschreitenden Smartphone-Penetration. Schon heute betrachtet die Mehrzahl der Deutschen ein Smartphone als natürlichen Bestandteil ihrer Einkaufsprozesse (kaufDA 2015; Heinemann 2013; Go-Smart-Studie 2012, S. 31). Diese Kunden erwarten auf ihrem Smartphone ein weitaus größeres Leistungsspektrum, als sie es aus der stationären Internetnutzung kennen. Vor allem lokale Funktionen und soziale Netzwerke werden eine noch größere Rolle spielen als heute schon. Dieses sogenannte SoLoMo-Phänomen wird auch dadurch befeuert, dass die Nutzer online relevant bleiben wollen. Dieses gilt bereits für die Smart-Natives, für die ein permanenter Zugang zum digitalen Datenstrom normal ist. Sie fordern mobile Angebote, die sie permanent auf dem Laufenden halten und mit denen sie sich mit ihrem Netzwerk austauschen können. Diesbezüglich schaffen lokale Echtzeit-Angebote mit Geo-Locating weiter steigende Reaktionsschnelligkeiten, Realtime-Information sowie Augmented Reality interessante mobile Mehrwerte für die SoLoMo-Nutzer. Ein Mehrwert ist bereits heute unbestritten der Online-Einkauf (mg.Retail 2020 2015; Go-Smart-Studie 2012, S. 30–31; Mindwyse 2011; Heinemann 2012). Er ist bequem und vielfältig sowie 24 h täglich ortsungebunden möglich. Trotzdem gehen Experten nicht davon aus, dass stationäre Läden völlig verschwinden werden, ganz im Gegenteil (brandeins 2015; eBay 2012). Die Konsumenten wollen nicht alles „ohne Touch & Feel" online einkaufen, allerdings auch nicht auf die Vorteile eines Kanals verzichten müssen, nur weil sie gerade einen anderen Kanal nutzen. Einige Unternehmen ermöglichen deswegen ihren Kunden das parallele Shoppen (brandeins 2015; Heinemann 2012). Aber ein Online-Shop alleine reicht noch nicht, denn es geht auch um Kanalexzellenz, die bisher überwiegend von ausländischen Online-Händlern geboten wird. Gerade deswegen darf der stationäre Handel nicht den Anschluss verlieren, denn das führt sonst unweigerlich zu einer Abwanderung der Kunden (brandeins 2015).

In Zukunft wird der Kunde wahrscheinlich nicht mehr zwischen den Kanälen eines Anbieters unterscheiden wollen. Dieses ist Ergebnis einer aktuellen eBay-Studie zum Thema „Handel der Zukunft" (etailment 2015; eBay 2012). Durch die Nutzung des mobilen Internets im stationären Laden ist bei vielen Käufern auch nicht mehr auseinanderzuhalten, ob der Einkauf online oder offline erfolgt ist. Immer mehr Kunden werden im Laden auch online kaufen und dabei die Ware sogar in den Laden liefern lassen, so wie das in Großbritannien häufig schon der Fall ist. Insofern werden sich stationäre Ladenflächen zunehmend zu Showrooms wandeln, in denen der Kunde zwar sein Touch & Feel-Erlebnis hat, die Ware allerdings nicht sofort mitnehmen kann. Es sind zwar alle Produkte ausgestellt, aber jedes nur einmal. Der Kunde kann diese nach Belieben testen sowie aus- und anprobieren. Entscheidet er sich für ein Produkt, kann er es problemlos und ohne zu warten direkt im Showroom mit seinem Smartphone über einen QR-Code kaufen. Ihm wird dann direkt ein neues Exemplar geliefert – in den Laden, nach Hause oder an jeden anderen Ort seiner Wahl. Diese Situation ist im Grunde immer noch im traditionellen Möbelhandel vorzufinden, zwar nicht mit QR-Code, aber mit Lieferung nach Hause und das mit langen Lieferzeiten. Beispiele aus anderen Ländern zeigen, dass der Einkauf über QR-Codes bereits heute schon von überall aus möglich ist (Heinemann 2013). Magalogues, eine Kombination aus Magazin und Kauffunktionen über Augmented-Reality-Funktionen auf dem Smartphone, ermöglichen eine neue Art des „QR-Kaufs". Es ist allerdings davon auszugehen, dass sich der Einkauf über Bilder in keinem Fall für alle Produkte durchsetzen kann. Für Autos und Kleidung beispielsweise werden viele Verbraucher nicht auf das Probefahren beziehungsweise das Anprobieren vor dem Kauf verzichten wollen. Deshalb ist anzunehmen, dass die Nutzung der neuen Einkaufsmöglichkeiten je nach Produktart zu verschiedenen Einkaufsformen führen wird. So wird vielleicht der „Pflichteinkauf" für Konsumgüter wie Lebensmittel zunehmend online erfolgen, wie das in Südkorea schon möglich ist. Der „Erlebniseinkauf" hingegen wird zukünftig auch in Showrooms bzw. Verkaufsräumen stattfinden, die immer innovativer ausgestattet sein werden, um Kunden anzuziehen. Bis sich allerdings der virtuelle Supermarkt an der Bushaltestelle in Deutschland durchsetzt, wird es noch etwas dauern. Deutsche Händler hinken in diesen Entwicklungen bereits weit hinter den englischsprachigen Ländern her. Während die Kunden bei Best Buy zum Preisvergleich mit dem Smartphone aufgefordert werden, wird das in Deutschland nicht selten verboten. Diesbezüglich liegen Welten zwischen Deutschland und USA und vor allem Japan. Aber Verbote werden erfahrungsgemäß die Entwicklung in Richtung SoLoMo nicht aufhalten können. Sie werden auch nicht verhindern können, dass die Kunden durch Nutzung des mobilen Internets so informiert sind wie nie zuvor. Dabei wird es immer schwieriger für das Verkaufspersonal, mit den emanzipierten und informierten Konsumenten mithalten zu können. Insofern wird sich auch die Rolle der Verkäufer stark verändern. Da die verschiedenen Kanäle verschwimmen, wird der Drang zum Abschluss größer werden. Kunden, die sich im Laden noch nicht zum Kauf entschließen können, müssen nicht zurückkehren, wenn sie zu Hause ihre Meinung ändern. Sie können das Produkt dann auch einfach von der Wohnzimmercouch aus über das Internet kaufen, und zwar nicht unbedingt beim selben Händler, sondern beim besten Anbieter.

1.5   Zukunft des Handels – Herausforderung für stationäre Formate

Durch die zunehmende Internetnutzung entstehen „neue" Standortfrequenzen im Netz, die Auswirkungen auf die bisherigen stationären Handelsstandorte haben und diese zunehmend ersetzen oder zumindest ergänzen. Durch die parallele Nutzung der unterschiedlichen Einkaufs- und Informationskanäle – auch Omnichannel-Nutzung oder Multi-Screening genannt – kommt dem mobilen Internet eine wesentliche Zubringerrolle für das stationäre Geschäft zu, wie eben schon ausgeführt. Sie führt dazu, dass es zukünftig immer weniger möglich ist, von den reinen Online- und Offline-Welten zu sprechen, denn beides verschmilzt zu „No-Line"-Systemen, in denen die Betriebsformen ineinander übergehen. Damit ergeben sich enorme Chancen für die gebeutelten stationären Einzelhändler (brandeins 2014, 2015; Heinemann 2013).

Die technologischen Innovationen ermöglichen eine völlig neue Form der Kundenorientierung, die insbesondere der von den Kunden geforderten Multi-Optionalität Rechnung trägt (Heinemann 2016). Es kann davon ausgegangen werden, dass in 2020 mindestens 20 % aller stationären Einkäufe durch mobiles ROPO (Research Online Purchase Offline) beeinflusst werden (HDE 2015; Bruce 2011). Diesbezüglich spielen schon heute Empfehlungen von sozialen Netzwerkfreunden eine herausragende Rolle. In Kombination mit der sozialen Interaktion und der Lokalisierung hat der „SoLoMo"- Mobile Commerce insofern exzellente Zukunftsaussichten. Deswegen sollten sich vor allem stationäre Händler mit dem „SoLoMo"-Mobile Commerce auseinandersetzen. Wer allerdings als Händler bereits einen Bogen um das Online-Thema macht, sollte es erst recht um das Mobile-Thema tun. Denn es muss eine Optimierung zu Mobile-gerechten Inhalten und formatgerechter Website erfolgen. Auch das Angebot um Mobile-Dienste und Anwendungen bzw. Killer-Applikationen ist zu erweitern. Die situative und lebensstilgerechte Anpassung der Angebote an die individuellen Einkaufsgewohnheiten der Kunden ist dabei sicherlich die hohe Schule des Mobile Commerce. Nur so lassen sich die Synergien ausspielen, die sich aus der sozialen, lokalen und mobilen Vernetzung ergeben. Dazu gehören auch individualisierbare virtuelle Regale und der Einsatz des Augmented Reality in allen denkbaren Facetten. Dabei ist die Mobile-orientierte Umsetzung von Social-Media-Instrumenten mit Vernetzung zu Facebook, Twitter & Co. Standard. Viel stärker als im Online-Shop ist im Mobile Commerce auf ein Höchstmaß an Mobile-Navigation und Mobile-Usability zu achten. Dabei hilft auch eine flexible Formatgestaltung, die den Einsatz unterschiedlicher Geräteformen bis hin zum Tablet-PC ermöglicht. Auch Schnelligkeit im Seitenaufbau und Barrierefreiheit sind insbesondere in Hinblick auf Übertragungsprobleme bestmöglich umzusetzen. Zu schwere Websites mit minutenlangen Ladezeiten vergraulen Kunden und treiben diese den Mitbewerbern zu, die nur einen Click entfernt sind.

Vor allem seit den Smartphones der vierten Generation ist ein völlig neues Einkaufserlebnis möglich, das die Anbieter sich zunutze machen können, indem sie beispielsweise Konsumenten vor allem mit einer professionellen und informativen Mobile-Website in ihre Geschäfte lenken.

Schon vor Jahren zeigten Untersuchungen von Google, dass bereits die Mehrzahl der Online-Einkäufe über Informationssuche mit dem Smartphone gestartet und dann über den Desktop finalisiert wird (kaufDA 2015). Insofern haben Smartphones nicht nur für den Online-Shop eine herausragende Rolle als „Zubringerfunktion", sondern ebenfalls für stationäre Formate (vgl. Abb. 1.5). Rund 79 % der Smartphone-User gebrauchen bereits ihr Gerät, um relevante Produktinformationen vor dem Kauf zu recherchieren, 70 %, um Informationen über stationäre Geschäfte und deren Angebot zu suchen. Immerhin 59 % shoppen bereits direkt über ihr Gerät und 53 % besorgen sich über Apps lokale Informationen über Preis- und Warenangebote.

Zudem ist es möglich, die sich beim Einkaufsbummel befindenden Kunden gezielt mit Werbeanzeigen anzusprechen. Der Elektronikhändler Best Buy, die Modekette American Eagle Outfitter und der Kaufhausbetreiber Nordstrom haben ihre Filialen bereits derart aufgerüstet, dass sie zentimetergenau verfolgen können, wo ein Konsument steht. Die neue Ortungstechnik verbinden sie mit sofortiger Handywerbung, die auf Ort, Zeit, Person und bald sogar aufs Regal zugeschnitten ist. Die Kunden erhalten dann einen Gutschein für ein bestimmtes Geschäft oder bekommen die Verfügbarkeit des gewünschten Produkts in umliegenden Stores angezeigt. In Kombination mit ihren intuitiven Navigationsfunktionen bringen die Smartphones die Kunden dann

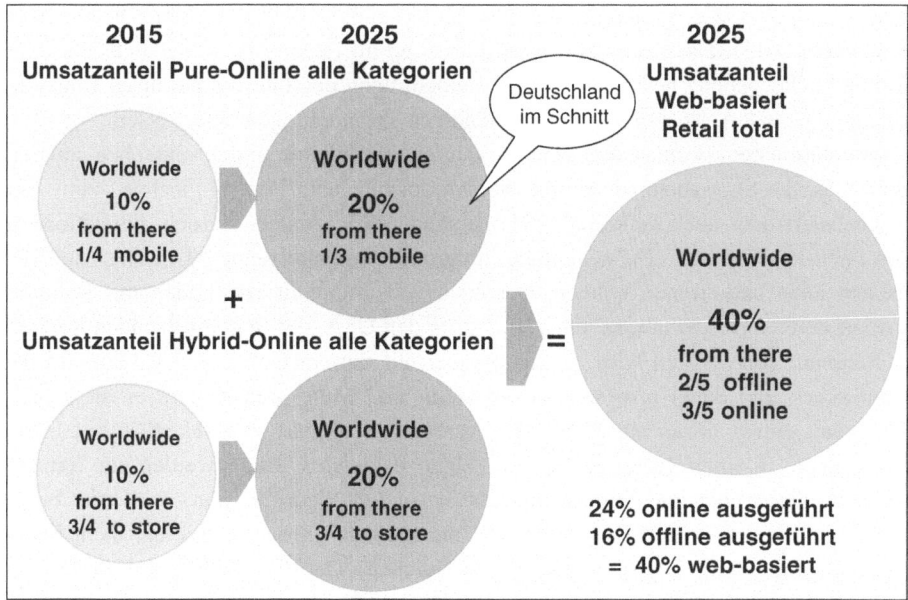

Abb. 1.5 Smartphones als Treiber für hybride Formate. (Quelle: Eigene in Anlehnung an DPDHL 2014)

sprichwörtlich in die Filialen. Nur so ist zu verstehen, dass E-Commerce-Experten sagen: „Die Zukunft von online ist offline". Diese Entwicklungen beinhalten große Chancen für innovative Anbieter, denen es gelingt, diese zu antizipieren und in neue Konzepte umzusetzen. Denn die technologischen Innovationen ermöglichen eine völlig neue Form der Kundenorientierung, die insbesondere der von den Kunden geforderten Multi-Optionalität Rechnung trägt. Gewinner werden deswegen auch echte Multichannel-Händler sein, die ihre Online- bzw. Mobile- und Offline-Kanäle zu einem geschlossenen Gesamtsystem verschmelzen, wie sie im englischsprachigen Raum bereits anzutreffen sind (vgl. Heinemann 2013).

Der Kunde, der mit dem Smartphone bereits „online im Laden" steht, akzeptiert in Zukunft keine Unterscheidung zwischen den Kanälen eines Anbieters, denn er nutzt heute in der Mehrzahl der Fälle für den Kaufprozess mehrere Kanäle. Insofern werden neue Verkaufsformen entstehen, die es im englischsprachigen Handel schon gibt, und zwar die sogenannten „No-Line-Systeme", in denen, wie gesagt, die Grenzen zwischen online und offline verschwinden werden. Der Trend zu No-Line-Systemen wird alle Einzelhandelsbranchen bestimmen. Der Kunde treibt diese Entwicklung. Er erwartet den Flagship-Store im Netz und darin die größte Auswahl, sodass er seinen stationären Kauf dort vorbereiten kann oder umgekehrt nach seinem Ladenbesuch zu Hause im Online-Shop abschließen kann. Dieses „Showrooming" – nicht selten von deutschen Händlern als „Beratungsklau" tituliert – wird die Frequenz in Innenstädten nicht ganz abbrechen lassen. Damit aber die Umsätze nicht einbrechen, braucht auf kurz oder lang jeder Händler seinen Online-Shop. Das erfordert aber eine Umorientierung bei den Investitionsentscheidungen – wie Wilhelm Josten von Butlers richtigerweise ausführt (Josten 2013; Heinemann 2015). Das bedeutet: Investitionsstopp im Laden und in der Flächenexpansion und „Gas geben" bei den Online-Systemen, denn das Internet hat unser Einkaufsverhalten verändert, ist aber auch selbst ständigen Veränderungen unterworfen.

Die stationären Formate im Handel werden in Zukunft anders aussehen müssen, zum Teil als Showroom oder mit Showroom-Flächen, Pop-up-Flächen, zum Teil automatisiert oder auch verkleinert (Heinemann 2013). Anders werden die stationären Non-Food-Händler der Fixkostenfalle aufgrund abschmelzender Umsätze auf den Flächen nicht entkommen können. Der erste voll automatisierte Laden mit Robotern existiert bereits. Der Systemanbieter Hointer in den USA, der in den folgenden Kapiteln noch einmal aufgegriffen wird, ist der Pionier auf diesem Gebiet. Viele Läden in den Innenstädten und dabei insbesondere in Klein- und Mittelzentren wird es nicht mehr geben und einige dieser Städte werden veröden. Stationäre B2C-Händler mit einem „klassischen" kleinen Ladengeschäft in einer B- oder C-Lage werden im Rahmen des sich abzeichnenden Strukturwandels besonders bedroht sein, weil sie bisher überwiegend einen großen Bogen um das Internet machen oder sich einer nicht Erfolg versprechenden Verbundgruppenlösung anschließen. Der Stationärhandel droht zum Showroom zu verkommen, in dem nur noch Produkte haptisch erfahren und ausprobiert werden oder eine Fachberatung in Anspruch genommen wird. Das kostenintensive Vorhalten von Ware und Verkaufspersonal dürfte angesichts der abschmelzenden

Umsätze aber nicht mehr ohne Weiteres darstellbar sein. Folglich wird die Bestellung nach Besuch des Showrooms oft nur noch im Internet getätigt werden können. Aber trotz der noch gegebenen Verfügbarkeiten bestellen immer mehr Kunden bei oder nach dem Besuch einer Filiale im Netz. Keinesfalls sind dafür ausschließlich Preisvorteile ausschlaggebend. Die Gründe dafür dürften auch in der Nichtverfügbarkeit von Größen und Farben oder in einem mühsamen und nicht inspirierenden Einkaufsprozess liegen (Heinemann 2015; Haug 2013).

Auch der klassische kleine Händler wird nicht umhin kommen, im Netz präsent zu sein. Aus vielen Branchen gibt es bereits hervorragende Beispiele dafür, dass der Start mit einem zusätzlichen, ergänzenden Online-Shop keine Frage der Betriebsgröße mehr ist, sondern in erster Linie eine Frage des Commitments des Inhabers oder der Inhaberin. Leider haben die Handelsverbände lange Zeit die wahre Wucht der Entwicklung vernebelt und insbesondere die kleinen und mittleren Händler im Glauben gelassen, dass alles gut würde und Internet nur eine vorübergehende Zeiterscheinung sei. Das hat vielfach die notwendige Klarsicht zur Einsicht und zum Handeln verhindert. Aber nicht nur die stationären Händler sind betroffen. Versandhändler werden ihre Katalogumsätze fast vollständig über Online-Umsätze substituieren und Ersatz-Lösungen für den „Kostentreiber Katalog" finden müssen, auch im B2B-Bereich, der übrigens im E-Commerce um ein Mehrfaches größer ist als im B2C-Bereich (Fost 2014). Vertragslieferanten werden auf kurz oder lang selbst direkt an die Kunden verkaufen und zu vertikalen Anbietern transformieren. Das ist im Fashion-Bereich und in anderen Branchen bereits üblich. Herstellereigener Einzelhandel ist eine große Erfolgsstory und eine Firma wie Boss erzielt bereits mehr als 50 % der Umsätze im Direktverkauf an Endkunden. Diesbezüglich haben auch die großen B2B-Versandhändler gute Karten, die Entwicklung als Chance zu begreifen und „Disintermediation" zu betreiben. In anderen Branchen zeichnen sich zudem kombinierte B2B- und B2C-Modelle im Online-Handel ab. Amazon dürfte mindestens ein Viertel seiner Waren an gewerbliche Kunden verkaufen (Fost 2014). Die Grenzen verschwimmen immer mehr. Aber wo liegt das Limit für den Online-Handel? Diesbezüglich stellt sich die Frage, ob die Jahre des stärksten Wachstums der Technologie Internet schon vorbei sind. Selbst wenn aber das bisher progressive Wachstum in ein eher degressives Wachstum übergehen und vielleicht schon in den nächsten Jahren nur noch einstellig werden sollte, dürften sich die Online-Handelsumsätze in den nächsten 6 Jahren noch einmal verdoppeln. Sicherlich wird der Mobile Commerce große Teile des E-Commerce substituieren und diesen auf eine gewisse Art und Weise limitieren. Als verlängerter Arm des Online-Handels bleiben die Umsätze über Mobile Commerce dann schließlich doch im gleichen Kanal. Zudem wachsen derzeit die Multichannel-Umsätze, die im Internet induziert, jedoch auf der Fläche durch Selbstabholung getätigt werden, überproportional an. Der reine stationäre Händler ohne Online-und vor allem Mobile-Aktivitäten wird insofern wohl auf der Strecke bleiben. Schon heute verfügt der deutsche Einzelhandel über die mit Abstand größte Ladenfläche pro Kopf und erwirtschaftet zugleich den geringsten Umsatz pro Quadratmeter in Europa (Jahn und Müller 2011). Noch in 2013 ist die Verkaufsfläche im

Einzelhandel in Deutschland um rund 1 Mio. auf zusammen 123,1 Mio. Quadratmeter angewachsen (Statista 2015b). Und das, obwohl der Einzelhandel nur noch online wächst (FAZ 2015). Wenn also stationäre Einzelhändler in Deutschland überhaupt noch wachsen wollen, dann sollten Sie spätestens jetzt über das Thema SoLoMo nachdenken.

Literatur

AGOF. (2013). *Dem mobilen User auf der Spur, Zahlen, Daten, Fakten*. Vortrag von Stefan Brax auf dem Mobile-Gipfel 2013 am 28.05.2013 in Berlin.

allfacebook. (2015). Neue offizielle Facebook-Nutzerzahlen: 1,5 Mrd. aktive Nutzer, 900 Mio. WhatsApp-Nutzer, 400 Mio. Instagram-Nutzer, in: allfacebook vom 16. November. http://allfacebook.de/zahlen_fakten/q3-2015. Zugegriffen. 10. Febr. 2016.

Aquino, C., & Radwanick, S. (2012). *2012 Mobile future in focus*. http://www.comscore.com/Insights/Presentations_and_Whitepapers/2012/2012_Mobile_Future_in_Focus. Zugegriffen: 8. Jan. 2013.

Bevh – Bundesverband des Versandhandels. (2016). Aktuelle Zahlen zum Interaktiven Handel – bevh-Studie 2015. http://www.bevh.org/markt-statistik/zahlen-fakten/. Zugegriffen: 18. März 2016.

brandeins. (2014). Das alles und noch viel mehr. Der Kunde ist ein unangenehmer Geselle. Und das ist gut so. Sagt der Handelsexperte Gerrit Heinemann, Interview. *brandeins, 2014*(5), 90–94.

brandeins. (2015). Wehrt Euch! Oder ist es dafür zu spät? Streitgespräch zwischen Jochen Krisch und Gerrit Heinemann. Ausgabe 04/2015 – Schwerpunkt Handel, S. 62–67.

Bruce, A. (2011). Multi-Channeling der Zukunft – Multi-Channel-Erfolgsfaktoren im wachsenden Markt aus Sicht von Google. In G. Heinemann, M. Schleusener, & S. Zaharia (Hrsg.), *Modernes multi-channeling im fashion-handel*. Frankfurt: Deutscher Fachverlag.

BVDW. (Hrsg.). (2012). *OVK online-report 2012/01*. http://www.ovk.de/fileadmin/downloads/ovk/ovk-report/OVK_Report2012_1_Web.pdf. Zugegriffen: 26. Dez. 2012.

DDV dialog. (2013). „*Mobile-Commerce – Nur eine Minderheit kauft unterwegs, Langsamer Abschied von den Legenden*". In: Heft Februar 2013. (S. 22).

DPDHL. (2014). Global E-Tailing 2015 – E-Commerce und Logistik weltweit auf Wachstumskurs, Studie von Deutsche Post DHL. http://www.dpdhl.com/content/dam/global-etailing-2025_de.html. Zugegriffen: 2. Aug. 2014.

eBay. (2012). *Die Zukunft des Handels*, Dokumentation über das Projekt „Die Zukunft des Handels", Berlin. http://www.zukunftdeshandels.de Zugegriffen: 30. Dez. 2012.

EHI, KMPG. (Hrsg.). (2012). *Consumer markets. Trends im Handel 2020*. http://www.kpmg.de/docs/20120418-Trends-im-Handel-2020.pdf. Zugegriffen: 23. Dez. 2012.

eMarketer. (2015). *Western Europe B2C E-Commerce Trends – Omnichannel is the Watchword as Markets Gain Sophistication*. New York: Self Pushlished.

etailment. (2015). *Ladengeschäfte werden Service-Kanal für den Online-Handel*, in: etailment.de vom 12. Februar. http://etailment.de/thema/studien/Ladengeschaefte-werden-Servicekanal-fuer-den-Online-Handel--3064. Zugegriffen: 12. Febr. 2015.

eWeb Research Center. (2015). Die Online-Zahlen 2014, interne Studie zu den Umsätzen des Online-Handels in Deutschland.

Factbook. (2015). Factbook Einzelhandel 2016, Business Handel, bevh, Berlin.

FAZ. (2015). *Der Einzelhandel wächst fast nur noch online*, in Frankfurter Allgemeine Zeitung Nr. 39 vom 16. Februar 2015, S. 16.

Firsching, J. (2013). *Steigende facebook mobile Nutzung bringt Marken durch das Sommerloch.* http://www.futurebiz.de/artikel/steigende-facebook-mobile-nutzungbringt-marken-durch-das-sommerloch/. Zugegriffen: 22. Aug. 2013.

Fost, M. (2014). *E-commerce-strategien für produzierende Unternehmen: Mit stationären Handelsstrukturen am Wachstum partizipieren.* Wiesbaden: Springer Gabler.

Google. (2012). *The new multiscreen world: Understanding cross-platform consumer behaviour,* August 2012.

Google & Ipsos OTX MediaCT. (2012). *Unser mobiler Planet: Deutschland.* In services.google. com. http://services.google.com/fh/files/blogs/our_mobile_planet_germany_de.pdf. Zugegriffen: 2. Jan. 2013.

Go-Smart-Studie. (2012). *Allways-In-Touch, Studie zur Smartphone-Nutzung 2012,* Google, Otto Group, TNS-Infratest, Trendbüro.

Haug, K. (2013). Digitale Potenziale für den stationären Handel durch Empfehlungsprozesse, lokale Relevanz und mobile Geräte (SoLoMo). In G. Heinemann, K. Haug, & M. Gehrckens (Hrsg.), *Digitalisierung des Handels mit ePace – innovative E-commerce-Geschäftsmodelle und digitale Zeitvorteile* (S. 27–49). Wiesbaden: Springer Gabler.

HDE. (2015). Handel digital – Online-Monitor 2014 in Kooperation mit GfK. http://www.einzelhandel.de/online-monitor. Zugegriffen: 02. Jan. 2015.

Heinemann, G. (2012). *Der neue Mobile-Commerce, Erfolgsfaktoren und Best Practices.* Wiesbaden: Springer Gabler.

Heinemann, G. (2013). *No-Line-Handel – höchste Evolutionsstufe im Multi-Channeling.* Wiesbaden: Springer Gabler.

Heinemann, G. (2015). *„Wer ist das Vorbild, wer ist der Bösewicht",* in Frankfurter Allgemeine Zeitung Nr. 39 vom 16. Februar 2015, S. 16.

Heinemann, G. (2016). *Der neue Online-Handel – Geschäftsmodell und Kanalexzellenz im Digital Commerce* (7th Aufl.). Wiesbaden: Springer-Gabler.

Hofmann, A. (2012). *Radcarpet startet mit Location-based-Advertising.* In: gruenderszene.de. http://www.gruenderszene.de/news/radcarpet-location-based-advertising. Zugegriffen: 23. Dez. 2012.

Ich-sag-mal. (2011). *E-Christmas und helfende Kunden – Fallbeispiel LG Electronics,* Blog. http://gunnarsohn.wordpress.com/tag/einzelhandel. Zugegriffen: 01. März 2011.

Jahn, M., Müller, S. (2011). *Key European retail data 2010 review and 2011 forecast,* vom 30.06.2011. http://www.directionsmag.com/articles/key-european-retail-data-2010-review-and-2011-forecast/186736. Zugegriffen: 23. Aug. 2013.

Josten, W. M. (2013). *BUTLERS – mit Online-Shops national und international auf Expansionskurs,* Vortrag auf dem 5. Handelsimmobilien-Gipfel am 26. Febr. 2013, Wiesbaden.

kaufDA. (2015). Studie zum Thema „Zukunft und Potenziale von Location-based Services für den stationären Handel – Zeitreihenanalyse im Vergleich zu 2013 und 2014", Mönchengladbach.

Kunhardt, F. v. (2012). *Aus SoLoMo-fans werden Kunden,* Vortrag auf dem Mobile Gipfel 2012, managementfoum, 27.6.2012, Düsseldorf.

Kunhardt, F. v. (2013). *Beschleunigte Conversion – Sellaround Widgets als modernes Verkaufsinstrument im Zeitalter des SoLoMo.* In G. Heinemann, K. Haug, M. Gehrckens dgroup (Hrsg.), *Digitalisierung des Handels mit ePace – Innovative E-Commerce-Geschäftsmodelle und digitale Zeitvorteile,* Wiesbaden, S. 315–329.

mg.retail 2020. (2015). Auswirkungen des online-Handels auf Städte und Gemeinden in NRW und Handlungsperspektiven für den innerstädtischen stationären Einzelhandel. Maßnahmenprogramm und Guidelines. http://mgretail2020.de/fileadmin/user_upload/documents/mgretail2020_Massnahmenprogramm.pdf. Zugegriffen: 10. Febr. 2016.

Mindwyse. (2011). Company 2.0 social media im Unternehmen, Präsentationsunterlage Kathrin Haug; Dt. Versandhandelskongress 2011, 6. Okt. 2011.

PBS Business. (2013). *Die Kunden wollen es so, Top-Thema*, Interview mit Prof. Dr. Gerrit Heinemann. *Business Partner* PBS 01/2013, S. 2–4.

Springer Professional. (2013). *Ohne Mobile geht nichts mehr*, vom 22. August 2013. http://www.springerprofessional.de/ohne-mobile-geht-nichts-mehr/4633776.html. Zugegriffen: 23. Aug. 2013.

Statista. (2015a). *Anzahl der monatlich aktiven Facebook-Nutzer weltweit von 2008 bis zum 4. Quartal 2014 (in Millionen) ausschließlich mobil*, vom 17.02.2015. http://de.statista.com/statistik/daten/studie/37545/umfrage/anzahl-der-aktiven-nutzer-von-facebook/. Zugegriffen: 17. Febr. 2015.

Statista. (2015b). *Verkaufsfläche im Einzelhandel in Deutschland in den Jahren 1980 bis 2013 (in Millionen Quadratmetern)*, vom 16. Februar 2014. http://de.statista.com/statistik/daten/studie/70202/umfrage/entwicklung-der-verkaufsflaeche-im-einzelhandel-in-deutschland-zeitreihe/. Zugegriffen: 17. Febr. 2015.

Statista. (2016a). Anzahl der Mobiltelefonnutzer, die das mobile Internet nutzen in den Jahren 2012 bis 2014 sowie eine Prognose bis 2019 (in Milliarden). http://de.statista.com/statistik/daten/studie/172505/umfrage/anzahl-der-personen-weltweit-die-mobil-das-internet-nutzen. Zugegriffen: 10. Febr. 2016.

Statista. (2016b). Über 50 % nutzen Facebook ausschließlich mobil. In: statista vom 28.1.2016. https://de.statista.com/infografik/1077/facebooks-mobile-nutzer/. Zugegriffen: 10. Febr. 2016.

Social Commerce als Basisfaktor Nr. 1 des SoLoMo

2

2.1 Bedeutung und Stellenwert des Social Media

2.1.1 Aktuelle Entwicklung des Social Media

Der Begriff Social Media oder neuerdings auch Social Internet wurde schon länger synonym mit dem Begriff Web 2.0 verwendet (Weinberg 2014). Im Rahmen von Social Media können Informationen sowohl in verbaler als auch in multimedialer Form Verwendung finden. Dieses betrifft zum Beispiel Fotos, Videos, Musik, Sprachaufzeichnungen und Spiele (Weinberg 2014; Heymann-Reder 2011). Über Social Media wird die Kommunikation in der Regel weltweit vernetzt und schafft neue Möglichkeiten der Interaktion für Nutzer und auch für Unternehmen. Bekannte Social-Media-Plattformen sind neben Facebook bzw. WhatsApp insbesondere YouTube, Twitter, Pinterest, Google+, und Polyvore. MySpace gilt zwar als „Social-Media-Pionier", hat aber nach Übernahme durch die Time Inc. und Ausrichtung auf einen Unterhaltungskanal mehr oder weniger ausgedient, was auch die Nutzerzahlen von nur noch 20 bis 50 Mio. zeigen (Chinapost 2016). Demgegenüber spielt YouTube als Video-Sharing-Plattform mittlerweile eine herausragende Rolle und ist eine globale und nicht mehr wegzudenkende Institution. Der Trend geht ganz klar in Richtung „Social App". Die derzeit am schnellsten wachsende soziale App ist Snapchat, auch in Deutschland (ibusiness 2016). Dieser Dienst stellt eine Kombination aus Chat, Netzwerk und Nachrichtenquelle dar. Das ehemalige Sexting-Tool wird immer mehr ein ernstzunehmender Gegner für Facebook, WhatsApp oder Twitter. Weltweit nutzen täglich mehr als 100 Mio. Menschen Snapchat und teilen 8800 Fotos pro Sekunde – so der Stand im Februar 2016 (ibusiness 2016). Kein anderes soziales Netzwerk kommt auf ähnliche Zahlen. Rund 5,8 % der deutschen Internetnutzer – also knapp 4 Mio. Deutsche – sind Snapchat-User (ibusiness 2016). Mit 68,7 % wird allerdings WhatsApp von allen Messenger-Diensten immer noch am häufigsten genutzt. Und die vorerst mit Abstand gängigste Form von Social Media ist weiterhin die

© Springer Fachmedien Wiesbaden 2016
G. Heinemann und C.W. Gaiser, *SoLoMo – Always-on im Handel*,
DOI 10.1007/978-3-658-13545-4_2

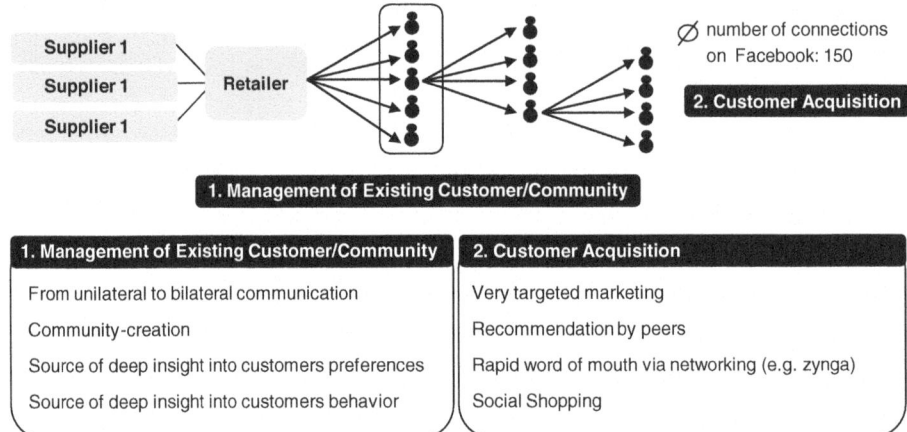

Supplier 1

Supplier 1   Retailer

Supplier 1

⌀ number of connections
on Facebook: 150

2. Customer Acquisition

1. Management of Existing Customer/Community

1. Management of Existing Customer/Community	2. Customer Acquisition
From unilateral to bilateral communication	Very targeted marketing
Community-creation	Recommendation by peers
Source of deep insight into customers preferences	Rapid word of mouth via networking (e.g. zynga)
Source of deep insight into customers behavior	Social Shopping

Abb. 2.1 Leverage des Social Graph. (Quelle: Eigene in Anlehnung an Weinberg 2014 und BV Capital/eVenture 2011)

Verbindung einer Website mit Facebook, wovon allerdings viele deutsche Online-Händler bisher noch nicht viel Gebrauch machen. Häufig besteht Unsicherheit darin, welche Ziele mit Social Media verfolgt werden sollen. Online-Händler schöpfen damit das Potenzial einer Facebook-Verbindung nicht aus und belassen es in der Regel bei einem einfachen Like-Button. Dieser bewertet dann häufig nur den Shop an sich, jedoch nicht das einzelne Produkt. Ein automatisierter Verbreitungsmechanismus bleibt damit ungenutzt (Weinberg 2014; Social Media 2011, S. 36). Für Social-Plug-ins fehlt in Deutschland noch die Durchdringung. Außerdem steigt die Ladezeit der Seiten mit dem Button. Zudem muss der Werbetreibende die Verwendung von Facebook-Social-Plug-ins in seinen Datenschutzhinweisen erläutern. Von den acht Standard-Plugins erweist sich eigentlich nur der Like-Button und der Single Sign-on als nützlich. Für viele Experten sind die Social-Plug-ins allerdings sowieso nur der Einstieg. Als Königsdisziplin wird diesbezüglich die Umsetzung eigener Ideen nach Vorbild des Open Graph gesehen, um Daten und Bilder aus dem Profil der Nutzer zu verwenden.

Etsy nutzt z. B. die Abstimmung von Nutzer- und Freundesdaten mit eigenen Produktmerkmalen, um Geburtstagsempfehlungen auszusprechen. Die Reichweite von Facebook muss bei der Integration in den Web-Shop noch nicht aufhören. So liegt die Integration zum POS (Point-of-Sale) nahe. Das Potenzial durch Leverage des Social Graph ist beträchtlich. Wie Abb. 2.1 zeigt, verfügt ein Facebook-Mitglied über durchschnittlich 150 Kontakte, sodass bereits in zweiter Stufe 150 mal 150, also 22.500, und in dritter Stufe über 3,3 Mio. Mitglieder erreichbar sind. Dieses kann einerseits zum Management bestehender Communities, andererseits zur Kundengewinnung genutzt werden.

Die Google Incorporation (heute Alphabet Inc.), die nach Aussagen ihres ehemaligen CEO die Bedeutung der sozialen Vernetzung zu lange unterschätzt hat, ist mit Google+ an den Start gegangen und versucht bisher eher vergeblich in die Schwachstelle von

Facebook zu treffen, dass nicht jeder Kontakt automatisch Freundschaft bedeutet. So werden bei Google+ die Online-Bekannten in Kreisen zusammengeführt, denen dann gezielt Informationen zugeteilt werden. Dabei ging es Google wohl in erster Linie darum, eine Facebook-ähnliche Plattform zu bieten, um so den Social Circle zu schließen und nicht mehr so abhängig von Facebook sein zu müssen wie bisher (vgl. IWB 2011b; FAZ 2011, S. 11; Spiegel 2011). Zunächst ist es Google mit seinem neuen privat/beruflichen Netzwerk durchaus gelungen, Facebook und Twitter ein wenig in Wallung zu bringen (vgl. FAZ 2011, S. 11), es konnte jedoch nicht wirklich an der Vormachtstellung von Facebook rütteln (Statista 2015).

2.1.2 Historie und Phasen des Social Media

Social Media ist nicht so neu, wie angesichts der aktuellen Diskussion angenommen wird. Die Anfänge von Social Media gehen auf das Community-Marketing der Musikindustrie und damit auf die Vorzeit des Internets zurück. Dieses bildete sich aus dem überwiegend militärisch genutzten Apranet seit Ende der sechziger Jahre heraus und wurde 1993 öffentlich (vgl. Beckmann und Schulz 2008, S. 138 ff.). Erste Online Music Communities wie „MySpace" entstanden bereits in der Startphase des Internets in den neunziger Jahren (vgl. Beckmann und Schulz 2008). Nach dem Platzen der Internetblase im Jahre 2001 erfand sich das Netz als sogenanntes Web 2.0 neu (Weinberg 2014) Dabei stellt Web 2.0 und später Social Media im Grunde die Zurückeroberung des Webs durch den User dar. Die Emanzipation der Nutzer war auch Ursprungsidee des Internets, die allerdings durch dessen spätere Kommerzialisierung etwas in den Hintergrund gedrängt wurde. Social Media zielt darauf ab, die Nutzer stärker zu involvieren und Communities aller Art zu bilden, um Dialoge herzustellen. Dabei sollten aus passiven Nutzern aktive „Prosumenten" werden. Als Prosumenten werden Teilnehmer bezeichnet, die im Dialog nicht nur „aktive und mündige Partner von Unternehmen sind" (denk-selbst 2009), sondern das Netz insgesamt mitgestalten. Dazu wurden zunächst Foren und Weblogs aller Art genutzt. Später entstanden mit der Weiterentwicklung von MySpace und danach mit der Gründung von Facebook private soziale Netzwerke. Diese wurden mit einer gigantischen Mitgliederzahl zu Bestandteilen des täglichen Lebens.

Die Entwicklung virtueller Gemeinschaftsformen, in die sich Social Media einreiht, ist in Abb. 2.2 dargestellt. Social Media beschreibt diesbezüglich die Möglichkeit, auf Community-Webseiten wie z. B. Blogs, Internet-Foren, Netzwerken, Bild- und Videoportalen, Wikis, Podcasts sowie nutzergenerierten Webseiten, Erfahrungen und Informationen zu teilen und auch Beziehungen mit anderen Nutzern einzugehen (Weinberg 2014). Insgesamt stellt Social Media mittlerweile aber keine reine Kommunikationsplattform mehr dar. Es zeichnet sich ab, dass soziale Plattformen neben Kommunikationszwecken auch für den unmittelbaren Verkauf von Produkten eingesetzt und dadurch stärker als bisher wieder kommerzialisiert werden, wie auch der Begriff „F-Commerce = Facebook-Commerce" unterstreicht (vgl. Kuhnhardt 2012).

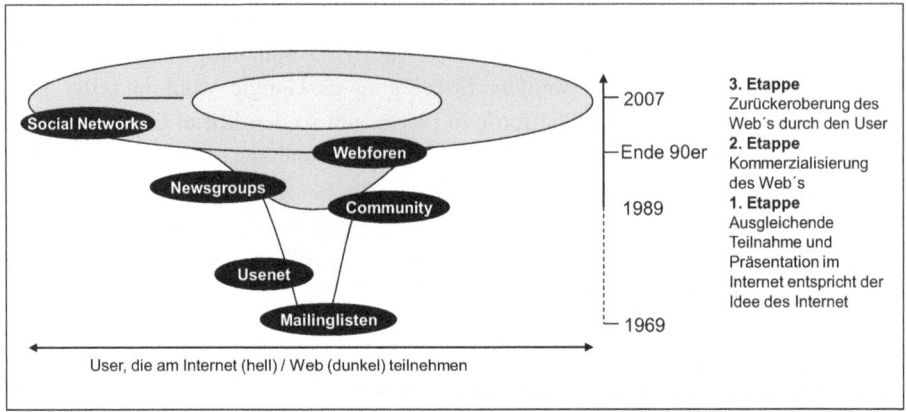

Abb. 2.2 Entwicklung virtueller Gemeinschaftsformen seit Entstehung des Apranet. (Quelle: Beckmann und Schulz 2008, S. 139)

2.1.3 Stellenwert und Relevanz von Social Media

Der Stellenwert von Social Media ist im Zusammenhang mit der weltweiten Internet-Penetration zu sehen. Diese wird eindrucksvoll durch die Größe der Facebook-Gemeinde dokumentiert. Rund 28 Mio. sollen ihr mittlerweile in Deutschland angehören. Google+ dürfte inzwischen auf rund 9 Mio. aktive Nutzer in Deutschland kommen und bei Xing tummeln sich mindesten 8 Mio. Mitglieder in der DACH-Region. Unter Berücksichtigung von Mehrfachmitgliedschaften sind hierzulande mindestens bis zu 40 Mio. Menschen in sozialen Netzen aktiv (Buggisch 2015). Unter ihnen entwickelt der Informationsaustausch im Zuge des „Social Networking" eine völlig neue Dynamik. Die Nutzer sind zwar tendenziell eher jung und mit einer leichten Differenz eher männlich. Allerdings nutzt bereits mehr als jeder zweite der über 50-Jährigen dieses Medium und vor allem die Facebook-Nutzer werden offensichtlich immer älter (Buggisch 2015). Der Zugang zu sozialen Netzen erfolgt dabei zunehmend über mobile Geräte. Bis zu 86 % der Facebook-Nutzer tun dies bereits (Statista 2015).

Wie das Fallbeispiel LG-Electronics zeigt, werden Serviceanfragen zunehmend von Freunden in sozialen Netzen beantwortet. Bereits mit wenigen Postings im Netz, die vom Unternehmen selbst kommen, können ungewöhnlich hohe Reichweiten erzielt werden. Nur 47 Blogpostings waren bei LG-Electronics in der Lage, mehr als 30.000 Serviceanfragen im Vorfeld zu klären, ohne dass die Hotline beansprucht wurde (Ich-sag-mal 2011; Heinemann 2012a, S. 10).

Rolle von Social Media für den stationären Handel
Das SoLoMo-Phänomen wird auch dadurch befeuert, dass die Nutzer online informiert bleiben wollen. Dieses gilt heute schon für die Smart Natives, für die ein permanenter Zugang zum digitalen Datenstrom normal ist. Sie fordern mobile Angebote, die

sie permanent auf dem Laufenden halten und mit ihrem Netzwerk austauschen können. Diesbezüglich schaffen lokale Echtzeit-Angebote mit Geo-Locating, weiter steigende Reaktionsschnelligkeiten, Realtime-Information und Augmented Reality interessante mobile Mehrwerte für die SoLoMo-Nutzer. Ein Mehrwert ist bereits heute unbestritten der Online-Einkauf (Statista 2014). Er ist bequem und vielfältig sowie 24 h täglich ortsungebunden möglich. Trotzdem gehen Experten nicht davon aus, dass stationäre Läden völlig verschwinden werden (brandeins 2015). Die Konsumenten wollen nicht alles online einkaufen, allerdings auch nicht auf die Vorteile eines Kanals verzichten müssen, nur weil sie gerade einen anderen Kanal nutzen. Einige Unternehmen ermöglichen deswegen ihren Kunden das parallele Shoppen. Dieses sollte allerdings nicht zu einer Abwanderung der Kunden führen. Deswegen arbeiten einige Einzelhändler derzeit an No-Line-Strategien (brandeins 2014). Online-Shopping ist für die meisten Kunden nicht mehr wegzudenken. Gerade deswegen darf der stationäre Handel nicht den Anschluss verlieren, zumal das Internet für viele Menschen bereits zum Lebensmittelpunkt geworden ist. Insofern ist auch für den stationären Händler ein zieladäquates Social-Media-Budget erfolgskritisch. Nicht selten wird dieses allerdings vernachlässigt. Alleine schon das Online-Marketing-Budget entspricht häufig nicht den Nutzungsintensitäten der digitalen Medien (ovk 2015). Insgesamt betrug in 2014 der Anteil von Internet-Werbung am Media-Mix mit 27,6 % mehr als ein Viertel des gesamten Werbeetats, was gegenüber 2013 einem Zuwachs von 6,6 % entspricht (ovk 2015). Während sich die Online-Werbung über den anhaltenden Aufwärtstrend freuen kann, verliert Printwerbung kontinuierlich an Bedeutung. Der Anteil der Internet-Werbung am Werbebudget konnte seit 2006 nahezu verdreifacht werden. In Hinblick auf die Segmente der Internet-Werbung fällt auf, dass die klassische Online-Werbung, zu der zum Beispiel Pop-ups, Werbebanner und Layer-Ads gehören, am stärksten von dieser Entwicklung profitierte (ovk 2015). Nicht in den Online-Marketingzahlen enthalten sind Ausgaben für Social Media, obwohl absehbar ist, dass die Ausgaben dafür erheblich steigen und sich dem Ausgabenniveau für Social-Media-Marketing in den USA weiter annähern werden.

Wie in Abb. 2.3 dargestellt, lagen die Ausgaben für Social Media in 2015 in den USA durchschnittlich bei 6,2 % des Gesamt-Online-Marketingbudgets und sollen in 2016 überproportional anwachsen: Während die gesamten Online-Marketing-Ausgaben um 12,8 % auf 76,6 Mrd. US$ ansteigen werden, nehmen die Social-Media-Ausgaben um mehr als 18 % zu. Dieses steht etwas im Kontrast zu den deutschen Unternehmen. In Deutschland ist es den meisten Werbetreibenden bisher gar nicht bzw. kaum gelungen, ihre Aktivitäten richtig zu koordinieren. Während auf der einen Seite mittlerweile etliche Unternehmen gewillt sind, ihre Spendings für Social Media zu erhöhen, fehlt es ihnen auf der anderen Seite an Möglichkeiten, die sozialen Aktivitäten in ein umsetzungsfähiges Konzept zu fassen. So lassen sich die Aktivitäten auf Facebook, Twitter und Co. kaum mit den herkömmlichen Marketingmaßnahmen vergleichen. Insbesondere der Aufbau eines dauerhaften Dialogs mit der breiten Masse, der für Social Media notwendig ist, fällt vielen Unternehmen schwer (BVDW 2015). Die BVDW-Studie „Social Media in Unternehmen" aus 2014 zeigt auf, dass immer noch viele Gründe für die Nichtnutzung

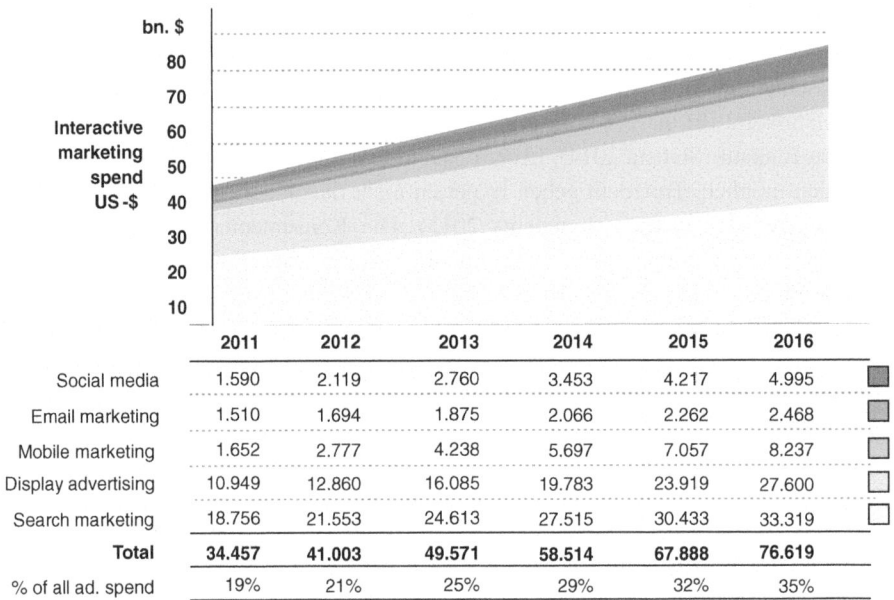

	2011	2012	2013	2014	2015	2016	
Social media	1.590	2.119	2.760	3.453	4.217	4.995	■
Email marketing	1.510	1.694	1.875	2.066	2.262	2.468	□
Mobile marketing	1.652	2.777	4.238	5.697	7.057	8.237	▨
Display advertising	10.949	12.860	16.085	19.783	23.919	27.600	□
Search marketing	18.756	21.553	24.613	27.515	30.433	33.319	□
Total	34.457	41.003	49.571	58.514	67.888	76.619	
% of all ad. spend	19%	21%	25%	29%	32%	35%	

Abb. 2.3 Forecast US Interactive Marketing Spend, 2011 to 2016. (Quelle: Lappe 2015)

von Social-Media-Aktivitäten aufgeführt werden (BVDW 2015). Rund 24 % geben an, dass dieses für die Zielgruppe nicht relevant sei. Bei rund 40 Mio. sozialen Netzwerkern in Deutschland stellt sich dabei allerdings die Frage, welche Art von Zielgruppen von den Unternehmen bearbeitet werden. Gleiches gilt für das Produkt, wenn angeblich in 18 % der Fälle Social Media nicht für das Produkt relevant sein soll. 16 % aller Unternehmen lehnen grundsätzlich Social Media ab und 14 % geben an, keine Zeit dafür zu haben. Für weitere 14 % entspricht es nicht der Ausrichtung und in 8 % aller Fälle ist schlicht und ergreifend kein Budget vorhanden (BVDW 2015).

Wie das Adzine-Magazin für Online-Werbung darstellt, sind im Durchschnitt nur rund 50.000 EUR pro Jahr erforderlich, um Social-Media-Funktionen in die Website einzubinden und diese für ein Jahr upzudaten. Dabei besteht eine optimale Social-Media-Integration aus den folgenden drei Elementen (vgl. Adzine 2012):

- Alle relevanten sozialen Netzwerke müssen jeweils separat mit der eigenen Website verknüpft werden.
- Die Website muss hinsichtlich Funktionalität und Usability derart optimiert werden, dass alle Vorteile der sozialen Netzwerke auch nutzbar sind.
- Die Nutzerdaten aus den sozialen Netzwerken sollten sinnvoll gesammelt und ausgewertet werden, um sie für das eigene Online-Marketing einsetzen zu können.

Die ersten beiden Elemente können durchaus bis zu 60 Entwicklerstunden pro Netzwerk beanspruchen. Auf der anderen Seite können mit einer einzigen Schnittstelle bzw. Application Programming Interface (API) die Integrationskosten um bis zu 80 % gesenkt werden (vgl. Adzine 2012).

2.1.4 Zukunftsaussichten von Social Media

Die rund 50 Mio. erwachsenen Nutzer in Deutschland betrachten ihr Smartphone zunehmend als natürlichen Bestandteil ihrer Einkaufsprozesse (kaufDA 2015). Sie erwarten auf ihrem Smartphone ein weitaus größeres Leistungsspektrum, als sie es aus der stationären Internet-Nutzung kennen. Vor allem lokale Funktionen und soziale Netzwerke werden durch Smartphones in Zukunft eine noch größere Rolle spielen als heute schon. Dieses sogenannte SoLoMo-Phänomen wird auch dadurch befeuert, dass die Nutzer online relevant bleiben wollen. Dieses gilt bereits für die Smart Natives, für die ein permanenter Zugang zum digitalen Datenstrom normal ist. Sie fordern mobile Angebote, die sie permanent auf dem Laufenden halten und mit ihrem Netzwerk austauschen können. Diesbezüglich schaffen lokale Echtzeit-Angebote mit Geo-Locating, weiter steigende Reaktionsschnelligkeiten, Realtime-Information sowie Augmented Reality interessante mobile Mehrwerte für die SoLoMo-Nutzer. Ein Mehrwert ist bereits heute unbestritten der Online-Einkauf (kaufDA 2015; Go-Smart-Studie 2012, S. 30–31; Mindwyse 2011; Heinemann 2012b). Er ist bequem und vielfältig sowie 24 h täglich ortsungebunden möglich. Trotzdem gehen Experten nicht davon aus, dass stationäre Läden völlig verschwinden werden (eTailment 2015; brandeins 2015).

Die Konsumenten wollen nicht alles online einkaufen, allerdings auch nicht auf die Vorteile eines Kanals verzichten müssen, nur weil Sie gerade einen anderen Kanal nutzen. Einige Unternehmen ermöglichen deswegen ihren Kunden das parallele Shoppen oder zumindest eine Präsenz in sozialen Netzen, um einer Abwanderung der Kunden entgegenzuwirken. Auch in der Markenartikelindustrie stellt sich zunehmend die Frage, welche Rolle Social Media künftig spielen sollen. Immerhin erwarten bereits 45,7 % der Konsumenten von Unternehmen, die in sozialen Medien unterwegs sind, dort auch für Fragen direkt ansprechbar zu sein (vgl. Abb. 2.4). Dieses bestätigt eine Untersuchung von Social Minds aus 2012, die bereits interessante Hinweise auf die Erwartungen der Kunden an Marken im sozialen Netz aufdeckte (Horizont 2012). Dabei ging es vor allem um Glaubwürdigkeit und Authentizität. Neben schnellen und ehrlichen Hinweisen von Anbieterseite geht es den Nutzern vor allem auch um Empfehlungen für bestimmte Marken (36 %) und konkrete Kaufempfehlungen (47 %). In 38 % der Fälle erwarten die User auch konkrete Empfehlungen für den Nichtkauf, wenn schlechte Erfahrungen mit dem Produkt gemacht wurden.

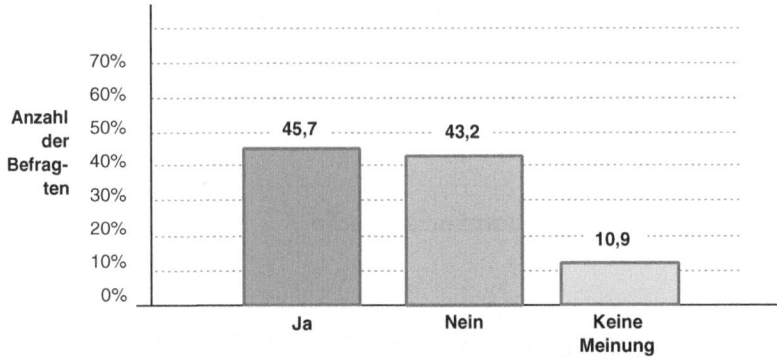

Abb. 2.4   Erwartungen an Erreichbarkeit von Marken im sozialen Netz. (Quelle: Statista 2016)

2.2   Social Commerce als neue Form des Handels

Social Commerce kann als Symbiose von E-Commerce und Social Media angesehen werden (Haarhaus 2013). Bereits heute wird die Online-Umwelt stark durch Social Media beeinflusst. Insofern sind die Übergänge mehr oder weniger fließend. Deswegen sollen im Folgenden sowohl die Entwicklungsstufen als auch die unterschiedlichen Formen des Social Commerce beleuchtet werden. Die Ausführungen beziehen sich auch auf eine vom Autor betreute Master-Thesis von Heike Haarhaus zu diesem Thema (vgl. Haarhaus 2013).

2.2.1   Besonderheiten und Relevanz des Social Commerce

Obwohl Social Commerce weiterhin ein Dauerbrenner im E-Commerce ist, liegt noch keine genaue Begriffsbestimmung vor (Weiß 2014; Haarhaus 2013). Die bestehenden Definitionen werden in der Regel sehr breit gehalten. Während beinahe jeder über Social Commerce spricht, verstehen offensichtlich nur recht wenige Firmen das dahinter liegende Konzept richtig. Offensichtlich ist, dass es ähnlich wie in den sozialen Medien um den Austausch bzw. Dialog zwischen Kunden geht, allerdings im Zusammenhang mit dem Online-Shopping (Weiß 2014). In den meisten Fällen wird unter dem Begriff allenfalls Social Marketing verstanden (vgl. Chaney 2012b). Um mehr Klarheit in die Diskussion zu bringen, wird Bezug genommen auf die beiden Komponenten E-Commerce und Social Media. Auf Basis dieser beiden Komponenten hat Heike Haarhaus eine Checkliste für Social Commerce entwickelt. Die erste Komponente „E-Commerce" stellt ganz klar den Transaktionsbezug heraus, wodurch der Ankauf und Verkauf von Produkten oder Services via Internet eine wesentliche Bedingung ist (Weiß 2014; Haarhaus 2013; Wikipedia 2016a). Bezug nehmend auf Kollmann, besteht E-Commerce im Wesentlichen aus den vier Komponenten Content, Commerce, Context und Connection. In den Anfangsjahren war das Internet durch den

E-Content und die E-Connection dominiert (Kollmann 2013). In den letzten Jahren haben sich allerdings verschiedenste Online-Services etabliert, die mehr als eine dieser Komponenten in sich vereinen, wodurch eine exakte Kategorisierung schwierig geworden ist. Wirtz definiert E-Commerce als „Initiierung, Verhandlung und Ausführung von geschäftlichen Transaktionen via Internet" (Wirtz 2013; Heinemann und Schwarzl 2010). Diese Definition kennzeichnet die Transaktion als wesentliche Voraussetzung für den E-Commerce. Diese ist Schlüsselfaktor bei der Abgrenzung zu anderen Formen des E-Business. Eher generelle Definitionen und Erklärungen des Social Commerce heben hervor, dass dieser mehr indirekt zum Umsatz beiträgt und weniger als direkter Verkauf zu verstehen ist (Lückemeier 2012). Ein derartiges Verständnis mag in vielen Fällen richtig sein, allerdings bedarf die Möglichkeit echter „In-stream-Transaktionen" ganz anderer Lösungen, die den gesamten Einkaufsprozess berücksichtigen. Wenn allerdings ein Konsument im sozialen Netzwerk nicht „in-stream" bezahlen kann, handelt es sich folglich nicht um Social Commerce, sondern allenfalls um Werbung bzw. Kommunikation (Chaney 2012a). Als zweite Komponente neben E-Commerce ist Social Media zu berücksichtigen oder zumindest soziale Features beim Einkauf. Der Begriff „social" deutet bereits auf eine natürliche Charakterisierung von Menschen und ihrer Bedürfnisse für Koexistenz und Interaktion untereinander hin (Wikipedia 2016c). Sozial zu sein bedeutet, dass Menschen es mögen, miteinander zu interagieren und kommunizieren. Deswegen ist ein soziales Netzwerk mit bestehenden Freunden von herausragender Bedeutung. Diese soziale Komponente ist omnipräsent und nimmt maßgeblichen Einfluss auf die Einkaufsaktivitäten. Während auch beim Offline-Shopping die Konsumenten gerne kommunizieren sowie Empfehlungen und Ratschläge erhalten, bietet der stationäre Einkauf – wenn gewünscht – auch weitere, darüber hinausgehende Unterstützungsmöglichkeiten. Und dabei werden alle sozialen Interaktionen beim stationären Einkauf auch in „real-time" dargeboten. Was das aber für den Social Commerce bedeutet, bedarf einer weiteren Spezifizierung: Seit die Konsumenten erwarten, dass ihre Online-Einkaufserfahrung dem stationären Einkauf in nichts nachsteht, sind soziale Interaktionsmöglichkeiten quasi zu einem Muss in der Online-Shopping-Welt geworden. Diesbezüglich heißt es, dass Social Commerce eine Art kollektiver Einkaufserfahrung darstellt (Grabs und Bannour 2011, S. 332). Konsumenten erwarten, mit solchen sozialen Features unterstützt zu werden, die ihnen eine sofortige Verbindung zu Freunden ermöglichen, wie es z. B. in Chat-Programmen der Fall ist. Sie möchten mit Ratings und Empfehlungen anderer User versorgt werden, idealerweise mit personalisierten Ratschlägen. Chats oder Co-Browsing-Funktionen, die von Konsumenten zum Austausch von Produkterfahrungen oder -meinungen in „real-time" nutzbar sind, werden von diesen hoch geschätzt und ermöglichen ihnen ein Einkaufserlebnis, das dem Offline-Einkauf in nichts nachsteht (vgl. Weave 2012, S. 223). Derartige Tools werden entwickelt und implementiert, um den Konsumenten smarte und positive Einkaufserlebnisse zu ermöglichen. Im Gegenzug erhalten Händler die Möglichkeit, auf die Kunden zu hören und diese zu verstehen sowie ihnen maßgeschneiderte Lösungen anbieten zu können (etailment.de 2012a). Neben der Offline-Shopping-Erfahrung können auch spezifische Charakteristika der Social Media genutzt werden, um die Parameter des Social Commerce genauer zu definieren. Wenn sich z. B. in Anlehnung an die Spezifika der

Social Media wesentliche Aspekte im User-Generated-Content (UGC) wiederfinden, deutet dieses ebenfalls auf ein hohes Maß an Interaktivität hin. User-Generated-Content kann dabei auch gut für ein Community Building im Social Commerce genutzt werden. User sollen dazu befähigt werden, eine Beziehung mit anderen Konsumenten aufzubauen, was auch Führung verlangt. Social Commerce stellt insofern eher ein sozialwissenschaftliches als ein technologisches Konzept dar, obwohl dieses natürlich im Backend auch einer technologischen Umsetzung bedarf (vgl. Mühlenbeck und Skibicki 2007, S. 198). Bezug nehmend auf den UGC befähigt Social Media die User auch, zusätzlich als Produzent tätig zu werden. Dieses bedeutet, dass Käufer zugleich auch als Verkäufer tätig werden können. Insofern hat eine Umorientierung dahin gehend stattzufinden, dass die Konsumenten mit dem Anbieter interagieren und von diesem partizipieren können. Das erfordert wiederum eine gewisse Relevanz für das Geschäft, also eine umfassende Berücksichtigung der entsprechenden Einflussmöglichkeiten durch die Kunden im Geschäftsmodell. Deswegen geht Social Commerce auch mit einer neuen Art von Freiheit einher, mit der die User ihre Rolle wählen können, die sie im Rahmen des Transaktionsprozesses spielen möchten. Dabei kann es sich entweder um die Perspektive des Konsumenten, Produzenten oder Ratgebers handeln (vgl. Mühlenbeck und Skibicki 2007, S. 107). Die Möglichkeit für Kunden, auch aktiv über die Plattform zu verkaufen, kann als höchste Stufe des Social Commerce angesehen werden. Dabei ist die Steigerung des „Customer Values" ein wesentliches Element des Social Commerce. Dieser stellt insbesondere durch die umfassenden Möglichkeiten des Kunden-Involvements eine völlig neue Betriebsform des Einzelhandels dar (Weiß 2014; Marketing-blog.biz 2012). Eine Kundenwertsteigerung kann nur erreicht werden, wenn der Händler neue „soziale Instrumente" bereitstellt. Diese müssen den Kunden in die Lage versetzen, ihre eigenen Probleme lösen oder bei der Lösung anderer Kundenprobleme helfen zu können (Weinberg 2014; Marsden 2012b). Wenn damit den Usern die Möglichkeit gegeben wird, sich einer gewissen sozialen Intelligenz zu bedienen, können sie auch bessere Kaufentscheidungen treffen, wodurch die Kundenzufriedenheit steigt. Nicht ohne Grund finden sich mittlerweile Online-Händler auf den obersten Plätzen bei der Kundenzufriedenheit (OC&C Strategy Consultants 2013, 2014). Bezug nehmend auf Marsden, beschreibt soziale Intelligenz eine menschliche Fähigkeit, von anderen Leuten einfach durch Beobachtung zu lernen (Marsden 2012a). Soziale Probleme können beispielsweise dadurch gelöst werden, dass ein gewisser sozialer Status ermöglicht wird. Als Beispiele lassen sich exklusive Fan-Angebote oder limitierte Auflagen mit begrenztem Zugang nennen. Aber auch soziale Verknüpfungen durch Einkaufsangebote wie das „Group Buying", „Online-Gifting" oder eine „Wish List" ermöglichen soziale Sonderstellungen (vgl. Weave 2012, S. 224). Diese Beispiele zeigen, dass der Social Commerce auf Transaktionsmöglichkeiten beruhen muss. Social Marketing und Social Media sind sicherlich im Einzelhandel relativ weit verbreitet, aber nur wenige Unternehmen haben verstanden, dass dazu auch echter Commerce in Social-Media-Portale integriert werden muss. Neben einer „In-Stream-Transaction" sollten auch entsprechende „Social Tools" bereitgestellt werden. Weiterhin bedarf es einer aktiven Kundenbeteiligung sowie eines hohen Grades an Personalisierung und Individualisierung. Die Anforderungen an Social Commerce sind in Abb. 2.5 dargestellt. Dabei ist darauf

Checkliste für Social Commerce		
1. Commerce	Ja	Nein
- Transaktion muss abgeschlossen werden ohne Seite zu verlassen		
- Erträge aus aktuellen Produktverkäufen; Umsatzzuflüsse aus Werbeaktivitäten oder ähnlichen Aktivitäten zählen nicht		
2. Social	Ja	Nein
- Konsument muss bei Problemlösung oder Lösung sozialer Probleme unterstützt werden		
- User sollten befähigt werden aktiv auf Social Media zu partizipieren-Freiheit der Wahl und Rolle		
3. Result	Ja	Nein
- Individualisierte Produkte und Kauferfahrungen für den Händler		
- Sozialer Nutzen für den Kunden		

Abb. 2.5   Checkliste für Social Commerce. (Quelle: Haarhaus 2013)

hinzuweisen, dass Social Commerce nicht nur ein Thema ausschließlich für die Online-Welt ist, sondern auch darüber hinausgeht. Moderne Social-Commerce-Aspekte sollten auch im stationären Handel Berücksichtigung finden, was durch das mobile Internet ja auch möglich geworden ist (vgl. Weave 2012, S. 224). Dieser Aspekt wird vor allem im empirischen Teil noch einmal aufgegriffen.

Relevanz des Social Commerce

Social Media sind zu einem nicht mehr wegzudenkenden Tool für das Internet geworden und beeinflussen in hohem Maße die Online-Kaufentscheidungen. Sie befähigen ihre Nutzer, in alle Richtungen sowie untereinander einfach zu kommunizieren. Die Kunden von heute checken die Social-Media-Präsenz ihrer Einzelhändler, dessen Bewertungen und Empfehlungen über sie und tauschen Informationen über spezifische Produkte und Händler in ihrem sozialen Netzwerk untereinander aus (Weinberg 2014; Weave 2012, S. 224). Aufgrund der dadurch zunehmenden Kommunikation und des durch Social Media angestiegenen Datenaustausches sind Einzelhändler transparenter geworden. Potenzielle Kunden sind jetzt in der Lage, die Aktivitäten, Angebote und Leistungsversprechen der Händler zu überprüfen. Diese Entwicklungen führen auch zu einer veränderten Customer-Journey, weg von einer linearen Reihenfolge von Phasen, hin zu einem kreislaufartigen Entscheidungsprozess mit einer konstanten Feedback-Schleife zum sozialen Netz (Marsden 2012a). Insofern ist eine neue Einkaufsumgebung für den Einzelhandel entstanden. Insbesondere die neuen Einstellungen gegenüber sozialen Netzwerken sind Treiber des Social Commerce. In einer Welt aus Social Media und permanentem Feedback über Produkte und Leistungen sind neue Erfolgsfaktoren für die Händler entstanden. Social Media

sind zu einem entscheidenden Treiber für das Internet, viele Einkaufsentscheidungen dort
und damit für den Online-Handel geworden (Heinemann 2016). Sämtliche Untersuchungen zu dem Thema zeigen, dass Kunden mehrheitlich Produktbewertungen und Empfehlungen vor ihrem Einkauf lesen oder Produkte mit positiven Kommentaren anderer Nutzer
kaufen würden (Kreutzer 2014; Chaney 2012a). Immerhin rund ein Drittel bemerken,
dass sie keine Transaktion auf Basis von negativen Bewertungen ausführen würden (Chaney 2012a). Dieses bestätigt, wie wichtig Kommentare, Bewertungen und Rankings für
den Einkaufsprozess geworden sind (Haug 2013a, b; Mindwyse 2011; Mühlenbeck und
Skibicki 2007). Zudem steigt die Relevanz von User-Generated-Content (UGC) umso
mehr, je besser sich die involvierten Personen persönlich kennen. Dementsprechend
geben befreundete User mehrheitlich an, dass sie sich eher von Freunden, Familienmit-
gliedern oder Kollegen/-innen vor einem Kauf inspirieren lassen. Deswegen überrascht
auch nicht, dass rund zwei Drittel der Kunden diese – ihnen näherstehende – Gruppe lieber als Informationsquelle für eine Einkaufsentscheidung nutzen (Intertone 2010). Vor
allem Facebook, Twitter und Community-Blogs haben wesentlich die neuen Formen der
„Peer-to-Peer"-Kommunikation und -Information im Handel induziert. In einer Untersuchung der Marketingagentur SteelHouse aus 2012 gab annähernd die Hälfte der Befragten an, dass sie ein auf Social-Media-Seiten bewertetes oder empfohlenes Produkt oder
einen Service gekauft hätte (Chaney 2012a). Konsumenten vertrauen derartigen Informationsquellen deutlich mehr als den Werbekampagnen etablierter Handelsunternehmen. Ein
wesentlicher Grund dafür liegt darin begründet, dass derartige traditionelle Werbeformen
ohnehin schon als wenig glaubhaft angesehen werden (Haug 2013a, b; Kreutzer 2014).
Abb. 2.6 illustriert im Detail, in welchem Ausmaß Kunden den unterschiedlichen Werbeformen trauen.

Die Fakten sprechen dafür, dass es immer weniger möglich wird, durch traditionelle
Werbung das Einkaufsverhalten zu beeinflussen. Händler sind deswegen gefordert, in
ihren Marketingaktivitäten das eher dynamische Einkaufsverhalten der modernen Kunden zu berücksichtigen, wie in der Customer-Journey zum Beispiel beschrieben. Dieses

To what extend you trust the following forms of adverising?

Globale average	Trusted completely/ someswhat	Don´t Trust Much At Al
Recommendations from people I know	92%	8%
Consimer options posted online	70%	30%
Aditorial content such as newspaper articles	58%	42%
Brandes websites	58%	42%
Emails I signed up for	50%	50%
Ads on TV	47%	53%
Online banner ads	33%	67%
Disploay ads on mobile devices	33%	67%

Abb. 2.6   Global Trust in Advertising. (Quelle: Strategicmarketingadvisors 2011)

gilt umso mehr für abverkaufsorientierte Werbeinhalte. Es unterstreicht die wachsende Bedeutung von sozialen Filtern im Einkaufsprozess. Zudem realisieren viele Unternehmen, dass immer mehr Kunden-Traffic über Social-Media-Plattformen, und dabei insbesondere Facebook, auf Basis von Empfehlungen aus dem Facebook-Freundeskreis generiert wird. Einige Händler haben infolge dieser Entwicklung damit begonnen, nach Wegen zu suchen, dieser Entwicklung hin zu interaktiven Einkaufsformen Rechnung zu tragen und damit das Potenzial des Social Commerce zu nutzen. Die Überlegung dabei ist, dass der Austausch von Produktinformationen in sozialen Netzen eigentlich schon eine Steilvorlage dafür ist, diese Produkte mit einer Kaufmöglichkeit direkt im sozialen Netz anzubieten. Wenn aber schon Mitglieder gewillt sind, sich als Fans zu outen und kaufrelevante Informationen zu sammeln oder auszutauschen, wieso dann nicht eine Kaufmöglichkeit für die betroffenen Angebote direkt dort integrieren, wo potenzielle Nutzer darüber reden, gleich, ob es bei der Marke oder beim Händler erfolgt? Schließlich liegt es im Interesse des Anbieters, das Potenzial der „Mund-zu-Mund"-Propaganda maximal für sich zu nutzen und dementsprechend auch die Social-Media-Aktivitäten direkt in den Kaufprozess zu integrieren. In dieser Hinsicht erscheint die Fusion von Social Media und E-Commerce vielversprechend. Im Marketing ist die Nutzung von Social-Media-Elementen bereits als Standard gesetzt, genauso wie auch das Online-Marketing als Teilfunktion (Kreutzer 2014). Eine ähnliche Entwicklung dürfte auch für deren Nutzung im E-Commerce zu erwarten sein. Insofern stellt Social Commerce eine natürliche Weiterentwicklung des Social Media dar. Den Kunden zu helfen, sich zu verbinden, wo sie einkaufen oder ihren Einkauf beginnen, stellt ein effektives Tool dar, um mit der disruptiven Veränderung Schritt zu halten. Die Online-Händler, die dieses bereits getan haben, gelten als modern und zeitgemäß im Vergleich zu solchen mit „starrer Website" ohne Social-Media-Elemente. Deswegen ist auch zunehmend eine Polarisierung von bereits veralteten Online-Konzepten einerseits und neuen, modernen Online-Shops andererseits zu beobachten (Heinemann 2016). In der Schlussfolgerung lässt sich feststellen, dass der Online-Handel durch Social Media und deren Nutzung eine neue Evolutionsstufe erreicht hat. Das Social Web ist zu einer neuen Art moderner Einkaufsberatung geworden. Inwieweit dieses Bestand hat und weitere Potenziale in sich birgt, soll im Folgenden geklärt werden.

Potenzial des Social Commerce
Experten gehen von einem enormen Potenzial für den Social Commerce aus, wenn auch die umfassende Nutzung von Social-Media-Tools auf E-Commerce-Plattformen bereits eine Form des Social Commerce darstellt. Dieses führt zu der unmittelbaren Empfehlung, dass jede E-Commerce-Website davon Gebrauch machen sollte. Über kurz oder lang wird E-Commerce dadurch in eine neue Evolutionsstufe eintreten und zum Social Commerce mutieren; „E-Commerce is over. Long Live Social Commerce" (Marsden 2011a). Eine Studie von Econsultancy belegt, dass 90 % der Einkäufe mehr oder weniger einem sozialen Einfluss unterliegen, sei es durch Empfehlungen von Freunden oder visuelle Inspiration. Und genau dieses Ausmaß sozial beeinflusster Einkäufe spiegelt das

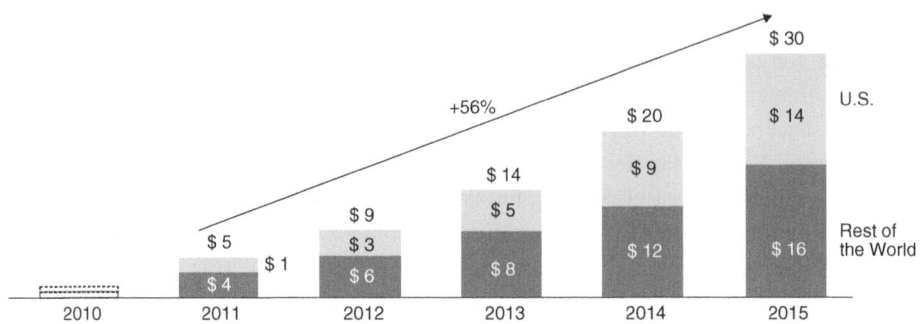

Abb. 2.7 Marktvolumen für Social Commerce. (Quelle: Grahamrose 2011 in Anlehnung an Booz & Company)

Volumen und Potenzial des Social Commerce wider (Marsden 2011a). Die Unternehmensberatung Booz & Company schätzt das Marktvolumen für E-Commerce in sozialen Netzwerken weltweit auf rund 30 Mrd. US$ für das Jahr 2015 (internetworld.de 2012). Abb. 2.7 stellt die entsprechende Entwicklung der Social-Commerce-Umsätze von 2011 bis 2015 dar. Die rund 5 Mrd. US$ entsprachen in 2011 knapp 0,8 % der weltweiten E-Commerce-Umsätze von über 700 Mrd. US$ (Grahamrose 2011). Bis auf 2015 wird sich der Anteil voraussichtlich auf gut 2 % an dem dann geschätzt über 1500 Mrd. US$ betragenden „E-Commerce-Kuchen" erhöht haben.

Facebook spielt eine wichtige Rolle bei der Realisierung dieser Social-Commerce-Potenziale, vor allem wenn die weltweit rund 1,6 Mrd. Nutzer dafür aktiviert werden können. Insofern ist abzusehen, dass Social Commerce sich auch betriebswirtschaftlich in der GuV des Händlers niederschlägt (vgl. Marsden 2012b). Vor allem wegen des Potenzials dürfte es keine Frage mehr sein, ob mit Social Commerce gestartet wird, sondern nur wann.

2.2.2 Entwicklungsstufen des Social Commerce

Social Commerce hat sich in mehreren Stufen entwickelt und wurde im Wesentlichen durch die technologische Entwicklung und die dadurch induzierte Veränderung des Konsumentenverhaltens getrieben (Haarhaus 2013). Der erste Schritt erfolgte bereits durch die Einführung von Search-Funktionen und die Möglichkeit zur Nutzung von Preisvergleichsseiten (Böge 2012; Haderlein 2012). Suchmaschinen machen es dem Kunden einfach, Produkte und Informationen zu finden. Allerdings vernetzen sie User nicht in reiner Form, so wie Preisvergleichsseiten es auch nicht tun. Beide Tools erfüllen zwar nicht die Kriterien für Social Commerce, haben aber wesentlich zu dessen Entwicklung beigetragen, da sie Informationen liefern, über die sich User auf sozialen Netzen austauschen. Spätestens seit Einführung von Google+ dürfte sich die isolierte Betrachtung geändert haben.

Social Commerce in seiner reinen Form kann nach Expertenmeinung in drei Entwicklungsphasen eingeteilt werden (vgl. Abb. 2.8):

Abb. 2.8 Stufen des Social
Commerce. (Haarhaus 2013)

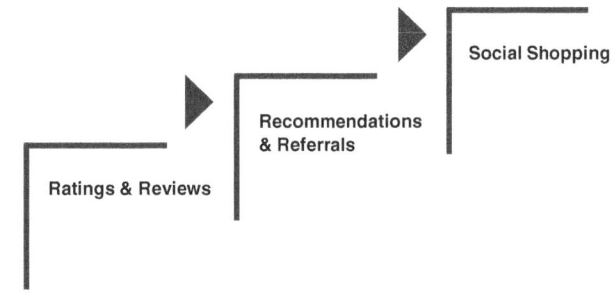

- **Erste Phase des Social Commerce – „Pre-Tool Level".** Die erste Phase des Social Commerce betrifft die Einführung von Ratings und Reviews. Diese als „Feature Level" bezeichnete Phase betrifft Kundenreviews, Expertenmeinungen sowie gesponserte Reviews (Lückemeier 2012). Kundenreviews dürften heutzutage zu den wichtigsten Informationsquellen gehören, zumal sie als authentisch angesehen und deswegen von den Nutzern am höchsten wertgeschätzt werden. Derartige Reviews und Rankings können entweder auf der Website integriert werden oder aber auf bestimmten Rating-Portalen vorgefunden werden. Je mehr Ratings in einem Shop aufgeführt sind, umso besser korrespondieren diese mit Suchmaschinen und sind insofern auch ein geeignetes SEO-Instrument zur „Search Engine Optimization" (Mayer 2012). Reviews und Ratings sind nicht neu. Große Online Player wie Amazon und eBay bieten diese Features schon seit jeher an. Derartige Tools unterstützen Kunden maßgeblich während ihres Einkaufsprozesses, da sie vor allem verlässliche Informationen liefern und zugleich helfen, bessere Einkaufsentscheidungen zu treffen. Sie verbinden aber die Kunden nicht und lassen kollaborative Aspekte völlig außer Acht. Insofern können sie auch nur als erste Phase oder besser als Einstieg in den Social Commerce betrachtet werden.
- **Zweite Phase des Social Commerce – „Tool Level".** Die Zweite Phase des Social Commerce wird repräsentiert durch Hinweise und Empfehlungen. Diese als „Tool-Level" bezeichnete Phase beinhaltet persönliche Empfehlungen, Hinweis-Programme (Referral) sowie soziales Bookmarking (Böge 2012). Persönliche Empfehlungen basieren in der Regel auf eigenen Kauferfahrungen oder Empfehlungen von Freunden. Individualisierte Angebote nehmen Bezug auf persönliche Vorlieben und machen diese umso wertvoller. Vor allem Empfehlungen von Freunden haben einen enormen Einfluss auf heutige Kaufentscheidungen und fügen ihnen einen deutlich höheren „Sozialisierungsgrad" zu. Dabei kennzeichnet diese zweite Stufe vorrangig produktbezogene Informationen.
- **Dritte Phase des Social Commerce – „Conceptual level".** Die dritte Phase des Social Commerce stellt die höchste Evolutionsstufe des Social Commerce dar. Sie wird auch als „Conceptual Level" bezeichnet. Während die beiden ersten Stufen in Bezug auf die soziale Interaktion der Kunden untereinander und das Mapping von

Offline-Kaufentscheidungen limitiert waren, ermöglicht die dritte Stufe eben diese
Aspekte. Sie kennzeichnet das eigentliche „Social Shopping". In der Literatur wird
dieses oft synonym mit dem Begriff Social Commerce verwendet. „Social Shopping
is a method of e-commerce where shoppers' friends become involved in the shopping
experience. Social shopping attempts to use technology to mimic social interactions
found in physical malls and stores" (Wikipedia 2016b). Diese Definition spiegelt die
synonyme Verwendung von Social Shopping mit dem Social Commerce wieder, weswegen sie auch als höchste Evolutionsstufe betrachtet wird. Dennoch sollten beide
Begriffe differenziert werden. Social Shopping stellt eher eine logische Weiterentwicklung dar.

Da auch die technologische Entwicklung weiter fortschreitet, kann angenommen werden, dass sich auch der Social Commerce in Zukunft rapide weiterentwickeln und zu
neuen Tools führen wird. Dieses wird allerdings je nach vorliegender Form des Social
Commerce unterschiedlich sein.

2.2.3   Kategorisierung von Social Commerce

Das Konzept des Social Commerce bietet zahlreiche Vorteile sowohl für User als auch
für Händler. Social Commerce erhöht das Online-Shopping-Erlebnis. Durch das Angebot einer sozialen Umgebung steigt die Kundenzufriedenheit, was wiederum die Kundenloyalität verbessert. Zugleich bietet der Händler echte Wettbewerbsvorteile und einen
Added Value, die ihn gegenüber seinen Mitbewerbern positiv hervorheben. Neue Inspira-
tionsquellen und persönliche Empfehlungen steigern den angenommenen Kundennutzen.
Zudem ist der Kunde in der Lage, neue und bessere Produkte zu entdecken, als sie ein
Algorithmus finden könnte. Dieses wiederum beeinflusst Abverkauf und damit Umsatz
positiv (Heinemann und Gehrckens 2015; Weiß 2014; Chaney 2012c; Lückemeier 2012).
Ratings, Reviews und Empfehlungen verbessern die Beziehung zwischen Kunden und
Marken oder Händlern. Integrierte Informationen über Likes von Freunden und Käufen
in einem Online-Shop führen ebenfalls zu einer höheren Kaufwahrscheinlichkeit von
Produkten. Darüber hinaus beinhalten personalisierte und komplementäre Empfehlungen
ein hohes Cross-Selling-Potenzial. Wenn Händler sich für den Verkauf auf einer Social-
Media-Plattform entscheiden, verfügen sie über einen zusätzlichen Absatzkanal, der zu
zusätzlichen Umsätzen führt. Durch die Möglichkeit zum Kauf in einer Umgebung, in
der die potenziellen Kunden bereits über die entsprechenden Produkte und Marken spre-
chen, werden vor allem Impulskäufe stimuliert (Kreutzer 2014; Steimel 2011). Social
Commerce baut Grenzen zwischen Kommunikation und Kommerz ab und ermöglicht
Sofortkäufe, wodurch Impulskäufe steigen. Social-Media-Aktivitäten können insofern
auch durch einen Return-on-Investment (ROI) gemessen werden. Das Monitoring dieser
Aktivitäten auf einer objektiven Basis ist auch wichtig, um die richtige Balance zwischen
Einnahmen und Ausgaben zu halten (Kreutzer 2014; Chaney 2012c). Ein weiterer Vorteil

des Social Commerce wird durch eine erhöhte Anzahl an Kundendaten erreicht, die auf persönlichen Interessen und sozialer Interaktion beruhen. Diese verbessern den Einblick in die Kunden und eröffnen die Möglichkeit für eine Optimierung des Customer-Relationship-Managements (CRM). Zusätzlich können Informationen über die Präferenzen der Kunden genutzt werden, um die Angebote im eigenen Online-Shop zu verbessern. Dieses betrifft zum Beispiel das Sortiment oder Visual Merchandising, das an die Präferenzen angepasst werden kann. Insofern hilft Social Commerce Händlern auch, ihre Absatzstrategien kundenorientiert auszurichten und nicht nur Absatz zu stimulieren. User werden in hohem Maße integriert und fühlen sich auf diese Weise mehr als ein Teil des Geschäftes und nicht als ein externer Faktor. Überzeugte Kunden sind eher bereit, ihre positiven Erfahrungen zu teilen. Deswegen ist Social Commerce auch gut geeignet für Virales Marketing.

2.2.4   Zukunftsaussichten des Social Commerce

Insgesamt wird deutlich, dass sich Social Commerce von der anfänglichen Integration sozialer Tools in bestehenden Online-Shops über die weitere Implementierung von Verkaufsfunktionen in soziale Netze bis hin zu völlig neuen Geschäftsmodellen weiterentwickelt hat. Als Ergebnis der skizzierten Entwicklungsstufen lassen sich drei verschiedene Formen des Social Commerce differenzieren, und zwar die Sozialisierung des E-Commerce, die Kommerzialisierung von Social Media sowie neue Social-Commerce-Geschäftsmodelle (vgl. Abb. 2.9).

- **Die Sozialisierung des E-Commerce** beschreibt den Transformationsprozess vom klassischen E-Commerce hin zum Social Commerce durch die Integration von sozialen Tools in bereits bestehende Online-Shops. Ideen und Meinungen zu teilen sowie

Abb. 2.9   Formen des Social Commerce. (Quelle: Haarhaus 2013 in Anlehnung an Mücke Sturm & Company 2011)

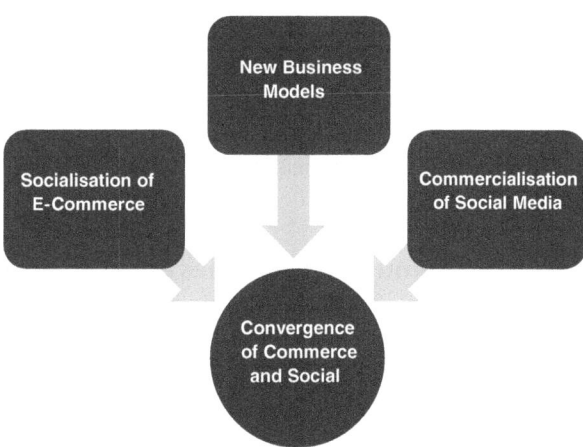

Empfehlungen zu erhalten, verbessert aus Kundensicht die Einkaufserfahrung. Kunden werden in die Lage versetzt, Probleme im sozialen Umfeld besser lösen zu können, wozu vor allem der Einkaufsprozess zählt. Im Laufe der Zeit haben sich diese Tools weiterentwickelt. Die bloße Präsenz in sozialen Netzwerken, wie vor allem Facebook und Twitter, führten schließlich zu einer hochkomplexen Vernetzung vom „Social Graph" des Kunden mit seinem Online-Shop. Durch die technologische Entwicklung wurden Einzelhändler zur Optimierung ihrer persönlichen Angebote befähigt, was einen positiven Einfluss auf das Zielgruppen-Marketing hatte. Diese Personalisierung führt zu einem echten „Added Value" für die Kunden und damit einer erhöhten Einkaufswahrscheinlichkeit (Weiß 2014; Böge 2012). Das dürfte auch der Grund dafür sein, warum die Mehrzahl der Online-Händler in der Regel mit Facebook, Google+ und Pinterest verlinkt ist (vgl. Weave 2012, S. 224).

- **Die Kommerzialisierung von Social Media** bedeutet die Öffnung von Social Media für E-Commerce mit direkter Verkaufsmöglichkeit von Produkten. Dadurch wird Social Media ein neuer Absatzkanal für Händler und ist nicht länger eine reine Kommunikations-Plattform (vgl. Heinemann 2012b, S. 4). Weil Konsumenten die meiste Zeit ihrer Internetbesuche auf Social-Media-Seiten verbringen, wo sie sich sowieso mit Marken und Händlern verbinden, bietet sich die zusätzliche Verkaufsmöglichkeit dort unmittelbar an. Facebook ist in den letzten Jahren zu einem Massenphänomen geworden, das ein enormes Potenzial für den E-Commerce bieten dürfte. Die steigende Aufenthaltsdauer auf Facebook sowie 150 Freunde im Schnitt per Facebook-User verdeutlichen das Potenzial von Facebook als Absatzkanal (Marsden 2011b). Fast zwei Drittel aller Nutzer, die einen Shop liken, würden in ihm kaufen. Die Mehrzahl der Nutzer, die eine Website liken, erhalten Promotions und Discounts. Diese Zahlen sprechen für sich. Insofern sollte der Hauptfokus von Social-Media-Stores auf Facebook selbst gesetzt werden. Verkaufsmöglichkeiten auf Twitter, YouTube und Pinterest sollten aber ebenfalls verfolgt werden. Seit der enorme Hype von Social Media sich etwas abschwächt, sind die sozialen Netzwerke sowieso gefordert, ihr Geschäftsmodell stärker zu kommerzialisieren (BVDW 2015).
- **Social-Commerce-Geschäftsmodelle:** Ergänzend zu den beiden Formen „E-Commerce-Sozialisierung" und „Social-Media-Kommerzialisierung" haben sich auch völlig neue Geschäftsmodelle im Bereich Social Media etabliert. Sie stellen die höchste Evolutionsstufe des Social Commerce dar und zeichnen sich in erster Linie durch eine gleichberechtigte Kombination von E-Commerce und Social Media aus.

2.3 Erscheinungsformen des Social Commerce

Im Folgenden werden die bereits im vorherigen Kapitel kategorisierten Formen des Social Commerce genauer beschrieben und mit Beispielen untermauert. Dabei wird der Facebook-Commerce gesondert behandelt, da er als eine Art „Hybridform" alle Formen des Social Commerce umspannt.

2.3.1   Sozialisierung des E-Commerce

In Hinblick auf die Sozialisierung des E-Commerce hat sicherlich Facebook eine herausragende Bedeutung erlangt. Deswegen beziehen sich die nachfolgenden Ausführungen in erster Linie auf Facebook, obwohl sicherlich auch andere soziale Netze ein Potenzial aufweisen. Durch die Verlinkung von Facebook mit konventionellen Websites wird der soziale Nutzer zum E-Commerce transportiert. Für Nutzer wird es möglich, auch zusammen mit Freunden einzukaufen sowie personalisierte Empfehlungen zu erhalten (Marsden 2012c). Das individuelle soziale Netz des Kunden kann direkt im Online-Shop genutzt werden und vice versa.

Einerseits können Produkte geliked werden und im sozialen Netz geteilt werden, andererseits können Kunden sehen, welche Produkte wie geliked wurden und diese dann ihren Freunden im Netz empfehlen. Die Facebook-Tools gehen aber weit darüber hinaus und betreffen neben dem „Like Button" und der „Comment Box" unter anderem auch das „Facebook Connect":

- **„Facebook Connect"** erlaubt den Nutzern, sich in einem Online-, Shoppping-Club oder einer Community via Facebook-Account einzuloggen. Falls ein Online-Shop diese Möglichkeit bietet, ist es für Kunden einfacher und schneller, sich mit Facebook zu verbinden. Anstatt eine Vielzahl persönlicher Daten eingeben zu müssen, können User die „Single sign-on Lösung" benutzen, um sich auf der Website zu registrieren. Händler und Shopping-Portal-Betreiber genießen mit „Facebook Connect" den Vorteil, dass eine herkömmliche Registrierung auf einer Website normalerweise als großes Hindernis angesehen wird, was nicht mehr der Fall ist (Firsching 2014; Grabs und Bannour 2011, S. 234). Genau auf diesen Vorteil der vereinfachten Registrierung zielt „Facebook Connect" ab. Es geht darum, die Möglichkeit zu nutzen, sich über einen bestehenden Account in einem sozialen Netzwerk auf einer externen Website einzuloggen. Soziale Logins erhöhen normalerweise die Verweildauer und reduzieren die Abbruchrate, sodass sie indirekt zur Verkaufssteigerung beitragen. Der unglaubliche Erfolg von Facebook hat sicherlich zur hohen Akzeptanz von sozialen Logins beigetragen. Der Facebook-Login gilt nach wie vor als das Maß aller Dinge. Zwar können auch Twitter und Google als Alternativen angesehen werden. Mobile Apps, die nur auf Google (oder Twitter) setzen, sind aber kaum vorhanden. Auch wenn nur ein Teil der User bisher soziale Logins nutzen, erwägt immerhin rund die Hälfte von ihnen, dieses zu tun (Absatzwirtschaft 2012). Zusätzlich zu der verbesserten User-Erfahrung erhalten die Betreiber automatisch Profil-Informationen über die Nutzer (etailment.de 2012b). Auf der Website des Händlers bietet „Facebook Connect" auch den „Open Graph" bzw. „Social Graph" an, der ein Diagramm erstellt, das die Verbindungen zwischen den Nutzern, Gruppen und Organisationen im sozialen Netz darstellt (whatIs. com 2010). Die Möglichkeit, darüber das Wissen über die Kunden zu verbessern, zeigt ebenfalls ein wesentliches Potenzial von Facebook in Hinblick auf den Social Commerce. Facebook's „Open Graph" bietet eine Vielzahl von Features an, wie zum Beispiel die Integration des „Like Buttons" und der „Comment Box".

- **„Like Button" und „Comment Box"** stellen die wohl bekanntesten sozialen Plug-ins dar. Soziale Plug-ins sind Tools, die andere Websites nutzen können, um Interessierte in Hinblick auf personalisierte und soziale Aspekte beim Einkauf zu unterstützen (Facebook 2013). Die „Like Box" ist ein kleiner Ausschnitt der Facebook-Seite, die auf der eigenen Website integriert ist. Dabei kann ausgewählt werden, in welchem Ausmaß Informationen der Facebook-Seite eingebettet werden sollen. Diesbezüglich kann zum Beispiel entschieden werden, nur den Unternehmensnamen in Hinblick auf den Like Button zu nennen oder aber zusätzlich einen „News Feed" und/oder Fotos von Nutzern zu integrieren, die die Website auf Facebook geliked haben. Der Like Button ist unabhängig von der existierenden Facebook-Seite des Händlers. Wenn der Nutzer also ein Produkt auf der Website des Händlers liked, wird dieses entweder im Online-Shop des Händlers oder im individuellen Profil des Users gezeigt. Kunden können sehen, ob ein Freund bereits ein Produkt des Anbieters geliked hat. Nutzer werden, während sie auf Facebook sind, auf Produkte aufmerksam, die Freunde geliked oder gar gekauft haben. Mit der „Like Box" holen sich Händler folglich Facebook-Funktionen auf ihre Website. Falls die Besucher dann die Seite mögen, können sie zusätzliche Informationen über diesen spezifischen Händler innerhalb ihrer individuellen „News Feed" auf Facebook erhalten (Grabs und Bannour 2011). Durch diese Nutzung von Facebook können Händler außer Kontaktdaten eine Menge zusätzlicher Informationen über spezifische Interessen, Nutzergewohnheiten oder Standorte erhalten. Dadurch erhalten Sie einen exzellenten Einblick in die Wünsche und Eigenschaften ihrer Kunden. Die Integration von sozialen Tools in den bestehenden E-Commerce führt damit zu einer bestimmten Form des Social Commerce. Diese betreffen Likes und Kommentare sowie sonstige Social-Media-Aktivitäten innerhalb des Online-Shops. Damit werden das Empfehlungsmarketing bzw. die „Recommendation Machines" unterstützt. Die daraus generierte Verbreitung von Informationen in sozialen Netzen erhöht den Traffic auf der eigenen Website, der wiederum zu einer Verkaufssteigerung führt. Insofern können sich die Social-Media-Aktivitäten auch rechnen und in einem Return on Invest (ROI) niederschlagen (Kreutzer 2014).

Die beschriebenen Tools sozialisieren quasi den E-Commerce und helfen Usern, sich stärker zu vernetzen, sodass diese leichter Erfahrungen und Empfehlungen austauschen können (Grabs und Bannour 2011). Für ein besseres Verständnis der Thematik werden nachfolgend ausgewählte Beispiele von Fashion-Anbietern gezeigt, und zwar von Levi's und Fab:

- **„Levi's Friend Store",** dessen spezifische Charakterisierung die individuell justierte „digitale Storefront" ist (vgl. Abb. 2.10). Über Facebook verbundene Kunden sehen zuerst alle Likes, haben aber die Möglichkeit, zu den von ihren Freunden bevorzugten Produkten zu switchen (vgl. Grabs und Bannour 2011, S. 334 f.). Levi's betrachtet diese Form des Einkaufens als „Like-minded Shopping". Über den „Friend Store" verdeutlicht Levi's eindrucksvoll, wie „Facebook Connect" genutzt werden kann, um das Kauferlebnis der Kunden zu verbessern.

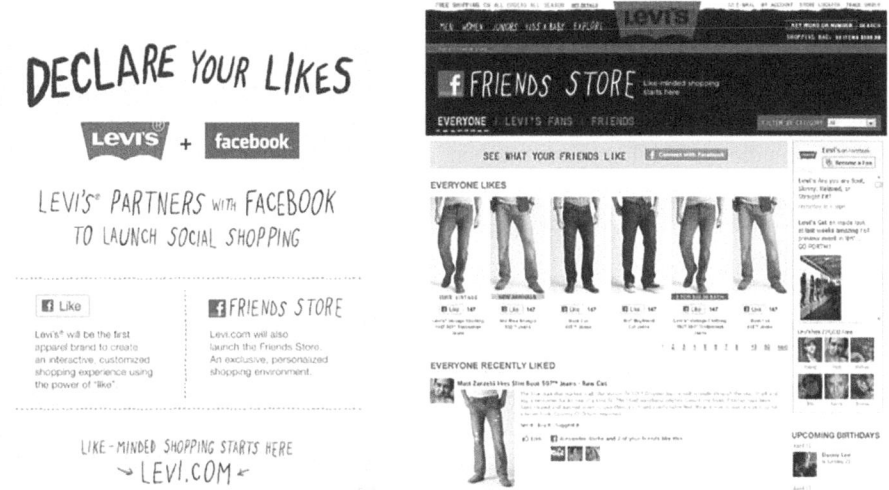

Abb. 2.10   Levis Friend Store. (Quelle: Laborintensivedesign 2012)

- Ein weiteres Beispiel stellt die **Online-Plattform „Fab.com"** dar, die sich über inspirierende Shopping-Erlebnisse von Designerprodukten profiliert. Fab.com konzent-
  riert sich vorrangig auf Social-Media-Intensivnutzer, die sich untereinander vernetzen,
  sowie auf den Mobile Commerce. Fab integriert ein Live Feed, der in Echtzeit zeigt,
  was Kunden kaufen und zu ihren Favoriten hinzugefügt haben (Kolbrück 2012,
  S. 17). Weiterhin sind User in der Lage, die aktuellen Likes und Einkäufe der Freunde
  einzusehen. Dieses ermöglicht ein kollektives Einkaufserlebnis mit Freunden. Wenn
  Kunden zustimmen, werden ihre favorisierten Produkte veröffentlicht auf der Kun-
  den-Timeline, was durch „Facebook Connect" ermöglicht wird. Durch die neue Art
  der Transparenz des Commerce und die Kultur des Teilens werden die Kunden zu
  Botschaftern von Fab. Ähnlich agiert und denkt auch Etsy (vgl. etailment.de 2012c).
  Die Integration von sozialen Features hat einen direkten Einfluss auf den Unternehmenserfolg, denn rund 15 % der „Live Feed"-Besucher konvertieren zu Käufern (vgl.
  etailment.de 2012d). Zudem ist der Lifetime-Value der Kunden, die soziale Features
  nutzen, während sie auf Fab einkaufen, doppelt so hoch wie der der anderen User.
  Empfehlungen von Freunden steigern direkt den Umsatz von Fab, das den Trend zum
  Social Commerce frühzeitig erkannt und als wesentlichen Differenzierungsfaktor
  umgesetzt hat (Kolbrück 2012).

Zusammenfassend erscheint die Sozialisierung von Online-Shops ein relativ einfacher
Weg zu sein, in die Welt des Social Commerce einzusteigen. Allerdings ist es diesbezüglich nicht angeraten, lediglich Like Buttons anzubieten. Kunden werden anspruchs-
voller und deswegen sollten alle Register sozialer Features gezogen werden. Die
Integration eines „Social Graph" für personalisierte Empfehlungen und die Steigerung

des Einkaufserlebnisses sollte ebenfalls angestrebt werden. Außerdem bietet Facebook eine relative günstige Möglichkeit, den Shop sozialer auszurichten, da es keiner größeren Investitionen bedarf. Social Plug-ins können dabei sogar zu Umsatzsteigerungen von bis zu 10 % führen (vgl. Weave 2012, S. 224). Deswegen sollten Händler in jedem Fall Gebrauch von diesen Möglichkeiten machen, auch wenn sie nicht zu einem Social Commerce-Anbieter werden wollen. Insofern kann die Sozialisierung des E-Commerce als ein Muss im modernen E-Commerce angesehen werden.

2.3.2   Kommerzialisierung von Social Media

Aus der Social Media-Perspektive lässt die Integration von Verkaufsaktivitäten große Potenziale vermuten. Zum einen können etablierte Online-Händler relativ einfach mit dem Verkauf in sozialen Netzen starten, zum anderen können die sozialen Plattformen selbst mit ihrem eigenen E-Commerce beginnen. Social-Media-Plattformen erhalten für jedes verkaufte Produkt eine Kommission oder erwirtschaften mit eigenem E-Commerce höhere Margen. Je nach Social-Media-Plattform gestaltet sich die Art der Kommerzialisierung aber recht unterschiedlich. Neben dem Facebook-Commerce gibt es auch weitere Formen des Social Commerce, der durch Kommerzialisierung von Social Media entstanden ist, wie z. B. YouTube-Commerce, Twitter-Commerce und Pinterest-Commerce.

- **Facebook-Commerce:** Bezug nehmend auf Facebook ist zu prüfen, wo eine Transaktion stattfinden soll. Solange die Facebook-Transaktionen „offsite" stattfinden, stellt dieses eher einen durch Facebook unterstützen E-Commerce dar. Demgegenüber stellt echter Facebook-Commerce (F-Commerce) einen „Onsite"-Verkauf bzw. „Direct Social Commerce" auf Facebook dar. In Abb. 2.11 ist diese Unterscheidung im Detail dargestellt. Von beiden Formen des F-Commerce ist der Offsite-Verkauf bzw. Indirect Social Commerce, also die Nutzung des Facebook-Netzes von Online-Händlern als Verkaufskanal die gängigste Form. Allerdings hat Facebook eigene E-Commerce-Aktivitäten unter dem Begriff Facebook-Gifts gestartet (Chaney 2012c). Während Facebook seinen Mitgliedern bis dahin noch allenfalls die Geburtstage mitteilte, sind diese seitdem in der Lage, direkt ein Geschenk auf Facebook zu kaufen. Dazu erhält das Mitglied Empfehlungen auf Basis des Profils seines Freundes. Eine Mitteilung über das Geschenk kann zusammen mit einer Nachricht auf dem Pinboard des Freundes gepostet werden. Der Empfänger kann entscheiden, ob er die Nachricht öffnet oder wartet, bis das Geschenk eintrifft. Facebook erhält für jedes verkaufte Geschenk eine Kommission (internetworld.de 2012). Dieses Konzept beinhaltet großes Potenzial für Facebook, da es Mitglieder mit einer großen Anzahl von Freunden verbindet und dabei direkt in individuelle Produktempfehlungen einsteigt.
- **Twitter-Commerce:** Obwohl Twitter-Commerce nicht sehr weit verbreitet ist, haben doch einige Marken und Händler Twitter zum Verkauf eigener Produkte getestet. Der PC-Hersteller Dell zum Beispiel kreierte einen eigenen Twitter-Account als

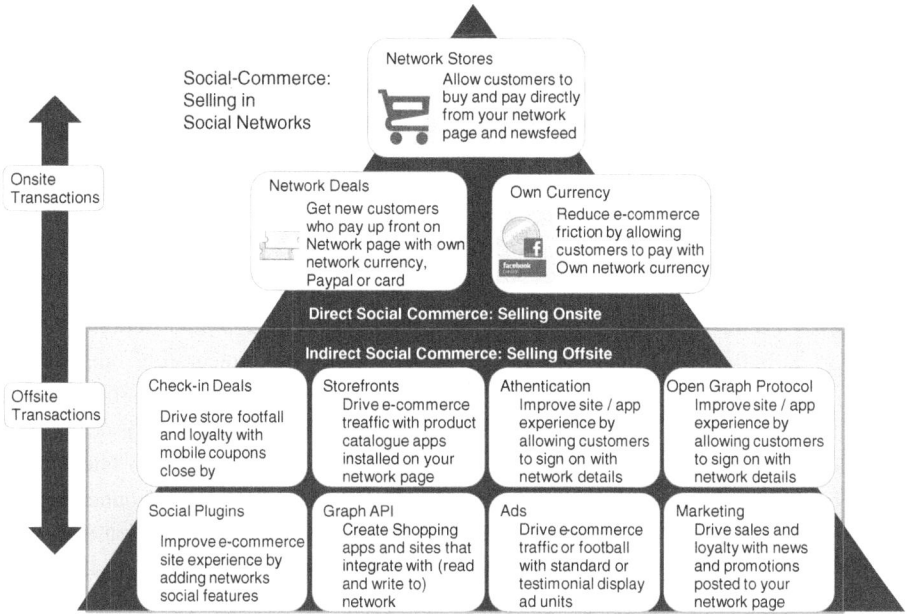

Abb. 2.11   Direct versus Indirect Facebook-Commerce. (Quelle: Waldeis 2013)

sogenanntes „Dell Outlet", um eigene Produkte zu promoten (Twitter 2013). Über diesen Account erhielt Twitter die Möglichkeit, Dell Promotionen durchzuführen (CatalystMarketers 2010). Insofern stellte Twitter eine Social-Media-Plattform zur Verfügung, die Dell als „Dell Outlet" zum Verkauf eigener Produkte nutzte. Allerdings fanden keine echten Onsite-Transaktionen auf Twitter statt, sondern Nutzer wurden in den externen Online-Shop des Partnerunternehmens weitergeleitet. Obwohl es den Verkauf des Partners positiv beeinflusste, stellte es keinen echten Social Commerce im Sinne der zu erfüllenden Kriterien dar. Ein wesentlicher Grund lag sicherlich darin, dass Twitter noch keine eigene Onsite-Fulfillment-Lösung anbot. Das mag auch damit zu tun haben, dass die Absatzpotenziale für Onsite-Verkäufe auf Twitter als relativ gering angesehen wurden bzw. werden, da der Kommunikationsaustausch der Twitter-Mitglieder untereinander deutlich geringer ist als auf Facebook und die Botschaften auf 140 Zeichen beschränkt bleiben. Dennoch dürfte Twitter für den Verkauf von Sonderangeboten oder problemloser Basic-Ware durchaus geeignet sein.

- **YouTube-Commerce:** Als eine weitere Form der Kommerzialisierung von Social Media kann der Verkauf über **YouTube** angesehen werden. YouTube ist eine der am häufigsten besuchten Websites weltweit (Marsden 2012d). Insofern lässt YouTube große Verkaufspotenziale vermuten. Im Oktober 2011 eröffnete zum Beispiel der Modehändler French Connection eine sogenannte Youtique (French Connection 2013). Youtique ist die Wortkombination aus YouTube und Boutique. French Connection nutzte YouTube exklusiv, um seine Produkte für kurze Zeit zu promoten und zu verkaufen. Die Fashion-Produkte wurden durch Videos dargeboten, über die die User die Angebote und Produktvorführungen erhielten. Am Ende eines jeden Videos hatten die Nutzer die Möglichkeit, das dargestellte Produkt über einen integrierten Kauf-Button zu bestellen. Dazu wurden die User in den Online-Shop weitergeleitet (vgl. Grabs und Bannour 2011, S. 343 f.). Allerdings fand auch in diesem Fall lediglich ein „Offsite-Verkauf" statt, sodass der YouTube-Commerce auch keinen Social Commerce im engeren Sinne darstellt. Zudem sind die sozialen Komponenten auf You-Tube bisher eher begrenzt, da weder eine soziale Interaktion mit den Nutzern noch deren Partizipation möglich ist. Dennoch hat die Art der visuellen Präsentation einen positiven Einfluss auf das Einkaufserlebnis. Insofern stellt YouTube sicherlich mehr dar als lediglich ein reines Marketinginstrument. Mit der Integration eines Kauf-Buttons besteht zumindest eine Brücke zum E-Commerce, die sich sicherlich auch in Zukunft Richtung „echtem Social Commerce" erweitern lässt (Abb. 2.12).

- **Pinterest-Commerce:** Pinterest stellt eine visuelle Plattform dar, deren Nutzer aufgefordert sind, ihre unterschiedlichen Pinboards zu kreieren. Die User können Bilder, die sie im Web finden, pinnen und entsprechend auf ihre Tafeln hochladen oder aber solche repinnen, die bereits von anderen Mitgliedern hochgeladen wurden. Das Konzept kann als eine Mischung aus Katalog und Lifestyle-Magazin beschrieben werden. Obwohl Pinterest eine der jüngsten Plattformen ist, hat sie sich bereits etabliert und ist zu einer dominierenden Quelle für visuelle Inspiration in der Social-Media-Szene geworden (vgl. Silver et al. 2012). Kurt Heinemann, Marketingdirektor für Monetate, Provider für Cloud-basierte Online-Technologien, bemerkt zu Pinterest, dass diese Plattform hervorragend zur Schaffung von Awareness geeignet ist. Sie liefert eine enorme Anzahl von Interaktionen und generiert in Relation zur Nutzerzahl doppelt so viel Traffic wie Facebook (Werner 2012; vgl. Duryee 2012). Deswegen stellt Pinterest einen signifikanten Traffic-Generator für Websites dar und beinhaltet großes Potenzial für E-Commerce-Aktivitäten. Die Media-Plattform Pinterest hatte bisher ein enormes Wachstum aufzuweisen. Neben ComScore gehörte Pinterest offensichtlich zu den am schnellsten wachsenden Plattformen in der Geschichte von Social Media (Werner 2012). Online-Händler sind in der Lage, einzelne Produktbilder auf Pinterest zu ihrem Shop zu linken. Produkte können so auf eine neue und äußerst dynamische Art

Abb. 2.12 Youtique-Kooperation von YouTube & French Connection. (Quelle: YouTube 2013)

präsentiert werden. Zudem können diese einfach in anderen, inspirierenden Bildern eingepflegt werden. Dieses bietet sich besonders für Design, Interior Design, Reisen und natürlich Mode an. Pinterest ist insofern ein aussagestarkes Werbemedium (Werner 2012). Es ist gut geeignet für Promotions sowie Produkt-Visualisierungen, wie sie insbesondere für Fashion-Produkte erforderlich sind. „Style and Fashion" stellt mit 11,7 % die Nummer drei der am meisten favorisierten Warengruppen dar (etailment. de 2012e). Pinterest verkörpert bereits in hohem Maße die Zukunft des Social Commerce. Nach einer Studie von Monetate galt Pinterest bisher als heißer Kandidat, auf kurz oder lang einer der wichtigsten Treiber für sozialen Traffic auf Websites zu werden (Duryee 2012). Dennoch sollte unterschieden werden zwischen Pinterest als Traffic-Treiber und der Eignung als Distributionskanal. In jedem Fall wird Pinterest auch in Zukunft eine steigende Bedeutung für den Social-Commerce in Hinblick auf die Sozialisierung des E-Commerce zukommen (Stambor 2012). Bisher wurden bereits Accounts, die speziell für Vermarkter entworfen wurden und ein „Verification Badge" aufweisen, ausgerollt (Stambor 2012). Allerdings ist immer noch fraglich, ob Pinterest in Hinblick auf echte Shop-Lösungen kommerzialisiert werden wird. Aber bereits eine große Anzahl von Modehändlern beziehen Pinterest in ihre Marketingstrategie mit ein. Zalando wird bezüglich der Anzahl an Pins als führende deutsche „Pinterest"-Firma angesehen (Hengl 2012). Die Plattform kann auch gut mit „Gamification"-Ansätzen kombiniert werden. Als gutes Beispiel gilt die Kampagne „Color Me Inspired" von Guess auf Pinterest. Um ein Paar Jeans zu gewinnen, werden User dazu aufgerufen, eine der gepinnten Trendfarben auszuwählen und ein Board mit mindestens fünf „Inspirationsbildern" für ein Thema, wie zum Beispiel den Frühling, zu kreieren. Auf diese Weise erhält Guess auch Informationen über die Präferenzen seiner Kunden in Hinblick auf Farben und Inspirations-Sets. Beides lässt sich hervorragend als Input für neue Kollektionen und somit für Marktforschungszwecke nutzen (Thaeler 2012). Ein ähnlicher Ansatz wie bei Guess lässt sich auch bei Lands' End beobachten, die die Kampagne „Lands' End Pin it to Win it" durchführte. Dabei konnten User die besten Boards aus Lands'-Ends-Sortiment zusammenstellen. Das wurde dadurch belohnt, dass die Nutzer eben diese zusammengestellten Produkte gewinnen konnten. Primärer Fokus lag dabei auf der Wissensvertiefung über das Mindset der Kunden (etailment.de 2012e).

In Summe kann festgehalten werden, dass Social Commerce immer noch in den Anfängen steckt. Es ist durchaus denkbar, dass die Nutzer von Social Media nicht in sozialen Netzen kaufen wollen, da sie diese in erster Linie als Kommunikations- und Informationsplattform nutzen möchten und deren Kommerzialisierung eher negativ ansehen (vgl. Wilhelm 2012, S. 50). Insofern sehen auch einige Experten Twitter und Facebook nicht als geeignete Distributionsplattformen an. Das mag auch mit ein Grund für die eher verhaltenen Investitionen in diese Richtung sein (Steimel et al. 2012). Die meisten Händler fokussieren ihre Social-Media-Aktivitäten deswegen auch eher auf das Marketing als auf den Verkauf. Auch Otto betrachtet Social Media als ein großes Thema für

Einkaufsentscheidungen und ist der Ansicht, dass das Kaufverhalten in hohem Maße von Social Media beeinflusst wird, sieht darin allerdings derzeit kein Potenzial für direkte Verkaufsaktivitäten (vgl. Wilhelm 2012, S. 50).

2.3.3 Facebook-Commerce als Hybridform des Social Commerce

Wie schon erwähnt, dominiert Facebook die Social-Commerce-Diskussion. Dennoch wird der größte Teil des F-Commerce immer noch mit externen Marken und Händlern gemacht, die Facebook als Absatzkanal nutzen. Dafür gibt es drei verschiedene Optionen, von denen allerdings nur die „Onsite Sales"-Variante echten Social Commerce darstellt:

- **„Pure Marketing" als erster F-Commerce-Typ** kennzeichnet lediglich die Integration statischer Shop-Elemente eines Online-Händlers, die diesen dann mit Facebook verlinken. Derartige Verlinkungen sind heutzutage im Grunde unverzichtbarer Standard im E-Commerce. Jeder Online-Händler sollte auf Facebook präsent sein und einen direkten Crosslink zum eigenen Shop einrichten. Allerdings handelt es sich dabei um eine reine Marketingaktivität, aber nicht um E-Commerce.
- **„Offsite Sales" als zweiter F-Commerce-Typ** mit stark zunehmender Bedeutung ist die Einrichtung einer Verkaufsfunktion auf der Facebook-Seite eines Online-Händlers. Dabei kann entweder das komplette Sortiment oder nur eine Auswahl angeboten werden. In den wenigsten Fällen wird allerdings eine derartige Verkaufsfunktion auf Facebook eingerichtet. In der Regel wird der User in den Online-Shop des Händlers weitergeleitet, wenn er auf das Produkt auf der Facebook-Seite klickt (vgl. Grabs und Bannour 2011, S. 337 ff.). Wenn allerdings keine echte Transaktion auf der Facebook-Seite stattfindet, handelt es sich auch hier nicht um Social Commerce.
- **„Onsite Sales" als dritter F-Commerce-Typ** stellt eine autarke Shop-Lösung dar. Es ermöglicht eine Onsite-Transaktion, die einen vollständigen Kaufprozess beinhaltet (vgl. Weave 2012, S. 225). Einkauf, Bezahlung und Versendung wird vom autarken Facebook-Store selbst sichergestellt. Dazu wird spezielle Software benötigt, um diese Art eines „realen Facebook-Stores" zu kreieren. Unternehmen, die eine dafür notwendige Shop-Software anbieten, sind u. a. Amazon, Ondango sowie Sellaround (internetworld. de 2012; Haarhaus 2013). Der deutsche Fashion-Händler Lodenfrey hat auf Facebook einen derartigen Store eingerichtet. Dabei handelt es sich um echten Social Commerce.

Dennoch scheint es irgendwie vielversprechend zu sein, da bisher auch wenig dafür getan wurde. Selbst Facebook-Stores haben sich bisher kaum auf echten E-Commerce fokussiert. Ohne echten Added Value für die Kunden kann allerdings auch E-Commerce auf Social Media nicht funktionieren. Sellaround bzw. sein CEO Adrian Thoma weisen diesbezüglich auch darauf hin, dass lediglich das Angebot von Produkten auf Facebook und das bloße Abwarten auf Verkäufe nicht ausreicht (Internetworld.de 2012). Die entscheidende Frage ist, wie Added Value in dem sozialen Kontext geschaffen werden kann. Facebook-Stores müssen ein neues Konzept mit einer spezifischen Unique Selling Proposition (USP) anbieten, das sich von bestehenden Online-Shops differenziert und den Kunden einen Grund geben muss, direkt auf Facebook zu kaufen, statt zu einem bekannten Online-Shop zu switchen. Die Herausforderung für F-Commerce wird insofern sein, Fans zu kaufenden Kunden zu konvertieren. Eine Option für erfolgreichen Social Commerce dürfte sicherlich der Exklusivverkauf von Produkten sein, also speziellen Angeboten, zu denen Fans und Follower ausschließlichen oder zumindest früheren Zugang haben. Diese Art des limitierten Verkaufs bietet zum Beispiel Pizza Hut an. Ein anderes Beispiel ist Heinz Ketchup, die auch einen Social-Media-Pop-up-Store zum Verkauf personalisierter Suppen installiert haben (Marsden 2012c; Chaney 2012d). Derartige Konzepte aus dem Food-Sektor lassen sich sicherlich auch auf die Fashion-Branche adaptieren, vor allem da Modeprodukte besser Exklusivität ermöglichen und ein höheres Involvement verkörpern.

Das Selling-Widget von Sellaround: Zum Verkauf einzelner Produkte im Netz bietet sich als App das Selling-Widget an. Dabei können Kunden den Kauf abwickeln, ohne die Seite verlassen zu müssen, wenn dort das Widget als Werbebanner und Shop eingebettet ist (Kuhnhardt 2013). Social Shop, Promotion-Widget oder Social-Actions-App sind als Varianten denkbar:

Der Social Shop erlaubt den Verkauf mehrerer Produkte. Die entsprechende App eignet sich für E-Commerce-Starter. Es ist aber auch möglich, diese Funktion als separaten Kampagnenshop zu nutzen. Dieser wird dann in die Facebook-Seite eingebettet. Der Social Shop kann als Stand-Alone-Link verwendet oder auch in eine existierende Website eingebunden werden (Kuhnhardt 2013).

Das Promotion-Widget ähnelt der Selling-Widget-App, enthält aber keine Verkaufsfunktionen. Hier wird der User per Klick auf einen externen Produktlink wie z. B. einen Web-Shop des jeweiligen Anbieters geführt. Bestimmte Produkte können darüber bei Facebook beworben werden, wobei die Einbettung über die Facebook-Chronik erfolgt. Auch ist eine analoge Integration eines YouTube-Videos möglich (Kuhnhardt 2013).

Die Social-Actions-App stellt eine neue Form der Onsite-Werbung dar. In Anlehnung an den „Like"-Button von Facebook können Sellaround-Anwender passende Buttons zum Produkt nutzen. Sei es „I want", „I have", „I love", „I own", „I wish", oder „I bought". Klickt ein Nutzer einen dieser Buttons an, erscheint in seiner Facebook-Chronik ein Promotion-Widget mit Bildern, Texten und Informationen der Zielseite. Die Buttons werden als Code-Baustein zur Verfügung gestellt, den der Nutzer in seine eigene Website mit einbinden kann, ähnlich wie beim Like-Button.

Diese Sellaround-Idee eignet sich für Deals-Kampagnen, in denen ein Produkt für eine begrenzte Zeit oder in einer limitierten Auflage angeboten wird. Er stellt eine Art Werbebanner und Minishop in einem dar. Beim Öffnen des Widgets können bis zu vier Bilder des Angebots erscheinen, wovon jeweils eines in voller Größe angezeigt wird. Dabei ist eine Angebotsbeschreibung, ein Titel, ein Verkäufernamen, ein Preis sowie ein großer Button

„zum Warenkorb" darstellbar. Beim Klicken auf „zum Warenkorb", dreht sich das Widget und man gelangt zum nächsten Schritt der Kaufabwicklung, wobei dann auch das Versandland und typische Auswahloptionen ausgewählt werden können. Mit dem Klick „zur Kasse" wird der Bezahlvorgang ausgelöst, der über PayPal stattfindet. Nach dem Check-Out ist der Kunde genau wieder da, wo er das Widget zuerst vorgefunden hat. Insofern kommt der Point-of-Sale direkt zum Nutzer, sodass kein Medienbruch stattfindet.

2.3.4 Geschäftsmodelle des Social Commerce

Ergänzend zu den eben beschriebenen Erscheinungsformen haben sich auch völlig neue Geschäftsmodelle im Bereich Social Media etabliert. Sie stellen die höchste Evolutionsstufe des Social Commerce dar und zeichnen sich in erster Linie durch eine gleichberechtigte Kombination von E-Commerce und Social Media aus. Im Folgenden werden Beispiele für derartige Geschäftsmodelle aufgezeigt, die sicherlich jeweils in ihrer spezifischen Unique Selling Proposition stark differieren (USP) und drei Kategorien bilden: „Advice & Recommendation" oder auch „Advice & Referral", „Enabling & Infrastructure" sowie „Experience, Fun & Exclusivity" (vgl. Haderlein 2012). Entsprechend dieser Kategorisierung sind in Abb. 2.13 die unterschiedlichen Social-Commerce-Geschäftsmodelle dargestellt.

- **„Advice and Referral"** als erste Kategorie wird repräsentiert durch Empfehlungsplattformen Edelight, Smatch und Polyvore. Von diesen drei Beispielen ist Polyvore die bekannteste und wichtigste Plattform, zumindest für Fashion. Polyvore kann als „Mutter aller Social-Commerce-Plattformen" angesehen werden (Haderlein 2012). Nutzern werden Instrumente an die Hand gegeben, mit denen sie ihre eigenen Sets aus einer vorgegebenen Range von Händlern und Marken auswählen können. Einzelne Produkte sind zu korrespondierenden Händlern cross-gelinked. Polyvore stellt eine Inspirationsquelle dar,

Abb. 2.13 Social-Commerce-Geschäftsmodelle. (Quelle: Haarhaus 2013)

Advice & Recommendation	Enabling & Infrastructure	Experience, Fun & Live Shopping
Referral Platform	Microeconomics:	Club-Shops:
- Polyvore - Edeligt	- Etsy - Dawanda	- Vente Privee - Brands4Friends
Affiliate Platform:	Mass Customization:	Daily Deals:
- Smatch	- NikeiD - Threadless	- Groupon - Livingsocial
Curated Shopping	Selling Community:	Live Shopping:
- Kaufmann Mercantile - Fab.com - Lyst und Blissany	- Pippa & Jean - Stella & Dott	- Guut.de - zackzack

die eine Menge Traffic generiert. Obwohl Polyvore für verkaufte Produkte eine Provision erhält, findet dennoch keine „In-stream-Transaktion" statt. Im Grunde werden auch nicht die Basisanforderungen an Social Commerce erfüllt. Dennoch wird der Plattform in hohem Maße zugetraut, Empfehlungen und Rat auf einem hohen Social-Commerce-Level zu liefern. Als ein Marketing-Tool zur Traffic-Generierung und zum Akquirieren neuer Kunden ist es äußerst geeignet, vor allem weil es visuelle Empfehlungen erlaubt, was speziell für Online-Fashion wichtig ist. Andere Plattformen und Händler kopieren nicht selten das Mood-Board-Konzept – eine Strategie, die insbesondere von Asos und Stylelight angewendet wird (Haderlein 2012). Curated Shopping repräsentiert einen anderen Trend, der im Fashion-E-Commerce recht verbreitet ist. Es wird häufig mit dem sogenannten Abo-Commerce kombiniert. Prominente Beispiele hier sind Shoedazzle und BeachMint oder auch Glossy-Box. Produkte werden den Kunden innerhalb eines eigenen Showrooms empfohlen.

- **„Enabling and Infrastructure"** als zweite Kategorie lässt sich unterteilen in Mass Customization, Microeconomics sowie Social-Selling-Communities. Dieser Trend ist nicht unbedingt neu und innovativ, aber verdeutlicht ein nachvollziehbares Ausmaß an echtem Social Commerce, für die sie auch eine gewisse Bedeutung hat. Mass Customization bezieht sich auf die Produktindividualisierung, die erst durch Nutzung der Internet-Technologie wirtschaftlich darstellbar geworden ist (Haarhaus 2013; Haderlein 2012). Aktuell repräsentiert Mass Customization ein Konzept, das bereits vor dem Zeitalter des Social Commerce existierte. Nichtsdestotrotz ist es ein exzellentes Beispiel für Kundenpartizipation und erfüllt ebenfalls die Kriterien des Social Commerce. Vor allem die großen Sportlieferanten wie Adidas und Nike wenden Mass Customization an (Faz-net 2012). Microeconomics steht für die Entstehung der Web 2.0-Portale, die vor allem Communities in den Fokus stellen. Etsy ist zum Beispiel eine Plattform, die ihren Kunden ermöglicht, echte Handwerksprodukte aus der dritten Welt an die anderen Mitglieder der Community zu verkaufen. Die Plattform fokussiert eher auf Menschen als auf Produkte (Heinemann und Schwarzl 2010, S. 193). Social-Selling-Communities stellen ein relativ neues Konzept dar. Als Beispiel lassen sich Pippa & Jean oder Stella & Dot nennen, die beide nach dem gleichen Prinzip arbeiten. Kunden bekommen die Möglichkeit, ihr eigenes Geschäft auf der Plattform zu gründen. Diese Plattformen kreieren demnach also flexible unternehmerische Möglichkeiten für User. Im Gegensatz zu Etsy verkaufen hier User nicht ihre selbst hergestellten Produkte. Die Produktvorschläge basieren auf den individuellen Präferenzen der User. Die Shopping-Plattform Lyst bemerkt dazu: „(w)e didn't believe that one style could be distilled into an algorithm, rather we thought social-curation was a far more effective way to personalize an experience to you" (Stock 2012).

- **„Experience, Fun and Exclusivity"** als dritte Kategorie setzt sich aus Club-Shops und Daily-Deal-Plattformen zusammen und beinhaltet aktuell ein großes Potenzial, da Kunden die Features immer mehr nachfragen (Haarhaus 2013; Haderlein 2012). Allerdings handelt es sich hierbei um eine begrenzte Anzahl verschiedener Konzepte, die es derzeit auch im Einzelhandelsumfeld nicht einfach haben. Club-Shops werden zunehmend obsolet. Deswegen mussten auch Elemente zur Incentivierung und

Belebung der Konzepte implementiert werden, die auf einem limitierten Zugang zu exklusiven Angeboten beruhen. Auch Daily-Deal-Sites wie Groupon sind Vertreter dieser Kategorie und verkörpern die Aspekte des „Social Bonding".

2.4   Änderungen des Kaufprozesses durch Internet und Social Commerce

2.4.1   Der neue Kaufprozess

Die Kunden nutzen im Rahmen ihres Kaufprozesses also nicht nur immer mehr das Internet, sondern auch soziale Netzwerke (Gehrckens und Boersma 2013; Enderle und Voll 2011). Sie recherchieren im Netz, um auch ihre stationären Käufe vorzubereiten. Dieses betrifft sowohl die Suche nach Produktinformationen als auch Preisvergleiche. Dabei werden Preise nicht mehr sequenziell verglichen, indem der Kunde mehrere stationäre Ladengeschäfte nacheinander abläuft. Durch das Internet und Preissuchmaschinen findet mittlerweile eher ein paralleler Preisvergleich statt, der durch einen Click die Produkte und Preise sämtlicher Händler offenlegt. Befindet sich der Kunde dann im stationären Ladengeschäft, vergleicht er über sein Smartphone den angegebenen Preis des Händlers mit dem Online-Angebot der Konkurrenz und bestellt dort gegebenenfalls direkt vor Ort über das mobile Internet das günstigste Angebot im Web. Der technologische Fortschritt auf der einen Seite sowie das veränderte Käuferverhalten auf der anderen Seite führen zu einer nie da gewesenen Transparenz im Handel, die den Preisdruck für klassische Betriebsformen erhöht. Zugleich kaufen immer mehr Konsumenten ihre Produkte und Dienstleistungen bei E-Commerce-Unternehmen bzw. Online-Händlern ein, die dadurch große Marktanteilsgewinne zu verzeichnen haben. Dennoch hält sich die Zahl der „reinen Online-Käufer" noch in Grenzen, die alle Schritte ihres Einkaufprozesses online ausführen (vgl. Abb. 2.14). Sie machen 10 % aller Kunden aus. Am weitesten verbreitet sind mit über 60 % die Kanalwechsler, die ihren stationären Einkauf im Internet vorbereiten und dem ROPO-Muster folgen.

Abb. 2.14 Kundentypen im Online-Handel. (Quelle: Eigene Darstellung in Anlehnung an Enderle und Voll 2011)

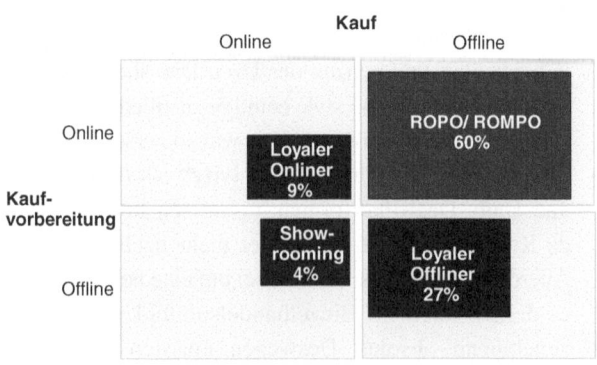

Interesse eines jeden Kunden ist es, in seinem Kaufprozess ein Produkt zu finden, das seine Bedürfnisse optimal befriedigt (Gehrckens und Boersma 2013). Die verhaltensrelevanten Grundlagen des Social Commerce beziehen sich vorrangig auf die Nutzung des Internets sowie des Mobile Commerce, deren rasante Penetration zweifelsohne erhebliche Auswirkungen auf das Einkaufsverhalten der Konsumenten hat. Um diese zu verstehen, soll zunächst der klassische Kaufprozess ohne Internetnutzung dargestellt werden. Dieser dient als Grundlage, um darauf aufbauend den neuen Kaufprozess inklusive Internetnutzung darzustellen sowie die sogenannte Customer-Journey vor dem Kaufprozess, die zunehmend auch auf Social-Media-Instrumente zurückgreift.

Veränderung des Kaufprozesses durch Internet-Nutzung
Zentrales Interesse eines jeden Kunden ist es, in seinem Kaufprozess ein Produkt zu finden, das seine Bedürfnisse optimal befriedigt (Gehrckens und Boersma 2013). Hilft ein traditioneller Händler dem Kunden dabei und bietet er diesem dazu noch einen akzeptablen Preis, dann hat dieser Händler gewöhnlich eine hohe Relevanz für den Kunden. Daraus leitete sich bisher die primäre Rolle des Handels für die Konsumenten ab. Im besten Fall war es ihm auch gelungen, damit den Nutzen seiner Kunden zu optimieren. Dabei erfolgte die gesamte Wertschöpfung des Kaufentscheidungsprozesses bei ihm. Beschaffung, Vorauswahl und Beratung etc. wurden ihm dementsprechend honoriert. Der Handel musste sich die Erlöse mit niemandem teilen (Gehrckens und Boersma 2013). Der im stationären Handel gelernte klassische Kaufprozess sieht gewöhnlich vor, dass der Kunde sich zuerst einen Anbieter auswählt. Am Point of Sale entscheidet er sich dann für das Produkt, das seinen Bedürfnissen entspricht. Hierzu verschafft er sich einen Überblick über die Produkte im Sortiment des Händlers, vergleicht die Produkte anhand von Produktinformationen und trifft schließlich eine Produktauswahl mit anschließendem Kauf. Somit hat der Kunde sich zuerst für einen oder mehrere Anbieter entschieden und sich dann vor Ort auf ein Produkt festgelegt. Charakteristisch für den klassischen Kaufprozess, der in Abb. 2.15 dargestellt ist, ist die Übereinstimmung von „Point-of-Decision" und „Point-of-Sale" (vgl. Gehrckens und Boersma 2013).

Die bisherige Ordnung des Kaufentscheidungsprozesses ist durch das Internet stark verändert worden. Zudem wurden die Wettbewerbsverhältnisse neu definiert. Einerseits ermöglicht das Internet es dem Kunden, dass er sich beinahe jedes weltweit verfügbare

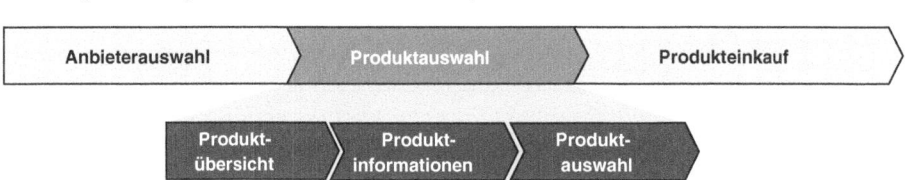

Abb. 2.15 Der klassische Kaufprozess. (Quelle: Gehrckens und Boersma 2013)

Produkt relativ schnell und einfach beschaffen kann. Andererseits findet er im „World Wide Web" umfassende Informationen, die ihn bei der Suche nach dem richtigen Produkt unterstützen. Dabei wird der Entscheidungsprozess aufgrund detaillierter Produktinformationen, zusätzlicher Testberichte sowie dargestellter Produktbewertungen von anderen Kunden viel besser unterstützt als bei der traditionellen Beratung durch einen Händler (Gehrckens und Boersma 2013).

Nicht nur in rationaler Hinsicht, auch in Hinblick auf emotionale Kaufmotive kann sich der Kunde im Internet orientieren. So findet er innerhalb seiner Peer Group in sozialen Netzen stets auch Informationen über die Akzeptanz und Beliebtheit von Produkten. Dadurch erhält er Sicherheit bei der Kaufentscheidung. Zudem kann er mit dem Kauf eines Produkts Gruppenzugehörigkeit signalisieren und Social-Media-Instrumente zur Entscheidungsfindung nutzen. Dementsprechend entkoppelt sich der Kaufentscheidungsprozess durch das Internet, was analog zur Entkoppelung der Wertschöpfungsketten im Handel stattfindet. Dabei werden die Erlöse auf die einzelnen Wertschöpfungsstufen verteilt und nicht mehr in Gänze vom Händler vereinnahmt. Als Bedrohung für den Handel stellt sich heraus, dass das Internet die einzelnen Phasen im Kaufentscheidungsprozess verschiebt und sich damit der Point of Decision vom Point of Sale loslöst (vgl. ebenda). Dabei stellt sich der neue (Online-) Kaufprozess so dar, dass der Kunde Im Internet zuallererst ein Produkt auswählt, das seinen Bedürfnissen entspricht. Mit Hilfe von Preissuchmaschinen, Onlinemarktplätzen, Social-Shopping-Diensten oder Communities verschafft er sich dazu einen Produktüberblick über interessante Produkte. Danach vergleicht er die Produkte anhand von Produktinformationen z. B. mithilfe von Herstellerseiten, Testberichten, Meinungsportalen oder sozialen Netzwerken und trifft dann eine Produktauswahl. Erst zum Schluss wählt der Kunde den aus seiner Sicht optimalen Anbieter aus, bei dem er kauft. Dabei entscheidet er meist preisorientiert und relativ losgelöst von Online- oder Offline-Kanälen. Dadurch verliert der einzelne Händler massiv an Bedeutung für die Kunden. Er wird im Extremfall nur noch als „Point of Sale" wahrgenommen. Das liegt auch daran, dass im Internet die benötigten Informationen zur Produktauswahl in viel größerem Umfang vorhanden sind. So gewinnt der „Point of Decision" stark an Bedeutung. Für den Kunden bietet das Auffinden der richtigen Information den größten Nutzen und wird damit zum wertvollsten Teil der Wertschöpfungskette (Gehrckens und Boersma 2013). Dieser neue Kaufprozess ist in Abb. 2.16 dargestellt.

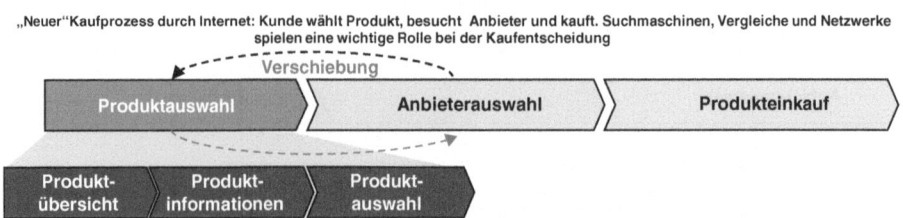

Abb. 2.16 Der neue Kaufprozess. (Quelle: Gehrckens und Boersma 2013)

Selbst wenn das Produkt nicht in einem Online-Shop gekauft wird, ist das Internet für die meisten seiner Nutzer das glaubwürdigste Medium im Zusammenhang mit Kaufentscheidungen. Untersuchungen zeigen, dass 97 % aller deutschen Haushalte mit Internetanschluss verfügen, zunächst im Web recherchieren, bevor sie eine Kaufentscheidung treffen (Gehrckens und Boersma 2013; Schneller 2008). Dabei stellen gut die Hälfte der Internetnutzer Preisvergleiche an, informieren sich auf Herstellerseiten, lesen Testberichte in Internet oder berücksichtigen Kommentare und Diskussionsbeiträge anderer Nutzer (Gehrckens und Boersma 2013; Schneller 2008). Mit der zunehmenden Verlagerung der Kommunikation ins Netz verschiebt sich auch die Relevanz einzelner Informationsquellen für den Internetnutzer: Mittlerweile zählen Bewertungen anderer Internetnutzer zu den vertrauenswürdigsten Quellen. Diese spielen insbesondere bei der Vorbereitung von Käufen eine große Rolle und stellen eine Form der Kundenbeteiligung dar.

2.4.2 Kundenbeteiligung im Kaufprozess

Die Kundenbeteiligung wird von Best-in-Class-Unternehmen in diversen Bereichen praktiziert. Neben der klassischen Kunden-Produktbewertung integrieren viele Online-Shops nutzergenerierte Produktbilder und -videos, die Kunden geliefert haben. Ein weiteres Beispiel ist das Thema „Passform": Durch die fehlende Möglichkeit etwas vorab anzuprobieren oder zu testen, stellt diese im Distanzhandel seit jeher ein Problem für Kunden dar.

Um eine hohe Retourenquote zu vermeiden, ist es deswegen sinnvoll, möglichst viele Informationen zur Größenberatung aufzubauen. Wenn es gelingt, viele Daten dieser Art zu sammeln und anderen Kunden zur Verfügung zu stellen, kann die Konversionsrate (Anteil der Kunden, die einen Kauf tätigen) erhöht und die Retourenquote substantiell reduziert werden (vgl. Haug und Küper 2010, S. 119 ff.). Vielfach werden Kunden auch in Werbe- und Marketingaktionen integriert. Über Facebook z. B. wurden Kunden von Burger King in einer großen viralen Kampagne („Whopper Sacrifice") aufgerufen, Freunde zu löschen und als Belohnung einen Burger zu erhalten. Zusätzlich stellen Unternehmen ihren Kunden ganze Verkaufsshops oder Widgets zur Verfügung, sodass Kunden als Vertriebsmitarbeiter für die Unternehmen tätig werden und die Produkte ihrem Freundes- und Bekanntenkreis anbieten. In Abb. 2.17 werden verschiedene Beispiele für Kundenintegration aufgeführt. Bevor jedoch das mögliche Kundenpotenzial abgeschätzt und das „Societing" erfolgswirksam gestartet werden kann, bedarf es einer Online-Marktsegmentierung, um Transparenz über die eigenen Online-Zielgruppen zu bekommen.

Consumer-Generated-Advertising
„Digital Native" kennzeichnet eine Generation von Internet-Usern, die mit neuen Technologien auf eine so selbstverständliche Art und Weise agiert, die selbst etlichen ausgebildeten „Mediengestaltern" bis heute verschlossen bleibt. Diese „Nets" sowie andere technikaffine Menschen entwickeln sich zunehmend von Konsumenten zu „Prosumenten", also mit in die Erstellung integrierte Kunden. Mit dem Interneteinkauf und dabei

Einsatzbereiche für UGC	Best-in-Class Beispiele
Produktbewertung	amazon.com, americanapparel.com
Produktdarstellung	zazzle.co.uk, spreadshirt.net, expotv.com
Passform	revolveclothing.com, shoes.com
Marketing	
Werbung	ikea.com, burgerking.com
Empfehlung	polyvore.com, mydeco.com
Vertrieb	
Widgets	lemonade.com, cartfly.com
eShops	zlio.de, amazonstore.com
Kommunikation/Branding	nikeplus.com
Sortimentsauswahl	myfab.com, factory.lego.com
Personalisierbarkeit	mymuesli.de, tastebook.com, cafepress.com, chocri.de

Abb. 2.17 Einsatzbereiche für User-Generated-Content im Mobile Commerce. (Quelle: Haug und Küper 2010, S. 119)

vor allem der Produktkonfiguration gibt der Konsument freiwillig Informationen über seine Präferenzen preis, die Basis für die Erstellung des eigentlichen Gutes ist. Dabei verwischt die Grenze zwischen Konsument und Produzent. Dementsprechend wird User-Generated-Content als Elementargut im Web gehandelt, wie YouTube, Flickr oder Facebook eindrucksvoll verdeutlichen. Von insgesamt mehr als sieben Milliarden monatlich betrachteten Online-Videos ist der größte Teil offensichtlich User-Generated-Content (Heinemann 2016; Unterberg 2008). Den interaktiven Gesprächen über Konsumerlebnisse können sich vor allem Online-Händler heute nicht mehr entziehen. Die Konsumenten haben sich mithilfe des Internets emanzipiert und entscheiden heute in zunehmendem Maße darüber, wann, wo und auf welche Weise Medien genutzt und damit Werbung „konsumiert" werden. Der passiv rezipierende Konsument gehört immer mehr der Vergangenheit an. Für die Werbetreibenden wird es immer wichtiger, an den Gesprächen der Konsumenten teilzunehmen oder auch derartige Gespräche zu organisieren. Die damit einhergehende Aktivierung der Kunden ist Inhalt des Consumer-Generated-Advertising (CGA). Dieser Begriff bezeichnet alle vom Konsumenten erzeugten Inhalte, die werbenden Charakter haben. Ist also die Erstellung werblicher Inhalte von Konsumenten durch ein Unternehmen initiiert, handelt es sich um eine Consumer-Generated-Advertising-Kampagne, die erfahrungsgemäß von anderen Konsumenten als ehrlicher und glaubhafter wahrgenommen wird. Auch sind z. B. Teilnehmer von CGA-Kampagnen häufig Meinungsführer in ihren Konsumwelten oder sogar Erstverwender des beworbenen Produktes (Heinemann 2016; Unterberg 2008).

Bei einer CGA-Kampagne werden im ersten Schritt die Konsumenten per Briefing aufgefordert, ihre Ideen in Form von Foto- und Videomaterial abzugeben. Durch einen Ideenwettbewerb mit ausgelobten Preisen sollen möglichst viele Konsumenten zum Mitmachen motiviert werden. Dabei ist das Briefing erfolgskritisch, wird jedoch häufig von Unternehmen unterschätzt, da sie zu sehr auf die „Kraft" ihrer eigenen Marken und Produkte vertrauen. Die Bewertung, Abstimmung und Kommentierung der Ideenbeiträge erfolgt wiederum durch die Teilnehmer. Dadurch wird sichergestellt, dass die besten Ideen nicht untergehen sowie zusätzliche Aufmerksamkeit und Community generiert wird. CGA-Kampagnen können außerdem durch weitere Community-bildende Maßnahmen unterstützt werden. Wird zum Beispiel der Kampagne eine Plattform zur Verfügung gestellt, lassen sich die Gespräche der beteiligten Community-Mitglieder besser verfolgen und für Marktforschungszwecke nutzen (Heinemann 2016; Unterberg 2008).

Mittlerweile liegen zahlreiche Beispiele für erfolgreiche CGA-Kampagnen vor. Erstmals praktizierte Mozilla, der Anbieter des Firefox-Browsers, diese neue Art der interaktiven Werbegestaltung. Aber auch BMW nutzt CGA-Kampagnen zunehmend für die Lifestyle-Marke Mini. Im Online-Handel kann zum Beispiel Zappos als CGA-Beispiel aufgeführt werden, da hier von jedem User direkt YouTube-Videos von Kunden aufrufbar sind, die dort ihre Kauferfahrungen wiedergeben.

2.4.3 „Always-on" in der Omnichannel-Nutzung

Sowohl im neuen Kaufprozess als auch in der Customer-Journey zum Kaufprozess findet in der Mehrzahl aller Fälle ein „Channel-Hopping" der Kunden statt, bei dem die Kunden zwischen den Einkaufs- und Kommunikationskanälen hin- und herspringen. Dieses erfolgt entweder sequenziell oder parallel. Im Rahmen des Channel-Hoppings kann zum Beispiel ein Konsument in einem gedruckten Katalog auf ein Produkt aufmerksam werden und beschafft sich dann über das Internet weitere Informationen. Es ist auch denkbar, dass er anschließend das Geschäft des Händlers aufsucht, um das gewünschte Produkt zu bestellen. Ebenfalls kann der Fall auftreten, dass der Kunde das Produkt im Internet bestellt und per Post nach Hause zugestellt bekommt. Wird den Kunden diese Möglichkeit zum „Channel-Hopping" gegeben, dann wirkt sich diese erfahrungsgemäß positiv auf das Stammgeschäft aus (Heinemann 2013). Geht allerdings ein Kunde nach dem Online-Kauf in eine Filiale, um sein Produkt zu reklamieren oder umzutauschen, kann es im Falle nicht integrierter Kanäle leicht vorkommen, dass der Umtausch des online bestellten Produktes im Geschäft gar nicht möglich ist. Mangelnde Kundeninformationen und eine unzureichende Integration der Warenwirtschaftssysteme innerhalb der verschiedenen Absatzkanäle lassen ein derartiges Szenario als nicht unwahrscheinlich erscheinen. In solchen Fällen ist es nicht möglich, auf den Kunden als Channel-Hopper einzugehen. Weitere Problemfälle sind dabei vorprogrammiert, z. B. wenn die Kunden in den verschiedenen Kanälen des Händlers nicht abgestimmte oder nicht als kanalspezifisch gekennzeichnete Sortimente vorfinden. Bei einer Multichannel-Strategie besteht dabei die große Gefahr, dass ein Kunde seine negativen Erfahrungen auf die übrigen Absatzkanäle überträgt. Um an den Potenzialen des weiter zunehmenden Channel-Hopping teilhaben zu können, führt insbesondere für die stationären Händler kein Weg mehr an einem integrierten Multichannel-System vorbei. Die Integration der Kanäle erfordert dann aber ein professionelles Cross-Channel-Management, dem damit eine Schlüsselstellung für die erfolgsorientierte Ausrichtung von Multichannel-Systemen zukommt.

In Abb. 2.18 sind die Gründe für das Channel-Hopping dargestellt. Statt zwischen den Kanälen „sequenziell" hin- und herzuspringen – was das Channel-Hopping auszeichnet – nutzen immer mehr Kunden verschiedene Kanäle parallel (Eckstein 2013; ohne tüte 2012). Sollte es daher Zielsetzung des Handelsunternehmens sein, separierte, nicht verknüpfte Absatzkanäle aufzubauen und dabei kanalspezifische Sortimente anzubieten, dann sollten diese nicht unter einer einheitlichen Markierung gegenüber dem Kunden präsentiert werden (vgl. Ahlert et al. 2003, S. 11 ff.). Damit wird dann aber auch die Chance für den Online-Händler hinfällig, durch Supplement- oder Support-Channels vom Channel-Hopping der Kunden zu profitieren. Andererseits bestehen verschiedene Optionen für eine Multichannel-Strategie. So muss nicht in jedem Fall gleich ein integriertes Multichannel-System aufgebaut werden, in dem die verschiedenen Kanäle gleichberechtigt nebeneinander stehen. Es ist auch denkbar, dass die zusätzlichen Kanäle jeweils unterschiedliche Rollen einnehmen. Für Pure-Online-Händler ist es durchaus sinnvoll, dass der Internetkanal (zunächst) zum „Lead-Channel" wird und die Markenhoheit über alle Kanäle hinweg besitzt, die sich dann

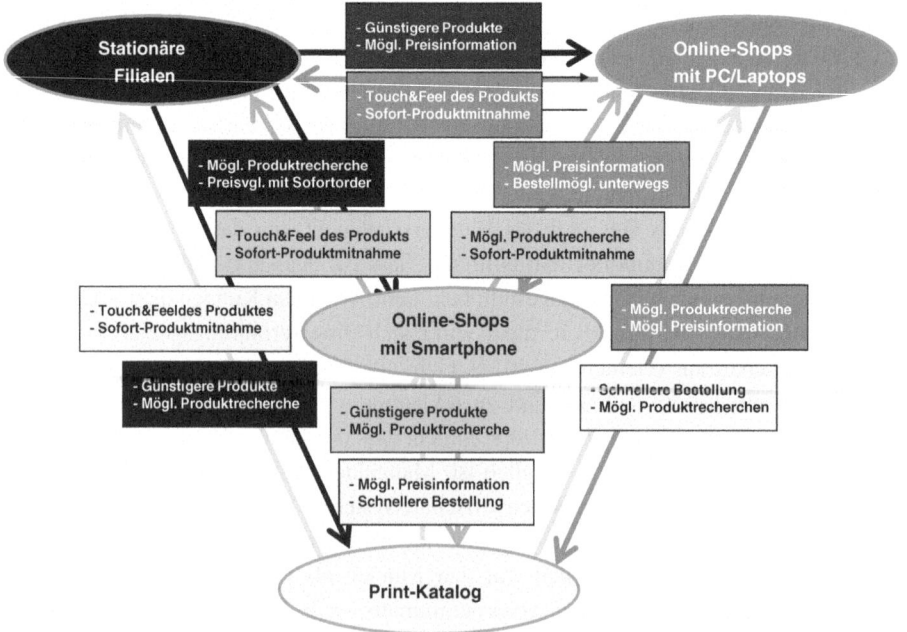

Abb. 2.18 Gründe für das Channel-Hopping. (Quelle: Eckstein 2013)

dem Online-Kanal unterordnen und diesen arrondieren. Dabei kann dann der Internetkanal als Lead-Channel dominieren und dem stationären Kanal eher eine Supportfunktion für
das Online-Geschäft zukommen. Um allerdings an den Potenzialen des weiter zunehmenden Channel-Hopping teilhaben zu können, führt insbesondere für die stationären Händler kein Weg mehr an einem integrierten Multichannel-System vorbei. Die Integration der
Kanäle erfordert dann aber ein professionelles Cross-Channel-Management, dem damit
eine Schlüsselstellung für die erfolgsorientierte Ausrichtung von Multichannel-Systemen
zukommt. Dieses gilt vor allem in Hinblick auf die sich abzeichnende Omnichannel-Nutzung als neuem Trend bezüglich des Konsumentenverhaltens mit der simultanen Nutzung
von Medien und Vertriebskanälen.

Omnichannel-Nutzung
Die parallele Nutzung der Kanäle, die sogenannte Omnichannel-Nutzung, nimmt immer
mehr zu und wird befeuert durch die Smartphone-Nutzung im Kaufprozess. Im Rahmen
der Omnichannel-Nutzung kaufen immer mehr Konsumenten nicht mehr nur online oder
offline, sondern quasi in beiden Kanälen simultan ein, was der neuen Smartphone-Technologie und dem mobilen Internet geschuldet ist. Zunehmend informieren sich die Käufer vor dem Kauf eines Produktes nicht mehr nur stationär im Internet, sondern direkt
am POS via Mobile. Nicht ohne Grund widmete auch das Harvard Business Review in
der März-Ausgabe 2012 diesem Thema einen Artikel (ohne tüte 2012). Unter dem Titel
„Die neue Kunst zu verkaufen" wird der Trend Omnichanneling zwar primär aus Unter-
nehmensperspektive erläutert, gibt aber ebenfalls wichtige Hinweise auf das veränderte
Konsumentenverhalten. Experten gehen davon aus, dass bereits heute schon viele Kunden sogenannte Omnichannel-Nutzer sind, also mehrere Kanäle gleichzeitig in Anspruch
nehmen, während sie einkaufen. Ob das bewusst oder unbewusst erfolgt, ändert nichts
an der Tatsache, dass sie dieses tun (ohne tüte 2012). Es unterstreicht aber auch die Notwendigkeit für Multichannel-Händler, dass sie zur Optimierung nicht nur ihren Online-
shop (re)launchen, sondern diesen auch enger mit ihrem stationären Geschäft verknüpfen
sollten. Für Konsumenten ergeben sich dadurch folgende Vorteile, die er auch honorieren
dürfte (vgl. ohne tüte 2012):

- **Flexibilität:** Eine Kundin kauft online ein und probiert die Sachen zu Hause an. Falls
  sie das Kleid doch in einer anderen Farbe oder Größe bevorzugt, sucht sie auf dem
  Weg zur Arbeit kurz die nächste Filiale auf und tauscht den Artikel dort um. Sie nutzt
  dabei die fortschreitende Verschmelzung der verschiedenen Vertriebskanäle.
- **Erlebnis:** Der Kunde kann sich wie im Neo-Store von adidas in Hamburg von einem
  interaktiven Spiegel fotografieren lassen und über Facebook seine Freunde mit in die
  Kaufentscheidung einbeziehen.
- **Einfachheit:** Der Ladenbesucher findet keine begrenzten Produktinformationen mehr
  auf Preisschildern oder Etiketten, sondern kann alle benötigten Informationen entweder direkt mit dem potenziellen Produkt oder mit einem Smartphone online abfragen.

Diese Beispiele scheinen für viele Internetnutzer bereits eine Selbstverständlichkeit zu sein, denn Konsumenten gewöhnen sich rasch an neues Einkaufsverhalten und setzen es dann als Service voraus.

2.4.4   Smartphone-Nutzung und Smart Natives

Wesentlicher Treiber der Omnichannel-Nutzung sind die Smartphones, die den Zugriff auf das mobile Internet praktisch an jedem Ort möglich machen. Mittlerweile nutzen 70 % der erwachsenen Deutschen ein Smartphone und betrachten dieses als natürlichen Bestandteil ihres Einkaufsprozesses (kaufDA 2015; Go-Smart-Studie 2012). Sie erwarten auf ihrem Smartphone ein weitaus größeres Leistungsspektrum, als sie es aus der stationären Internetnutzung kennen. Die zunehmende Smartphone-Nutzung führt auch dazu, dass einfache Preisvergleichsmöglichkeiten, die im Internet existieren, auch für die Beurteilung von Offline-Preisen genutzt werden können. Produkte im stationären Handel sind über Produktbild oder Barcode sehr schnell identifizierbar und mit Mobile-Commerce-Angeboten vergleichbar. Bereits knapp die Hälfte der „Smart Natives" nutzt das Smartphone, um zusätzliche Produktinformationen einzuholen. Auch Preisinformationen werden sehr häufig abgefragt, wie Abb. 2.19 zeigt (kaufDA 2015).

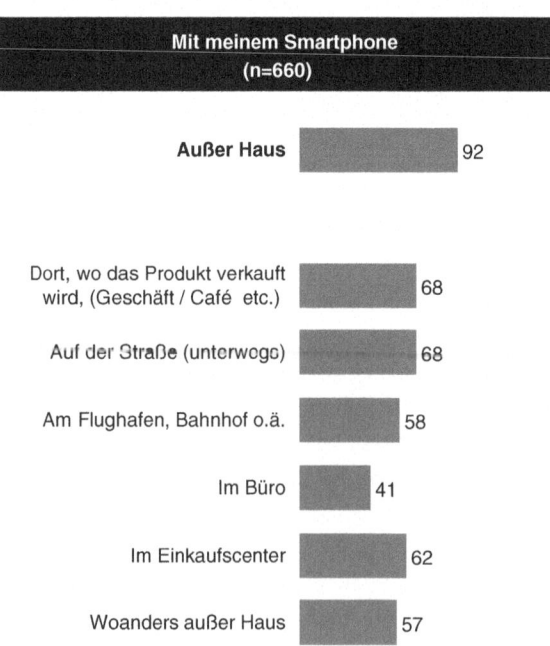

Basis: n=660 in 2014; Werte in Prozent; Mehrfachnennungen möglich

Abb. 2.19   Nutzung von Smartphones außer Haus. (Quelle: kaufDA 2015)

Die über das mobile Internet stets überall erhältlichen Preisinformationen steigern auch das Selbstbewusstsein der Kunden. Haben diese über ein mobiles Endgerät einen günstigeren Preis gefunden, so ist über die Hälfte von ihnen bereit, direkt nach einem Rabatt zu fragen (IDC Retail Insights 2010). Im Zuge dieser Entwicklung kann von einer Angleichung und einem daraus folgenden weiteren Preisdruck ausgegangen werden. Dies dürfte auch für Referenzpreise gelten, die zur Preisbeurteilung genutzt werden (Diller 2008; Schleusener 2013). Phasen mit Preisaktionen dürften ebenfalls betroffen sein, da die Kunden weniger auf externe Referenzpreise der Händler angewiesen sind, sondern die tatsächliche Ersparnis gegenüber den Online-Preisen nunmehr selbst ermitteln können (Schleusener 2013). Nutzer tun dies bereits (socialbakers 2011; Kunhardt 2012). Zugleich erweitert das mobile Internet das Handy vom Kommunikations- zum Interaktionsmedium und macht es zum Lebensmittelpunkt des „digitalen Lifestyles" (kaufDA 2015; Go-Smart-Studie 2012), wobei Online-Angebote jederzeit verfügbar sind. Die Mehrzahl der Mobile-Nutzer beziehen nützliche Informationen für den Alltag wie z. B. Staudaten, Fahrplanauskünfte etc. vorrangig über ihr Smartphone (kaufDA 2015). Der sogenannte „Instant-On-Charakter" des mobilen Endgeräts macht das Internet zum Nebenbei-Medium, wobei sich das Gerät den Präferenzen seines Nutzers anpasst und sich problemlos in die Alltagsroutine integrieren lässt. Die situative und lebensstilgerechte Anpassung der Angebote an die individuellen Einkaufsgewohnheiten der Kunden ist die hohe Schule des Mobile Commerce. Damit lassen sich die neuen „Synergien des SoLoMo" ausspielen, die sich aus der sozialen, lokalen und mobilen Vernetzung (SoLoMo) ergeben. Dazu gehören auch individualisierbare virtuelle Regale und der Einsatz der Augmented Reality in allen denkbaren Facetten. Die mobile-orientierte Umsetzung von Social-Media-Instrumenten mit Vernetzung zu Facebook, Twitter & Co., ist Standard. Twitter Accounts funktionieren dabei nicht nur als Service-Tool, um Kundenfragen zu beantworten, wie bei Best Buy mit seinem Twelpforce praktiziert. Sie können auch die anderen Verkaufskanäle nachhaltig befeuern, wie Whole Foods Market (WFM) zeigt (vgl. Heinemann 2013). Die situative Nutzbarkeit macht in hohem Maße den mobilen Mehrwert für seine Nutzer aus und verändert gleichzeitig deren Ansprüche und Nutzungsgewohnheiten.

Smart Natives
Ähnlich wie die Digital Natives, die sich quasi als „Heavy User" des Internets bezeichnen lassen, werden trendführende Smartphone-Nutzer als Smart Natives bezeichnet (Go Smart 2012). Wesentliches Kennzeichen des Smart Natives ist seine hohe Nutzungsintensität, Technik- und Webaffinität. Für ihn ist es keine Schwierigkeit, das immer neueste Smartphone in allen Funktionen zu bedienen, weswegen er dieses bereits nutzenstiftend in seinen Alltag integriert. So ruft er permanent und oft schon nebenbei nützliche Informationen ab oder füllt mit dem Gerät seine Leerlaufzeiten. Die Smart Natives sind überdurchschnittlich gebildet, jung und berufstätig. Sie finden über ihr iPhone in App-basierter Form online immer, was sie gerade benötigen. Smart Natives können sich in der Regel nicht mehr vorstellen, auf die mobilen Mehrwerte verzichten zu müssen (Go Smart 2012).

Aus Sicht der Smart Natives erfüllt heute vor allem das iPhone ihre Geräteanforderungen. Dieses ist auf die etablierte und intuitive Bedienung des Touchscreens zurückzuführen. Allerdings hat das Galaxy von Samsung rasant aufgeholt und übertrifft mittlerweile sogar die Leistungsfähigkeit des iPhones. Googles Android konnte bereits den Absatz von Apples iPhone überflügeln. Zudem steht eine ganze Generation neuer Geräte aus China, die vor allem das untere Preissegment abdecken werden, bereits in den Startlöchern. Bereits heute zeichnet sich bei den Smart Natives eine Präferenz ab, in denen die Smartphone-Nutzung Vorteile hinsichtlich Echtzeit bzw. Reaktionsfähigkeit und Aufenthaltsort (z. B. lokale Suche) liefert (kaufDA 2015; Go Smart 2012).

Die Möglichkeit, jederzeit Zugang zu jeder Art von Informationen zu haben, stellt einen besonderen Reiz für die Smart Natives dar, weil sie eine Erleichterung und Bereicherung des Alltags durch die Verfügbarkeit des mobilen Internets bieten. Drei Aspekte sind den Smart Natives besonders wichtig: ihr Search-Verhalten, ihr primär gesuchter Content sowie die Social-Media-Verlinkung (Go Smart 2012).

- **Search:** Bei den Smart Natives werden Suchfunktionen zwar auch immer noch am stationären Rechner genutzt. Aber Smart Natives nutzten verstärkt die lokale Suche und Wikis über das Smartphone (kaufDA 2015; Go Smart 2012). Mehr als die Hälfte gaben schon vor drei Jahren an, Suchmaschinen mobil genauso intensiv zu nutzen wie vom stationären PC. Vor allem die Geo-Lokalisierung scheint hier offensichtlich sehr beliebt zu sein (Go Smart 2012).
- **Content:** Bei nützlichen Informationen im Alltag (z. B. Wetterberichte, Stauinfos, Straßenbedingungen, Fahrpläne, Aktienkurse etc.) sowie Nachrichten erkennen die Smart Natives für sich einen Mehrwert des Smartphones. Sie rufen diese Informationen fast ausschließlich über ihr mobiles Gerät ab. Die Mehrheit der Smart Natives präferiert dabei das Smartphone. Das sind mehr als diejenigen, die dies zu gleichen Teilen über Smartphone und stationären PC machen. Jeder dritte Smartphone-Nutzer ruft nützliche Infos genauso oft mobil wie stationär ab (kaufDA 2015; Go Smart 2012).
- **Social Media:** Vor allem Social-Media-Funktionen haben das Potenzial, eine weitreichende und ausschließliche Nutzung über das Smartphone zu erlangen, vor allem wenn es um Verabredungen und Kontaktpflege geht. Die Smart Natives präferieren heute (schon) diese Art von persönlicher Kommunikation und für viele der Nichtnutzer, die eine Anschaffung eines Smartphones planen, stellen Social Media einen wesentlichen Grund für den späteren Kauf eines Gerätes dar (kaufDA 2015; Go Smart 2012).

Bisher wurden Smartphones und stationärer Rechner noch eher komplementär genutzt. Bei den Smart Natives zeichnet sich jedoch eine parallele Mediennutzung ab. Dabei lassen sich die Internetnutzer nicht mehr einem bestimmten Gerätetyp zuordnen, sondern nutzen unterschiedliche Formate in unterschiedlichen Situationen oder auch parallel. Diese Entwicklung wird neuerdings als „Multi-Screening" bezeichnet und weist darauf hin, dass zunehmend flexible Formatlösungen gefragt sein werden. „Mobile Commerce ist Couch-Commerce" (DDV dialog 2013) kennzeichnet am treffendsten die parallele Mediennutzung, die neuerdings auch als „Omnichanneling" bezeichnet wird. Untersuchungen von Google zu dem Thema zeigen, dass in 2012 bereits 65 % der Online-Einkäufe über Informationssuche mit dem Smartphone gestartet und dann zu 61 % über den

Desktop finalisiert wurden (vgl. Google 2012). Insofern haben Mobiles eine herausragende Rolle als „Zubringerfunktion" für den Online-Shop und selbst Tablets erreichen trotz ihrer rasanten Entwicklung in den letzten Jahren nicht annähernd den Stellenwert der Smartphones. Die Verwendung von Tablet-PCs gilt nach bisherigen Definitionen nicht dem Mobile Commerce. Da der Tablet-PC allerdings eher einen Zwitter zwischen Smartphone und Notebook darstellt, der über Zusatz-Devices auch eine Telefonmöglichkeit zulässt, ist die bisherige Ausgrenzung gegenüber dem Mobile Commerce nicht aufrecht zu erhalten. Häufig werden Smartphone und Tablet-PC in Doppelfunktion und mit einer Doppel-Twin-Karte für unterwegs genutzt. Außerdem werden die Übergänge zwischen Mobiles und Tablets zunehmend fließend und eröffnen vielfältige Formate, die häufig parallel zum Fernsehen genutzt werden.

2.5   Kundeninteraktion im Social Commerce

Bisher spricht der bevh (Bundesverband des Versandhandels) zusammenfassend vom interaktiven Handel, der den Online-Handel, Versandhandel sowie das Teleshopping umfasst (bevh 2016). Diese Definition deckt sich weitgehend mit dem Begriff des Distanzhandels (Wegener 2008, S. 204; Riekhoff 2008). Beide Beschreibungen – interaktiver Handel sowie Distanzhandel – beinhalten den klassischen Katalog-Versandhandel und grenzen damit die Kundeninteraktion nicht auf die Internettechnologie ein. Demzufolge tragen sie den innovativen Möglichkeiten und Formen der Kundeninteraktion nicht Rechnung und sind insofern zu unspezifisch. Deswegen werden im Folgenden die Besonderheiten internetbasierter Kundeninteraktion und deren Möglichkeiten differenziert aufgezeigt.

2.5.1   Besonderheiten internetbasierter Kundeninteraktion

Kundeninteraktion im Zusammenhang mit der Internettechnologie wird von Reichwald und Piller als „Interaktive Wertschöpfung" beschrieben (Reichwald und Piller 2009). Sie stellt vor allem die Rolle externer Akteure in der Peripherie des Unternehmens für die Wertschöpfung heraus. Dabei kommt den Kunden bzw. Nutzern eines Produktes oder einer Leistung eine zentrale Rolle zu (Heinemann und Boersma 2015; Reichwald und Piller 2009). Diesbezüglich wird auch von Prosumenten gesprochen, also einer Kombination von Kunde und Produzent, die im Zeitalter des Internets immer komplexere Anforderungen an den Handel stellen (Heinemann und Boersma 2015; Bruhn und Heinemann 2013). Die Entwicklung vom Konsumenten zum Prosumenten ist erst durch die Internettechnologie möglich geworden (Unterberg 2008). Sie ermöglicht eine für die Interaktion notwendige Kundenintegration (Haug und Kueper 2010).

Durch die internetbasierte Kundenintegration werden zukünftige Kundenanforderungen immer differenzierter und komplexer. Deswegen wird auf Dauer eine einzelne Organisation kaum noch in der Lage sein, diese komplett und vollumfänglich zu erfüllen (Heinemann

und Schwarzl 2010). Handelsunternehmen sind immer mehr gezwungen, eine Art Agenten-
funktion gegenüber ihren Kunden einzunehmen und dabei als Broker für eigene Produkte
und Verkaufskanäle in Erscheinung zu treten. Das erinnert an Amazon und eBay, die diese
Absatzmittlerfunktion heute schon mit ihren offenen Marktplätzen erfolgreich ausfüllen.
Während Amazon Deutschland in 2014 rund 12 Mrd. EUR Handelsvolumen ohne Mehr-
wertsteuer gedreht haben dürfte, sind nach Expertenmeinung davon mindestens 4 Mrd. EUR
dem Marktplatzgeschäft zuzurechnen. Demgegenüber kommt eBay auf rund annähernd
11 Mrd. EUR Handelsvolumen, wovon bis zu 80 % mit Festpreisen im Marktplatzgeschäft erzielt werden (FAZ 2015; eBay 2014, eWeb Research Center 2015). Amazon und
eBay kommen damit zusammen auf rund 12 Mrd. EUR im Marktplatzgeschäft, was schon
fast 30 % des deutschen Online-Handelsumsatzes entspricht. Nicht enthalten sind dabei die
Marktplatzumsätze von Otto, Zalando, Dawanda oder Etsy, sodass der gesamte Marktplatz-
anteil eher bei 40 % liegen dürfte. Damit hat die Kundeninteraktion bereits herausragende
Bedeutung erlangt, denn auch Marktplätze gelten als interaktive Betriebsform des Online-
Handels (Gehrckens und Boersma 2013; Heinemann 2014).

Durch die skizzierte Entwicklung sehen sich immer mehr Einzelhändler dazu heraus-
gefordert, strategische Allianzen einzugehen, auch mit Unternehmen aus anderen Branchen, wenn diese die gleichen Kunden teilen. Der britische Lebensmitteleinzelhändler
Tesco hat sich zum Beispiel zu einem regelrechten „Sammelbecken" kleiner Angebots-
nischen entwickelt, das von Tesco-Finanzdienstleistungen (ein Joint Venture mit der
Bank of Scotland) über Tesco-Mobilfunkprodukte (mit O2) bis hin zu Tesco-Reisen (mit
LastMinute.com) reicht (Heinemann 2016; Heinemann und Schwarzl 2010). Die Haupt-
nachfrage bezieht sich dabei zunehmend auf spezialisierte, „knowledge based skills", mit
denen Werte zusätzlich zur bestehenden Distribution geschaffen werden können. Diese
Fähigkeiten kommen aus verschiedenen externen Quellen, aber auch aus dem eigenen
Unternehmen. Sie werden i. d. R. mit einem Outsourcing für bestimmte Fähigkeiten
beginnen, wovon ein beträchtlicher Anteil mobil sein und von mehreren Händlern in
Anspruch genommen werden wird (Heinemann 2016; Heinemann und Schwarzl 2010).

2.5.2 Online- versus Offline-Kundeninteraktion

Zukünftig werden vor allem solche Geschäftsmodelle erfolgreich sein, die ihre Beziehungen zu den Kunden ausspielen und für die Bedürfnisbefriedigung einsetzen können.
Dabei werden Ausmaß, Intensität und Qualität der Kundeninteraktion eine Schlüsselrolle
spielen. Diese hat sich jedoch grundsätzlich danach zu unterscheiden, ob sie online oder
offline stattfindet. Offline-Anbieter können sich zum Beispiel auf Kunden fokussieren,
die in Eile sind, andere auf Kunden, die „umweltorientiert" sind, während sich einige
Geschäfte zu reinen Showrooms entwickeln werden. Modemagazine werden Besucher
dazu animieren, Kleidungsstücke von Displays anzuprobieren mit dazugehöriger Beratung von Stylisten und Produktproben von Duft- oder Make-up-Ständern. Dabei verkauft das Geschäft keine Produkte mehr. Die gewonnenen Informationen von speziell

geschulten Mitarbeitern liefern allerdings Einblicke in die Wünsche und Erwartungen der Kunden. Im Zuge der neuen Kundeninteraktion wird sich auch die Rolle der stationären Geschäfte in Verbindung mit dem Internet verändern. Kunden, die bei praktiziertem Channel-Hopping (Bruce 2011; Heinemann 2013) auch zukünftig Offline-Formate aufsuchen, werden dabei nach aufmunternden, genussvollen und unterhaltsamen „Erlebnissen" mit Fokus auf einer Offline-Kundeninteraktion suchen. Sie werden Buchgeschäfte bevorzugen, auf anregende Autoren treffen oder Spielwarengeschäfte besuchen, in denen sich ihre Kinder mit Spielsachen und Spielen beschäftigen können, während reale und virtuelle „In-Store"-Experten den Eltern ihre Fragen beantworten. Gekauft werden kann unabhängig vom Geschäft über QR-Code (Heinemann 2013, 2014). Die Kunden erwarten dabei zugleich auch eine Nutzungsmöglichkeit für mobile und interaktive Technologien. Dieses betrifft die Online-Kundeninteraktion, die auch Möglichkeiten für neue Erlebnisse und Erfahrungen bietet (brandeins 2014; DiePresse 2014). So geben bereits drei Viertel aller Europäer an, dass sie auch Handys zum Scannen von Produkten in Geschäften benutzen würden und mehr darüber erfahren möchten (Heinemann und Schwarzl 2010). Mehr als die Hälfte würde es begrüßen, in einem Geschäft mit Produktexperten online kommunizieren zu können, um Zeit zu sparen.

Die Verteilung der Online-/Offline-Kundeninteraktion zeigt heute mehrheitlich ein sogenanntes ROPO-Verhalten, bei dem rund 60 % der Non-Food-Kunden ihren Einkaufsprozess mit Internetrecherche beginnen, jedoch offline ausführen im Zusammenhang mit offlinebezogener Interaktion. Die Art der Offline- und/oder Online-Kanalnutzung wird sich allerdings in den nächsten Jahren grundlegend ändern, wie Abb. 2.20 zeigt: Während heute 89 % der Interaktionen immer noch mit einem Offline-Kauf abschließen, werden es 2020 gerade mal noch 55 % sein. Die Verteilung zwischen Online und Offline Research wird bis dahin immer weiter verschwimmen und zu neuen Formaten mit einer „No-Line-Experience" führen (DMC 2013; Heinemann 2013). Neben den reinen Online-Käufen mit entsprechender Vorbereitung des Kaufs online entstehen ganz neue Retail-Ansätze, die mit einem hohen Grad an Integration der Touchpoints um die Gunst der Kunden buhlen. Zu ihnen zählen auch die zunehmend diskutierten Showrooming-Ansätze, bei denen sich der Kunde stationär vorbereitet und dann online kauft.

Abb. 2.20 Verteilung der Online-/Offline-Kundeninteraktion in 2020. (Quelle: Eigene Darstellung in Anlehnung an DMC 2013)

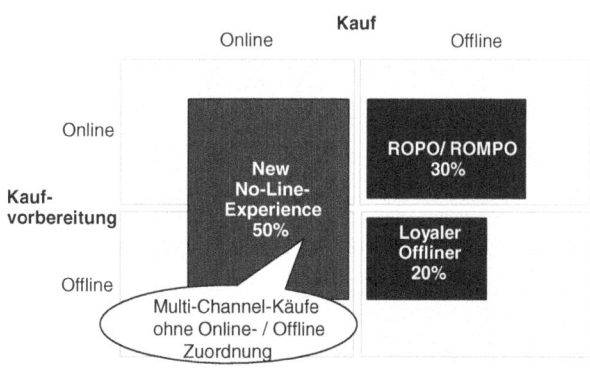

2.5.3 Onsite- versus Offsite-Kundeninteraktion

Bei der Nutzung von Online-Kanälen spielen in der Kommunikation und Interaktion auch Social-Media-Instrumente eine wichtige Rolle, die allerdings häufig sehr unspezifisch behandelt bzw. erläutert werden. Im Rahmen von Social Media können Informationen dabei sowohl in verbaler als auch in multimedialer Form Verwendung finden. Dieses betrifft zum Beispiel Fotos, Videos, Musik, Sprachaufzeichnungen und Spiele (Heymann-Reder 2011). Über Social Media wird die Kommunikation in der Regel weltweit vernetzt und schafft neue Möglichkeiten der Interaktion für Nutzer und auch für Unternehmen. Bekannte Social-Media-Plattformen sind neben MySpace und Facebook insbesondere Twitter, Google+, YouTube, LinkedIn, Pinterest und Polyvore. Als Video-Sharing-Plattform spielt dabei YouTube mittlerweile eine herausragende Rolle und ist eine globale und nicht mehr wegzudenkende Institution. Insgesamt stellt Social Media aber keine reine Kommunikationsplattform mehr dar. Es zeichnet sich ab, dass soziale Plattformen neben Kommunikationszwecken auch für den unmittelbaren Verkauf von Produkten eingesetzt werden und dadurch stärker als bisher wieder kommerzialisiert werden, wie auch der Begriff „F-Commerce = Facebook-Commerce" unterstreicht (Kunhardt 2013). Dieses Verständnis von Social Media vernachlässigt allerdings die Umsetzung entsprechender Social-Media-Elemente auf der eigenen Website. Insofern sollte die Kundeninteraktion zumindest danach unterschieden werden, ob sie Onsite- oder Offsite stattfindet (Haug 2013a, b).

Offsite-Kundeninteraktion bezeichnet alle Aktivitäten außerhalb der Website sowie den Verkauf auf Marktplätzen oder das Engagement in sozialen Netzen. Bezogen auf Social Media sind typische Offsite-Plattformen Facebook, Twitter, Pinterest oder Whats-App. Auch Plattformen wie Polyvore, Foursquare, YouTube sowie die Special-Interest-Blogs sind typische Offsite-Beispiele. Die bereits angesprochenen Marktplätze sind zwar keine Social-Media-Plattformen, jedoch auch der Offline-Kundeninteraktion zuzuordnen. Denn der Kundenkontakt findet hier nur indirekt und außerhalb der eigenen Website statt (Haug 2013a, b; Heinemann 2014).

Onsite-Kundeninteraktion umfasst alle Maßnahmen im eigenen Online-Shop. Wie in Abb. 2.21 dargestellt, handelt es sich dabei um Kundenbewertungen, Kundenmeinungen, eigene Communities und auch jede Form von Consumer-Generated-Content. Andere Beispiele sind Größen- und Style-Empfehlungen, Personalisierung/Viralität sowie Verknüpfungen mit Social Tagging. Aber auch die Verknüpfung zu Offline-Kanälen, also zum Beispiel auf der eigenen Website angebotene Multichannel-Services, können als Onsite-Kundeninteraktion angesehen werden (Haug 2013a, b).

2.5.4 Upstream- versus Downstream-Kundeninteraktion

PreispolitikIm Rahmen der interaktiven Wertschöpfung werden die beiden Begriffe Mass-Customization und Open Innovation unterschieden (Reichwald und Piller 2009;

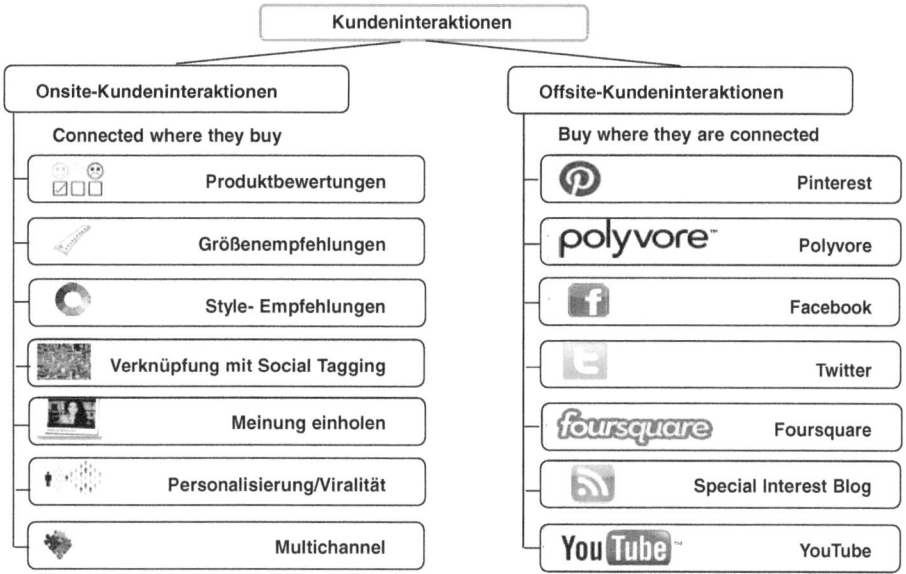

Abb. 2.21 Onsite- und Offsite-Aktivitäten im Social Media. (Quelle: Haug 2013b)

Heinemann 2014). Mass-Customization bezeichnet die Erstellung von individualisierten Gütern und Leistungen mit der Effizienz vergleichbarer Massenangebote. Sie hat in Verbindung mit den Möglichkeiten der Internettechnologie und der daraus möglich gewordenen „interaktiven Wertschöpfung" zweifelsohne den entscheidenden Auftrieb erhalten. Wesentliches Ziel der Mass-Customization ist es, sich vom Wettbewerb abzugrenzen, Marktanteile dauerhaft zu sichern und zugleich in stärkere Interaktion mit den eigenen Kunden zu treten. Dabei wird sowohl ein Zusatznutzen für die Endkunden als auch für die Unternehmen geschaffen. Denn nach dem Prinzip des Open-Source kann externes kreatives Potenzial aktiviert werden. Bei Anbietern wie z. B. Spreadshirt (T-Shirts) oder Sellaband (eigene Musik) kann der Konsument nach dem Prinzip des Open Investment auch zum Produzenten werden und seine Produkte über die Plattform vermarkten (Reichwald und Piller 2009).

Der entscheidende Unterschied zur Open Innovation liegt bei der bisherigen Mass-Customization in der Einbeziehung des Kunden zu einem späteren Zeitpunkt, d. h. erst nach Fertigungsbeginn. Beide sind dem sogenannten Crowdsourcing zuzuordnen, bei dem es durch die Einbeziehung der Kunden um eine Externalisierung von Unternehmensleistungen geht. Dabei ist auch ein „kostenentlastender Effekt" realisierbar, wenn Blogger und Community-Mitglieder zum Beispiel Serviceanfragen untereinander selbst beantworten (Denk-Selbst 2009; Heinemann 2014). Diesbezüglich hat es sogar einen positiven Einfluss auf die Kundenzufriedenheit, wenn der Online-Kunde unmittelbar selbst zum gewünschten Ergebnis kommt. Die Übergänge von Kommunikationsinstrumenten zu Selbstbedienungsfunktionen sind fließend und aus Kundensicht nicht unterscheidbar. Gibt zum Beispiel der Internet-User eine Anschriftenkorrektur in ein Web-Formular ein, ist es für ihn ohne

Bedeutung, ob dies eine automatische Datenbankänderung zur Folge hat oder lediglich eine
E-Mail an den zuständigen Sachbearbeiter erzeugt (HMWVL 2007, S. 60 ff; Heinemann
2014). Die Automatisierungsmöglichkeiten in der Abwicklung des Online-Handels eröffnen
allerdings gerade im interaktiven Zusammenspiel mit den Kunden sogenannte Self-Service-
Funktionalitäten auf der Website. Diese machen es möglich, dass der Kunde selbst Transaktionen mit dem Unternehmen abwickelt, ohne dass ein Verkaufsmitarbeiter aktiv werden
muss. Grundproblem bei der Nutzung solcher Self-Service-Module ist die Komplexität der
Benutzerführung, die oftmals komplizierter ist als ein schneller Anruf im Call-Center. Die
sich daraus ergebende Ablehnung des Self-Service kann aber durch Anreizsysteme über-
wunden werden. Es gilt die Daumenregel, dass die Höhe der Anreize umgekehrt proportional zu der Nutzungsfrequenz sowie proportional zu der Komplexität der Aufgabe ist (Laue
2004, S. 81). Derartige Erfahrungen für Self-Service-Funktionen gelten aber weniger für
die interaktive Wertschöpfung im Rahmen des Designs oder der Herstellung von Produkten.
Vielmehr sind sie für den Verkaufsprozess bereits fertiggestellter Produkte relevant. Insofern macht es Sinn, die interaktive Wertschöpfung danach zu differenzieren, ob sie vor- und
während der Herstellung oder erst nach Fertigstellung der Produkte stattfindet. Gewöhnlich werden alle Unternehmensaktivitäten bis zur Fertigstellung eines Produktes in der
Produktion als „Upstream-Prozesse" bezeichnet, während es sich bei den anschließenden
Vermarktungsfunktionen um „Downstream-Prozesse" handelt (Hollensen 2011, S. 25). In
Anlehnung daran bietet es sich an, sowohl die Mass-Customization als auch die Open Innovation als „Upstream-Kundeninteraktion" zu bezeichnen und alle nach der Fertigung statt-
findenden interaktiven Tätigkeiten als „Downstream-Kundeninteraktion" zu kennzeichnen

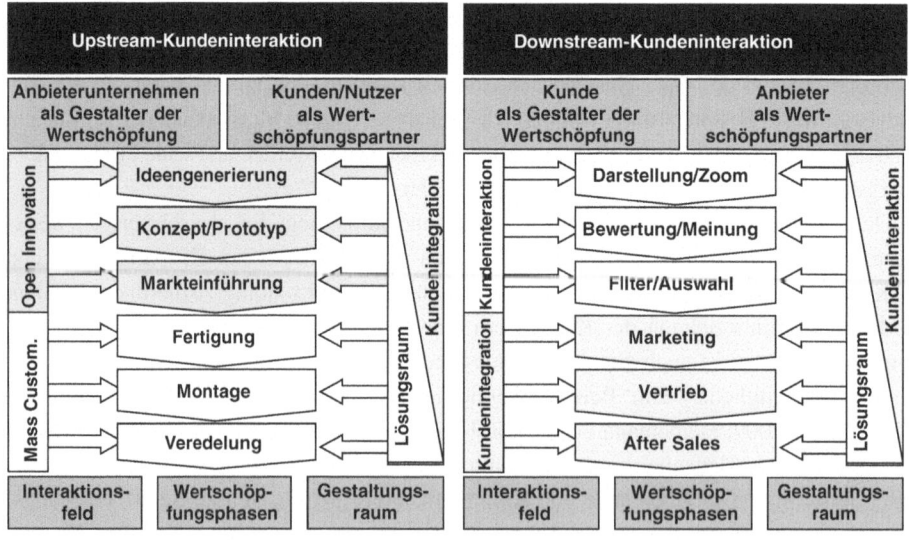

Abb. 2.22 Upstream- und Downstream-Kundeninteraktion

(Abb. 2.22). Letztere sind allerdings danach zu unterscheiden, ob sie auf der eigenen Website (Onsite) oder auf Partner-Plattformen stattfinden (Offsite). Deswegen wird im Folgenden auch zwischen der Onsite- und Offsite-Kundeninteraktionen unterschieden. Der Fokus soll allerdings auf der Offsite-Interaktion liegen, also den Aktivitäten auf den Partner-Plattformen außerhalb der eigenen Website.

2.5.5 Customer-Journey als Downstream-Kundeninteraktion

Sämtliche Offsite-Aktivitäten außerhalb der eigenen Website dienen gewöhnlich dazu, Besuchsfrequenz auf der Website zu generieren und diese zu Käufen bzw. Orders zu konvertieren. Dabei geht es um Einflussnahme auf die Customer-Journey. Diese besagt, dass zwischen dem Kaufgedanken und dem Klick eine Reihe von Stationen liegt. So sind Werbebanner oder E-Mail-Newsletter nicht selten Kaufimpulsauslöser. Der Prozess bis zum endgültigen Kauf kann mehrere Wochen dauern. Das schließt Search, Diskussionen in Bewertungsplattformen, Erfahrungsaustausch oder Recherchen auf Preisvergleichsportalen ein (Gehrckens und Boersma 2013; Heinemann 2014). Der Customer-Journey-Ansatz berücksichtigt auch Langzeiteffekte und beinhaltet zwei Dimensionen. Die erste Dimension stellt Kaufimpulse dar. Die zweite Dimension gewichtet den Beitrag bestimmter Touchpoints während der Customer-Journey zur Conversion („Conversion Attribution"). Es ist schwierig, die Abhängigkeiten zwischen verschiedenen Werbemittelkontakten darzustellen, denn es lässt sich nicht alles auf dem Weg eines Kunden zur Kaufentscheidung messen. Die Wirkung von Social Networks auf die Customer-Journey darf auch nicht unterschätzt werden, insbesondere am Anfang der Conversion-Kette. Diesbezüglich stellt Facebook eine besondere Herausforderung dar, denn Facebook-Kampagnen lassen sich nicht so einfach tracken wie z. B. Banner- oder Ad-Words-Kampagnen. Gleiches gilt für Werbemittelkontakte aus dem Offline-Bereich, wie Fernsehwerbung, Zeitungsanzeigen oder Plakatwerbung (Heinemann 2014; Gehrckens und Boersma 2013; IWB 2011a). Insofern muss der Customer-Journey-Ansatz immer auch die Online- und Offline-Welt zusammenbringen. Das setzt qualifizierte Datenerhebungen voraus. Auf der anderen Seite fokussiert er auf Offsite- und Downstream-Interaktionen, auch wenn physische Touchpoints in Form von Landing Pages und Online-Shops auch in Onsite-Form vorliegen können. Im Rahmen dieser Fokussierung sollen innovative Formen der Downstream-Kundeninteraktion im Vordergrund der Betrachtung stehen.

Die Orientierung an der letzten Handlung des Kunden vor dem Einstieg in den Kaufprozess – in der Regel Googeln – darf die Customer-Journey nicht ausblenden (vgl. IWB 2011a, S. 16; Heinemann 2012a).

In Abb. 2.23 ist eine typische Customer-Journey dargestellt. In vielen Fällen sieht diese die Nutzung von Social-Media-Instrumenten vor.

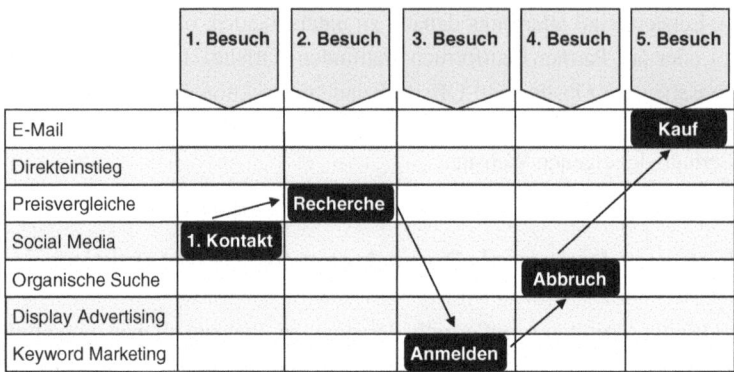

Beispiel mit vier Stationen zum Kauf: Tritt dieses Muster der Customer Journey
gehäuft auf, kann der Ablauf durch gezielte Budgetzuweisung unterstützt werden

Abb. 2.23 Typische Downstream-Kundeninteraktion in der Customer-Journey. (Quelle: Eigene
Darstellung in Anlehnung an IWB 2011a)

2.6 „Always-in Touch" – das SoLoMo-Mindset

Das Smartphone entwickelt sich zur „Cross-Technology-Plattform", das damit neue Ver-
kaufschancen durch das Senden lokaler Informationen in Verbindung mit innovativen
Services und Technologien eröffnet (Heinemann 2012b). Diese „Location-based Services" sind zunehmend mit attraktiven Discount-Angeboten verbunden, durch die Kunden sich in stationäre Läden locken lassen. Sie ermöglichen ihnen darüber hinaus eine
neue Dimension der Preistransparenz durch lokale Preisvergleichsmöglichkeiten sowie
eine sofortige Lieferbarkeit digitaler Leistungen, sogenannte OTA-Lieferungen – „over
the air deliveries". Dabei übernimmt das Smartphone immer mehr die Bezahlfunktion
und ersetzt zukünftig die Kreditkarte (BV Capitals/eVenture 2011; Heinemann 2012a).
Der einfache Zugang zu ständig verfügbaren Online-Angeboten bereichert den Alltag der
Smart Natives und bietet eine neue Form der nutzerbezogenen Effizienz. Getrieben durch
die zunehmende Bedeutung sozialer Netzwerke und das ständige In-Verbindung-Stehen
mit Freunden und Bekannten wird Kommunikation deutlich offener. Das „Always-On"
ist die technische Grundlage, „Always-In-Touch" die soziale Konsequenz des SoLoMo-
Mindsets (vgl. Go-Smart-Studie 2012, S. 17). Dieses ist in Abb. 2.24 dargestellt und
umfasst die vier Komponenten SoLoMo-Usability, SoLoMo-Effizienz, SoLoMo-Kommunikation sowie die SoLoMo-Konvergenz (Go-Smart-Studie 2012; Heinemann 2012b).
Die Komponenten greifen auf die Go-Smart-Studie als Ergebnis einer repräsentativen
Untersuchung über die Mobile-Nutzung in Deutschland aus dem Jahr 2012 zurück (Go-
Smart-Studie 2012).

SoLoMo-Usability
Die Smart Natives kennzeichnet eine hohe Nutzungsintensität sowie eine hohe Technik-
und Web-Affinität. Sie integrieren das dem mobilen Internet innewohnende Potenzial

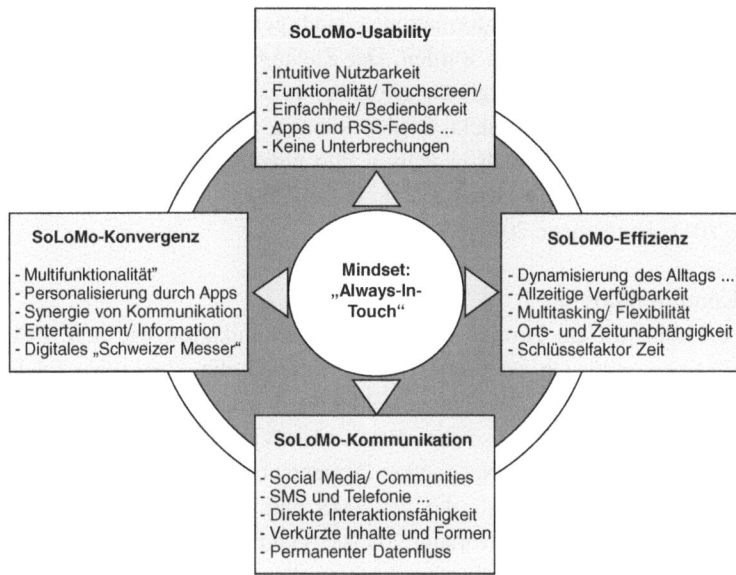

Abb. 2.24 SoLoMo-Mindset „Always-in-Touch". (Quelle: In Anlehnung an die Go-Smart-Studie 2012, S. 17)

bereits umfassend in ihr tägliches Leben. Der Begriff „Fernbedienung des Lebens" trifft diese Lebensweise auf den Punkt (Kerkau 2012). Diesbezüglich steigern intuitive Nutzbarkeit und Personalisierungsoptionen die Faszination für das technische Gerät. Sie verursachen maßgeblich die rasant steigenden Nutzerzahlen des Smartphones. Insbesondere die Einführung von Touchscreens bzw. berührungsempfindlichen Displays und Apps machen die Geräte gut mobil nutzbar. Das Gerät lässt die Nutzer sich auf den Inhalt konzentrieren, weil seine Bedienung einfach ist. Apps bieten dabei einen vereinfachten Zugang zu Funktionen und Inhalten. Sie kompensieren technische Defizite wie zum Beispiel die geringe Bildschirmgröße und die kleinen Tastaturen (Heinemann 2012b). Darüber fügt sich der Zugriff auf das mobile Internet nahtlos in den Tagesablauf ein. Deswegen beziehen heute schon fast die Hälfte der Smartphone-Nutzer nützliche Alltagsinformationen über ihr Smartphone (Mindwyse 2011; Heinemann 2012b).

SoLoMo-Effizienz
Unabhängig von Ort und Zeit befähigen Smartphones ihre Nutzer zur sofortigen Lieferung digitaler Leistungen in Form sogenannter OTA-Lieferungen. Sie dienen quasi als „Enabler" und „Beschleuniger". Dabei ist Information, Kommunikation, Entertainment und Shopping jederzeit möglich. In vielen Fällen erfolgt eine parallele Nutzung dieser Angebote in Form des „Omnichanneling" (Heinemann 2012b). Die ständige Verfügbarkeit verleitet zu neuen Verhaltensmustern. Ad-hoc-Entscheidungen können immer mehr eine vorausschauende Planung ersetzen, da die gewonnene Mobilität mehr Flexibilität

ermöglicht. Situativ benötigte Informationen sind permanent verfügbar und können schnell und zuverlässig abgerufen werden. Der Zugang zu Wissen wird ebenso wichtig wie das Faktenwissen selbst. Zugleich erfolgt eine Dynamisierung medienfreier Zeitinseln, da Leerlaufzeiten überbrückt werden können. Die Meisten der Smart Natives nutzen ihr Gerät zum Zeitvertreib in Pausen. Sie nutzen das Smartphone anstelle des Desktops auch zunehmend zu Hause, da sie dessen Instant-On-Funktionalität schätzen (Mindwyse 2011; Heinemann 2012b).

SoLoMo-Kommunikation

Vor allem die schriftlichen Formen der Internetkommunikation wie z. B. E-Mail oder Instant Messaging ergänzen oder ersetzen zunehmend die klassische Telefonie, die nur noch auf rund ein Fünftel der Nutzung kommt. Vorrang haben VoIP, Chat, Status-Updates, Pinnwandeinträge und soziale Netzwerke. Viele der genutzten Smartphone-Funktionen entfallen auf soziale Netzwerke. Dementsprechend überstieg bereits in 2010 das Volumen mobiler Datendienste das der SMS und MMS (Go-Smart-Studie 2012). Offene Kommunikation wird bevorzugt, da sie Feedback generiert und die soziale Rolle des Users unterstreicht. Zugleich reduzieren die ständige Verbindung zum Freundeskreis und die Kommunikation in Quasi-Echtzeit den sprachlichen Aufwand. Dabei werden auch die Reaktionszeiten immer schneller, weil neben den Kommunikationsinhalten auch deren permanenter Austausch reizt. Dementsprechend befindet sich der Smart Native quasi kontinuierlich im Datenfluss, legt andererseits aber auch Wert auf die eigene Privatsphäre und Kontrolle. Die Mehrheit der Smart Natives haben bei ausgeschaltetem Gerät Angst, etwas zu verpassen und sind deshalb auch „always-on" (Go-Smart-Studie 2012; Mindwyse 2011; Heinemann 2012b).

SoLoMo-Konvergenz

Konvergenz als Begriff beschreibt die Zusammenführung verschiedener Funktionen, Inhalte und Kanäle in einem einzelnen Endgerät. Viele Smartphone-Nutzer verwenden noch primär ihr Gerät zum Telefonieren, allerdings kaum noch die Smart Natives. Sie gebrauchen ihr Smartphone lieber für Internetfunktionen. Diesbezüglich werden die Geräte zum Organisieren, Fotografieren und Filmen oder für Computerarbeiten genutzt. Zudem werden über das mobile Internet Informationen zum Wetter, lokale Suchinformationen oder Preisvergleichsseiten abgerufen. Auch gehört es zum Alltag, klassische Suchmaschinen auf dem mobilen Gerät zu nutzen. Ebenfalls werden Entertainment-Angebote zunehmend genutzt. YouTube füllt Pausenzeiten, lustige Apps regen Unterhaltungen an oder Computerspiele steigern die Unterhaltung. Als „Schweizer Taschenmesser" in digitaler Form bietet das Smartphone seinen Nutzern kaum vorstellbare Funktionen. Dabei vermischen sich private und berufliche Nutzung, denn etliche der Smart Natives benutzen ihr berufliches Smartphone auch privat. Mehr als die Hälfte von ihnen gibt an, dass es ihnen nichts ausmacht, in der Freizeit mal etwas für den Job zu tun (Go-Smart-Studie 2012; Mindwyse 2011; Heinemann 2012b).

Literatur

Absatzwirtschaft. (2012). Internetnutzer erwarten Social-Media-Integration auf Websites, Studie zum Sharing-Verhalten. http://www.absatzwirt-schaft.de/content/online-arketing/news/internetnutzer-erwarten-social-mediainte-gration-auf-websites;78372. Zugegriffen: 24. Okt. 2012.

Adzine. (2012). Kosten für Social Media Integration senken. http://www.adzine.de/site/artikel/6690/social-media-marketing/2012/03/kosten-fuer-social-media-integration-senken-vom-06-03-2012. Zugegriffen: 4. Juli 2012.

Ahlert, D., Hesse, J., Jullens, J., & Smend, P. (2003). *Multikanalstrategien, Konzepte, Methoden und Erfahrungen*. Wiesbaden: Gabler.

Beckmann, J., & Schulz, F. (2008). Online Music Communities und Kooperationsstrategien bei Steinberg Media Technologies GmbH/Yamaha Corp. Japan. In C. Steinmann (Hrsg.), *Community Marketing – Wie Unternehmen in sozialen Netzwerken Werte schaffen*. Stuttgart: Schäffer-Poeschel.

Bevh – Bundesverband des Versandhandels. (2016). Aktuelle Zahlen zum Interaktiven Handel – bvh-Studie 2015. http://www.bevh.org/markt-statistik/zahlen-fakten. Zugegriffen: 18. März 2016.

Böge, B. (2012). Social Commerce. Definition und thematischer Überblick sowie Analyse der besonderen Rolle des sozialen Netzwerkes Facebook (Präsentation 2012/FH Wedel).

brandeins. (2014). Das alles und noch viel mehr. Der Kunde ist ein unangenehmer Geselle. Und das ist gut so. Sagt der Handelsexperte Gerrit Heinemann. *brandeins 05*(14), 90–94.

brandeins. (2015). Wehrt Euch! Oder ist es dafür zu spät? Streitgespräch zwischen Jochen Krisch und Gerrit Heinemann. Ausgabe 04/2015 – Schwerpunkt Handel (S. 62–67).

Bruce, A. (2011). Multi-Channeling der Zukunft – Multi-Channel-Erfolgsfaktoren im wachsenden Markt aus Sicht von Google. In G. Heinemann, M. Schleusener, & S. Zaharia (Hrsg.), *Modernes Multi-Channeling im Fashion-Handel*. Frankfurt: Deutscher Fachverlag.

Bruhn, M., & Heinemann, G. (2013). Entwicklungsperspektiven im Handel – Thesen aus der ressourcen- und beziehungsorientierten Perspektive. In G. Crockford, F. Ritschel, & U.-M. Schmieder (Hrsg.), *Handel in Theorie und Praxis, Festschrift zum 60. Geburtstag von Prof. Dr. Dirk Möhlenbruch*. Wiesbaden: Springer Gabler.

Buggisch, C. (2015). Social Media und soziale Netze – Nutzerzahlen in Deutschland 2015. In *Buggisch/Wordpress.com vom 7.2015*. https://buggisch.wordpress.com/2015/01/07/social-media-und-soziale-netzwerke-nutzerzahlen-in-deutschland-2015/. Zugegriffen: 10. Aug. 2015.

BV Capital/eVenture. (2011). Overview: eCommerce & Online Trends San Francisco. Interne Unterlage.

BVDW. (2015). *Social Media Kompass 2014/2015*. Düsseldorf: Bundesverband Digitale Wirtschaft (BVDW) e. V.

CatalystMarketers. (2010). Dell does Twitter – do You? http://www.catalystmarketers.com/dell-does-twitter-do-you/. Zugegriffen: 20. Aug. 2013.

Chaney, P. (2012a). Shoppers count on social commerce but not mobile and tablet devices this holiday season.16. November 2012. http://networkedblogs.com/EOxsY. Zugegriffen: 20. Aug. 2013.

Chaney, P. (2012b). Social commerce by definition, a cupcake or a bouncing ball? 21. Dezember 2012. http://networkedblogs.com/Gel0E. Zugegriffen: 20. Aug. 2013.

Chaney, P. (2012c). Facebook launched social gifts, Amazon and Cafepress follow suit. http://networkedblogs.com/G5GHn. Zugegriffen: 20. Aug. 2013.

Chaney, P. (2012d). Pizza Hut offers fragrance to facebook fans. http://networkedblogs.com/FG5tZ. Zugegriffen: 20. Aug. 2013.

Chinapost. (2016). Myspace still exists? Yes, and now it is owned by Times. In *Chinapost vom 15. Feb. 2016*. http://www.chinapost.com.tw/business/company-focus/2016/02/15/458309/Myspace-still.html. Zugegriffen: 16. Febr. 2016.

DDV dialog. (2013). Mobile-Commerce – Nur eine Minderheit kauft unterwegs, Langsamer Abschied von den Legenden. Februar 2013, S. 22.

Denk-selbst. (2009). Prosument 2.0. http://www.denk-selbst.com/2009/08/19/prosument-2-0/. Zugegriffen: 31. Dez. 2011.

DiePresse. (2014). Amazon denkt sich: Fuck the Germans, Interview von Herbert Asamer mit Gerrit Heinemann. In *DiePresse vom 25-05-2014*. http://diepresse.com/home/wirtschaft/handelimwandel/3811519/Amazon-denkt-sich_Fuck-the-Germans. Zugegriffen: 25. Mai 2014.

Diller, H. (2008). *Preispolitik* (4. Aufl.). Stuttgart: Kohlhammer.

DMC. (2013). Von der Zukunft des Handels und dem Handel der Zukunft. In *DMC.de, veröffentlichte Studie und Blog vom 10. Juli 2013*. http://www.dmc.de/presse/zukunft-des-handels-handel-der-zukunft/. Zugegriffen: 10. Juli 2013.

Duryee, T. (2012). E-Commerce is head over heels for pinterest, and for good reason. http://allthingsd.com/20120615/e-commerce-is-head-over-heels-for-pinterest-and-theres-a-good-reason-why/. Zugegriffen: 20. Aug. 2012.

eBay. (2014). eBay Inc. Form 10-K for the Fiscal Year Ended December 31, 2013.

Eckstein, A. (2013). Mobile Endgeräte als Einkaufsassistenten am POS – Die Digitalisierung des stationären Handels. Vortrag von Aline Eckstein auf dem Mobile-Gipfel 2013 am 28.05.2013 in Berlin.

Enderle, G., & Voll, L. (2011). *Turning pitfals into snares – crafting a successful multi-channel-strategy* (S. 22–25). Rotterdam: OC & C Strategic Insights.

etailment.de. (2012a). Die sieben Säulen des Social-Commerce. http://etailment.de/thema/social-commerce/die-sieben-saeulen-des-social-commerce-269/. Zugegriffen: 20. Aug. 2013.

etailment.de. (2012b). Social Login: Was Online-Händler von sozialen Medien lernen können. http://etailment.de/2012/social-commerce-haendler-medien-lernen/. Zugegriffen: 20. Aug. 2013.

etailment.de. (2012c). Wie Etsy den Facebook-Commerce auf die Website holt. http://etailment.de/thema/tools/wie-etsy-den-facebook-commerce-auf-die-website-holt-507. Zugegriffen: 20. Aug. 2013.

etailment.de. (2012d). Neue Modelle im Social Shopping pushen den Umsatz. http://etailment.de/thema/tools/neue-modelle-im-social-shopping-pushen-den-umsatz-693. Zugegriffen: 20. Aug. 2013.

etailment.de. (2012e). Pinterest: 6 einfache Ideen für den E-Commerce. http://etailment.de/2012/pinterest-6-einfache-ideen-fuer-den-e-commerce/. Zugegriffen: 20. Aug. 2013.

etailment.de. (2015). Ladengeschäfte werden Service-Kanal für den Online-Handel In *eTailment. de vom 12. Februar 2015*. http://etailment.de/thema/studien/Ladengeschaefte-werden-Service-kanal-fuer-den-Online-Handel-3064. Zugegriffen: 12. Febr. 2015.

eWeb Research Center. (2015). Die Online-Zahlen 2014, interne Studie zu den Umsätzen des Online-Handels in Deutschland.

Facebook. (2013). Über soziale Plug-ins. https://www.face-book.com/help/443483272359009/. Zugegriffen: 20. Aug. 2013.

FAZ Frankfurter Allgemeine Zeitung. (2011). Google+ bringt Facebook und Twitter in die Defensive, Nr. 156 vom 8. Juli 2011, S. 11.

FAZ Frankfurter Allgemeine Zeitung. (2015). Ein kleiner Amazon-Gewinn verzückt die Wall Street, Nr. 26 vom 31. Januar 2015, S. 25.

FAZ-net. (2012). Mass Customization – Massenware nach Maß. http://www.faz.net/aktuell/wirtschaft/unternehmen/mass-customi-zation-massenware-nach-mass-11900853.html. Zugegriffen: 24. Okt. 2012.

Firsching, J. (2014). Facebook Login – weniger Berechtigungen führen zu mehr Nutzern. In *Futurebiz vom 12. Nov. 2014.* http://www.futurebiz.de/artikel/facebook-login-weniger-berechtigungen-mehr-nutzer/. Zugegriffen: 10. Febr. 2016.

French Connection. (2013). sketctostore. http://www.you-tube.com/user/frenchconnection. Zugegriffen: 20. Aug. 2013.

Gehrckens, M., & Boersma, T. (2013). Zukunftsvision Retail – Hat der Handel eine Daseinsberechtigung? In G. Heinemann, M. Gehrckens, K. Haug, & dgroup (Hrsg.), *Digitalisierung des Handels mit ePace – Innovative E-Commerce-Geschäftsmodelle unter Timing-Aspekten.* (S. 51–76). Wiesbaden: Springer Gabler.

Google. (2012). The new multiscreen world: Understanding cross-platform consumer behaviour, August 2012.

Go-Smart-Studie. (2012). Allways-In-Touch, Studie zur Smartphone-Nutzung 2012, Google, Otto Group, TNS-Infratest, Trendbüro.

Grabs, A., & Bannour, K.-P. (2011). *Follow me! Erfolgreiches Social Media Marketing mit Facebook, Twitter & Co* (1st Aufl.). Bonn: Galileo Press.

Grahamrose. (2011). Booz & Company estimate of Social Commerce Market Size (2010–2015; in US\$ Billions). http://grahampenrose.files.wordpress.com/2011/02/social-commerce-market-in-billions.png. Zugegriffen: 20. Aug. 2013.

Haarhaus, H. (2013). *Opportunities for social commerce in fashion retailing with special consideration of SoLoMo – Final work of the master course of study to get the academic degree „Master of Science".* Mönchengladbach.

Haderlein, A. (2012). Social Commerce: Verkaufen im Community-Zeitalter, Salesdesign. http://de.slideshare.net/Haderlein/social-commerce-verkaufen-im-communityzeitalter. Zugegriffen: 20. Aug. 2013.

Haug, K., & Küper, J. (2010). Das Potenzial von Kundenbeteiligung im Web-2.0-Online-Shop-Produktbewertungen als Kernfaktor des „Consumer-Generated-Marketing". In G. Heinemann & A. Haug (Hrsg.), *Web-Exzellenz im E-Commerce – Innovation und Transformation im Handel* (S. 115–134). Wiesbaden: Springer Gabler.

Haug, K. (2013a). Digitale Potenziale für den stationären Handel durch Empfehlungsprozesse, lokale Relevanz und mobile Geräte (SoLoMo). In G. Heinemann, K. Haug, M. Gehrckens, & dgroup (Hrsg.), *Digitalisierung des Handels mit ePace – Innovative E-Commerce-Geschäftsmodelle und digitale Zeitvorteile* (S. 27–49). Wiesbaden: Springer Gabler.

Haug, K. (2013b). It's like air – it's everywhere: Herausforderungen und Chancen durch Social Media. Vortrag vor dem E-Commerce-Club Niederrhein vom 15. Mai 2013. Mönchengladbach: eWeb Research Center der Hochschule Niederrhein.

Heinemann, G. (2012a). *Der neue Online-Handel, Erfolgsfaktoren und Best Practices* (4th Aufl.). Wiesbaden: Springer Gabler.

Heinemann, G. (2012b). *Der neue Mobile-Commerce, Erfolgsfaktoren und Best Practices.* Wiesbaden: Springer Gabler.

Heinemann, G. (2013). *No-Line-Handel – Höchste Evolutionsstufe im Multi-Channeling.* Wiesbaden: Springer Gabler.

Heinemann, G. (2014). *SoLoMo – Always-on im Handel – Die soziale, lokale und mobile Zukunft des Shopping.* Wiesbaden: Springer Gabler.

Heinemann, G. (2016). *Der neue Online-Handel – Geschäftsmodell und Kanalexzellenz im Digital Commerce* (7th Aufl.). Wiesbaden: Springer Gabler.

Heinemann, G., & Boersma (2015). Innovative Formen der „Offsite-Downstream"-Kundeninteraktion. In M. Bruhn & K. Hadwich (Hrsg.), *Interaktive Wertschöpfung durch Dienstleistungen, Strategische Ausrichtung von Kundeninteraktion, Geschäftsmodellen und sozialen Netzwerken, Forum Dienstleistungsmanagement.* Wiesbaden: Springer Gabler.

Heinemann, G., & Schwarzl, C. (2010). *New online retailing – innovation and transformation.* Wiesbaden: Springer Gabler.

Heinemann, G., & Gehrckens (2015). Einfaches Handling verbessert Kundenvertrauen im Online-shop. In M. Freytag (Hrsg.), *Verbrauchervertrauen. Die neue vernetzte Welt: Herausforderungen für Unternehmen und Kunden.* Frankfurt: Frankfurter Allgemeine Buch.

Hengl, T. (2012). Zalando ist Deutscher Meister auf Pinterest. http://www.lead-digital.de/start/semseo/zalando_ist_deutscher_meister_auf_pinterest. Zugegriffen: 20. Aug. 2013.

Heymann-Reder, D. (2011). *Social Media Marketing: Erfolgreiche Strategien für Sie und Ihr Unternehmen* (p. 20). München: Addison-Wesley.

HMWVL – Hessisches Ministerium für Wirtschaft, Verkehr und Landesentwicklung (2007). Internet-Marketing nicht nur für kleine und mittlere Unternehmen.

Hollensen, S. (2011). *Global marketing: A decision-oriented approach* (2. Aufl). Hollensen: Prentice Hall.

Horizont. (2012). Soziale Media-Nutzung und -Erwartungen. *Horizont 2012*(44), 23.

Ibusiness. (2016). Snapchat-Marketing: So wichtig wird Facebooks ‚Angstgegner' wirklich. In *ibusiness.de vom 23. Februar 2016.* https://www.ibusiness.de/members/aktuell/db/723661veg. html. Zugegriffen: 23. Febr. 2016.

Ich-sag-mal. (2011). E-Christmas und helfende Kunden – Fallbeispiel LG Electronics. http://gunnarsohn.wordpress.com/tag/einzelhandel/. Zugegriffen: 01. März 2011.

IDC Retail Insights. (2010). Maximizing value from the omnichannel consumer. http://risnews. edgl.com/getmedia/f3f80ac4-a5ef-44a4-a8e7-261e56ce8299/RIS10_IDC_GG.pdf. Zugegriffen: 14. Apr. 2011.

internetworld.de. (2012). Geschäfte unter Freunden. http://www.internetworld.de/Heftarchiv/2012/ Ausgabe-25-2012/Geschaefte-unter-Freunden. Zugegriffen: 9. Jan. 2013.

Intertone. (2010). The age of on. http://www.interone.de/iphone-studie/study.php. Zugegriffen: 20. Aug. 2013.

IWB (Internet World Business). (2011a). Auf die Touchpoints achten, Nr. 10/11 vom 16. Mai 2011, (S 16–17).

IWB (Internet World Business). (2011b). Ändert dieser Button alles? Heft Nr. 12 vom 14. Juni 2011, S. 3.

kaufDA. (2015). Studie zum Thema „Zukunft und Potenziale von Location-based Services für den stationären Handel – Zeitreihenanalyse im Vergleich zu 2013 und 2014". Mönchengladbach.

Kerkau, F. (2012). Smartphone – unsere Fernbedieneung des Lebens, Vortrag auf dem Mobile Gipfel 2012, Managementforum, 26.06.2012, Düsseldorf.

Kolbrück, O. (2012). E-Commerce: Das Design-Kaufhaus Fab.com punktet mit sozialen Features und einem Fokus auf mobile Kunden. *Horizont 2012*(41), 17.

Kollmann, T. (2013). *E-Business; Grundlagen elektronischer Geschäftsprozesse in der Net Economy.* Wiesbaden: Springer Gabler.

Kreutzer, R. T. (2014). *Praxisorientiertes Online-Marketing, Konzepte – Instrumente – Checklisten* (2. Aufl.). Wiesbaden: Springer Gabler.

Kunhardt, F. von (2012). Aus SoLoMo-Fans werden Kunden, Vortrag auf dem Mobile Gipfel 2012, Managementfoum, 27.6.2012, Düsseldorf.

Kunhardt, F. von (2013). Beschleunigte Conversion – Sellaround Widgets als modernes Verkaufsinstrument im Zeitalter des SoLoMo. In G. Heinemann, K. Haug, & M. Gehrckens (Hrsg.), *Digitalisierung des Handels mit ePace – Innovative E-Commerce-Geschäftsmodelle und digitale Zeitvorteile* (S. 315–329). Wiesbaden: Springer Gabler.

Laborintensivedesign. (2012). Levi's Friends Store. http://cargocollective.com/laborintensive-design/Levi-s-Friends-Store. Zugegriffen: 20. Aug. 2013.

Lappe, N. (2015). How Much Should You Budget For Marketing In 2016? In *webstrategiesinc.com vom 15. Oktober 2015*. http://www.webstrategiesinc.com/blog/how-much-budget-for-online-marketing-in-2014. Zugegriffen: 10. Febr 2016.

Laue, L. (2004). Faustformel für Multichannel-Management. In O. Merx & C. Bachem (Hrsg.), *Multichannel-Marketing-Handbuch* (S. 81–96). Berlin: X.media.press.

Lückemeier, T. (2012). Spotlight Online Medien Management – Social Commerce mit Torsten Lückemeier. http://www.youtube.com/playlist?list=PL48A0986662ADDC18. Zugegriffen: 20. Aug. 2013.

Marketing-blog.biz. (2012). Guten Tag. Guten Tag, Social Shopping. http://www.marketing-blog.biz/archives/5417-Social-Shopping.html. Zugegriffen: 20. Aug. 2013.

Marsden, P. (2011a). Wired Feb 2011 Cover Story on Social Commerce. http://socialcommerce-today.com/speed-summary-wired-feb-2011-cover-story-on-social-commerce/. Zugegriffen: 20. Aug. 2013.

Marsden, P. (2011b). Social commerce & the smart SoLoMo customer. http://digitalinnovationto-day.com/social-commerce-the-smart-solomo-consumer-infographics/. Zugegriffen: 20. Aug. 2013.

Marsden, P. (2012a). When social media comes to E-Commerce. http://smartservice-blog.com/2011/12/13/interview-mit-social-commerce-experten-paul-marsden-part1-when-social-media-comes-to-ecommerce/. Zugegriffen: 3. Nov. 2012.

Marsden, P. (2012b). How to turn social media into social sales. http://de.slideshare.net/boston-mike/social-commerce-secrets-for-turning-social-media-into-social-sales. Zugegriffen: 2. Nov. 2012.

Marsden, P. (2012c). Are You Solavei or Giffgaff? Two social commerce business Models. http://networkedblogs.com/EcprJ. Zugegriffen: 2. Nov. 2012.

Marsden, P. (2012d). Shoppable videos go Mainstream with YouTube: Juicy couture shoes the way. http://networkedblogs.com/Fbsv5. Zugegriffen: 20. Aug. 2013.

Mayer, H.-M. (2012). Social Commerce bei der internetstores AG. http://www.youtube.com/watch?v=en4JFFzcCRM. Zugegriffen: 20. Aug. 2013.

Mindwyse. (2011). Company 2.0 Social Media im Unternehmen, Präsentationsunterlage Kathrin Haug; Dt. Versandhandelskongress 2011, 6. Oktober 2011.

Mücke Sturm Company. (2011). Social Gaming – Ein Trend wird zur Goldgrube, Vortrag von Achim Himmelreich auf dem Online-Handels-Kongress 2011 am 18./19. Januar 2011 in Bonn.

Mühlenbeck, F., & Skibicki, K. (2007). *Verkaufsweg Social Commerce. Blogs, Podcasts, Communities – Wie man mit Web 2.0 Marketing Geld verdient*. Köln: Books on Demand.

OC&C Strategy Consultants. (Hrsg.). (2013). *Reifeprüfung. Wie sich die Kundenanforderungen an Stationär- und Online-Handel verändern*. Düsseldorf: Der OC&C-PropositionIndex.

OC&C Strategy Consultants. (Hrsg.). (2014). *Profil Los! Zeigen Sie Profil, der Kunde erwartet es!* Düsseldorf: Der OC&C-Proposition-Index.

ohne tüte. (2012). Bist Du noch Multi- oder schon Omni-Channel? http://ohnetuete.wordpress.com/vom22.4.2012. Zugegriffen: 12. Aug. 2012.

Ovk. (2015). OVK Online-Report 2015/02 – Zahlen und Trends im Überblick. Düsseldorf: Bundesverband Digitale Wirtschaft (BVDW) e. V.

Reichwald, R., & Piller, F. (2009). *Interaktive Wertschöpfung – Open Innovation, Individualisierung und neue Formen der Arbeitsteilung* (2. Aufl.). Wiesbaden: Gabler.

Riekhoff, H.-C. (Hrsg.). (2008). *Retail Business in Deutschland; Perspektiven, Strategien, Erfolgsmuster* (2. Aufl.). Wiesbaden: Springer Gabler.

Schleusener, M. (2013). Erlösmodelle im Internet – Neue Schnelligkeit im Pricing. In G. Heinemann, K. Haug, M. Gehrckens, & dgroup (Hrsg.), *Digitalisierung des Handels mit ePace – Innovative E-Commerce-Geschäftsmodelle und digitale Zeitvorteile* (S. 153–170). Wiesbaden: Springer Gabler.

Schneller, D. (2008). Die Meinung der Anderen. In *Statista.com am 17.10.2008.* http://de.statista.com/statistik/daten/studie/2051/umfrage/produktrecherche-im-internet-in-deutschland-in-2008/. Zugegriffen: 14. Okt. 2009.

Silver, H., Tan, E., & Mitchell, C. (2012). Online consumer Pulse Pinterest vs. Facebook: Which social sharing site wins at shopping engagement? http://www.bizrateinsights.com/blog/2012/10/15/online-consumer-pulse-pinterest-vs-facebook-which-social-sharing-site-wins-at-shopping-engagement/. Zugegriffen: 20. Aug. 2013.

Socialbakers. (2011). Heart of social media statistics, Facebook Pages Statistics. http://www.socialbakers.com/facebook-pages/. Zugegriffen: 18. Juli 2011.

Social Media. (2011). Internet world business guide 2011. Internet World Business.

Spiegel. (2011). Netzwelt. http://www.spiegel.de/netzwelt/web/0,1518,771351,00.html. Zugegriffen: 31. Dez. 2011.

Stambor, Z. (2012). Pinterest cozies up to businesses. http://www.internetretailer.com/2012/11/15/pinterest-cozies-businesses?cid=FB-Article-2012. Zugegriffen: 20. Aug. 2013.

Statista. (2014). Ausgaben für Online-Werbung steigen zweistellig. In *t3n.de.* http://t3n.de/news/wp-content/uploads/2014/04/online-werbung_online-ads_werbe-etat-595x423.jpg. Zugegriffen: 24. Aug. 2014.

Statista. (2015). Anzahl der monatlich aktiven Facebook-Nutzer weltweit von 2008 bis zum 4. Quartal 2014 (in Millionen) ausschließlich mobil. vom 17.02.2015. http://de.statista.com/statistik/daten/studie/37545/umfrage/anzahl-der-aktiven-nutzer-von-facebook/. Zugegriffen: 17. Febr. 2015.

Statista. (2016). Über 50% nutzen Facebook ausschließlich mobil. In *statista vom 28.1.2016.* https://de.statista.com/infografik/1077/facebooks-mobile-nutzer/. Zugegriffen: 10. Febr. 2016.

Steimel, B. (2011). Interview mit Social Commerce-Experten Paul Marsden, Part1: When Social media comes to eCommerce. http://smarter-service.com/2011/12/13/interview-mit-social-commerce-experten-paul-marsden-part1-when-social-media-comes-to-ecommerce/. Zugegriffen: 20. Aug. 2013.

Steimel, B. (2012). Abschied von AIDA. http://smartservice-blog.com/2012/10/04/abschied_von_aida/. Zugegriffen: 3. Nov. 2012.

Stock, L. (2012). Chris Morton von Lyst prognostiziert einen stark personalisierten eCommerce. http://d-lab.com/?s=chris+morton. Zugegriffen: 20. Aug. 2013.

Strategicmarketingadvisors. (2011). To what extend do you trust the following forms of advertising, Nielsen Global Trust. http://www.strategic-marketingadvisors.com/images/reviews.jpg. Zugegriffen: 20. Aug. 2013.

Thaeler, J. (2012). Guess launched Pinterest contest based on color. http://pinnablebusiness.com/guess-launched-pinterest-contest-based-on-color/. Zugegriffen: 20. Aug. 2013.

Twitter. (2013). Delloutlet. http://twitter.com/delloutlet. Zugegriffen: 20. Aug. 2013.

Unterberg, B. (2008). Consumer Generated Advertising; Konsumenten als Markenpartner in der Werbung. In H. Kaul & C. Steinmann (Hrsg.), *Community Marketing – Wie Unternehmen in sozialen Netzwerken Werte schaffen* (S. 203–216). Stuttgart: Schäffer-Poeschel.

Waldeis. (2013). Selling on Facebook. http://www.wald-eis.de/wp-content/uploads/2011/05/F-Commerce-Infographic.png. Zugegriffen: 20. Aug. 2013.

Weave. (2012). Social commerce. In Heft 05.12. Trends – Social commerce. (S. 223–225).

Wegener, M. (2008). Erfolg durch kundenorientiertes Multichannel-Management. In H.-C.Riekhoff (Hrsg.), *Retail Business in Deutschland, Perspektiven, Strategien, Erfolgsmuster* (2. Aufl., S. 197–218). Wiesbaden: Springer Gabler.

Weinberg, T. (2014). *Social Media Marketing, Strategien für Twitter, Facebook & Co.* Köln: O'Reilly.

Weiß, C. (2014). Social Commerce ist weiterhin ein Dauerbrenner im E-Commerce. In *Social Commerce vom 16. Februar 2014.* http://www.socialcommerce.de/2014/02/16/social-commerce-ist-weiterhin-ein-dauerbrenner-im-e-commerce/. Zugegriffen: 18. Febr. 2016.

Werner, A. (2012). Gastbeitrag: Pinterest in Deutschland – Für welche Unternehmen lohnt es sich, schon jetzt loszulegen? http://www.futurebiz.de/artikel/pinterest-in-deutschland/. Zugegriffen: 20. Aug. 2013.

WhatIs.com. (2010). Social graph. http://whatIs.techtarget.com/definition/social-graph. Zugegriffen: 22. Febr. 2013.

Wikipedia. (2016a). E-Commerce. http://en.wikipedia.org/wiki/E-commerce. Zugegriffen: 20. Febr. 2016.

Wikipedia. (2016b). Social shopping. http://en.wikipedia.org/wiki/Social_shopping. Zugegriffen: 20. Febr. 2016.

Wikipedia. (2016c). Social. http://en.wikipedia.org/wiki/Social. Zugegriffen: 20. Febr. 2016.

Wilhelm, S. (2012). Verkauf spielt bei Facebook keine große Rolle. In *Der Handel 2012*(10), S. 50.

Wirtz, B. W. (2013). *Multi-Channel-Marketing, Grundlagen – Instrumente – Prozesse* (2. Aufl.). Wiesbaden: Springer Gabler.

YouTube. (2013). French Connection. www.youtube.de/frenchconnection. Zugegriffen: 10. Jan. 2014.

Location-based Services als Basisfaktor Nr. 2 des SoLoMo

3

3.1 Mobile Anwendungen mit lokalem Bezug

Zunehmend wird deutlich, dass die Smartphone-Nutzung enorme Chancen für den stationären Handel mit sich bringt (Huffingtonpost 2016; kaufDA 2015; Haug 2013). Dessen (noch) unangefochtene Stärken wie u. a. die sofortige Verfügbarkeit gekaufter Waren, die Möglichkeit einer realen haptischen und visuellen Produktüberprüfung sowie das stationäre Einkaufserlebnis lassen sich durch die Nutzung des mobilen Internets jetzt auch mit den Vorteilen digitaler Kanäle verbinden. Dieses betrifft vor allem die Möglichkeiten des „Search & Browse", der Kaufvorbereitung sowie der nahezu unbegrenzten Auswahl an Produkten. Darüber hinaus können den Kunden auf digitalem Wege detaillierte Produktinformationen, Empfehlungen und ebenfalls Produktbewertungen für seine stationäre Kaufentscheidung zur Verfügung gestellt werden. Auch können Kunden unterwegs in Transferräumen erreicht werden, was sich anbietet, wenn potenzielle Käufer eine kontextuelle Beziehung – wie z. B. beim Sportereignis – oder eine lokale Nähe zum Produktangebot haben. Die Penetration der Smartphones führt auch zu einer Entkopplung des Kaufprozesses, der jetzt unabhängig von bestimmten Läden und/oder Einkaufssituationen durchgeführt werden kann. Dieses wird auch durch mobile Anwendungen forciert, die sich in die drei Bereiche „Optimierung der lokalen Suche", „Aggregationsplattformen und Angebotsbündelung" sowie „Lokales Empfehlungsmarketing über soziale Netze" unterteilen lassen (Heinemann und Gaiser 2016; Haug 2013).

3.1.1 Lokale Suchoptimierung

Kaufvorbereitungen erfolgen zunehmend im mobilen Internet, wo vielfach auch Kaufabsichten entstehen. Ob mit dem Smartphone in der Bahn, auf dem Weg ins Büro,

© Springer Fachmedien Wiesbaden 2016
G. Heinemann und C.W. Gaiser, *SoLoMo – Always-on im Handel*,
DOI 10.1007/978-3-658-13545-4_3

an der Supermarktkasse oder parallel zu einem Gespräch mit Freunden, die vorausgehende Suche im Netz zur Überbrückung von Wartezeiten wird für immer mehr User
zur Gewohnheit. Anlass dazu ist auch nicht selten das Aussprechen einer interessanten
Produktempfehlung.

Kaufrelevante Ergebnisse bei der digitalen Suche im Netz liefern oft auch führende
Pure Plays wie u. a. Amazon oder Zalando, da sie in der Regel über ein sehr umfassendes Sortiment verfügen und dazu noch professionelles Online-Marketing betreiben (Heinemann und Gaiser 2016; Haug 2013). Die immer bessere Lieferfähigkeit bei
Online-Händlern sowie die ersten Schritte in Richtung „Same Day Delivery" macht es
immer wahrscheinlicher, dass Kunden im Internet kaufen. Weitaus attraktiver wäre es
allerdings für Kaufinteressenten, wenn die Verfügbarkeit des gewünschten Produktes bei
einem Laden in der Nähe angezeigt werden könnte. Der Kunde wäre dann in der Lage,
zielgerichtet den entsprechenden Anbieter aufzusuchen und das Produkt direkt mitzuneh-
men. Deswegen bietet es sich für stationäre Händler an, bei digitalen Suchen mit ihren
verfügbaren Produkten gefunden zu werden. Sie haben dadurch eine gute Profilierungsmöglichkeit, besonders wenn ihre Sortimente zusätzlich eine lokale Relevanz haben. Vor
diesem Hintergrund sollten sie alle Möglichkeiten, die Google für die Auffindbarkeit und
Platzierung zur Verfügung stellt, vollständig nutzen (Heinemann und Gaiser 2016; Haug
2013).

Google-Anwendungen für stationäre Händler:
Google bedient als Suchmaschine erfahrungsgemäß Bedarfskunden, die mit einem
konkreten Kaufwunsch in die Suche einsteigen. Haben diese bereits eine Produktidee,
nutzen sie nicht selten Services von Google, um sich umfassend über alternative Angebote zu informieren und schließlich zu einem konkreten Kaufvorschlag zu kommen.
Derartige Services sind in der Regel mit lokalen und kontextuellen Informationen angereichert. Damit reagiert Google auf die explodierende Anzahl mobiler Suchanfragen,
die oftmals auch einen lokalen Bezug haben (Haug 2013). Schon 2012 wurden in den
USA bereits rund 25 % der Klicks auf SEM-Anzeigen durch mobile Geräte getätigt
(vgl. Marine Software 2012, S. 6 f.). Verschiedene Google-Produkte wie z. B. Google
+, Google Places und Google Shopping spielen zusammen, um das lokale Angebot des
Suchmaschinenanbieters zu verbessern. Dadurch können Geschäfte ihren Online-Auftritt
mit wenigen Handgriffen über Google +, Google Places sowie Adwords Express vermarkten. Es bietet sich an, das lokale Geschäft über Google Places zu registrieren und
Adresse, Öffnungszeiten sowie Fotos abzubilden. Über eine Integration von Google +
können Kunden das Geschäft bewerten, mit Freunden teilen oder weiterempfehlen. Sie
können damit sogar mit Inhabern und Angestellten vor Ort in Interaktion treten. Durch
Kombination von Google Places und Google Local sowie der Google Maps-App wird
es möglich, dass Kunden unterwegs den Zugriff auf Öffnungszeiten und Bewertungen
erhalten. Die App funktioniert sowohl auf iOS als auch auf Android und deckt damit die
meisten mobilen Geräte ab. Stationäre Händler können ebenfalls über Adwords Express
lokalbezogene Anzeigen schalten, die dann bei Suchanfragen in der Umgebung eines

Geschäftes ausgespielt werden. Dadurch kann der Kunde in einer akuten Bedürfnissituation erreicht werden, wodurch die Wahrscheinlichkeit einer Conversion steigt (Haug 2013). Bereits 82 % der Smartphone-Besitzer suchen mobil nach lokalen Informationen. Dabei leiten 80 % dieser Suchanfragen eine direkte Reaktion auf die Suchergebnisse ein, in dem die Kunden z. B. einen Shop aufsuchen (Haug 2013; Google 2012, S. 22).

Über die Integration in Google Shopping, also die Produktsuchfunktion der Suchmaschine, kann die Präsenz lokaler Händler verbessert werden. Händler können ihre Produkte mit Hilfe von „Product Listing Ads" bewerben. Dazu muss ein entsprechender Produktdatenfeed für die stationär verfügbaren Produkte aufbereitet werden und eine regelmäßige Einspeisung über das Google Merchant Center vorsehen. Damit erhalten die Kunden bei der Sucheingabe für ein Produkt jeweils auch den Hinweis, dass sie dieses in der Nähe kaufen können. Auf dem Smartphone können alle Händler mit Kontaktdaten angezeigt werden, bei denen der gesuchte Artikel verfügbar ist. Da das Händlerprofil mit den Angaben des Händlers aus Google Places und den Bewertungen auf Google + verknüpft ist, kann der Kunde schnell zu einer Kaufentscheidung kommen. Das ermöglicht es ihm, die Ware sofort beim lokalen Händler seiner Wahl zu erwerben (Haug 2013).

Google positioniert sich mit der Zusammenführung seiner unterschiedlichen Produkte für den mobilen Konsumenten als praktische Lebenshilfe, angereichert mit lokal relevanten Informationen und sozialen Empfehlungen. Durch die Zusammenführung von Google Shopping und Google Places bzw. Google + überträgt Google Online-Mechanismen auf den stationären Einkauf (vgl. Abb. 3.1). Die Frage, ob lokale Händler damit einen wirklich relevanten Service zur Kaufvorbereitung anbieten, hängt maßgeblich von der Echtzeitverfügbarkeit ihrer Datenfeeds ab. Derzeit sind stationäre Händler kaum in der Lage, aktuelle Warenverfügbarkeiten fehlerfrei und automatisiert weiterzugeben.

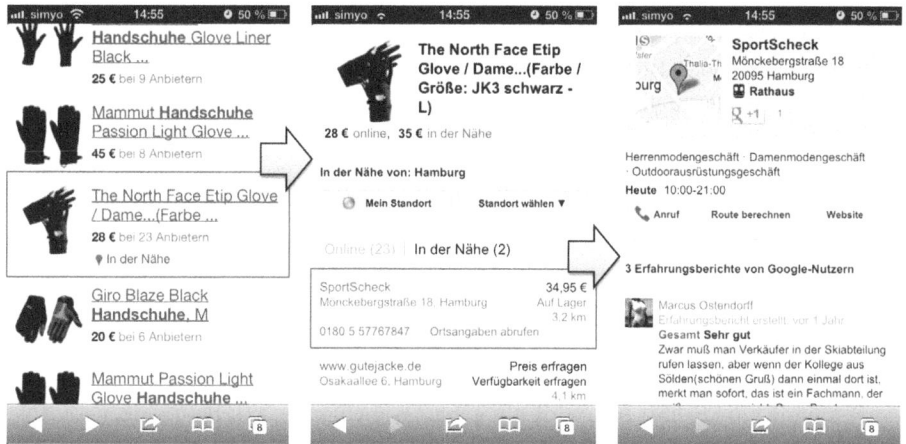

Abb. 3.1   Mobile Google-Suche mit stationären Informationen. (Quelle: Haug 2013)

Das dürfte aber nur eine Frage der Zeit sein, denn der Konsument von heute ist durch das Kauferlebnis im Internet zunehmend geprägt und schätzt das effiziente Finden und Vergleichen von Waren (kaufDA 2015; Haug 2013).

Die Anzeige der Warenverfügbarkeit ist ein wesentlicher Hebel für den Mehrwert der Produktsuche. Nur wenn der Kunde sicher sein kann, dass das gewünschte Produkt vorrätig ist, lohnt sich der schnelle Weg zur Abholung beim stationären Händler vor Ort. Je mehr Produkte von stationären Anbietern über die digitale Suche oder Aggregatorenplattformen aufgefunden werden können, umso besser erhalten Kunden auf ihre gesuchten Produkte einen Zugriff. Das Potenzial dürfte hier so groß sein, dass selbst die großen Marktplatzanbieter wie Amazon mit ihrem Online-Shop nicht mehr mitkommen können. Hinzu kommt der Vorteil, dass die Produkte sofort physisch ausprobiert und mitgenommen werden können.

3.1.2 Angebotsbündelung und Aggregationsplattformen

Eine Reihe großer Online-Player entwickeln entsprechende Konzepte. Das zeigt, wie relevant dieses Thema für die Wettbewerbspositionierung der Zukunft ist. Zu ihnen zählt z. B. eBay. Durch gezielte Akquisitionen wie u. a. Red Laser, Milo, Where und GiftsNearby werden derzeit Brückenköpfe in den stationären Handel aufgebaut.

Lokale eBay-Anwendungen mit Milo

Als Aggregatorenplattform greift Milo auf lokale Inventarlisten zu. Es geht darum, Sortimente vor Ort online verfügbar zu machen. Die junge Plattform positioniert sich als lokaler Einkaufsführer. Sie listet Produkte stationärer Händler sowie deren Preis und Verfügbarkeit. Konsumenten können auf diese Weise Produkte online oder mobil recherchieren. Es ist auch möglich, über Produktbewertungen weitere kaufrelevante Informationen abzurufen und den Einkauf noch am selben Tag zu tätigen. Dieses zu den besten Konditionen. Die App ist außerdem mit einem Barcodescanner ausgestattet, sodass die Preise der umliegenden Händler miteinander verglichen werden können. Vorteil für die Händler ist, dass sie durch die App mehr Kunden mit gezieltem Kaufinteresse erhalten. Dabei können sie die Anbieterwahl des Konsumenten über Milo durch das Ausspielen von Coupons beeinflussen. Nach Übernahme in 2010 integrierte eBay die Suchergebnisse von Milo in seine Preisvergleichs-App Red Laser und setzte auf dem Datenfeed den lokalen Geschenkefinder GiftsNearby, heute eBay Local, auf. Mittlerweile dürfte der Service mit mehr als 140 stationären Händlern kooperieren, darunter Target, RadioShack, Best Buy, Toys-R-Us, und Sears (Haug 2013). Insgesamt hat Milo damit Zugriff auf die Warenwirtschaft von 50.000 Filialen in den USA (Kessler 2011). Im Gegensatz zu Google bietet Milo bei teilnehmenden Händlern heute schon eine Reservierungsoption an. Darüber hinaus ist die Zahlungsabwicklung mit PayPal über das Telefon möglich. Zukünftig dürfte das aber auch über Google Wallets möglich sein (Haug 2013).

Der Marktplatzbetreiber eBay setzt die Echtzeitwarenbestände von lokalen Händlern in verschiedenen strategischen Local-Shopping-Produkten ein. Wenn die Such- und Kaufvorbereitungsphase effizient über digitale Kanäle erfolgen kann, ist das für viele moderne Konsumenten eine ideale Lösung. Sie können danach den konkreten Kaufprozess – mit haptischer und visueller Überprüfung der Produkte, persönlicher fachlicher Beratung und direkter Abholung – stationär in der Nähe durchführen (Haug 2013).

Lokale Lieferdienste mit Ortungstechnik
Auch der Versand lokal verfügbarer Produkte kann nunmehr durch innovative Logistik- und Lieferdienstleister innerhalb kürzester Zeit erfolgen. Dieses ist durch Startups wie Shutl, Postmates aus San Francisco oder tiramizoo aus München möglich geworden. Abb. 3.2 stellt die Prozesse bei tiramizoo zur lokalen Sofortlieferung exemplarisch dar (Haug 2013). Das Londoner Unternehmen Shutl betreibt eine innovative Plattform, die durch eine intelligente Technologie einen Marktplatz für lokale Lieferdienste und Produktanbieter schafft. Für Lieferungen werden passende Zulieferer ausgewählt, die die Produkte beim Anbieter abholen und schnellstmöglich an die Kunden ausliefern können. Sowohl der Preis als auch die gewünschten Servicestandards werden bei der Selektion berücksichtigt. Zudem ist die Plattform kompatibel mit allen gängigen Warenwirtschafts- und ERP-Systemen. Mit Shutl wird es für stationäre Händler, wie u. a. Argos, möglich, Produkte innerhalb weniger Stunden oder sogar Minuten an den Kunden liefern zu können. Dadurch wird dem Next-Day-Delivery-Standard der großen Online Pure Plays die Stirn geboten.

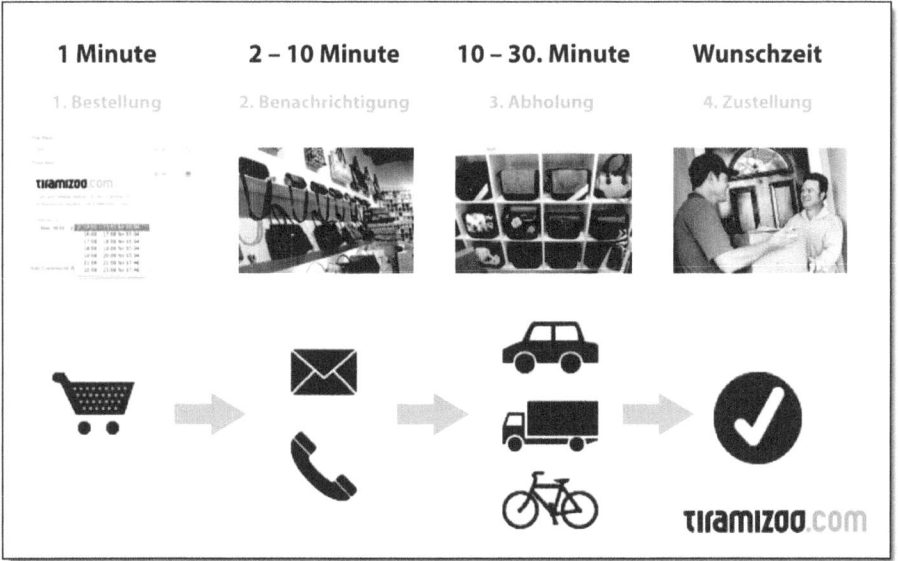

Abb. 3.2 Prozesse bei tiramizoo. (Quelle: Haug 2013)

Mobile Kundenadressierung zur Bedarfsweckung
Über ihre Smartphones sind Konsumenten zumindest theoretisch jederzeit adressierbar. Im Idealfall wird ein Bezug zur aktuellen Situation des Kunden hergestellt, der zeitlich, örtlich oder anlassbezogen ist. Befindet sich ein Kunde in der Nähe des Ladens, bietet es sich an, diesen per SMS, E-Mail oder Voicemessage mit einem personalisierten Angebot zu adressieren – am besten mit einem Rabattangebot auf eine passende Produktkategorie. Aufgrund der Warenverfügbarkeit und der Nähe dürfte es wahrscheinlich sein, dass der Kunde danach den Laden aufsucht. Diese Aktivierungsmethode ist auch unter dem Namen Geo-Fencing bekannt und erfordert einen vorherigen Opt-in-Prozess, bei dem der Kunde seine Daten für die mobile Kontaktaufnahme freigibt. Haben Kunden keine Zustimmung zu einer konkreten Ansprache gegeben, ist es möglich, mobile lokale Werbung zu platzieren. Diese bietet zum Beispiel Radcarpet an. Die Erfahrung zeigt, dass Anbieter mit ihren Strategien zur Bedarfsweckung jedoch nur dann erfolgreich sein können, wenn sie relevante und zielgruppenspezifische Angebote formulieren. Dazu bieten sich Gutscheine, Rabatte, besondere Produkte oder auch Serviceangebote, wie z. B. eine Fachberatung, an. Denkbar sind auch Angebote, die in einem sehr engen Zusammenhang mit dem konkreten Bedürfnis der Kunden stehen, so wie dies z. B. bei der Urlaubsvorbereitung oder einer Schwangerschaft ist.

Lokal basierte Werbung mit Radcarpet
Lokal basierte Werbung – das sogenannte Mobile Advertising – macht es möglich, Kunden auf ihren mobilen Endgeräten zu erreichen und dabei Werbebotschaften kontextuell auszuspielen. Mit ihr kann der Händler den Kunden in seiner Nähe zielgenau ansprechen, und zwar mithilfe der GPS-Daten. Radcarpet stellt eine entsprechende Advertising-Plattform da. Derzeit baut der Werbedienstleister ein Netzwerk von reichweitenstarken Verlagen auf, über deren mobile Angebote ortsbasierte Werbeanzeigen geschaltet werden können. Zu ihnen gehört u. a. der Springer Verlag mit der Bild-App. Für den Leser wird zum Beispiel ein Banner eingeblendet, auf dem Starbucks den Kauf eines Getränks in einer nahe liegenden Filiale bewirbt. Klickt der Kunde auf das Banner, wird er auf eine Landingpage mit klarem Handlungsaufruf geleitet, und zwar kampagnenindividualisiert. Dabei wird er bspw. aufgefordert, eine Kartenansicht aufzurufen, einen Rückruf anzufordern oder eine SMS bzw. E-Mail zu schreiben. Werbetreibende zahlen für die Anzeige erst, wenn eine dieser Handlungen abgeschlossen ist. Verfügbare Werbeplätze erwerben Unternehmen in einem an Google angelehnten Echtzeitauktionsverfahren, dem Real Time Bidding (Haug 2013).

Radcarpet kann nach eigenen Angaben die Aussteuerung der Anzeigen auf bis zu 10 Meter genau justieren. Die lokale Relevanz der Werbeanzeige verbessert deutlich ihre Wirkung (Eisenbrand 2012). Mit der Radcarpet-Lösung wird Unternehmen die Möglichkeit geboten, Kunden in Transferräumen auf ihr Angebot aufmerksam zu machen und kontextbasiert zu einem Besuch zu incentivieren. Wenn dabei nicht nur Aufenthaltsort, sondern auch rezipierter Inhalt des mobilen Angebotes bei der Konzeption der Werbeanzeige bedacht wird, kann die Relevanz solcher Anzeigen sogar noch gesteigert werden. Dementsprechend nutzte z. B. die Brauerei Blue Moon in den USA das mobile Angebot des Kinobetreibers Fandango, um Kinobesucher noch vor ihrem Besuch auf die Möglichkeit eines Barbesuchs aufmerksam zu machen (Haug 2013; Johnson 2012). In Zukunft werden damit Kontext und Nähe ein wichtiges Instrument der Kundenadressierung, insbesondere von Spontankäufern, sein.

3.1.3 Lokales und soziales Empfehlungsmarketing

Empfehlungen von anderen Konsumenten besitzen die höchste Glaubwürdigkeit im Kaufprozess. Deswegen ist es sinnvoll, intensiv Bewertungs- und Social-Media-Plattformen für die Kundenadressierung zu nutzen (Haug 2013). Neben der Authentizität der Anwendermeinungen liegt die Attraktivität der sozialen Netzwerke auch in dem digitalen Verbreitungsmechanismus begründet, der vormals nicht existierte. User, die eine Meinung, ein Foto, ein Video oder eine Produktempfehlung posten, erreichen damit ihr gesamtes Netzwerk. Dieses schafft die Möglichkeit der viralen Verbreitung von Informationen in kürzester Zeit. In Hinblick auf lokale Händler wurde Qype nach Gründung 2005 als größtes Bewertungsportal zunächst enormes Potenzial bescheinigt (Haug 2013). Schließlich hatte Qype in der Spitze rund 7,5 Mio. Besucher im Monat zu verzeichnen und lieferte Bewertungen zu jeder Art von Dienstleistung, seien es Restaurants, Bars, Läden, lokale Dienstleistungen oder Ärzte (Haug 2013). Qype ermöglichte es darüber, das eigene Profil zu pflegen und andere Daten zu ergänzen sowie auf Bewertungen zu antworten. Im Grunde verfolgte Qype damit dasselbe Konzept wie die Website Yelp.com, die bereits in 2004 gegründet wurde. Im Oktober 2012 übernahm der Marktführer Yelp dann sämtliche Anteile an Qype und stellte auch die Marke Qype später ein. Bei Aufruf wird man nunmehr automatisch an Yelp weitergeleitet (Wikipedia Qype 2016).

Für Smartphone-Nutzer entstehen neben Bewertungsplattformen wie Yelp immer neuere Location-based-Netzwerke. Bei ihnen kann der Kunde einchecken, so wie z. B. bei Facebook, Twitter, Instagram, Google + und Foursquare. Sie alle bieten ihren Nutzern die Möglichkeit, entweder einen direkten Check-in durchzuführen, oder den veröffentlichten Inhalt mit einem Geo-Tag (Ortsangabe) zu versehen. Immer mehr Nutzer machen von derartigen Features Gebrauch (Firsching 2012; Haug 2013). Mit dem Check-in können Anwender ihrem Netzwerk anzeigen, wo sie sich befinden. Sie können diese Information auch mit Kommentaren, Bewertungen oder Fotos der Lokalität ergänzen. Das Check-in kann schneller abgegeben und damit schneller in größerer Zahl gesammelt werden als die Bewertung. Foursquare verfügt z. B. über eine Milliarde Check-ins weltweit und bietet sehr differenzierte Instrumente, um Kunden lokal zu adressieren (Haug 2013). Der lokale Dienst war zunächst als standortbezogenes soziales Netzwerk gestartet und verfügte in 2012 über 20 Mio. Nutzer weltweit und ca. 750.000 angeschlossene Unternehmen. Foursquare integrierte durch offene Systemschnittstellen etliche attraktive Zusatzinhalte in seine Produkte. Auf Basis der gesammelten Daten schaffte er Anwendungen, welche die geosoziale und lokale Suche auf eine höhere Evolutionsstufe heben sollte: Foursquare Explore z. B. stellte eine webbasierte personalisierte Suchmaschine dar, mit der Nutzer beliebige Anbieter suchen konnten. Dieses betraf auch Tipps, Fotos und Bewertungen an beliebigen Orten. Es gab zwar vereinzelte Check-in-Deals, aber selbst in Großstädten waren nur wenige Foursquare Specials verfügbar. Außerdem waren die Angebote meistens nicht wirklich attraktiv (Haug 2013). Deswegen wurde schließlich auch die soziale Komponente in die neue App Swarm verlegt und Foursquare zu einem reinen Katalog für Orte ausgerichtet (Wikipedia Foursquare 2016).

Vor allem bei jüngeren Nutzern ist die Weitergabe der geografischen Position, der Geo-Tags, sehr beliebt. Sie werden zukünftig eine noch größere Rolle spielen, wenn Händler in ortsbasierte Kampagnen einsteigen. Das dürfte die Chancen der Smartphone-Nutzung im Laden erhöhen. Vor allem das Verbreiten und Geotaggen von Fotos über Location-based-Netzwerke zeigen große Wachstumsraten. Führend sind hier Foodspotting oder Instagram. Instagram wurde im letzten Jahr für eine Milliarde Dollar an Facebook verkauft und verfügt weltweit über ca. 400 Mio. registrierte Nutzer. Von ihnen sind ca. 45 Mio. täglich aktiv (allfacebook 2015). Kampagnen über Facebook sind zumindest für Deutschland auch relevant. Facebook verfügt über weltweit rund 1,6 Mrd. Nutzer, davon rund 28 Mio. in Deutschland. Von ihnen ist rund die Hälfte täglich aktiv (allfacebook 2015; Buggisch 2013; Haug 2013). Insofern sind durchaus auch Aktionen über Facebook geeignet, Nutzer ihren Aufenthaltsort mitteilen zu lassen und ggf. über ihr Einkaufserlebnis oder ihren Produktkauf zu berichten.

3.1.4   Lokale Echtzeitangebote

Das mobile Adressieren von Kunden ermöglicht die Platzierung von Angeboten, die die momentane Auslastung verbessert oder den Lagerbestand abbaut. Darauf zielt z. B. Groupon mit seiner Mobile App, Groupon Now, ab.

Groupon Now

Groupon vermarktet tagesaktuelle und standortbezogene Angebote mit Rabatten von 50 bis 70 %. Der Vermarkter bietet damit lokalen Händlern eine Online-Plattform mit hoher Reichweite an, um eine lokale Zielgruppe anzusprechen und diese über Einsteigerangebote als Neukunden zu gewinnen. Über den großen E-Mail-Verteiler von Groupon sowie die Verbreitung in sozialen Netzwerken erhalten die Deals eine hohe Sichtbarkeit. Im Jahr 2011 launchte Groupon in den USA Groupon Now und erweiterte damit seinen Dienst um eine mobile Deal-Plattform mit Location-based- Service-Ansatz. Die Nutzer von Groupon Now als App erhalten standortbezogene Echtzeitangebote, die in der nächsten Umgebung angezeigt werden (vgl. Abb. 3.3). Dadurch schafft die App Inspiration für Nutzungsanlässe, wie z. B. Einkauf, Wellness, Essen und Sport. Auch wenn Groupon immer wieder in der Kritik steht, bietet das Geschäftsmodell für den Stationärhandel durchaus neue Chancen im Lokalmarketing, obwohl das mit einer mangelhaften Durchführung der Deals und hohen Provisionen verbunden ist (Wikipedia Groupon 2016). Lokale Händler erhalten mit dem mobilen Location-based-Couponing-Angebot die Möglichkeit, ihre klassische Zielgruppe zu erweitern und damit auch andere Kunden

Abb. 3.3 Mobile Anwendungen von Groupon Now. (Quelle: Haug 2013)

als nur die Laufkundschaft anzusprechen. Mit dem mobilen Couponing-Service lassen sich auch Personen in weiter entfernten Stadtteilen erreichen, einen Anreiz für einen Ladenbesuch zu geben. Durch den Echtzeitaspekt haben Händler die Möglichkeit, Angebote ad hoc und nur für ein paar Stunden am Tag einzustellen. Sie können so ihre Auslastung bzw. ihr Yield Management optimieren. Hat ein Nagelstudio beispielsweise nachmittags noch freie Termine, kann es über die App spontan Kunden ansprechen, die gerade Zeit haben und in der Nähe sind. Insofern haben Mobile-Angebote hohe strategische Relevanz für Groupon. Über die Hälfte des Traffics in den USA erfolgt über mobile Endgeräte. Im April 2012 wurden bereits 30 % der Transaktionen von Groupon mobil durchgeführt (Walsh 2012). Hier erhöht Groupon die Reichweite seiner Echtzeitangebote auch über eine Kooperation mit der Location-based-Service-Plattform Foursquare. Die Angebote auf Groupon Now werden auch bei Foursquare in den dort genannten Specials angezeigt. Der Echtzeitdienst ist aber in Deutschland noch nicht offiziell aktiv. Allerdings können Händler über das Merchant Center heute schon Echtzeitangebote schalten, die laut Groupon minutengenau aussteuerbar sind. Mit Hilfe einer strategischen Partnerschaft mit der Telekom soll die mobile Reichweite der Plattform auch in Deutschland vergrößert werden (Telekom 2013; Haug 2013). Echtzeitangebote haben Zukunft und deren Möglichkeiten einer auslastungsorientierten Preisgestaltung werden zukünftig wohl von weiteren Anbietern in innovative Geschäftsmodelle oder Marketingtools umgesetzt. So zeigen Hoteltonight und Jetsetter z. B. für Hotelkunden attraktive Lösungen, indem lastminute gebuchte Hotels zu äußerst günstigen Preisen angeboten werden. Das soziale Reservierungssystem *resmio* ermöglicht für Restaurants ein Yield Management im Gastronomiebereich. So können mehr Gäste zu Zeiten niedriger Auslastung gewonnen und Erträge verbessert werden (Haug 2013).

3.2   Digital-in-Store-Anwendungen

„Der Kunde kommt mit Handy" (Energate-Messenger 2016) oder „Der Kunde steht online im Laden" (FAZ-net 2012) – anders lässt sich die Veränderung des Kaufverhaltens nicht auf den Punkt bringen. Häufig lassen stationäre Händler die Kunden dann aber im Stich. Handyverbot im Laden, schlechte Internetverbindung und fehlendes WLAN oder sogar Störsender ist genau das Gegenteil von dem, was der moderne Kunde von heute erwarten darf. „Online-goes-Offline" bedeutet vor allem eine adäquate Entsprechung des digitalen Fortschritts im Laden für sogenannte „Digital-in-Store-Anwendungen". Digital-in-Store-Anwendungen werden allerdings nur dann genutzt, wenn das Konzept an das situationsspezifische Problem des Kunden angepasst ist. Aus diesem Grund sollten folgende Aspekte vor dem Anwendungsstart geklärt sein (Crossretail 2013):

1. **Zielgruppenrelevanz:** Identifikation des spezifischen Kaufverhaltens, der Entscheidungsstrukturen sowie der Bedürfnisse der Zielgruppe in der jeweiligen Produktkategorie.
2. **Touchpoint-Relevanz:** Kenntnis aller Online- und Offline-Touchpoints, denen die Kunden während ihrer Suche nach dem optimalen Angebot begegnen und die sie im Rahmen ihres Einkaufsprozesses nutzen.
3. **Einkaufsphasen-Relevanz:** Wissen darüber, in welcher Einkaufsphase der Customer-Journey sich der Kunde befindet, wenn er das stationäre Geschäft betritt.

Die dafür erforderlichen Informationen können sowohl online als auch offline generiert werden. Online bieten sich Web Analytics und E-Reputation Tools an. Offline kann das Verkaufspersonal am POS oder eine Konsumentenbefragung genutzt werden. Empfehlenswert ist es, nicht alle Zielgruppen parallel und auf einmal zu befriedigen, sondern sich zunächst auf ein In-Store-Ziel zu fokussieren (Crossretail 2013).

3.2.1   Stärkung der stationären Vorteile als Grundansatz

Eine Adressierung der Kunden sowie Verfügbarmachung von lokalen Sortimenten über mobile Devices kann die Besuchsfrequenz eines Ladens erhöhen. Allerdings können die sich dadurch bietenden Potenziale nur ausgeschöpft werden, wenn die lokalen Händler die Kundenerwartung am Point-of-Sale bestmöglich erfüllen. Deswegen sollten diese inspirierende Multichannel-Einkaufserlebnisse mit guter Beratung und reibungslosen Prozessen schaffen (Haug 2013). Derzeit stellt Globetrotter den Best Practice für Instore-Anwendungen in Deutschland auf. Der Multichannel-Händler verdeutlicht, wie eine ausgewogene Multichannel-Strategie die Stärken einzelner Kanäle ausnutzen und verbinden kann. Globetrotter-Kunden werden dazu angehalten, mit der Mobile App des Anbieters Barcodes zu scannen, um detaillierte Produktinformationen oder auch Kundenbewertungen abzurufen. Dadurch wird das Smartphone zum digitalen Kundenberater. Der Globetrotter-Katalog mit einer Auflage von rund 1,2 Mio. Exemplaren ist auch online sowie über die Mobile App verfügbar. Darüber hinaus sind Produktbewertungen und zusätzliche Detailbeschreibungen aus der Browseransicht genauso intuitiv zugänglich wie beim Stöbern in der App. Gleiches gilt für die Anbindung an soziale Netzwerke (Haug 2013). Außerdem können Produkte aus den Sendungen des Web-TV Senders 4-seasons.tv, den Globetrotter betreibt, direkt aus dem Video in den Warenkorb bei Globetrotter gelegt werden. Über die eigene Outdoor-Community auf 4-seasons.de bietet Globetrotter darüber hinaus ein umfangreiches Portal an, über das Kunden untereinander, aber auch mit Experten kommunizieren können (dgroup 2012b; Haug 2013).

Die Smartphone-Nutzung im Laden wird von Globetrotter durch mobile Apps gefördert, indem Produktinformationen abgerufen werden können. Dieses stellt eine integrierte Alternative zu externen Preisvergleichs-Apps dar. Globetrotter hält dadurch außerdem die Kunden innerhalb des eigenen Ökosystems. Auch verhindert dies den sogenannten Beratungsklau und damit das Abwandern von Kunden zu anderen Anbietern. Auch Lowe's verfolgt diese Strategie. Die weltweit zweitgrößte Baumarktkette mit über 1700 Filialen in den USA und Kanada bedient jede Woche mehr als 14 Mio. Kunden. Lowe's mobile App ermöglicht das Scannen des Produktbarcodes im Baumarkt. Sie liefert als Ergebnis Produktinformationen, Anwendungstipps, Kundenbewertungen und sogar Cross-Selling-Angebote mit Produkten von umliegenden Läden. Ergebnis ist ein starkes Engagement der Kunden mit der eigenen Produktwelt, sodass diese viel seltener einen mobilen Suchprozess bei Amazon oder Google durchführen (Reilly 2012; Haug 2013).

Durch eine geschickte Kanalverknüpfung lässt sich außerdem eines der größten Probleme im Stationärhandel lösen, nämlich die eingeschränkte Sortimentsauswahl aufgrund begrenzter Flächenkapazitäten. So kann in den Läden eine digitale Regalverlängerung erfolgen, indem über Terminals oder auch Tablet-Anwendungen größere Sortimente aus dem eigenen Online-Shop präsentiert werden. Führende Anbieter wie Apple oder Nordstrom, die ihr Verkaufspersonal mit iPads ausstatten und damit den Service für Kunden deutlich verbessern, machen bisher gute Erfahrungen mit dieser Strategie der Regalausdehnung. Dabei können die Filialmitarbeiter z. B. unter Anwendung derartiger digitaler Geräte weitere Größen, Farben und Zusatzprodukte heraussuchen. Diese lassen sich dann entweder in den Laden oder direkt zum Kunden nach Hause liefern. Auch der Zahlungsprozess kann darüber abgewickelt werden. Schlangen vor den Filialkassen gehören somit der Vergangenheit an, wodurch sicherlich die Kundenzufriedenheit steigt. Es werden zukünftig auch weitere technologische Innovationen dieser Art im stationären

Handel Einzug halten, um das Einkaufserlebnis noch komfortabler und einfacher zu gestalten (Haug 2013).

3.2.2 Gamification zur Erlebnissteigerung

Abgesehen von Musiktiteln, die bereits zum Großteil in digitaler Form aus dem mobilen Netz heruntergeladen werden, ist neben der Buchbranche vor allem die Spielebranche vom Digitalisierungstrend und Mobile Commerce betroffen. Rund 17,4 Mio. Deutsche spielen bereits online (Statista Spieler 2016). Insbesondere Social Games in Verbindung mit Facebook entwickeln sich weiterhin rasant und stellen weltweit bereits einen 3,1 Mrd. US$ Markt dar (Statista-Social-games 2016). Die Digitalisierung kommt auch dem Wunsch nach „Immediate Gratification", also sofortiger Verfügbarkeit und Lieferung von mobilen Services, entgegen (BV Capital/eVenture 2011). Der Trend zu E-Games greift auch auf neue Geschäftsmodelle über. Zu beobachten ist die Integration von Spielemechanismen in nicht spielbezogene Handlungen. Dieses wird im Zusammenhang mit dem Mobile Commerce das Einkaufsverhalten der Mobile-Nutzer grundlegend verändern. Diesbezüglich sind die folgenden 3 Perspektiven denkbar (Tollmien 2011):

- **Spielend online einkaufen:** Die Shopping-Plattform „deutschlandklickt.de" befördert Nutzer, die online einkaufen möchten, u. a. durch eine Klickbox in eine spielerische Atmosphäre. Diese bietet den Usern Möglichkeiten zu Freiklicks, Gratisproben, Gutscheinen und Sofortpreisen. Alle 3 Tage startet dazu eine Kampagne mit 15 Freiklicks, die Teil des Spielkonzeptes sind. Die Spieler haben so pro Tag 5 Klicks frei, um ihr Glück zu versuchen, wobei die Klickbox sich jeden Tag verändert.
- **Spielend real einkaufen:** Das amerikanische Start-up Checkpoints hat eine Mobile Shopping-App entwickelt, mit der die Kunden bei jedem Kauf Treuepunkte sammeln können, die später als Gutscheine oder Leistungen eingetauscht werden können. Betritt ein Kunde den Laden, werden ihm automatisch alle am Treueprogramm teilnehmenden Produkte in seiner Nähe angezeigt. Scannt er den Barcode mit seinem Handy, kann er wertvolle Punkte für sein Benutzerkonto sammeln. Diese kann er durch Teilnahme an zusätzlichen interaktiven Spielen, die sich beim Scan öffnen, beliebig vermehren.
- **Spielend beworben werden:** BBDO-Argentina, eine Tochter der weltweit tätigen Werbe-Agentur, hat zusammen mit Castro Innovation House das Nike Air Race entwickelt. Es handelt sich um ein Spiel, das vor Ort im Nike Store in Buenos Aires, aber auch zu Haus gespielt werden kann. Dabei schweben zwei Nike-Air-Max-Schuhe rund zwei Zentimeter über einer magnetischen Schiene. Die Schuhe kann der Spieler nach vorne bewegen, indem er in ein Mikrofon pustet. Dazu muss ein Mikrofon oder über das mobile Internet eine Flash-Schnittstelle installiert werden. Dadurch wird die Promotion am Point-of-Sale mit einem interaktiven Advergame im Netz kombiniert.

Wenn es darum geht, Gamification einzusetzen, spielen soziale Netze eine große Rolle. Kunden suchen verbale Bestätigung und Aufmerksamkeit durch Betätigung in sozialen Netzen wie Facebook und Twitter. Das hängt sicherlich auch mit der Möglichkeit zusammen, Informationen schnell zu teilen und zu verbreiten. Es lässt sich aber auch zur Kundenbindung nutzen. So schafft das Teilen von Fotos, die am POS aufgenommen wurden, Wiedererkennungseffekte. Dadurch identifizieren sich die Kunden stärker mit der Marke und den Produkten. Beispiele dafür sind das Label Jimmy Choo und das Social Game „Retail Therapy" (Intertone 2010; Konrad 2013; Haarhaus 2013).

Fallbeispiel Jimmy Choo

Jimmy Choo startete als Mode-Label im April 2010 in London die Kampagne „CatchaChoo". Dabei ging es um eine Schatzsuche mit Hilfe von Twitter und Foursquare. Das Konzept sah vor, die Sinne der Nutzer für Spaß, Spiele und Leistung anzusprechen. Dementsprechend platzierte Jimmy Choo ein paar Sneakers im Wert von 500 US$ an passender Stelle und postete ein Foto davon auf dem CatchaChoo-Twitter-Account. Dann checkte ein Mitarbeiter bei Foursquare ein, um die Position der Sneakers zu teilen. Danach lag es an den Usern, die Sneakers und den Mitarbeiter von Jimmy Choo zu finden. Dem Nutzer, dem dieses als erstes gelang und der dann unaufgefordert den Satz „Ich bin Dir gefolgt" sagte, bekam das Paar Sneakers geschenkt. Die Teilnehmer mussten sowohl dem Twitter- als auch dem Foursquare-Account der Marke folgen, um zu gewinnen. Die Glaubwürdigkeit und auch der Erfolg der Kampagne wurde dadurch bestätigt, dass die Gewinner ihre Fotos auf der Facebook-Seite von Jimmy Choo teilten. Die Marke konnte insofern durch die Verlinkung verschiedener sozialer Netze deren jeweilige Qualitäten geschickt nutzen (vgl. Salt 2012, S. 119 ff.; Konrad 2013). Das positive Ergebnis der Kampagne verdeutlichen folgende Zahlen: Von 17 kontaktierten Personen in London suchte jeweils eine Person die Jimmy Choo Sneakers in der Stadt, wodurch also annähernd 6 % der angesprochenen Kontakte aktiviert wurden. Online konnten dabei 4000 Teilnehmer über Facebook, Twitter und Foursquare verbucht werden, was sicherlich auch auf ein hohes Maß an Mund-zu-Mund-Propaganda zurückzuführen ist. Aufgrund der enormen Verbreitung der CatchaChoo-Kampagne stiegen im Anschluss daran die Verkaufszahlen des Labels merklich an (vgl. inside ffm 2010; Konrad 2013).

Fallbeispiel Retail Therapy

Auch das Social Game „Retail Therapy" lässt sich als Beispiel aufführen. Social Games sind Online-Spiele mit geringer Komplexität und relativ niedrigem Anspruch. Sie sind normalerweise in soziale Netzwerke wie Facebook eingebettet (Informatik und Gesellschaft der Universität Köln 2011; Konrad 2013). Diesbezüglich stellt „Retail Therapy" ein derartiges Social Game für Facebook dar und verbindet dabei Spielaktivitäten und E-Commerce-Funktionalitäten. In dem Spiel werden Modefans zu Besitzern und Managern virtueller Boutiquen. Sie spielen Händler zu sein und entwerfen ihr eigenes virtuelles Store-Konzept (Weiss 2010; Konrad 2013). Dabei bestücken sie den Store mit virtuellen Produkten und stellen Mitarbeiter ein. Die Besonderheit an Retail Therapy ist, dass die virtuellen Produkte den realen Produkten entsprechen, die aktuell in den stationären Geschäften angeboten werden. Dadurch wird eine Verknüpfung von virtueller und realer Shopping-Welt möglich. Dieses wird durch Markenkooperationen möglich, die u. a. mit den Fashion-Labels Diane von Furstenberg, Gap und Top-Shop bestehen. Ziel ist es, den Store über Facebook publik und erfolgreich zu machen. Jedes verkaufte Produkt bekommt der Spieler über Coins vergütet, mit denen er Zugang zu sogenannten neuen Levels bekommt. Jeder neue Level wiederum ist der Schlüssel zu neuen Produkten, die er anbieten kann. Darüber hinaus kann auch jeder Spieler in den Boutiquen anderer Spieler einkaufen. Es besteht die Möglichkeit, jederzeit zusätzliche Spieloptionen für Geld zu erwerben (Rusli 2010; Konrad 2013). Kernzielgruppe des Spiels sind Frauen, die dadurch die Leitung einer Boutique praktisch erleben. Diesbezüglich sind Selbstverwirklichung, Trendforschung und soziale Kompetenz von Bedeutung. Vorteil für die Partnerfirmen ist, dass sie neue Produktlinien austesten und neue Kollektionen präsentieren können. Darüber hinaus werden durch den Verkauf der virtuellen Produkte echte Erlebnisse geschaffen und Emotionen geweckt. Dadurch entstehen positive Assoziationen zur Marke (vgl. Konrad 2013), deren Produkte auch sofort gekauft werden können. Durch Klicken auf ein abgebildetes Kleidungsstück erfolgt die Weiterleitung über Shop-Style, einem internationalen Social-Shopping-Portal für Fashion, auf die Website des entsprechenden Händlers (Sugar Publishing 2010; Konrad 2013). Da die Möglichkeit gegeben ist, während des Spiels einzukaufen, wird Retail Therapy damit ebenfalls zu einem Absatzkanal.

Neu wäre die Verknüpfung eines Social Games mit Kundenbindungsprogrammen, z. B. wenn Anbieter ihre Kundenkarten mit virtuellen Spielwährungen laden würden. Kunden könnten dann für jeden Einkauf, egal ob online oder stationär, Spielpunkte erhalten, die für den Ausbau ihres virtuellen Stores nutzbar wären (Interone 2010; Konrad 2013). Innovativ ist auch das sogenannte Multiscreen-Gaming. So waren auf der letzten Gamescom Spiele zu sehen, die simultan über TV, PC-Monitor sowie Tablet und Smartphone laufen (vgl. WAMS 2013, S. 50).

3.2.3   QR-Scan-Retail und Showrooming

Diese Form des No-Line-Handels ist QR-Code-basiert. Von diesen innovativen Formaten ist der virtuelle Store der prominenteste Vertreter. Darüber hinaus gibt es zunehmend Plakate mit QR-Codes, über die das beworbene Produkt auch sofort gekauft werden kann.

Abb. 3.4   Tesco's Homeplus Subway Store. (Quelle: ohnetüte 2012)

- **Virtueller Store:** Mit Tesco's Homeplus Subway Store hat Tesco in Südkorea vor einigen Monaten seinen ersten virtuellen Store eröffnet (vgl. Abb. 3.4). Um die War- tezeit in der U-Bahn sinnvoll zu nutzen, können Kunden in Seoul mit ihren Smart- phones nun „vor Ort online" einkaufen, wobei Produktfotos in Originalgröße auf Plakatwänden zum Kauf verleiten. Die Käufer müssen nur den QR-Code einscan- nen und können die Artikel damit online erwerben. Südkoreanische Medien berich- ten, dass täglich über 200.000 Menschen den virtuellen Shop in Seoul nutzen. Das wohl erste Best-in-Class-Beispiel kommt insofern aus Südkorea, wo die Adaption zum Omnichannel-Verhalten bei den Konsumenten bereits weit fortgeschritten zu sein scheint und zu entsprechenden No-Line-Formaten führt (ohne tüte 2012, S. 1). Virtu- elle Shops oder Regalflächen können auch als Ergänzung zum realen Geschäft dienen, vor allem bei knappen Regalflächen.
- **Plakate mit QR-Codes** kombinieren klassische Printwerbung mit konkreter Kaufmöglichkeit. Damit erhalten die Kunden eine passende Marketingkomponente auf ihr Smartphone. Die Frühlingskampagne 2012 von OBI nutzt genau dieses Konzept, indem an Bushaltestellen Plakate mit integriertem QR-Code hängen, z. B. zum Thema Hochteich. Während die Kunden auf den Bus warten, haben sie einige Minuten Zeit, den QR-Code zu scannen. Wichtig ist, dass Unternehmen dem Kunden einen Mehrwert über den Code bieten, wie z. B. im Fall von OBI mit einer Selbstbauanleitung für den Hochteich (ohne tüte 2012, S. 1). Ein gutes Beispiel stellen auch die virtuellen Fanshops von Hertha BSC dar. So hat der Klub durch Plakate mit QR-Codes an allen 400 Berliner U-Bahn-Stationen sein Fanshop-Angebot in den Berliner Untergrund ausgeweitet (von Kunhardt 2012).

- **Showrooms mit QR-Codes** stellen auch eine Form des QR-Scan-Stores dar. Aufgrund der online bedingten Umsatzrückgänge werden zukünftig Ladenformate wahrscheinlich kleiner werden oder Showrooms werden bisherige Geschäfte ablösen. Läden, wie wir sie derzeit kennen, mit einem angeschlossenen Lager, wird es in Zukunft wahrscheinlich schon aus Kostengründen nicht mehr so geben können, wie diese sich heute darstellen. Insofern werden sich stationäre Ladenflächen zunehmend zu reinen Showrooms wandeln, in denen der Kunde dann sein Touch & Feel-Erlebnis hat: Hier sind alle Produkte ausgestellt, aber jedes nur einmal. Der Kunde kann nach Belieben testen sowie aus- und anprobieren. Entscheidet er sich für das Produkt, kann er es problemlos und ohne zu warten direkt im Showroom mit seinem Smartphone zum Beispiel über einen QR-Code kaufen. Ihm wird dann direkt ein neues Exemplar geliefert – in den Laden, nach Hause oder an jeden anderen Ort seiner Wahl. Auch im traditionellen Möbelhandel funktioniert diese Form des Einkaufs im Grunde schon recht lange, zwar nicht mit QR-Code, aber mit Lieferung nach Hause und das mit relativ langen Lieferzeiten (eBay 2012a).

Durch die Identifizierung des Produktes per Barcode-Scanner oder eine entsprechende Objekterkennungs-Software erhält der Kunde weitergehende Informationen. Dabei kann es sich um Produktinformationen, Gebrauchshinweise oder Produktbewertungen von anderen Kunden handeln. Darüber hinaus kann er sich sein Produkt auch direkt beim Einzelhändler reservieren lassen (Negele 2011). Eine weitere Möglichkeit der Kaufprozessoptimierung stellt die mobilisierte Kundenkarte dar. Diese kann der Mobile-Kunde per App aufrufen und ist über das Smartphone immer griffbereit in der Hosentasche. Dadurch ruft der Kunde regelmäßig die Anwendung auf und wird über neue Angebote informiert. So kann der Bezahlvorgang mit mobilen Anwendungen vereinfacht und beschleunigt werden. Mithilfe einer Self-Checkout-App kann der Kunde während des Geschäftsbesuchs bereits alle Produkte einscannen, die er später kaufen möchte. Die Bezahlung findet am Ende des Kaufprozesses direkt über die Applikation statt. Der Kunde muss dem Händler nach dem Einkauf nur noch seinen Beleg für den Kaufabschluss vorlegen (Negele 2011).

3.2.4 AR-App-Retail und In-Store-Navigation

Eine weitere Form des No-Line-Handels greift auf die „Augmented-Reality-Technik" zurück. Zunächst kann Augmented Reality im Ladengeschäft zum Beispiel als Navigationshilfe eingesetzt werden. Eine andere Einsatzmöglichkeit kombiniert als Magalogue diese Technik mit Printmedien. In beiden Fällen wird ein in einer Mobile App implementierter Augmented-Reality-Browser aktiviert.

- **Augmented Reality im Store** beruht auf einer Smartphone-Technologie, die das reale Umfeld mit virtuellen Elementen in Echtzeit verbindet. Diese kann auch als

„computergestützte Erweiterung der Realitätswahrnehmung" bezeichnet werden. Die Nutzung von Augmented Reality im Mobile Commerce setzt eine im Smartphone integrierte Kamera voraus, die das Umfeld erfassen kann. Dieses kann dann auf dem Smartphone-Display mit virtuellen Elementen überlagert werden. Die virtuellen Elemente können dabei geocodiert sein, sodass sie an bestimmten Standorten abrufbar sind. Sie können aber auch eine automatische Erkennung von Gegenständen über die Smartphone-Kamera ermöglichen. Im Bekleidungshandel wird Augmented Reality bereits für virtuelle Ankleidezimmer in Online-Shops eingesetzt. Dabei wird der Körper durch eine Webcam in Echtzeit erfasst, sodass die Kleidungsstücke auf diesen überlagert bzw. virtuell aufgelegt werden können. Durch die integrierten Kameras der Smartphones ist diese Technologie auch mobil anwendbar. Vor allem in Verbindung mit Location-based Services eröffnen sich Chancen, den Konsumenten in innovativen Formen anzusprechen und ihn durch z. B. Benachrichtigungen auf dem Smartphone auf Augmented Reality in der Umgebung aufmerksam zu machen. Ein Anwendungsbeispiel für den Einsatz von Augmented Reality liefert Hennes & Mauritz. Hier wird mithilfe der Augmented-Reality-App Gold Run den Kunden die Möglichkeit gegeben, in New York nach ausgewählten virtuellen Kleidungsstücken zu suchen und durch weitere interaktive Handlungen auf diese dann einen Rabatt zu erhalten Die Aktion ähnelt einer Art Schnitzeljagd und lief im Jahre 2010 zur Unterstützung der Herbst-Winter-Kollektion (vgl. Chami 2012, S. 37 ff.). Augmented Reality kann auch direkt am Point-of-Sale Anwendung finden. Die Firma LEGO hat zum Beispiel mittels Augmented Reality eine innovative Form der Produktpräsentation eingeführt. So ließ LEGO in 2008 in vielen Spielzeugläden Terminals aufstellen, mit denen die Kunden die noch verpackten LEGO-Bausätze fertig zusammenbauen und betrachten konnten. Sie mussten dazu lediglich die Packung eines Bausatzes in die Kamera des Terminals halten, um den zusammengesetzten Inhalt auf dem Bildschirm zu sehen Dabei wurden keine geocodierten Informationen genutzt, sondern eine Produkterkennung durch die Kamera durchgeführt. Im stationären Fashion-Handel kann diese Art der Produktpräsentation in abgewandelter Form ebenfalls angewendet werden. Dabei kann neben der physischen Präsenz und dem sinnlichen Erleben der Produkte (Anfassen & Fühlen) ein weiterer Erlebnisfaktor am Point-of-Sale geschaffen werden.

- **Virtual Reality im Store:** Das große Thema auf der Mobilfunkmesse in Barcelona war im Februar 2016 zweifelsohne die „Virtual-Reality-Brille" Oculus Rift (RP 2016, S. B3). Die endgültige Version dieses Wearables ist seit dem 6. Januar 2016 für 699 € zu bestellen und wird ab dem 28. März ausgeliefert (Heise 2016). Nachdem der Entwickler Palmer Luckey seine virtuelle Brille der Öffentlichkeit vorstellte, gab Facebook im März 2014 bekannt, Oculus Rift für 2,3 Mrd. US$ zu übernehmen. Benutzern wird mit dem Gerät das Gefühl vermittelt, sich tatsächlich in einer virtuellen Welt zu bewegen, indem das Holodeck Realität wird (Heise 2016). Während die Oculus-Brillen zunächst vor allem für besonders realistische Spieledarstellungen gedacht sind, hofft Facebook auf vielfältige Anwendungen (Heise 2016). Eine davon könnte im Ladenraum sein, wie erste Tests des IfH Köln im Innovation Store

Abb. 3.5   Magalogue. (Quelle: ohne-tüte 2012)

in Pulheim zeigen. Dieser Laden ist ein Gemeinschaftsprojekt des IFH Köln und des Händlers Knauber Freizeit, bei dem Kunden die Zukunft des Shoppings testen können. Dabei lief der erste Einsatz der Oculus Rift im Einzelhandel offensichtlich sehr gut an, sodass dementsprechendes Potenzial für den stationären Einzelhandel abgeleitet wird (Locationinsider 2016).

- **Der Magalogue** beruht im Grunde auf einem Katalog, der als Vertriebskanal ja bereits von vielen Marketing-Gurus begraben wurde (vgl. Abb. 3.5). Dank Augmented Reality ist es allerdings möglich geworden, den klassischen Katalog und gleichzeitig den Online-Channel kombiniert zu nutzen. Aktuelles Beispiel ist der niederländische Magalogue (Wortspiel aus Magazin und Catalogue) von Vtwonen. Das Unternehmen hat in Zusammenarbeit mit Layar eine neue Version des alten Klassikers entwickelt: Der Magalogue ist durch seinen Magazin- bzw. Lookbook-Style visuell ansprechend und via Augmented Reality wird der Kauf-Button auf dem Smartphone eingeblendet. Ein Musthave für alle Katalogliebhaber (ohne tüte 2012, S. 1; Schürmann 2012). Bogner-Homeshopping hat schon recht früh und lange Zeit vor dem Smartphone mit hochwertigen Magazinen den Beweis angetreten, dass sich auch über Inhalte Premiumprodukte verkaufen lassen. Bogner-Homeshopping (www. bogner-homeshopping.de) stellt eine hervorragende Ergänzung zu den eigenen Lifestyle-Stores und Handelspartnershops dar. Mit dem Ziel der Content-Anreicherung wurde ein „Lifestyle-Magazin-Katalog" herausgebracht, der neueste Lifestyle-Infos vermittelt und detaillierte Produktbeschreibungen für Premiumprodukte liefert, für die es „auf allen Kanälen" eine Bestellmöglichkeit gibt. In enger Abstimmung mit dem Magazinkatalog werden exklusive Angebote auch im Online-Lifestyle-Shop mit 3-D-Animation dargestellt. Bogner gelingt es dabei z. B. auch DOB Damenjacken im

Top-Premium-Segment über 8000 € als „Renner" zu positionieren und kann insofern als hervorragendes Beispiel für einen „Lifestyle-Multichannel"-Ansatz angesehen werden, der auch von den Geschäftszahlen her zu einem Erfolg geworden ist.

- **In-Store-Navigation-Anwendungen** können dem Kunden helfen, sich in großen Geschäften mit einer hohen Anzahl an verschiedenen Produkten besser zurechtzufinden. Dies lässt sich unter anderem über RFID-Chips (Radio Frequency Identification-System) umsetzen. RFID-Chips werden bei dieser Anwendung an der Ware angebracht und können so vom Kunden über das mobile Internet geortet werden. Zusätzlich kann der Kunde auch Informationen über Produkteigenschaften und Verfügbarkeit abrufen, die auf dem RFID-Chip hinterlegt wurden (vgl. Rio mobile 2010, S. 19). Dadurch wird es möglich, dass der Kunde das gesamte Sortiment im Geschäft durchsuchen und Informationen über Verfügbarkeit und Standort über die Produktseite abfragen kann (Negele 2011).

Mit Anwendungen für Produktinteraktionen lässt sich auch das Einkaufserlebnis steigern, wenn sich die Kunden dadurch intensiver mit den Produkten auseinandersetzen.

3.3 Neue Formate mit Digital-in-Store-Anwendungen

Die besten Beispiele für Digital-in-Store-Anwendungen finden sich in den neuen Offline-Konzepten der Pure Plays. Zunehmend eröffnen Online-Händler auch stationäre Offline-Konzepte, die allerdings zu differenzieren sind. Gängig ist die temporäre Eröffnung von Pop-Up-Stores, so wie eBay Deutschland dieses bereits in der Weihnachtssaison 2012 erstmals in Berlin praktizierte und erneut zwei Jahre später mit dem Inspiration Store im Bremer Weserpark-Einkaufscenter testete (eBay 2012b, 2014). Daneben sind aber auch dauerhafte Flagshipstore-Konzepte von Online-Händlern erkennbar, so wie Shoepassion oder Notebooksbilliger dieses praktizieren, ohne allerdings die Digital-in-Store-Anwendungen umfassend umzusetzen. Dieses tun derzeit vor allem vertikale Multichannel-Händler wie Burberrys, die sich dabei sogar in die Best Practices der Digital-in-Store-Anwendungen einreihen. Die gängigste Form für das „Online goes Offline" dürfte aber im Showrooming zu finden sein mit dem Butlers Online-Shop für Möbel bzw. „Wohnstücke" als Best Practice. Im Folgenden werden Erfolgsbeispiele für die drei Kategorien des „Online goes Offline" dargestellt, die zum Teil im Rahmen einer vom Autor betreuten Studienarbeit an der Hochschule Niederrhein untersucht wurden (Seidenberg 2013).

3.3.1 Pop-up-Stores von Online-Händlern

Pop-Up-Stores erfahren in den letzten Jahren eine relativ große Beliebtheit, da sie eine hohe Besucherzahl und ein hohes mediales Interesse mit vergleichsweise wenig

Aufwand und Kosten zu generieren vermögen. Ferner können mit ihnen gut neue Marken und Märkte getestet werden (vgl. Baumgarth und Kastner 2012, S. 5). Erstmals in Deutschland eröffnete das japanische Modelabel Comme de Garçons im Jahre 2004 einen Pop-Up-Store, dessen Ziele vor allem strategisches Branding und Kundenbindung sind (vgl. Baumgarth und Kastner 2012, S. 5). Im Focus stehen internetaffine junge, urbane und offene Zielgruppen, die auch als Basis für eine virale Kommunikation dienen können. In erster Linie werden zwei sich ergänzende Zielsetzungen verfolgt, und zwar einerseits langfristige bzw. strategische Kommunikations- und Markenziele sowie andererseits kurzfristige bzw. operative Absatzziele. Als langfristige Kommunikations- und Markenziele können die Inspiration und Begeisterung der Store-Besucher angesehen werden, durch welche man ein gesteigertes Involvement und eine emotionale Markenbindung erreichen kann. Darüber hinaus stellt ein Pop-Up-Store einen zusätzlichen Absatzkanal dar, um mit vergleichsweise wenig Aufwand ein großes Medieninteresse zu generieren. Auf der operativen Seite wird eine temporäre Umsatzsteigerung durch unmittelbare Verkäufe und Abverkauf vergangener Kollektionen angestrebt, die in der Regel rabattiert werden. Darüber hinaus sollen zukünftige Neukunden angesprochen werden (Baumgarth und Kastner 2012). Im Vergleich zu anderen Handelsformen, wie zum Beispiel den Flagshipstores, soll sich der Pop-Up-Store durch seine Einmaligkeit, die Verknappung sowie die viralen Marketingmaßnahmen unterscheiden (vgl. Baumgarth und Kastner 2012, S. 7). Vor allem aber das Testen von Neuerungen, Konzepten, Ladenformaten und Standorten sind wichtige Faktoren, die für einen Pop-Up-Store sprechen. Bekannte Beispiele für ein Pop-Up-Store-Konzept sind die Stores von Frontline-Shop in den Jahren 2009 und 2011, weiterhin die Tommy Hilfiger „Prep World Pop-Up-Store-Tournee" in 2011 sowie der Zalando Pop-Up-Store aus dem Jahre 2012 (Baumgarth und Kastner 2012; Zalando 2012). Als weiteres und relativ junges Fallbeispiel gilt der schon eingehend angesprochene eBay-Inspiration-Store aus der Weihnachtssaison 2014 (eBay 2014). In Deutschland verfügt eBay über 18 Mio. User und kooperiert als Plattform mit vielen stationären Händlern. Ihnen wollte eBay zusammen mit PayPal in Form des „eBay-Kaufraums" auch ein Stück Zukunft demonstrieren (eBay 2012a,b). Bereits in 2011 hatte eBay UK mit der eBay Christmas Boutique in London den ersten Pop-Up-Store eröffnet (eBay UK 2011). In dem eBay-Inspiration-Store gab es die Möglichkeit, die ausgestellten Produkte direkt und mobil zu erwerben, allerdings nur per Smartphone-Scan-App oder per eBay-App. Der eigentliche Kauf erfolgte auf der eBay-Homepage, indem der Kunde den QR-Code des Produktes scannte und damit direkt auf die entsprechende eBay-Website mit dem gewünschten Produkt gelangte. Neben diesem ersten Bereich gab es in dem eBay-Store ebenfalls die sogenannten „PayPal-Innovationen", in dem man bequem per PayPal-QR-Shopping-App bezahlen konnte. Auch wurde hier anhand anderer Beispiele, wie z. B. mStore, smobsh und Emmas Enkel, gezeigt, wie man in Zukunft bequem auf App-Basis einkaufen kann. In Abb. 3.6 ist der eBay-Kaufraum dargestellt.

Abb. 3.6   eBay Inspiration Store. (Quelle: eBay 2014)

In einem dritten Bereich wurde mit diversen „Zukunftsszenarien" ebenfalls demons-
triert, wie in Zukunft das Bezahlen mit PayPal und das Kaufen bei eBay aussehen
könnte. Dazu gehörte es, mittels eBay-App Artikel direkt aus Schaufenstern zu scannen
und somit auch nach Ladenschluss noch Produkte erwerben zu können. Darüber hinaus
konnten sich die Besucher rund um das private Verkaufen bei eBay von Profis beraten
lassen und unerwünschte Weihnachtsgeschenke vor Ort einstellen bzw. selbst zum Verkauf anbieten. Da eBay mit seiner eBay-App einer der führenden Mobile-Commerce-
Händler ist, sieht das Unternehmen in der Verknüpfung von lokalem, stationärem Handel
und Mobile Commerce großes Potenzial. Der Deutschlandchef von eBay ist sich sicher,
dass „es für Einzelhändler immer unverzichtbarer wird, eine durchdachte Multichannel-
Strategie zu verfolgen […]. Online darf nicht als eine weitere Filiale des Einzelhan-
delsgeschäfts verstanden werden, sondern als ein völlig neuer Vertriebskanal gesehen
werden" (eBay 2014, 2012a, b). Der Der eBay-Kaufraum könnte auch dauerhaft betrieben ein Showrooming-Konzept darstellen, auf das im Folgenden noch genauer eingegangen wird.

3.3.2   Stationäre Flagship-Stores mit Digital-in-Store-Ausstattung

Ein Flagship-Store ist eine „…exklusive und einzigartige Filiale von Marken in
Großstädten, die ein umfangreiches Angebot des Sortiments führen" (Springer Gabler
Verlag 2013). Es handelt sich dabei in der Regel um ein stationäres Vorzeigegeschäft
eines Unternehmens, welches meist in bevorzugter Lage angesiedelt und besonders

ausgestattet ist. Normalerweise existieren Flagship-Stores nur in geringer Anzahl oder singulär. Da Flagship-Stores hauptsächlich zur Kundenbindung und zur Imageförderung dienen, kann es sein, dass diese wenig oder gar nicht rentabel arbeiten (Wikipedia 2012c). Infolgedessen werden Flagship-Stores oft lediglich als Marketinginstrument betrachtet, ohne die Ergebnisziele in den Vordergrund zu stellen. Daher werden häufig auch hohe Mieten für Toplagen in Kauf genommen (vgl. Ahlert et al. 2009, S. 228). Eines der bekanntesten Flagship-Stores ist die New Yorker Filiale von Tiffany & Co., die ihre Bekanntheit durch den Film „Frühstück bei Tiffany" erlangte (vgl. Wikipedia 2013). Andere bekannte Flagship-Stores sind zum Beispiel die Prada-Stores, Faber-Castell-oder Montblanc-Läden sowie das Hamburger Nivea Haus (Nivea 2013; Springer Gabler Verlag 2013). Ein wichtiger Aspekt eines Flagship-Stores ist das Kundenerlebnis und die Kundenbindung. Dafür ist es ausschlaggebend, dass sich der Kunde entsprechend angesprochen fühlt. „Die Marke muss erlebbar werden" (Lehmann 2013). Insofern spielt eine gelungene Kundeninteraktion eine große Rolle. Aber auch im Rahmen einer internationalen Expansion von Premium-Marken kommt den Flagship-Stores häufig eine wichtige Bedeutung zu. Anhand eines ersten Flagship-Stores in einem Land lässt sich gut bemessen, welches die lokalen Kundenwünsche sind, sodass ein Unternehmen generelle Einblicke in den lokalen Markt gewinnt (vgl. Ahlert et al. 2009, S. 865). Dabei dient der Flagship-Store auch als hausinternes Marktforschungsinstrument mit Blick auf neue Produkte oder Services. So können im Flagship-Store grundsätzlich Techniken, Produkte und Services am Kunden getestet werden. Zum Beispiel testete vor kurzem der Modeanbieter s.Oliver in seinem Würzburger Flagship-Store die Verknüpfung des stationären Ladens mit dem Mobile-Commerce-Kanal. Der Kunde kann zum Beispiel mit einem elektronischen Style-Assistenten Accessoire-Vorschläge erhalten und die entsprechenden Produkte direkt im Online-Shop erwerben. Nicht zuletzt durch die Möglichkeit, unternehmenswichtige Informationen zu generieren, können Flagship-Stores zur Markenstärkung beitragen. Das dürfte auch Ziel von Burberry sein, das als hervorragendes Beispiel eines vertikalen Multichannel-Händlers für einen stationären Flagship-Store angesehen werden kann. So gilt der Premium-Anbieter Burberry als Best Practice auf dem Gebiet des digitalisierten POS. Der neue Burberry-Flagship-Store, der kürzlich in Londons Regent Street eröffnete, kann als absolute Benchmark für ein stationäres Format der Zukunft angesehen werden. Hier sind die neuesten Technologien der Digital-in-Store-Anwendungen in die physische Shopping-Welt integriert.

„Walk into Burberry's flagship store in London and you will find a temple dedicated not only to the brand, but also to Digital POS technology" (Syzygy 2013, S. 19). Den Kunden wird eine Vielzahl digitaler Hilfsmittel angeboten, die ihnen den Einkauf erleichtern und ihnen helfen, bessere und schnellere Kaufentscheidungen zu treffen. Das Ladenpersonal ist mit Tablets und anderen digitalen Hilfsmitteln ausgestattet. Burberry stellt die digitale Adäquanz des Verkaufsraums mit der virtuellen Welt von heute sicher. Das Flagshipstore-Konzept gilt nicht nur als innovativ, sondern präsentiert auch die Markenwerte und die DNA von Burberry auf modernste Art und Weise. In diesem Zusammenspiel werden die Besucher in ein einzigartiges Marken- und Einkaufserlebnis

Abb. 3.7 Burberry Flagshipstore Regent Street. (Quelle: Burberry 2013)

eingebunden. Burberry betrachtet den Flagshipstore als Möglichkeit, den Online-Shop
zum realen Leben zu erwecken: „seamlessly blurring physical and digital world" (Burberry 2013). Der Flagshipstore benutzt dazu interaktive Spiegel auf der Basis von Augmented Reality. Diese können zu personalisierten Bildschirmen umgewandelt werden
und liefern zusätzliche Produktinformationen, wenn der gewünschte Artikel an den Spiegel gehalten wird. Die digitalen Spiegel zeigen auch Videos aus der Produktion oder liefern personalisierte Empfehlungen (vgl. Pointsmith.com 2013). Das Verkaufspersonal
ist mit Tablet-Apps ausgestattet, die Zugang zur Kaufhistorie der Kunden haben und
ihnen helfen, passende Vorschläge zu machen. Insgesamt sind im Burberry-Store über
100 Bildschirme für Produktinformationen und Fashion Shows anzutreffen, die von Tags
angestoßen werden. Der Store gilt nicht nur als technisch herausragend, sondern auch als
Paradebeispiel für das Personal Shopping. „This luxury retailer has set the pace for crea-
ting a truly interactive and engaging shopping environment" (Pointsmith.com 2013). In
Abb. 3.7 ist der Flagshipstore von Burberry dargestellt.

3.3.3 Showrooming mit mobiler Einkaufsmöglichkeit

Ein Showroom stellt in der Regel einen Ausstellungsraum dar, in dem Kunden sich
die neusten Produkte oder Warengruppen eines Unternehmens ansehen können. Dabei
soll ihnen die Ware präsentiert werden, um den potenziellen Käufern so die Auswahl
zu erleichtern. Im Showroom haben Besucher die Möglichkeit, Haptik, Qualität, Form
und Farben der Produkte mit den eigenen Sinnen wahrzunehmen. Diese Möglichkeit ist ein entscheidender Aspekt bei der Kaufentscheidung, weshalb die Online Pure
Plays zunehmend Showrooms eröffnen. So auch das Start-up Fab.com (fab.com 2013).
Bekannte Beispiele für das Showrooming sind die Lokale der Firma Sitzfeldt in Hamburg und Köln (Sitzfeldt 2013) sowie die Showrooms des Online-Möbelhändlers Fashion
for Home (2013). Dieser Online-Shop für Designer-Einrichtungen, der mittlerweile

international tätig ist, basiert auf einem vertikalen Geschäftsmodell. Deswegen brauchen die Kunden hier auch nicht länger als in einem traditionellen Möbelhaus auf ihre Bestellung zu warten. Im August 2012 eröffnete der Online-Möbelhändler einen 400 qm großen „Offline"-Showroom mitten in Berlin, der den Kunden nun die Möglichkeiten des „Touch & Feel" bietet. Dazu gehören u. a. eine professionelle Beratung, Testmöglichkeiten sowie digital unterstützte Einkaufserlebnisse. Zukünftig soll die Multichannel-Strategie noch ausgeweitet und das Geschäftsmodell auf eine Omnichannel-Strategie erweitert werden. Dabei spielen Mobiles sicherlich eine tragende Rolle (Fashion for Home 2013). Das wohl beste Beispiel für Showrooming in Deutschland zeigt derzeit der Multichannel-Händler Butlers. Der Wohnaccessoire-Anbieter Butlers hat im Juli 2013 in Berlin seinen ersten Showroom für Möbel eröffnet. Auf rund 650 Quadratmetern können die Kunden nun erstmalig die gesamte Bandbreite der Butlers-Möbelkollektion „live und in Farbe erleben", wie das Unternehmen mitteilte (Der Handel 2013). Das Möbelsortiment wird wegen der begrenzten Verkaufsflächen in den Filialen hauptsächlich im Online-Shop bzw. Jahreskatalog angeboten. Nur wenige ausgewählte Stücke werden in den Filialen gezeigt. Dennoch sind Möbel offensichtlich die am schnellsten wachsende Warengruppe von Butlers. Da das Möbelsortiment mehr oder weniger ein reines Online-Sortiment darstellt, kann der Butlers-Showroom auch als Beispiel für „Online goes Offline" aufgeführt werden. Die Möbel werden auf eigens für den Showroom gefertigten Bühnen wie im Online-Shop und im Katalog in Szene gesetzt. Dabei soll auch der Web-Shop von dem stationären Auftritt profitieren. So wird das Verkaufspersonal im Berliner Showroom nicht nur vor Ort beraten, sondern per Video-Chat auch Kunden im Online-Shop über die Produkte informieren. Dazu sind die Mitarbeiter mit Headsets und Kameras ausgestattet, wie in Abb. 3.8 zu sehen ist. Für die Kunden filmen die Mitarbeiter – wenn gewünscht – auch die Oberfläche eines Tisches aus der Nähe oder sitzen zur Probe im Sofa. Die Webcam im Butlers-Showroom erlaubt diesbezüglich nicht nur

Abb. 3.8 Showroom von Butlers. (Quelle: Butlers 2013)

eine 360°-Ansicht des Möbelstücks. Auch die verschiedenen Funktionen der Produkte können im Detail vorgestellt werden. Gleichzeitig ermöglicht die Online-Produktvorführrung ein deutlich „haptischeres" Produkterlebnis als nur im Online-Shop. Sofern vom User gewünscht, kann er mit seiner eigenen Webcam auch in Blickkontakt zum Verkäufer treten. Kunden im Showroom können vor Ort oder später zu Hause mit der Butlers-„Augmented-Reality-App" auf dem Smartphone testen, ob die Möbelstücke zueinander passen (Shop-Anbieter 2013).

Showrooms als neue Stand-alone-Formate
Die Smartphone-Technologie ermöglicht auch die Entwicklung völlig neuer stationärer Formate, die bisher nicht denkbar waren. So entwickelte der US-Händler Hointer auf Basis eines Showrooms den ersten vollautomatisierten Modeladen, in dem die Kunden im QR-Scan-Retail-Verfahren mit ihren Smartphones kaufen können. Der erste Hointer-Laden wurde im Oktober 2012 als Jeans-Store für Männer eröffnet. Auf den ersten Blick sieht der Laden wie ein ganz normaler Showroom, aus mit jeweils einem präsentierten Referenzteil pro Produkt. Jede Jeans ist mit einem QR-Code versehen, den die Kunden scannen können. Dazu müssen die Besucher vorher eine mobile App von Hointer downloaden, die bisher allerdings nur für iPhones verfügbar ist. Nach dem Scannen des QR-Codes kann die erforderliche Größe und präferierte Farbe ausgewählt werden. Wenn der Kunde den Button „try-on" drückt, wird überprüft, ob das gewünschte Produkt vorrätig ist. Der Kunde erhält dann die Information, in welche freie Umkleidekabine seine Jeans gebracht wird. Zwischenzeitlich wird das gewünschte Produkt von einem Roboter

Abb. 3.9   Hointer Store & App. (Quelle: Hointer 2013)

bzw. selbstfahrenden Einkaufswagen aus dem vollautomatisierten Lager geholt und in einer Box direkt in die reservierte Umkleidekabine gebracht. Nach der Anprobe kann der Kunde die Jeans mitnehmen, oder – wenn sie ihm nicht gefällt – in die Box zurücklegen, in der sie zurück in das Lager gebracht wird (eTailment 2013; Hointer 2013). Das Konzept von Hointer zeigt ein völlig neues und innovatives Einkaufserlebnis am POS auf, bei dem die bisherigen Verhaltensmuster aufgebrochen werden. Der Kunde hat die Möglichkeit, schnell und selbstbestimmt einzukaufen und das zu einem günstigeren Preis als in einem Laden mit Bedienung (Hointer 2013). Das wird durch die Smartphone-Technologie in Kombination mit dem Showrooming möglich. In Abb. 3.9 ist der Store von Hointer dargestellt.

Das Konzept lässt Raum für weitere Entwicklungen, insbesondere in Kombination mit dem Social Commerce. Um den Kundenservice am POS zu verbessern, sind weitere Anwendungen denkbar. Zum Beispiel könnte eine App, die mit allen denkbaren Social-Media-Funktionen verlinkt würde, Bilder von Produkten mit Freunden teilen, um diese um Rat zu bitten. Auch könnten kundenspezifische Daten zum Händler übertragen werden, die bei der Entscheidungsfindung behilflich wären. Ähnlich agiert bereits der US-Modehändler Neiman Marcus, der Apps als Verkaufsverstärker einsetzt.

3.3.4 Renovierung bestehender Formate mit In-Store-Apps

Der US-Modeanbieter Neiman Marcus hat zur Unterstützung seiner Verkaufsmannschaft eine „In-Store-App" mit Social-Media-Anwendung entwickelt. Es geht dabei weniger um

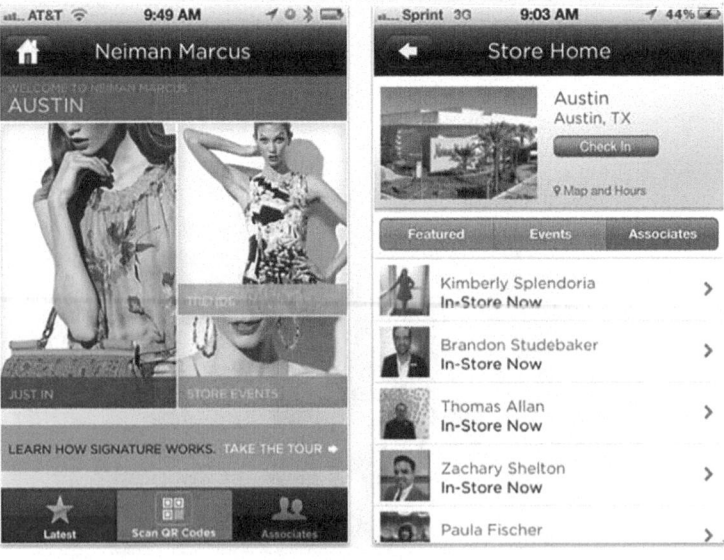

Abb. 3.10 Neiman Marcus Mobile App. (Quelle: Mashable 2013)

die Integration von Social-Media-Elementen in die Ladenausstattung als vielmehr um die Entwicklung einer iPhone-App, die von den Mitarbeitern genutzt und NM-Service genannt wird. Die auf der Lokalisierung von Kunden beruhende App liefert den Verkäufern/Innen Informationen über Kundenpräferenzen. Die zu lokalisierenden Kunden müssen eine Kunden-App downloaden. Sie können zwischen zwei Optionen wählen. Zum einen besteht die Möglichkeit, dass die Verkaufsmitarbeiter darüber informiert werden, wenn der Kunde den Laden betritt. Zum anderen gibt es die Variante, dass er aktiv in einen Check-in geht, wenn er persönlich beraten werden möchte. In diesem Fall wird der Verkaufsberater über die Interessen und Neigungen, Shares und Likes sowie die Kaufhistorie des Kunden informiert.

Dabei wird der Social Graph des Kunden direkt am POS verfügbar gemacht. Auf Kundenseite wird transparent gemacht, welche Mitarbeiter gerade verfügbar sind oder in Kürze für ein Verkaufsgespräch gebucht werden können. Darüber hinaus kann er anhand von QR-Codes spezielle Produktinformationen abrufen und sich über Trends oder neue Ware informieren. Zugleich werden diese Informationen auch den Verkaufsmitarbeitern zugänglich gemacht, die dann kundenspezifische Empfehlungen und eine individualisierte Beratung geben können (psfk 2012). Dieses Beispiel zeigt, wie vor allem stationäre Händler den SoLoMo-Ansatz als Profilierungsmöglichkeit nutzen können. In Abb. 3.10 ist die Mobile App von Neiman Marcus dargestellt (Mashable.com 2013).

3.4 Bezug zur situativen und realen Lebenswelt als Grundansatz

Die Situationsadäquanz ist im sozialen Mobile-Marketing erfolgskritisch. Es geht darum, alle wesentlichen Merkmale einer Nutzersituation richtig zu erfassen und in situationsgerechte Angebote umzusetzen. Der Erfolg dieser Angebote wiederum hängt vom wirtschaftlichen Situationspotenzial ab, das es zu bewerten gilt. Auf Basis des bewerteten Situationspotenzials kann der Mobile Shop individualisiert und zum Angebot kontextsensitiver Dienste und Location-based Services genutzt werden.

3.4.1 Situationsadäquanz und -potenziale im Mobile Marketing

Das mobile Internet erlaubt das Eingehen auf die spezielle Situation des Einzelkunden. Dieses geht über die mobile One-to-One-Ansprache hinaus, die als Direktmarketingansatz lediglich die Berücksichtigung spezieller Merkmale des Einzelkunden ermöglicht. Die Situation ist jeweils durch eine unterschiedliche Makro- und Mikrostruktur gekennzeichnet. Während die Makrostruktur u. a. die Leerzeitensituation, Suchsituation, Notsituation und quasi-stationäre Situation betrachtet, nimmt die Mikrostruktur im Sinne einer Lokalisierung auf den aktuellen Aufenthaltsort und den Zeitpunkt Bezug. Beides bestimmt die Situationsadäquanz, die zu der Kundenadäquanz üblicher Direktmarketingmaßnahmen hinzutritt (Link und Seidl 2008, S. 52).

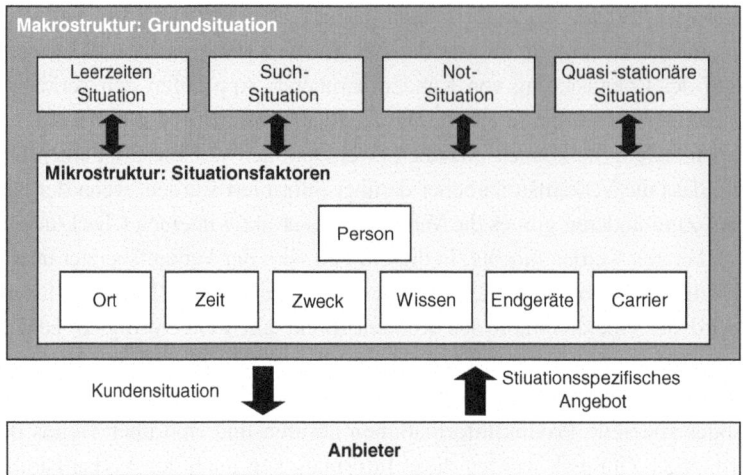

Abb. 3.11 Systematik von Situationen. (Quelle: Link und Seidl 2008, S. 54)

In Abb. 3.11 werden die Zusammenhänge zwischen Makro- und Mikrostruktur von Situationen erläutert.

Makrostruktur von Situationen
Die Makrostruktur kennzeichnet die Grundsituation. Diese ist dadurch geprägt, dass die Kommunikation und Transaktion zum Kunden ausschließlich über einen mobilen Kanal erfolgen kann und zeichnet sich durch folgende Situationsarten aus (vgl. Link und Seidl 2008, S. 54 ff.):

- Die **Leerzeitensituation** kennzeichnet diesbezüglich unproduktive Zeiten während eines Transportvorgangs. Im Grunde führen diese zu Opportunitätskosten im Sinne eines entgangenen Genusses durch Freizeitaktivitäten. Dabei ermöglicht der Einsatz von Handys, derartige Leerzeiten produktiv nutzen zu können, wie z. B. für Telefongespräche, Informationen oder Unterhaltung (Mobile Entertainment). Auch alle Arten von Transaktionen, die üblicherweise über Internet möglich sind, können während einer Reise mit mobilen Geräten getätigt werden, wie z. B. Mobile Shopping.
- Die **Suchsituation** beschreibt einen situationsabhängigen Informations- oder Servicebedarf, der einen Suchvorgang des Nutzers zur Folge hat, bei dem dieser elektronische Hilfe in Anspruch nimmt. Typisch dafür sind Navigationsfunktionen, lokale Informationsdienste oder Preisvergleiche in einem definierten Umkreis des jeweiligen Aufenthaltsortes. Dabei nimmt die geografische Positionsbestimmung eine Schlüsselrolle ein.

- Die **Notsituation** steht für einen ungeplanten und unfreiwilligen Bedarf an Informations- und Serviceleistungen, der entweder durch ein Push-Button-System des Nutzers oder durch Auswertung von Messdaten automatisch gemeldet wird. Als Beispiele lassen sich Überfälle, ärztliche Notfälle, Einbrüche, Diebstähle, Autounfälle, Pannen und sonstige Notsituationen nennen.
- Die **quasi-stationäre Situation** beschreibt einen besonderen Umstand, bei dem den Kunden zwei Möglichkeiten des Internetzugangs zur Verfügung stehen, und zwar ein mobiler oder ein stationärer Zugang. Für welche Nutzung der User sich entscheidet, hängt dabei von spezifischen Kontextvariablen wie Personen-, Produkt- und Situationsmerkmalen ab (z. B. Zeitdruck und/oder Bequemlichkeit).

Mikrostruktur von Situationen

Die Mikrostruktur kennzeichnet innerhalb der spezifischen Grundsituation relevante Situationsfaktoren im Einzelnen (vgl. Kriewald 2007, S. 10 ff.). Diese sind zu berücksichtigen, wenn der Mobile-Commerce-Anbieter mit einem individuellen und situationsgerechten Angebot auf den Kunden zugeht. Dabei wird auf einen erweiterten Individualisierungsbegriff zurückgegriffen, der neben der Person auch Ort, Zeit, Zweck, Wissen, Endgeräte und Carrier mit einbezieht (vgl. Link und Seidl 2008, S. 58 ff.):

- Die **Person** hat zweifelsohne als Situationsfaktor besondere Bedeutung. Dabei sind zunächst soziodemografische Merkmale relevant, wie z. B. Geschlecht, Alter, Beruf, Haushaltsgröße und Familienstand. Von Bedeutung sind auch psychografische Kriterien im Sinne der Präferenzen und des Persönlichkeitsprofils.
- Der **Ort** beschreibt die lokale Situation der Person und kann sich sowohl auf den statischen Wohnort als auch auf den dynamischen Aufenthaltsort beziehen. Letzterer erlaubt es, über die geografische Nähe eines Kunden einen Konsumbezug zu Geschäften herzustellen und für seine Bedürfnisbefriedigung zu nutzen.
- Die **Zeit** kann sich auf Zeitpunkt, Zeitspanne oder Jahreszeit beziehen. Sie erlaubt es, den zeitlichen Kontext des mobilen Users zu bestimmen und daraus einen Aktionskontext für absatzpolitische Maßnahmen abzuleiten.
- Der **Zweck** definiert die Absicht einer Handlung, die vom Kunden ausgeht. Es kann sich um Bestimmungsorte/Ziele oder Anlässe handeln.
- Das **Wissen** oder Vorwissen ist für Problemlösungsmöglichkeiten relevant. Je weniger Wissen vorhanden ist, umso mehr Hilfsangebote müssen gemacht werden.
- Das **Endgerät** des Nutzers generiert den Nutzungsbedarf und die Ausstattung für Angebote. Sowohl die technologischen Kompatibilitäten und Bandbreiten als auch die Netzbeschaffenheiten entscheiden mit über das situationsspezifische Angebot.
- Der **Carrier** beschreibt das Fortbewegungsmittel, aus dem ebenfalls unterschiedliche Bedarfe entstehen. Während ein Autofahrer an Verkehrsinformationen interessiert ist, sind für Flugreisende eher Flugpläne relevant.

Das Zusammenwirken aller Situationsfaktoren bestimmt die Kundensituation und erlaubt die Erstellung situationsspezifischer Angebote. Über den Zeitraum einer Kundenbeziehung können zahlreiche Einzelprofile gesammelt werden, die schließlich in ein aussagefähiges Gesamtprofil münden. Bei der Profilerstellung sind natürlich datenschutzrechtliche Aspekte zu berücksichtigen (vgl. Link und Seidl 2008, S. 61).

Situationspotenziale im Mobile-Marketing
Die richtige Bewertung der Situation bestimmt über die Marketingerfolgsrechnung. Dabei reduziert sich die Gefahr von Fehlentscheidungen mit der Genauigkeit, mit der die reale Struktur der Entscheidungssituation und der Handlungsoptionen dargestellt wird. Dieses kann mit der Abbildungsgenauigkeit beschrieben werden, die gegeben ist, wenn alle entscheidungsrelevanten Wertgrößen im Entscheidungsmodell enthalten sind. Unter Zurechnungsaspekten lassen sich Wertgrößen auf Objekte beziehen, die Gegenstand von betrieblichen Entscheidungen, also Bezugsobjekte sind. Eine Systematik ausgewählter Bezugsobjekte wird in Abb. 3.8 dargestellt, wobei die Situation ein innovatives Bezugsobjekt darstellt. Bezugsobjekte im herkömmlichen Sinne können Leistungsbündel (z. B. Produkte, Marken, Aufträge), Leistungsempfänger (z. B. Kunden, Märkte, Regionen), Leistungsträger (z. B. Mitarbeiter, Abteilung, Systeme, Vertriebskanäle) oder Aktionen (Einzelmaßnahmen, Kampagnen, Strategien) sein (vgl. Link und Seidl 2008, S. 64). Nur unter der Voraussetzung, dass die Wertgrößen jeweils den untersten Ebenen aus Abb. 3.12 zugeordnet worden sind, ist ein Entscheidungsproblem unter

Abb. 3.12 Bezugsobjekthierarchien der situativen Marketingerfolgsrechnung. (Quelle: Link und Seidl 2008, S. 65)

Zuordnungsaspekten richtig modelliert, denn nur dann ist es unmittelbar, verursachungs-gerecht und schlüsselfrei dargestellt.

Das Situationspotenzial wird auf Basis der Bezugsobjekthierarchien errechnet. Mit Fokus auf die Situation als neues Bezugsobjekt wird dabei eine Situationserfolgsrech-nung durchgeführt (Link und Seidl 2008, S. 66; Link und Weiser 2006, S. 214). Diese deckt das gesamte Gewinnpotenzial auf, das mit einer bestimmten Situation verbunden ist und sich unter Umständen aus folgenden Komponenten zusammensetzt:

1. Dem Umsatzpotenzial eines einzelnen Kunden für eine einzelne Produktgruppe, abzüglich Kosten.
2. Cross-Selling-Umsatzpotenziale dieses Kunden bezüglich anderer Produktgruppen, abzüglich Kosten.
3. Umsatzpotenziale anderer Kunden, die voraussichtlich in die gleiche Situation kom-men werden, abzüglich Kosten.
4. Cross-Selling-Potenziale anderer Kunden, die voraussichtlich in die gleiche Situation kommen werden, abzüglich Kosten.

In Abb. 3.13 sind die verschiedenen Ebenen der Situationserfolgsrechnung dargestellt und am Beispiel einer Reisesituation beschrieben (vgl. Link und Weiser 2006, S. 214).

So können Situationserfolgsrechnungen gerade im Mobile Commerce interessant werden, wenn Situationen wie Reisen als mobile Situation typisch sind. Dabei sind zwei Varianten denkbar. Neben der Berechnung von Gewinnpotenzialen für diverse Typen von Reisesituationen, in denen kundenspezifische Angebote auf das Display übermittelt

	1 Produkt	mehrere / alle Produkte
1 Kunde	Konkrete kunden-und produkt-spezifische Einzelsituation (z.B. Reisender XY mit einem bestimmten Verpflegungsbedarf), konkreter Ort. Zeitpunkt, Carrier	eingeschränkter kunden-spezifischer Situationstyp (z.B. Reisender XY mit einem bestimmten Verpflegungs -, Übernachtungs-, Unterhaltungs - und Wellnessbedarf), typischer Ort. Zeitpunkt, Carrier
mehrere / alle Kunden	eingeschränkter produkt-spezifischer Situationstyp (z.B. Durchschnittsreisender mit Verpflegungsbedarf),	allgemeiner Situationstyp (z.B. Durchschnittsreisender mit Verpflegung-, Übernachtungs-, Unterhaltungs-und Wellnessbedarf)

Abb. 3.13 Ebenen von Situationserfolgsrechnungen. (Quelle: Link und Seidl 2008, S. 65)

werden können, ist eine Neuberechnung der Gewinnpotenziale unter Einbeziehung der kundenindividuellen Informationsdaten denkbar. Das Beispiel aus Abb. 3.3 ist auch außerhalb des Mobile Commerce relevant für grundsätzliche Gewinnpotenziale von Tourismuskunden. Derartige Situationserfolgsrechnungen können entweder kurzfristig (operativ) und periodengerecht oder aber langfristig (strategisch) für längere Zeiträume durchgeführt werden (vgl. Kriewald 2007, S. 10 ff.; Link und Seidl 2008, S. 68).

3.4.2 Situationsorientiertes CRM

Der Mobile-Commerce-Kanal stellt nur einen von zahlreichen möglichen Customer-Touchpoints dar. Er bietet jedoch insbesondere im Zusammenhang mit der Individualisierung, Omnipräsenz und Multimedialität hervorragende Möglichkeiten zum Aufbau von Wettbewerbsvorteilen. Dieses soll dadurch verdeutlicht werden, dass zwei zentrale Aspekte des Mobile Commerce, und zwar der mobile Kanal und der Situationsbezug der Marketingmaßnahmen, in einen Gesamtzusammenhang gestellt werden (vgl. Link und Seidl 2008, S. 61; Link und Weiser 2006, S. 90).

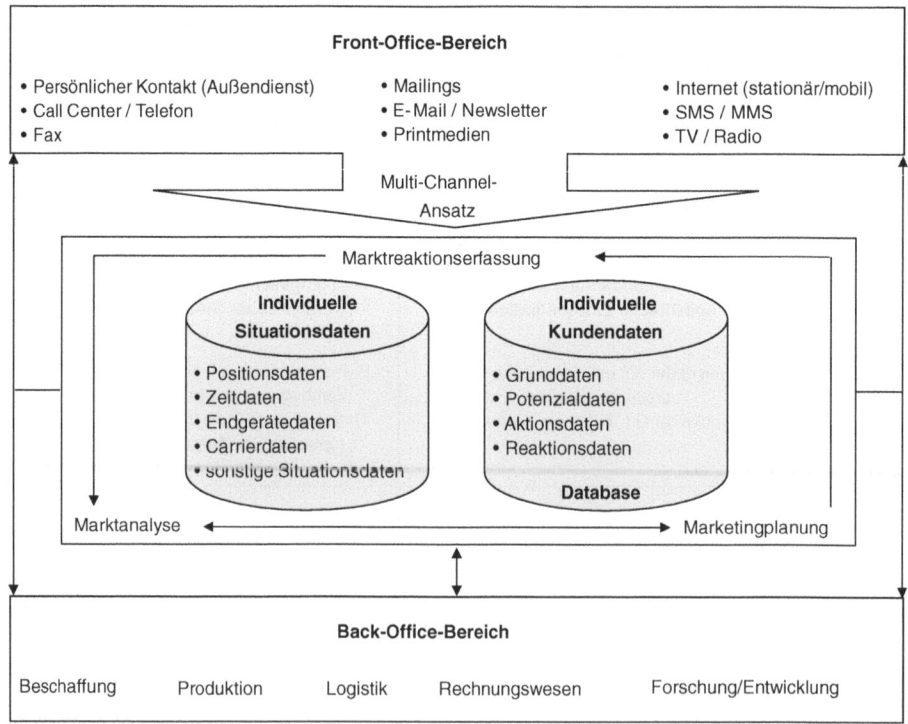

Abb. 3.14 Integriertes situationsorientiertes CRM-System. (Quelle: Link und Seidl 2008)

Dazu ist in Abb. 3.14 ein integriertes situationsorientiertes Customer-Relationship-Managementsystem dargestellt. Dieses trägt dem Umstand Rechnung, dass Unternehmen immer genauere und detailliertere Kunden- und Situationsprofile benötigen, andererseits aber im Sinne des „One Face to the Customer" zunehmend alle absatzgerichteten Maßnahmen aufeinander abstimmen müssen. Das betrifft vor allem den Front-Office-Bereich als Schnittstelle zum Kunden (vgl. Heinemann 2011, S. 145). „Einheitlich nach vorne und getrennt nach hinten" ist die Erkenntnis, die sich bei den Handelsexperten immer mehr durchsetzt. Demnach erfordert Multichannel ein geschlossenes Auftreten an der Kundenfront in allen „Front-Office"-Funktionen, um Verunsicherung auf Kundenseite zu vermeiden, jedoch ein getrenntes Managen im Back-Office, um den unterschiedlichen Kompetenzanforderungen Rechnung zu tragen. Die Kanäle sind folglich kompatibel, aber getrennt zu managen. Das getrennte Management muss unter einheitlicher Führung stehen, die eine maximale Realisierung der Back-Office-Synergiepotenziale zwischen den Kanälen sicherstellt. Anreiz- und Führungssysteme sind in der getrennten Erfolgsverantwortung für die Kanäle unbedingt sicherzustellen, damit diese nicht gegeneinander arbeiten (kein „Kanalegoismus"). Insbesondere das Customer-Relationship-Management und das dazugehörige Kundendatenmanagement sind unbedingt „gemeinsam", d. h. kanalübergreifend, zu managen (vgl. Heinemann 2011). Dadurch wird das immer noch bei erschreckend vielen Multichannel-Unternehmen verbreitete Phänomen vermieden, dass in den verschiedenen Kanälen gleiche oder ähnliche Informationen über den Kunden (z. B. Demographie der Nutzer) gesammelt werden.

Folge wäre ansonsten eine enorme Redundanz an Kundendaten, deren Abgleich einen immensen Systemaufwand bedeuten würde. Aber auch die Anforderungen der Kunden erfordern eine systematische Integration der Kundendaten, denn sowohl beim Channel-Hopping innerhalb eines Kaufprozesses als auch zwischen unterschiedlichen Kaufvorgängen erwarten die Konsumenten, dass der Ansprechpartner im Unternehmen (z. B. Call-Center, stationärer Shop, Zusteller etc.) auf dem „aktuellen Stand" ist. Nur durch die integrative Ausgestaltung sämtlicher Customer-Touchpoints kann es dem Kunden ermöglicht werden, sich mit dem Unternehmen über jeden beliebigen Kanal und zu jeder Zeit in Verbindung setzen zu können. Dabei ist der Multichannel-Händler idealerweise in der Lage, den Dialog mit dem Kunden genau dort wieder aufzunehmen, wo er beim letzten Mal geendet hat (vgl. Link und Seidl 2008, S. 62). Dazu müssen alle Gesprächsinhalte jeweils während und nach dem Kontakt auf einer Situationsdatenbank abgespeichert werden und quasi per Knopfdruck zur Verfügung stehen. Jede abgegebene Information muss an jedem Kontaktpunkt bereitstehen bzw. in die Kundenkommunikation einfließen (vgl. Wegener 2004, S. 216).

Als hilfreich erweisen sich Customer-Interaction-Center (CIC), deren Bedeutung im Rahmen von Multichannel-Strategien in den letzten Jahren stark angestiegen ist. Sie stellen eine Weiterentwicklung von klassischen Call-Centern dar, die neben dem Telefon weitere Medien wie Fax, SMS, Internet und E-Mail in einer organisatorischen Einheit gegenüber dem Kunden koordinieren und bündeln (vgl. Kantsperger und Meyer 2006, S. 26). Da alle Informations-, Beratungs-, Kauf- und Nachkaufprozesse im

B2C-Distanzhandel im Normalfall heutzutage medial gestützt ablaufen, sind Customer-Interaction-Center vor allem im Multichannel-Handel von besonderer Bedeutung. Allerdings muss es dabei auch gelingen, alle Kommunikationskanäle zu koordinieren und aufeinander abzustimmen. So müssen die Kundenbedürfnisse frühzeitig erkannt werden, um proaktiv passende Angebote zu unterbreiten. Ferner muss den Kontaktpersonen die gesamte Kundenhistorie vorliegen, sodass der Mitarbeiter weiß, dass Kunden in der vorliegenden Angelegenheit bereits zahlreiche Briefe oder E-Mails geschrieben haben (vgl. Kantsperger und Meyer 2006, S. 26).

In vielen Fällen ist die Implementierung eines multimedialen Interaction-Center die logische Reaktion auf die veränderten Kundenanforderungen, denn, wie bereits ausgeführt, wollen Kunden zunehmend selbst bestimmen, wann und über welchen Kanal sie mit ihrem Multichannel-Händler Kontakt aufnehmen. Neben effektivitätsorientierten Zielen müssen sich Interaction-Center zunehmend auch an effizienzorientierten Maßstäben messen lassen, wobei diesbezüglich Kosten und Kundenwert im Vordergrund stehen. Hinzu kommt, dass die CIC zunehmend als Profit-Center geführt werden und nicht als Cost-Center, wie früher bei Call-Centern üblich. Außerdem ist eine effizienzgetriebene Tendenz zum Outsourcing an externe Dienstleister zu beobachten, die jedoch in Hinblick auf Image- und Kundenzufriedenheitsaspekte durchaus kritisch zu sehen ist.

Voraussetzung für das situationsorientierte mCRM und das Funktionieren eines CIC ist die Existenz einer Kundendatenbank und einer – diese ergänzenden – Situationsdatenbank. Beide stellen zentrale Integrationsplattformen für alle kundenorientierten Informationssysteme und alle übrigen Customer Touchpoints im Front-Office-Bereich dar (vgl. Link und Seidl 2008, S. 62).

Hinsichtlich der in der Database gespeicherten individuellen Kundendaten sind Grund-, Potenzial-, Aktions- und Reaktionsdaten zu unterscheiden, die kontinuierlich erfasst und in Form von Kunden- und Situationsprofilen gespeichert werden. Diese wiederum sind die Basis für Mobile-Marketingmaßnahmen, zum Beispiel in Form von personalisierten und situationsspezifischen Angeboten über Push-Mechanismen. In jedem Fall sollten alle Dateien beider Datenbanken jederzeit beliebig miteinander kombinierbar sein. Die zusätzliche Verknüpfung mit Aktions- und Reaktionsdaten erlaubt darüber hinaus die Ableitung bestimmter Erfolgsmuster.

3.4.3 Kontextsensitive Dienste und Lokalisierungsfunktionen

Kundenbeziehungen lassen sich auch durch das Angebot hilfreicher Dienste verbessern (vgl. Silberer und Schulz 2008, S. 154). Es ist möglich, den Außendienst eines Anbieters über Mobilfunk mit hilfreichen Diensten zu versorgen, damit dieser dadurch die Möglichkeit erhält, mit dem Kunden persönlich von unterwegs zu kommunizieren. Dieses nimmt Bezug auf mögliche Maßnahmen eines „mobilen CRM", das auch die optimierte Kundenkenntnis über das analytische mCRM mit einschließt. In Hinblick auf das situationsorientierte CRM aus dem vorherigen Kapitel sind vor allem kontextsensitive Angebote in Form

	Event-Marketing	Regio-und Stadt-Marketing	Mobile-Context	Mobile-Connection
Tracking-dienste	Ortung auf Events	Ortung bei Stadtrundgängen	Ortung von Fahrzeugen	Ortung von Mitarbeitern
Navigations-dienste	Weg zum Event (z.B. Stadion)	Wegführung bei Stadtrundgängen	Weg zur nächsten Werkstatt	Weg zum nächsten Kunden
Informa-tions-dienste	Informationen über Künstler	Informationen über Sehens-würdigkeiten	Verkehrs-informationen	Informationen zum Stand der Auftrags-bearbeitung
Kommuni-kations-dienste	Chat zwischen Nutzergruppen	Mobiler Kontakt zu Stadt-informationen	Kontakt zum technischen Support	Abstimmung zwischen Mitarbeitern
Unter-haltung	Distribution von Videoclips	Mobile Stadtralley	Angebot eines interaktiven Spiels	Bereitstellung der neusten Werbeclips
Trans-aktions-dienste	Kauf von Klingeltönen	Überblick, Auswahl, Abwicklung	Kosten-pflichtige Stadt-informationen	Mobile Auftrags-annahme

Abb. 3.15 Beispiele für kontextsensitive Dienste. (Quelle: Silberer und Schulz 2008, S. 155)

von Kommunikationsdiensten, Informationsangeboten, Navigationshilfen, Trackingdiens-ten, Unterhaltungsofferten sowie Transaktionsdiensten (als Bestell- beziehungsweise Kauf-möglichkeit) sinnvoll. Ein Dienst kann als kontextsensitiv angesehen werden, wenn er Hinweise auf den Aufenthaltsort über den Kontext des Nutzers berücksichtigt (vgl. Silberer und Schulz 2008, S. 154; Kasper et al. 2007).

Beispiele für mobile und kontextsensitive Dienste sind in Abb. 3.15 dargestellt. Dabei werden mögliche Ansatzpunkte zu Marketing-Events, Ansätze zu Regio- und Marketing-maßnahmen sowie Einsatz- und Nutzungsmöglichkeiten für die Automobilbranche und den Außendienst genannt. Unter Bezugnahme auf die dargestellten Beispiele sollen im Folgenden zwei Aspekte vertieft werden, und zwar die „Local Based Content Distribu-tion via Bluetooth" sowie die „Mobile Information und Multimedia Delivery via GSM und UMTS" (vgl. Silberer und Schulz 2008, S. 154).

Local Based Content Distribution via Bluetooth

Die Informations- und Unterhaltungsdienste greifen verstärkt auf die Bluetooth-Technik zurück. Qwikker aus Großbritannien, der als Marktführer auf diesem Gebiet gilt, greift zum Beispiel auf das ortsgebundene Netzwerk, das via Bluetooth die mobilen Dienste an die Endgeräte sendet. Dazu muss jedoch vorher ein Client als Java-Anwendungssoftware auf dem Handy installiert worden sein. Diese Software ermöglicht neben dem Zugriff auf Inhalte via Bluetooth auch den Zugriff auf GSM- und UMTS-Netze. In den USA und Europa verfügt Qwikker über Bluetooth-Verteilungsstationen, sogenannte Content Distribution Points (vgl. Silberer und Schulz 2008, S. 155).

Mobile Information und Multimedia Delivery via GSM und UMTS

Innerhalb von GSM- oder UMTS-Mobilfunknetzen können die Nutzer per Browsersoftware jederzeit auf WAP-Inhalte und mobile Dienste zugreifen. Entsprechende Techniken ermöglichen es den Usern, nach der Installation einer Clientsoftware auf dem Endgerät die für sie interessanten Inhalte in Profile einzugeben. Dadurch entfällt für sie das Öffnen des Browsers und verbindungsbedingte Wartezeiten. Darüber hinaus werden die präferierten Inhalte ständig aktualisiert und zur Verfügung gestellt. Da dieses eine permanente Mobilfunkverbindung erfordert, ist dafür in jedem Fall eine Flatrate anzuraten (vgl. Silberer und Schulz 2008, S. 156).

Lokalisierungsfunktionen

Zentrale Säule der Location-based Services (LBS) bilden die Lokalisierungsfunktionen, denn es handelt sich bei ihnen um mobile Dienste, die auf ortsbezogene und situationsbezogene Daten zurückgreifen. Diese erlangen insbesondere im Rahmen der Situationsadäquanz von Mobile-Commerce-Angeboten herausragende Bedeutung. Sie setzen die Lokalisierung des mobilen Internet-Users voraus, wozu unterschiedliche Verfahren eingesetzt werden können. Diese gliedern sich in sogenannte netzwerkbasierte Verfahren auf der einen Seite und in Mobilfunkteilnehmer-basierte Methoden auf der anderen Seite. Bei der netzwerkbasierten Vorgehensweise werden die relevanten Daten zur Positionsbestimmung vom Mobilnetzwerk gemessen. Das hat den Vorteil, dass eine schnelle Marktpenetration für das Angebot von LBS möglich ist, da die Ortung auf den bereits existierenden Endgeräten auch älterer Generationen durchführbar ist. Dieses wird allerdings mit einer gewissen Ungenauigkeit erkauft. Deswegen ist der Einsatz der Mobilfunkteilnehmer-basierten (MT-basierten) Verfahren unabdingbar, wenn exakte Positionsbestimmungen notwendig werden. Dieses Vorgehen erfordert jedoch Smartphones der neueren Generation oder zumindest Umbauten bei den existierenden Handys, was relativ kostenintensiv ist (vgl. Logara 2008, S. 81). Derzeit sind bereits folgende Anwendungen möglich (Logara 2008):

• Lokalisierung von Personen, Objekten oder Orten zu genauen Zeitpunkten,
• Suche nach Positionen in der Nähe, wie zum Beispiel Geschäfte oder Restaurants,
• Routing bzw. Wegeführung dorthin,

- Informationen über die Verkehrslage während der Lokalisierung (z. B. Stau),
- Werbung und Incentivierungen für den Besuch bestimmter Orte.

Der Schlüssel liegt in der Kombination von sozialem, lokalem und mobilem Netz. Dieses hat auch große Auswirkungen auf bestehende Handelsstrukturen, da das mobile Internet dadurch verstärkt zu einer disruptiven Technologie wird, die den gesamten Handel neu definiert und den Trend zu No-Line-Systemen wesentlich befeuert (Heinemann 2013).

3.4.4 Bargaining und Couponing

Situationsbezogene Angebote liefern zahlreiche Ideen für Bargaining-Ansätze, die zusätzlich zum „normalen Geschäftsbetrieb und Sortiment" angeboten werden können. Folgende Geschäftsmodellinnovationen stellen den Bestpreis in den Vordergrund ihrer Geschäftspolitik und liefern Input für entsprechende Bargaining-Ideen im Mobile Commerce (vgl. Wieschowski 2008, S. 47; FAZ 2008, S. 19):

- **Liveshopping – Nur ein Produkt und ein Preis:** „Ein Tag, ein Produkt, ein aggressiver Preis", so lässt sich das Geschäftsmodell der Liveshops, wie z. B. „liveshopping-aktuell.de", zusammenfassen. Mit überschaubarer Produktpalette, nicht selten nur einem einzigen Produkt zu Kampfpreisen (z. B. knallroter Schlitten), machen die Liveshops den herkömmlichen Internetläden zunehmend Konkurrenz.
- **Clubverkauf – Shoppen nur nach Anmeldung:** Bei den Clubverkäufen darf nur der Kunde einkaufen, der sich vorher angemeldet hat oder von anderen Clubmitgliedern dazu eingeladen wurde. Hohe Preisnachlässe auf attraktive Ware steht dabei im Vordergrund des Konzepts, wobei der Schwerpunkt des Angebotes auf Marken-, Mode- und Lifestyle-Produkten liegt (z. B. von Diesel, Swatch, Dolce & Gabbana, Armani oder Converse). Gängig sind fünf Aktionen pro Woche, über die alle Clubmitglieder per E-Mail informiert werden und die dann ein bis zwei Tage laufen.
- **Shoppingbörse – Kaufen, wenn der Kurs stimmt:** Das Geschäftsmodell von Gimahhot funktioniert ähnlich wie die Frankfurter Börse. Verkäufer und Käufer schlagen für ein bestimmtes Produkt (z. B. iPodNano oder aktuelles Motorola-Handy) auf Shoppingbörsen jeweils ihre Wunschpreise vor. Zum Auftakt stellt der Händler sein Produkt zu einem bestimmten Preis ein, wobei in einer Tabelle alle Anbieter des Produktes aufgelistet werden. Nachdem der Kunde seinen Wunschpreis eingetragen hat, beginnt das Verhandeln, wobei alle Händler den Preisvorschlag bekommen und mehrere Tage Zeit für ihre Entscheidung haben, ob sie das Produkt zum gewünschten Preis verkaufen. Bei Zustimmung wird der Kunde per Mail über verkaufswillige Händler benachrichtigt. Die Transaktion wird jedoch ausschließlich über Gimahhot abgewickelt.
- **Flohmarkt – Handarbeit statt Massenware:** Im Gegensatz zu den klassischen Flohmärkten bieten heute handwerklich begabte Kleinstunternehmen ihre Produkte auf Internetplattformen wie z. B. Dawanda an. Dabei wird keine Massenware, sondern

„Products with Love" angeboten, d. h. selbst gemachtes, Einzelstücke oder limitierte Editionen kleiner Manufakturen. Die Hersteller geben bei Dawanda darüber hinaus auch Einblick in ihre Arbeit und tauschen sich mit Kollegen und Kunden aus. Die Übergänge dieses Betriebstyps zum kooperierenden und vertikalisierten Online-Handel sind fließend.

• **Neue Auktionsform – eBay für Zocker:** Swoopo.com (bis 2008 telebid.de) bietet neuerdings eine Mischung aus Auktion, Glücksspiel und Schnäppchenjagd an. Jedes Gebot kostet dabei 50 Cent und steigert den gebotenen Preis um 10 Cent. Gewonnen hat derjenige, der zuletzt bietet. Dabei kann der Gewinner ein Schnäppchen machen, wobei vor allem Technikprodukte versteigert werden (z. B. Handys, Computer, Spielkonsolen, Haushaltsgeräte, Autos und sogar Geldgutscheine). Gegenüber dem Ladenpreis sparen die Gewinner bis zu zwei Drittel des Preises. Es gibt aber immer nur einen einzigen Gewinner, während alle anderen Mitbietenden Verlierer sind und trotzdem für ihre Gebote bezahlen müssen. Trotzdem melden sich in den beiden Ländern Deutschland und Spanien, in denen die Entertainment Shopping AG swoopo.com betreibt, jeden Tag neue Nutzer an.

Neben diesen neuen „Best-Price"-Geschäftsideen ist auch das Couponing ein Preisinstrument, das gut einen Schnäppchencharakter vermitteln kann und hervorragend zum Mobile Commerce passt. Insbesondere in Multichannel-Systemen ist das Couponing geeignet, über mobile Angebote, die in Geschäften einzulösen sind, vor allem die stationären Verkaufskanäle zu befeuern. Aber auch umgekehrt ist denkbar, dass eine Couponing-Aktion im stationären Geschäft dazu dienen kann, den Online-Kanal zu unterstützen. So ist es beispielsweise möglich, dass der Kunde nach einer Beratung im Ladengeschäft einen Gutschein erhält, der ihm innerhalb eines begrenzten Zeitfensters eine Reduktion auf den Mobile Commerce- oder Online-Preis erlaubt. Dies sollte allerdings mit weiteren produktpolitischen beziehungsweise serviceorientierten Maßnahmen verknüpft sein. So könnte die Gutscheincode-Eingabe direkt zu einer Anzeige des Artikels führen, der für den Käufer relevant ist. Bei Nicht-Verfügbarkeit eines Artikels gibt es zudem die Möglichkeit, dass der Kunde den gewünschten Artikel selbst über das Internet bestellt, nachdem er mit einer entsprechend personalisierten E-Mail dazu aufgefordert wurde. Umgekehrt ist auch denkbar, dass dem Kunden nach einer Internetrecherche ein Gutschein für eine Vergünstigung beim Offline-Kauf angeboten wird. Wichtig ist, dass diese Gutscheine nur eine begrenzte zeitliche Gültigkeit aufweisen, die zudem sehr eng definiert sein sollte. Es muss sichergestellt werden, dass die Gutscheine vor allem die preissensiblen Kunden erreichen. Das bisherige Suchverhalten des Kunden im mobilen Netz könnte hierüber Aufschluss geben (Schleusener 2012).

Das Couponing wird auch von den Mobile-Commerce-Anbietern zunehmend genutzt, weil es messbar ist, die Regalpreise schont und den Absatz ankurbelt. Darüber hinaus kann das Tracking darüber Aufschluss geben, wer sich wann welchen Coupon angesehen, wer ihn angefordert und wer ihn an welchem Point-of-Sale eingelöst hat (vgl. Hermes 2010, S. 86). Noch ist das Couponing in den USA weitaus verbreiteter als hierzulande, denn 87 % der US-Konsumenten nutzen Coupons. Bereits 2009 wurden in den USA mehr als 10 Mrd. Coupons eingelöst (Wikipedia Couponing 2016). Immerhin 8 % der Werbeetats in den USA wird für Couponing ausgegeben (vgl. Heinemann 2008, S. 65). Ein ähnlicher Trend zeichnet sich jedoch auch zunehmend für Deutschland ab. Als Beispiele für praktiziertes Couponing lassen sich hierzulande Tchibo und Bonusnet nennen. Tchibo verbindet Couponing mit dem Clubansatz „Privat-Programm", wobei der Kunde für 10 € Jahresgebühr 4 Coupons à 3 € erhält, die jeweils pro Quartal eingelöst werden können. Dafür gibt es ein monatliches Privat-Magazin, das Privatkunden früher über Angebote informiert. Außerdem gibt es weitere Coupons für Kaffee und TCM-Produkte, exklusive Veranstaltungen, Sonderermäßigungen sowie Gewinnspiele und Reiseangebote. Grundansatz für Bonusnet ist demgegenüber ein Rabattclub im Internet, in dem der Kunde für eine Monatsgebühr von 5 € grundsätzlich die Möglichkeit hat, bei 350 Online-Partnern vergünstigt einzukaufen und Rabatte überwiesen zu bekommen (z. B. 30 % der Festnetzgespräche). Zusätzlich erhält er monatlich Coupons im Wert von bis zu 100 €. Insgesamt zeigen sich die Kunden gegenüber solchen Angeboten zunehmend aufgeschlossen (Schleusener 2012, S. 176). Auch die Modebranche wird in diesem Zusammenhang als relevant genannt. Vor allem die Verknüpfung zwischen den Kanälen ist für die Konsumenten beinahe schon selbstverständlich, wenn sie für den Bezug von Coupons als wichtigste Touchpoints das Internet beziehungsweise E-Mail-Newsletter nennen (Schleusener 2012).

Sicherlich ist das Mobile Couponing auch in Deutschland ein Trendthema. So sind 67 % der Konsumenten an Coupon-Aktionen über das Mobiltelefon interessiert. Dieses eröffnet neue Möglichkeiten einer kundenfreundlichen und effizienten Abwicklung, da Coupons nicht länger ausgedruckt und abgeschnitten werden müssen: Der Kunde hat sie auf dem Smartphone abrufbereit immer dabei. Diese stimulieren damit auch Impuls- und Zusatzkäufe und haben einen positiven Effekt auf die Kundenbindung (Couponing 2016).

3.5 Dynamisches Pricing und ePayment mit lokalem Bezug

Der Preis hat im Zusammenhang mit Location-based Services herausragende Bedeutung. Das bedeutet aber nicht, im Mobile-Kanal um jeden Preis Preisverhau betreiben zu müssen. Vielmehr geht es darum, die kanalspezifischen Preisinstrumente des Mobile Commerce derart einzusetzen, dass alle Kanäle davon profitieren und zugleich den Besonderheiten der mobilen Preiswelt Rechnung getragen wird. Das betrifft unter anderem das Bargaining und Couponing sowie virtuelle Gutscheine und virtuelle Bonuskarten. Dieses wird in Zukunft verstärkt an mobile Zahlungsverfahren des ePayment gekoppelt werden.

3.5.1 Besonderheiten des dynamischen Pricing mit Lokalbezug

Verglichen mit der Offline-Preiswelt, sieht die Preispolitik im Mobile Commerce völlig anders aus. Wie auch im Online-Handel ist hier das Konkurrenzangebot nur einen Klick entfernt. Dabei sind die Transaktionskosten beim Anbieterwechsel gering. Zahlreiche Suchmaschinen (Agenten) helfen dabei, den Anbieter mit dem jeweils günstigsten Preis zu finden, wie etwa Google Shopping (Simon und Fassnacht 2009; Schleusener 2012). Dadurch werden die Suchkosten für den Kunden niedrig gehalten und preisaggressive Verhaltensweisen auf Anbieterseite induziert. In Hinblick auf den Preisvergleich im Mobile Commerce ist allerdings zwischen Marken und Eigenmarken des Handels zu unterscheiden, die weniger gut vergleichbar sind. Auf der anderen Seite sind auch generische Produkte sehr wohl vergleichbar. Dies hat unweigerlich einen Preisdruck zur Folge, der sich aufgrund der höheren Markttransparenz auf niedrigem Niveau konsolidieren sollte. Dennoch ist auch im Online-Kanal eine große Heterogenität der Preise erkennbar, was sich über eine Differenzierung der Mobile-Shops im Hinblick auf ihre Bekanntheit, Marke und sonstigen Leistungen zurückführen lässt (Clement und Schreiber 2010; Schleusener 2012). Bei Preisänderungen herrscht im Mobile Commerce eine viel höhere Dynamik, die noch höher als im „normalen" Online-Handel sein dürfte. Denn Preisänderungen können sehr schnell und mit sehr geringen Grenzkosten, sogenannten „Menükosten" (vgl. Clement und Schreiber 2010, S. 95), umgesetzt werden. Diese führen aufgrund der Mobilität und permanenten Verfügbarkeit der Endgeräte zu sehr viel schnelleren Reaktionen auf Kundenseite und darüber hinaus auch zu Preisvergleichen in stationären Geschäften. Das hat häufige, teilweise auch sehr kleine Preisveränderungen zu Folge. Ein Mobile-Commerce-Anbieter ist damit in der Lage, sehr viel schneller auf Wettbewerber und Nachfrageschwankungen zu reagieren, als dies offline und „normal-online" der Fall ist. Bei Foto und Elektronik hat dies Amazon gegenüber Media Markt vorgemacht. Amazon hat die Preise für ausgewählte Artikel in genau dem Zeitraum gesenkt, in dem bestimmte Aktionspreise von Media Markt gültig waren. Direkt nach den Media-Markt-Aktionen wurden die Preise wieder erhöht. Dieses ist im stationären Handel undenkbar, wo die Kosten und die Zeitdauer für eine neue Einzelauszeichnung durchaus relevant sind (vgl. Schleusener 2012, S. 168).

Preisreduktionen werden im Mobile Commerce nicht nur isoliert, sondern auch in Kombination mit weiteren Parametern eingesetzt. Shoppingclubs wie Brands4Friends oder vente-priveé.com arbeiten zum Beispiel über die künstliche Verknappung von Ware mit stark reduzierten Preisen bei hoch emotionalen Marken, was eine große Begehrlichkeit und Kaufbereitschaft schafft (Heitmeyer und Naveenthirarajah 2010; Schleusener 2012). Im Endeffekt kaufen die Kunden dann unabhängig vom tatsächlichen Bedarf, wodurch die Anbieter ein Mengen-Premium erzielen. Bedingt durch die verfügbaren technischen Möglichkeiten hat sich außerdem im Internet und im Mobile Commerce eine Vielzahl neuer und teilweise interaktiver Pricing-Formen entwickelt (vgl. Clement und Schreiber 2010; Schleusener 2012, S. 168). Zu nennen sind Varianten der

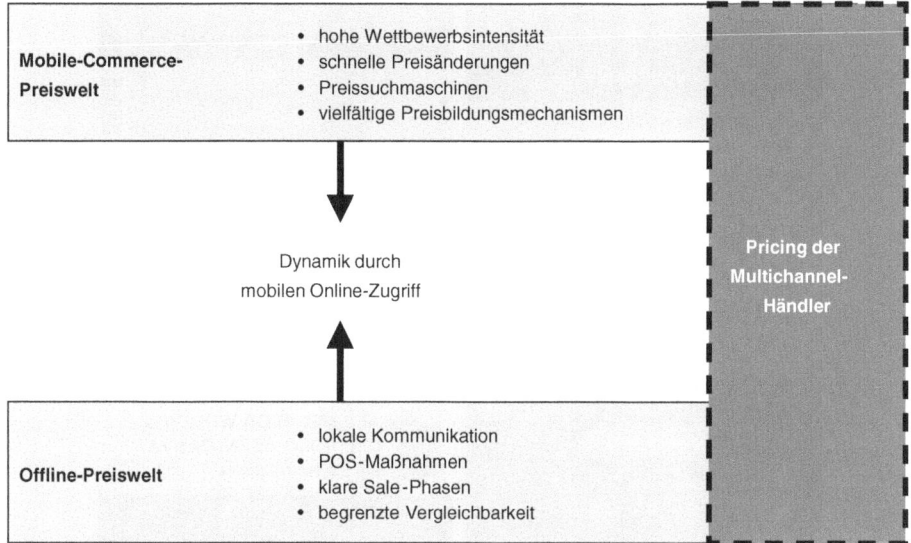

Abb. 3.16 Besonderheiten der Mobile-Commerce-Preiswelt. (Quelle: in Anlehnung an Schleusener 2012, S. 169)

kundengesteuerten Preisfestlegung, wie Powershopping, Auktionen oder Reverse Auctions, die als interaktive Formen der Preissetzung kaum mit festen stationären Preisen zu koordinieren sind. Wenn Händler neben dem Mobile-Kanal mehrere dieser Formate parallel nebeneinander einsetzen, steigen die Anforderungen an die Preissetzung weiter (Schleusener 2012). In Abb. 3.16 sind die Besonderheiten des Mobile Pricing im Vergleich zum Offline Pricing dargestellt. Aufgrund dieser Besonderheiten gilt im Mobile Commerce der Bestpreis als absoluter Erfolgsfaktor. Ein derartiger Killer-Preis kann auch durch einmalige Schnäppchenangebote vermittelt werden, wie Club-Shops das für einen begrenzten Zeitraum – ein bis drei Tage – tun. Derartige Schnäppchenpreise stellen ein Beispiel für das Bargaining dar, zu dem auch das Couponing zu zählen ist.

3.5.2   Virtuelle Gutscheine und Bonuskarten

Einen anderen Ansatz als das Couponing verfolgen Programme, die dem Kunden per Mobiltelefon beziehungsweise Smartphone Rabattgutscheine übermitteln. Dieses wird zunehmend von den großen Rabattsystemen wie Payback praktiziert. Aber auch einzelne Händler wie Netto Markendiscount tun dies bereits. Besonders interessant werden derartige Angebote im Mobile Commerce, wenn sie ortsbasiert erfolgen, wie beispielsweise bei Shopalerts von Placecast (www.placecast.net). Hier erhalten die Kunden individuelle Angebote, die auf sie zugeschnitten sind, und zwar abhängig von ihrem jeweiligen Standort.

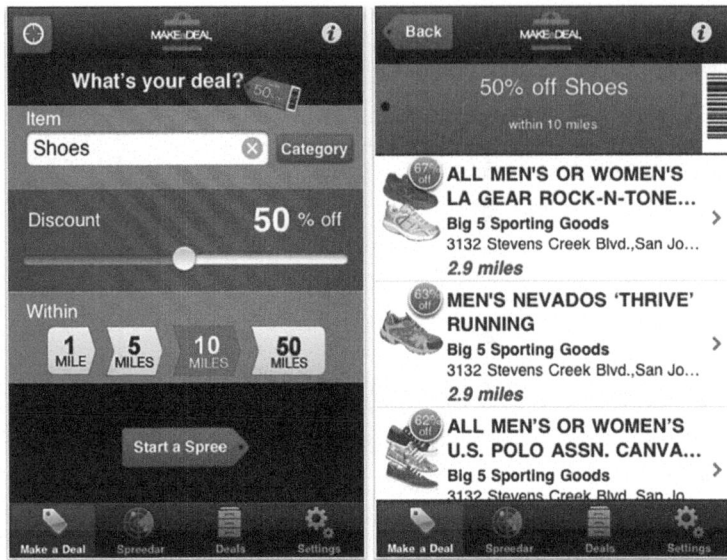

Abb. 3.17 Verknüpfung mobiler Preisangebote mit Offline-Kanälen. (Quelle: Schleusener 2012)

Dieses erfordert natürlich eine Lokalisierung der entsprechenden Nutzer, ebenso wie bei dem folgenden standortbezogenen Dienst: Der User findet online ein Produkt bei seiner Suche im mobilen Internet. Daraufhin werden ihm Geschäfte in seiner Nähe angezeigt, denen er einen Preis vorschlagen kann (zum Beispiel MAKEaDEAL unter www.spreezio.com). Eine derartige Smartphone-App ist am Beispiel von Spreezio in Abb. 3.17 dargestellt (vgl. Schleusener 2012, S. 177).

So werden in idealer Weise Online- und Offline-Kanäle verknüpft. Neben den virtuellen Gutscheinen, die gut zur Befeuerung der Offline-Kanäle genutzt werden können, besteht auch die Möglichkeit, virtuelle Bonussysteme einzusetzen. So kann der Kunde schon alleine dadurch, dass er Geschäfte betritt oder Barcodes auf Artikeln einscannt, Bonuspunkte erwerben (www.checkpoints.com). Insbesondere für einen Multichannel-Händler ist denkbar, dass die virtuellen Bonuspunkte entweder stationär oder mobil gesammelt werden („earn") und dann im jeweils anderen Kanal wieder eingetauscht werden können („spend"). Es könnte auch angedacht werden, dass ausgewählte Kunden früher als andere Konsumenten Zugang zu Rabatten bekommen, die ein paar Tage später ohnehin gewährt worden wären. Dadurch ist es möglich, den saisonalen Abverkauf zu fördern (Vorziehen der Reduziertpreisphase). Bei virtuellen Gutscheinen sollte insgesamt beachtet werden, dass der Zeitraum bis zu einer möglichen Einlösung zu lang werden könnte und dadurch unter Umständen die kanalverknüpfende Funktion dieses Instrumentes verloren gehen kann. Diese Gefahr besteht vor allem bei regelmäßig nur geringen Rabatten. Zudem ist zu bedenken, dass Preisreduktionen zur Verknüpfung unterschiedlicher Kanäle aus einer Deckungsbeitragssicht relativ teuer sind. Auch sollten potenzielle Substitutionseffekte möglichst genau abgeschätzt werden. Insofern kann eine enge zeitliche Begrenzung derartiger Aktionen hilfreich sein. Die Fülle an unterschiedlichen Reduziertphasen bietet aber zahlreiche Möglichkeiten, kreative und vergleichsweise günstige Verknüpfungsmöglichkeiten zu realisieren (vgl. Schleusener 2012, S. 176 ff.).

3.5.3 Mobiles ePayment im stationären Handel

In Hinblick auf den Erfolgsfaktor „Best Price und Bargaining" ist von großer Bedeutung, dass die Zahlungsabwicklung über den Mobile-Kanal problemlos funktioniert und sicher ist. Sicherlich wird NFC eines Tages Mobile Payment und Mobile Ticketing ermöglichen. Dieses würde sicherlich den Zahlvorgang erheblich vereinfachen, da es mit NFC genügt, das Handy zur eigenen Authentifizierung sowie Autorisation des Bezahlvorgangs an den Touch-Point des Kassenterminals zu halten. Darüber hinaus würde es die kurze Reichweite ermöglichen, die eindeutige Zuordnung von Anwendung und User sicherzustellen und zugleich auch einen inhärenten Schutz gegenüber Fehlbedienung oder Manipulationen zu bieten.

Dennoch sollten sich die Mobile-Commerce-Anbieter klar darüber sein, dass die NFC- Technik vor allem in Deutschland erst noch in den Anfangsschuhen steckt. Insofern ist der Durchbruch hierzulande noch nicht erfolgt. Schweden hat sich allerdings zum Beispiel zum Ziel gesetzt, bis 2018 oder 2020 sogar das Bargeld endgültig abzuschaffen und pusht das NFC-Thema dementsprechend. Das hat aus Sicht des Staates auch den Vorteil, dass Schwarzgeld und Geldwäsche dadurch praktisch unmöglich werden. Während Schweden und Finnland hier offensichtlich eine Vorreiterrolle einnehmen, werden andere Staaten wie Italien, Portugal und auch Deutschland hier allerdings wesentlich länger brauchen (vgl. Internet World Business 2011d, S. 12).

Alternativ werden auch iPhone- und iPad-Apps angeboten, die Kreditkartenterminals bei stationären Händlern oder Lieferanten ersetzen sollen. So ist eine derartige App vom Payment Service Provider „Ogone" unter der Bezeichnung „m-Terminal" oder vom Wettbewerber „Concardis" als „ePayment App" zu beziehen. Beide Angebote richten sich an Unternehmen, die ortsunabhängige Kartenzahlungen abrechnen, wie zum Beispiel Handwerker, Taxiunternehmen oder Lieferdienste. Dabei starten dann die Mitarbeiter die App, geben die Kartendaten ein, bestätigen die Transaktion mit einer persönlichen PIN und schließen den Zahlvorgang nach der Autorisierung ab (vgl. Internet World Business 2011a, S. 36; Heinemann 2016).

Etablierte Online-Händler bieten in der Regel auch in ihrem Mobile-Commerce-Kanal unterschiedliche Zahlungsarten an, was auch von den Internetkunden gewünscht wird. Nach der neusten ECC-Studie bevorzugen knapp 20 % von ihnen den Rechnungskauf vor dem Lastschriftverfahren mit 17,4 %. Es folgen PayPal (16,1 %), Vorauskasse (14,3 %) und Kreditkarte mit 11,7 % (ECC 2011; Siebers 2011). Zur Risikovermeidung werden verschiedene Arten von Risikoprüfungen von Dienstleistern angeboten, um mögliche Gründe für Zahlungsstörungen bereits vorbeugend zu erkennen und zu vermeiden. Risikokunden können dann im Sinne einer Zahlungswegesteuerung sichere Zahlungsverfahren, wie zum Beispiel Vorkasse, angeboten werden. Bei positiven Prüf- ergebnissen dagegen können dann zusätzliche Zahlungsmöglichkeiten offeriert werden (vgl. Internet World Business 2011b, S. 26).

Bei den Zahlungsarten Giropay, Firstgate oder PayPal wird das Geld fast in Echtzeit gutgeschrieben, womit die Ware dann umgehend bezahlt ist und verschickt werden kann. Diese Zahlungssysteme sind aus Kundensicht sicher, schnell und vertrauenswürdig. Auch Google entwickelt eigene Bezahlsysteme („One Pass") und macht so wie Amazon („Simple Pay") jetzt auch der eBay-Tochter PayPal Konkurrenz. Welche Player zukünf- tig allerdings den Payment-Markt dominieren werden, ist noch unklar. Mit der virtuellen Brieftasche beschäftigen sich dementsprechend unterschiedliche Initiativen. Diesbezüg- lich sind drei Szenarien denkbar (vgl. Internet World Business 2011d, S. 12; Internet World Business 2011e, S. 36).

- **Szenario 1:** Die großen US-Internetfirmen wie Amazon, Apple, Google und eBay/ PayPal setzen sich durch. Auf dem US-Markt pusht Google als bevorzugte mobile Payment-Plattform, beispielsweise mit „Google Wallet", das Thema stark für And- roid-Phone-Nutzer. Payment-Network-Partner dieser Google-Initiative sind Citi, Mas- tercard, First Data und Sprint.
- **Szenario 2:** Die Telekommunikationsunternehmen penetrieren ihre Bezahlsysteme im Markt. Als Mobilfunk-Initiative von AT&T, Verizon Wireless und T-Mobile gilt Isis, die als Netzwerkpartner Discover, Mastercard und Visa mit an Bord haben.
- **Szenario 3:** Die Kreditwirtschaft schafft es, sich zu behaupten. Diese ist in zwei Initi- ative vertreten. Serve richtet sich exklusiv an Kunden von American Express (Amex), während Visa über die „Visa Wallet" verschiedenen Payment-Abwicklern offenstehen soll. Dementsprechend sind 14 weitere Banken und Finanzdienstleister als Partner der Initiative angeschlossen. Zunehmend beginnen aber die Marktteilnehmer zu dominie- ren, die nicht zu den Mobilfunkanbietern zählen (vgl. Internet World Business 2011a, S. 36).

Welches Szenario auch immer sich durchsetzen wird, die Zeit ist reif für Mobile Pay- ment: Mehr als die Hälfte der Deutschen hat bereits Interesse am Bezahlen mit dem Handy. Wie die GfK Customer Research in einer globalen Studie herausgefunden hat (vgl. Internet World Business 2011c, S. 28), finden 62 % der insgesamt 8700 Befragten Mobile Payment reizvoll. Während Deutschland zwar mit 56 % leicht unter dem Durch- schnitt liegt, belegen China mit 82 % und Brasilien mit 73 % die Spitzenplätze. Ähnlich hoch liegt Spanien mit 72 %, während Frankreich nur auf 42 % kommt (Internet World Business 2011c).

Von allen Befragten zeigen sich insbesondere jüngere Männer dem Thema aufge- schlossen. Während aktuell nur etwa jeder vierte Smartphone-Besitzer sein Gerät zum Einkaufen nutzt, werden zwar die meisten dieser Einkäufe zu rund 45 % nach wie vor

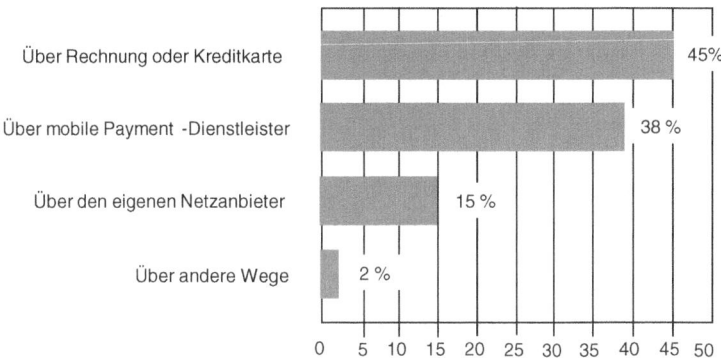

Abb. 3.18 Bezahlen im Mobile Commerce. (Quelle: BVH 2013; Internet World Business 2011c, S. 28)

traditionell über Kreditkarte oder per Rechnung beglichen (vgl. Abb. 3.18). Allerdings geben bereits 38 % der Mobile-Käufer an, ihre Einkäufe über mobile Payment-Dienstleister wie beispielsweise PayPal oder Sofortüberweisung.de zu begleichen (vgl. Internet World Business 2011c, S. 28).

Beim Mobile Payment geht es um die digitale Brieftasche und dabei geht es neben der Bezahlmethode auch um Kundenkarten, Visitenkarten, Rechnungen, Versicherungskarten, IDs, U-Bahn-Karten, sonstige Tickets und Vieles mehr (vgl. Internet World Business 2011e, S. 36).

- **Bezahlart:** Diese Kernfunktion der digitalen Brieftasche wird im Wesentlichen über den Erfolg einer Lösung entscheiden. Diese muss sich auch gegen etablierte Alternativen, wie EC- und Kreditkarten, durchsetzen können. Als aussichtsreichster Kandidat gilt hier die NFC-Technik.
- **Finanzservices:** Auch in Hinblick auf das private Finanzmanagement sind intelligente Anwendungen vorstellbar mit Empfehlungen für Finanzanbieter je nach momentaner finanzieller Situation des Mobile-Phone-Besitzers
- **Coupons:** Gutschein- und Check-in-Dienste wie beispielsweise Groupon.com oder Foursquare.com können dem User Zugriff auf Incentives und Rabatte sichern.
- **Preisvergleichsdienste:** Der Nutzer kann Geld sparen und der Händler erhält eine mobile Marketingplattform. Dabei helfen Barcode-Leser beim Preisvergleich zwischen Anbietern und zwischen Verkaufskanälen.
- **Tickets und IDs:** Die Barcode-Ticketsysteme der Deutschen Bahn oder der Fluggesellschaften Lufthansa und Air Berlin werden derzeit mit NFC-Tickets getestet und zeigen großes Potenzial.

Das Mobile ePayment ist nicht nur durch den Zugang zu persönlichen Daten der Nutzer für Mobile-Commerce-Anbieter interessant. Auch das zukünftige Transaktionsvolumen ist interessant, da Experten von steigenden Umsatzanteilen am gesamten

E-Commerce-Umsatz ausgehen. Deswegen ist es auch von großer Bedeutung, das Mobile-Payment-Thema in das Multichannel-Umfeld zu integrieren und Lösungen für die unterschiedlichen Gesetzmäßigkeiten der Online- und Offline-Welten und deren Integration zu entwickeln.

3.5.4 Integration der Mobile-Preiswelt in das Multichannel-Umfeld

Die Besonderheiten der Mobile-Commerce-Preiswelt wirft die spannende Frage auf, wie die Preispolitik des Mobile-Kanals mit den anderen Kanälen zu vereinbaren ist. Diesen Besonderheiten uneingeschränkt Rechnung zu tragen würde bedeuten, unterschiedliche Preise in den Kanälen anzubieten und auf die sich ergebenden Herausforderungen entsprechend zu reagieren. Dieses muss kein Problem sein, denn bereits heute bietet eine Vielzahl von Händlern unterschiedliche Preise auf der Website an (www.ikea.com, www. atelco.de). Die dabei immer noch erforderliche Auswahl einer entsprechenden Filiale sollte daher entweder automatisch über Cookies oder über Location-based Services erfolgen (vgl. Schleusener 2012, S. 174 ff.). Die Differenzierung der Preise zwischen den Online- und Offline-Welten setzt sich fort, wenn die Handhabung der Versandkosten betrachtet wird. Bei Bestellung der Ware in der Filiale fallen häufig keine Versandkosten an, allerdings ist dann der entsprechende Filialpreis zu zahlen (vgl. hierzu Abb. 3.19).

Sind die Preise für einen Anbieter bereits im Internet recherchierbar, so stehen diese Informationen beim Besuch des stationären Wettbewerbers bereits zur Verfügung, was den Preiswettbewerb intensivieren dürfte. Preisdifferenzen für gleiche Produkte in unterschiedlichen Kanälen können zu einer Erosion des Gesamtpreisniveaus führen. Diese Gefahr besteht insbesondere dann, wenn mit Preisgarantien gearbeitet wird, die sich auf unterschiedliche Kanäle – und hier insbesondere auf den Mobile-Commerce-Kanal – erstrecken. Dieses ist zum Beispiel bei BestBuy der Fall. Ermittelt der Kunde nach seinem Kauf einen günstigeren Preis, dann bekommt er die Differenz zwischen gezahltem und günstigerem Preis erstattet. Dieses gilt allerdings nur so lange, wie er das Produkt ohnehin wieder zurücksenden könnte. Bei Preisdifferenzierung ist ebenfalls darauf zu achten, dass unterschiedliche Preise auch bei der Rückgabe von Artikeln kein Problem darstellen dürfen. Das stellt kein Problem dar,

Produkt	Samsung R 730 Niel		Toshiba Satellite Pro A200-008	
Versandzentrale für Online und Mobile	+ Versandkosten = Gesamtpreis	449,00 € 10,00 € 459,00 €	+ Versandkosten = Gesamtpreis	777,00€ 12,50€ 789,50€
Filiale Möhnesee (Filialabholung)		444,51 €		784,77€
Filiale Aachen (Filialabholung)		449,00 €		784,77€

Abb. 3.19 Differenzierte Kanalpreise am Beispiel Atelco. (Quelle: Schleusener 2012)

wenn der jeweils gezahlte Preis nachgewiesen werden muss und dann entsprechend erstattet wird (vgl. Schleusener 2012, S. 175).

Zusammenwachsen der Online- und Offline-Preiswelt
Die Unterschiede zwischen Offline- und Online-Welt weichen auch in der Preispolitik zunehmend auf. Wesentlicher Treiber dieser Entwicklung sind die Smartphones, die den Zugriff auf das mobile Internet praktisch an jedem Ort möglich machen. Dieses führt unter anderem dazu, dass die einfachen Preisvergleichsmöglichkeiten, die im Internet existieren, auch für die Beurteilung von Offline-Preisen genutzt werden können. Produkte im stationären Handel sind über Produktbild oder Barcode sehr schnell identifizierbar und mit Mobile-Commerce-Angeboten vergleichbar. Bereits knapp die Hälfte der „Smart-Natives" nutzt das Smartphone, um zusätzliche Produktinformationen einzuholen. Auch Preisinformationen werden sehr häufig abgefragt (Otto Group & Google 2012).

Die über das mobile Internet stets überall erhältlichen Preisinformationen steigern auch das Selbstbewusstsein der Kunden. Haben diese über ein mobiles Endgerät einen günstigeren Preis gefunden, so ist über die Hälfte von ihnen bereit, direkt nach einem Rabatt zu fragen (IDC Retail Insights 2010). Im Zuge dieser Entwicklung kann von einer Angleichung und einem daraus folgenden weiteren Preisdruck ausgegangen werden. Dies dürfte auch für Referenzpreise gelten, die zur Preisbeurteilung genutzt werden (Diller 2008; Schleusener 2012). Phasen mit Preisaktionen dürften ebenfalls betroffen sein, da die Kunden weniger auf externe Referenzpreise der Händler angewiesen sind, sondern die tatsächliche Ersparnis gegenüber den Online-Preisen nunmehr selbst ermitteln können (vgl. Schleusener 2012, S. 170).

3.6   Stationäre Chancen und Potenziale von Location-based Services

Der stationäre Handel ist immer noch der mit Abstand größte Absatzkanal, auch wenn der Online-Handel stark wächst (Gerling 2012; Haug 2013). Er hat große Vorteile insbesondere für die Kunden, die eine sofortige Verfügbarkeit der Ware, Haptik, qualifizierte persönliche Beratung und eine reale Shopping-Welt wünschen. Darüber hinaus besteht die Möglichkeit, mit Hilfe eines Multichannel-Konzeptes die Potenziale des E-Commerce mit in das Stationärgeschäft zu transportieren. Dementsprechend bieten neue Technologien und Formate in Filialen Zusatzservices und Interaktionsmöglichkeiten an. Dieses ist z. B. über Mobile Apps oder Instore-Terminals möglich (vgl. Haug 2013). Vor allem kanalübergreifende Services wie u. a. Online-Informationen über Filialbestände, das Zusammenstellen individueller Sortimente, die Abholung sowie Rückgabemöglichkeit im Store, bieten den Kunden echte Mehrwerte, verglichen mit dem Pure-Online-Wettbewerb. Die kanalübergreifende Kundensteuerung kann dem Händler eine Steigerung der Kundenausschöpfung ermöglichen. Dazu kann er z. B. Couponing,

Nutzungsfelder	Kundenerwartungen	Best Practice Anwendungen
Mobile Informationen mit lokaler Relevanz	• Mobile lokale Suche • LBS mit Macro-Lokalisierung • Location Social Net	• Integration lokaler Angebote in Google *(Google-Shopping, -Places, -Local, -Google+)* • Mobile Werbeplattformen mit Lokalisierung *(kaufDA/Bonial)* • Check-in-Mechanismen sozialer Empfehlung *(Yelp, Foursquare, Facebook, Instagram)*
Adressierung von Kunden via mobile An-wendungen	• Lokale Werbung, Local Targeting • Geofencing, Micro-Lokalisierung • QR-Codes auf Print	• Mobile Display-Werbung/SEM/SEO: Lokalfokus *(Radcarpet)* • Kundenadressierung in Filiale/Filialnähe *via SMS, Email, Voice Message etc. (Shopkick)* • Verlängerung von Marke/Produktangebot *High-Frequency Flächen/ Fassaden (Tesco, Emmas Enkel)*
Mobile An-wendungen in der Filiale/ Digital-in-Store	• Instore App/Navigator • Regalverlängerung via Online-Bestand • Mobile Payment	• Add-on-Beratung/-angebot, VK-/Order-Agenten *(Good to Go, Carrefour)* • Abruf / Cross-Selling von Online- Sortimenten *via Tablet-/Terminalanwendungen (Ex Libris, Butlers)* • Mobile Kassengeräte/ NFC-Payment-Lösungen *für den bequemen Einkauf (PayPal, Breuninger)*

Abb. 3.20 Mobile Maßnahmen und Anwendungen für den Stationärhandel. (Quelle: Eigene in Anlehnung an Haug 2013)

Cross-Promotions oder Online-Kundenkarten einsetzen (Haug 2013). In Abb. 3.20 werden mobile Maßnahmen im stationären Handel dargestellt.

Neue Technologien ermöglichen eine Verbesserung von Service und Erlebnis bei gleichzeitiger Senkung des Mittelaufwands. Dadurch können sich auch die Kundenloyalität und die Bildung von Stammkundschaft erhöhen. Studien belegen, dass Multichannel-Kunden mit dem jeweiligen Unternehmen deutlich zufriedener sind, wenn es Channel-Hopping ermöglicht (OC&C Strategy Consultants 2011, 2014). Zudem ist die Kaufbereitschaft bei Multichannel-Kunden größer. Bei Sainsburys beispielsweise geben Käufer mehr als doppelt so viel aus, wenn sie online und offline einkaufen können (InternetRetailing 2012a; Haug 2013). Bei den Best Practices im Multichannel-Handel dominieren Anbieter aus den USA und UK. Für die notwendige Transformation der Organisation und die Neuausrichtung der Prozesse investieren US-amerikanische Händler bis zu 30 % ihrer Gesamtinvestitionen. Nordstrom plante zum Beispiel für 2012 E-Commerce-Investitionen von über 140 Mio. US$ ein (Brohan 2012; Haug 2013). Dabei zahlen sich diese hohen Investitionen in den Ausbau der Online-Aktivitäten in der Regel aus. Beim britischen Multichannel-Händler John Lewis sind bereits rund ein Drittel der Gesamterlöse Multichannel-Umsätze (Heinemann 2016). Dabei kommen immer mehr Verkäufe direkt aus dem „Click & Collect"-Angebot, bei dem die Kunden Artikel online kaufen und in der Filiale abholen können. Dementsprechend werden auch die Investitionen in das Ladennetz runtergefahren und Filialen geschlossen bzw. umgelagert (Heinemann 2016; InternetRetailing 2012b; vgl. Haug 2013).

Moderne und technikaffine Kunden sind mit ihrem Smartphone „always-on". Sie können sich zu jeder Zeit ins Internet begeben, sämtliche Informationen abrufen und mit Freunden interagieren. In der Folge werden soziale Vernetzung und Empfehlungsprozesse wichtige Einflussfaktoren für die Kundenentscheidungen. Dabei sucht der Kunde immer stärker nach personalisierten, passgenauen Informationen und Produkten. Ein Grund liegt sicherlich in der fast unüberschaubaren Vielfalt alternativer Angebote. Auf Basis dieser Entwicklungen werden folgende Anforderungen und Chancen für den stationären Handel abgeleitet (Haug 2013):

- **Neue Kommunikations- bzw. Transaktionsstätten** mit lokalem Bezug: Die internetfähigen mobilen Geräte ermöglichen es den Kunden, an jedem Ort zu jeder Zeit Produktrecherchen durchzuführen oder einen Kauf abzuschließen. Deswegen werden Anbieter auch offline vermehrt in Transferräumen verfügbar sein. Das sind z. B. U-Bahnstationen, Bushaltestellen oder Konzertarenen. Sie werden dabei ihre Produkte über Plakatwände mit QR-Codes zum Kauf anbieten. Dem Paradebeispiel Tesco aus Südkorea mit den U-Bahn-Supermarkt-Wänden werden andere Anbieter folgen.
- **Effizientes Mobile-Marketing:** Stationäre Händler adressieren Kunden in Zukunft zunehmend über mobile Anwendungen wie Apps oder Aggregatorenplattformen. Dieses ermöglicht kontextuelle und lokale Relevanz, die wiederum zu weniger Streuverlusten bei der Zielgruppenadressierung führt.
- **Lokale Sortimente:** Warengruppen mit lokalem Bezug werden über Markplatzanwendungen wie z. B. Milo und eBay online verfügbar gemacht. Auch Google dürfte diesbezüglich in Zukunft eine große Rolle spielen, indem Produktverfügbarkeitsdaten systematisch in die lokale Suche integriert werden. Auch der stationäre Handel wird dabei für digitale Konsumenten mobile und stationär attraktive Angebote anbieten können.
- **Attraktive Echtzeitangebote:** Coupons und Rabatte werden mobil über Apps oder Plattformen wie KaufDA bzw. Groupon einer breiten Masse zugänglich gemacht. Technologische Lösungen wie z. B. Shopkick bieten auch Instore die Möglichkeit zur Aussendung personalisierter Angebote an die Smartphones der Kunden.
- **Systematische Kundendatenerfassung:** Kundendaten können in allen Kanälen systematisch erfasst werden, um moderne und integrierte Kundenbindungssysteme aufzubauen. Diese sind im Zeitalter des Channel-Hopping und Multiscreening nicht mehr kanalzentriert, sondern kundenzentriert aufgesetzt und ermöglichen damit ein personalisiertes Kundenerlebnis.
- **Sozialer Bezug:** Das Einbeziehen von Social Media erfolgt kanalübergreifend. Produktbewertungen und Empfehlungen werden auch stationär verfügbar gemacht, so wie C&A dieses bereits in Brasilien mit den aktuellen Like-Zahlen für Produkte macht. Händler schaffen neue Anreizsysteme für ihre Kunden, um in sozialen Netzwerken – sei es Facebook oder Yelp – eine noch stärkere Verbreitung zu finden.

- **Attraktivere und komfortable Einkaufserlebnisse:** Einkaufserlebnisse in den stationären Geschäften werden durch Einbeziehung von Digital-in-Store-Leistungen noch attraktiver. Filialen werden auch zu Event- und Erlebnisräumen mit hoch qualifizierten Fach- und Style-Beratern. Über digitale Info-Displays, mobile Zahlungsmöglichkeiten oder In-Store-Navigations-Anwendungen erhöhen technologische Innovationen den Komfort des stationären Einkaufs.
- **Smarte Kanalsynergien:** Auch Multichannel-Händler werden ihre Kanäle stärker verknüpfen, deren spezifische Vorteile schärfen und den Kunden ein integriertes, barrierefreies Multichannel-Erlebnis bieten müssen. Geschickte Kanalverknüpfung machen z. B. über den Einsatz von Tablets, Infoterminals, QR-Codes an Regalen und/oder In-Store-Apps Online-Vorteile auch am POS verfügbar. Dieses betrifft u. a. eine große Produktauswahl, zusätzliche und umfangreichere Produktinformationen oder Kundenempfehlungen.
- **Lieferzeitenwettbewerb:** Etablierte und innovative Logistikanbieter wie Shutl oder tiramizoo machen es auch dem stationären Handel möglich, Kunden die Produkte in kürzester Zeit zu liefern. Dieses stellt für den Stationärhandel eine wichtige Profilierungsmöglichkeit dar, um sich im Wettbewerb mit den großen Online Pure Playern behaupten zu können. So baut Amazon derzeit zusätzliche Logistikzentren auf, um die Lieferzeit weiter zu reduzieren und Same Day Delivery anzubieten. Diese Entwicklung wird den Online-Handel in seiner Entwicklung begünstigen.

Auch im deutschen Handel sind zunehmend gute Multichannel-Ansätze sichtbar, wenn auch noch in einer frühen Entwicklungsstufe. Derzeit werden von immer mehr Filialisten mit Click & Collect Ladenabholkonzepte eingeführt. So z. B. bei Media Markt, Douglas, C&A und Deichmann (dgroup 2012a; Haug 2013). Das dürfte das Einkaufs- und Serviceerlebnis ihrer Kunden kanalübergreifend verbessern und damit die Ausschöpfung digitaler Kanalpotenziale erheblich steigern. Denn die Kanalvorteile des Online-Handels sind für viele Kunden relevant und nicht mehr wegzudenken. Die entstandene Transparenz des Marktes hat die Kundenerwartungen in allen Kanälen ansteigen lassen und hohe Service- und Convenience-Anforderungen zum Standard werden lassen. Sie verdeutlicht die Notwendigkeit für alle Anbieter, neue differenzierte Leistungsversprechen zu entwickeln (Haug 2013).

Neben den Location-based Services sind adäquate Digital-in-Store-Techniken erforderlich. Diese sind nur sinnvoll, wenn sie den Kunden konkrete Mehrwerte verschaffen. Deswegen sollten Inhalt und Funktionalität des Digital-in-Store-Konzeptes möglichst eng abgestimmt werden. Folgende Inhalte und Funktionalitäten bieten den Kunden Vorteile (Crossretail 2013):

1. **Service-Qualität:** Positiven Einfluss auf die Service-Qualität hat z. B. schnelle und einfache Bezahlung. Auch Multichannel-Leistungen wie Bestellmöglichkeiten für Artikel und Liefermöglichkeiten an einen beliebigen Ort werden zunehmend geschätzt. Abholung, Umtausch und Online-Collect – also Artikel in einen

Online-Warenkorb legen lassen – ebenso. Treueprogramme, Gutscheineinlösung sowie Newsletter-Anmeldung gehören auch zum Standard-Service des modernen Einkaufs.

2. **Brand Content:** Zu jeder Marke gehört eine Geschichte. Digital-in-Store-Anwendungen können interessante Gelegenheiten bieten, die Marke in Szene zu setzen und mit Content und Erzählungen anzureichern.

3. **Entertainment:** Der Point-of-Sale bietet nach wie vor hervorragende Möglichkeiten für eine positive Anreicherung des Einkaufserlebnisses (Heinemann 1989). Vor allem der Verkaufsraum bietet zahlreiche Gelegenheiten zur Unterhaltung: Gewinnspiele oder Verbindung zu sozialen Netzwerken, um seinen Einkauf mit Freunden teilen zu können, sind nur zwei Beispiele.

Neben diesen Mehrwerten muss der Mechanismus der Anwendungen dafür sorgen, dass eine Applikation nicht nur interessant für den Kunden ist, sondern auch zur Erreichung der Marketingziele beiträgt. Deswegen ist es wichtig, dass eine In-Store-Applikation auch über Gamification angereichert wird. Dabei sollten Spielemechanismen und die Möglichkeit zur Interaktivität, die den Kunden Spaß beim Ausprobieren und Bedienen bereiten, gegeben sein. Damit wird der Erlebnisfaktor und gleichzeitig die Motivation und Aufnahmebereitschaft der Nutzer erhöht (Crossretail 2013). Darüber hinaus sollte ein Digital-in-Store-Einsatz vor allem auch das Multichannel-Konzept unterstützen. So kommen eine Multichannel-Präsenz und die Verbindung von Offline- und Online-Kanälen dem heutigen Kauf- und Suchverhalten der Konsumenten entgegen. Weiterhin kann es verhindern, dass Kunden beim Channel Hopping den Anbieter wechseln. Es erlaubt aber auch das Sammeln von wichtigen Daten, die für das Performance-Marketing eingesetzt werden können, wenn ein sinnvoll aufgestelltes Informationssystem entwickelt wird (Crossretail 2013). In welcher Form auch immer Digital-in-Store-Anwendungen genutzt werden, dürfte sicher sein, dass die stationären Formate im Handel zukünftig anders aussehen werden. Entweder als Showroom oder mit Showroom-Flächen, Pop-up-Flächen, zum Teil automatisiert oder auch verkleinert.

3.7 Marktplätze mit lokalem Bezug

Mittlerweile haben Marktplätze und Shopping-Portale eine herausragende Bedeutung im Online-Handel erlangt. Da diese sich sowohl nach *Art der Wettbewerbsbeziehung* als nach *Intensität der Kundenbeziehung* sehr unterschiedlich darstellen können, bietet es sich an, die entsprechenden Formen differenziert zu betrachten (Heinemann 2016).

Shopping-Portale stellen *Marktplatz-Formen mit direkter Wettbewerbs- sowie indirekter Kundenbeziehung* dar. Die Marktplatzaktivitäten stehen für die Marktplatzpartner zugleich auch in direktem Wettbewerb, wodurch auf derselben Plattform in der Regel auch überschneidende Sortimente angeboten werden. Wie in Abb. 3.21 dargestellt, lassen sich Amazon, Otto, Zalando und Rakuten beispielsweise als Shopping-Portale kennzeichnen. Diese erlauben den Partnerfirmen deswegen keine direkte Kundenbeziehung auf dem Marktplatz,

Abb. 3.21 Formen von Marktplätzen und Shopping-Portalen. (Quelle: Heinemann 2016)

da sie selbst die Transaktion kontrollieren bzw. betreiben. Dazu verwalten sie auch die Kundendaten, was ein hohes Vertrauen erfordert. Shopping-Portale kennzeichnen ein sehr hohes Traffic-Volumen und ein umfassendes Angebot in gemischten Segmenten.

Plattformenlösungen der Verbundgruppen stellen *Marktplatz-Formen mit direkter Wettbewerbs- als auch direkter Kundenbeziehung* dar. Diese werden in der Regel als zentraler Online-Shop betrieben, den das Verbundmitglied dann auf Provisionsbasis als seinen eigenen Shop ausgeben kann. Dieses erfolgt nicht selten unter eigenem Namen – z. B. Sport-Mayer – oder im Co-Branding – zum Beispiel Mayer-Intersport. Zugleich hat der Kunde aber auch direkten Zugang zum einheitlich gebrandeten Intersport-Online-Shop. Damit besteht auch eine Wettbewerbsbeziehung zur Verbundgruppe.

Als *Marktplatz-Formen mit indirekter Kundenbeziehung und indirekter Wettbewerbsbeziehung* können Auction-Broker wie das eBay-Auktionsgeschäft oder virtuelle Marktplätze wie etsy, Dawanda bzw. der eBay-Marktplatz angesehen werden. Mit 70 % Festpreisanteil überwiegt bei eBay mittlerweile sogar das Marktplatzgeschäft. Auction-Broker haben bisher zwar überwiegend eine Discount-Positionierung, verfolgen zunehmend aber eine Neupositionierung über Markenshops. Dawanda und etsy vermitteln auf ihren Marktplätzen Unikate und/oder Kleinserien mit Community-Orientierung, verfügen aber über ein vergleichsweise geringes Traffic-Volumen.

Ausschließlich *indirekte Kunden- und Wettbewerbsbeziehungen* weisen private Shopping-Portale auf. Sie verfolgen meist eine Positionierung im Markenartikel-Schnäppchenjäger-Segment, wofür in der Regel Restanten relevant sind. Als Beispiele lassen sich vente-priveé, Brands4Friends oder buyvip von Amazon nennen. Diese sind überwiegend Community-basiert und damit in hohem Maße als interaktiv zu betrachten.

Private Shopping und auch virtuelle Marktplätze können durchaus auch als eine Form des *Social Commerce* angesehen werden, sind also nicht ganz überschneidungsfrei mit den Social Commerce-Plattformen zu betrachten. Dieses gilt vor allem für virtuelle Marktplätze wie etsy und/oder Dawanda (Heinemann 2016). Es geht hier aber weniger um Social-Media-Aspekte als vielmehr um die Art des Produktprogramms.

Regionale Marktplätze als Sonderform virtueller Marktplätze
Regionale Marktplatz-Formen können sowohl nach *Städtefokus* als auch nach *Sortimentsfokus* unterschieden werden.

Städte- und sortimentsübergreifende regionale Marktplätze arbeiten zwar mit überwiegend lokalen Partnern aus unterschiedlichsten Branchen zusammen, verlangen aber keinen Login für eine bestimmte Stadt. Typisches Beispiel ist der Start-up locafox, an dem auch Holtzbrinck Ventures beteiligt ist und der offiziell im April 2015 an den Start gegangen ist.

Sortimentsübergreifende und städtespezifische regionale Marktplätze arbeiten mit überwiegend lokalen Partnern aus unterschiedlichsten Branchen zusammen und verlangen einen Städte-Login für die Stadt, in der sich die Marktplatzpartner jeweils befinden. In dieser Positionierung baut derzeit die Mediamarkt-Saturn-Holding (MSH) als größter Anteilseigner zusammen mit regionalen Zeitungsverlagen die Plattform „simply local" auf, die lokalen Händlern den Einstieg in den Online-Handel ermöglichen soll. Insofern handelt es sich um eine kooperative Plattform mit „offenem lokalen Marktplatz", auf dem der lokale Händler eine direkte Beziehung zu seinen Kunden hält, jedoch – zumindest im Elektronik-Segment – in direkter Wettbewerbsbeziehung zu MSH steht.

Städte- und sortimentsspezifische regionale Marktplätze sind nicht so häufig vertreten, da die doppelte Fokussierung stark dem eigentlichen Marktplatzgedanken widerspricht. Typischer Vertreter ist die Buchhandelskooperative Würzburger Buchhändler, die unter dem Namen „Lass den Klick in Deiner Stadt" eine derartige Plattform betreibt.

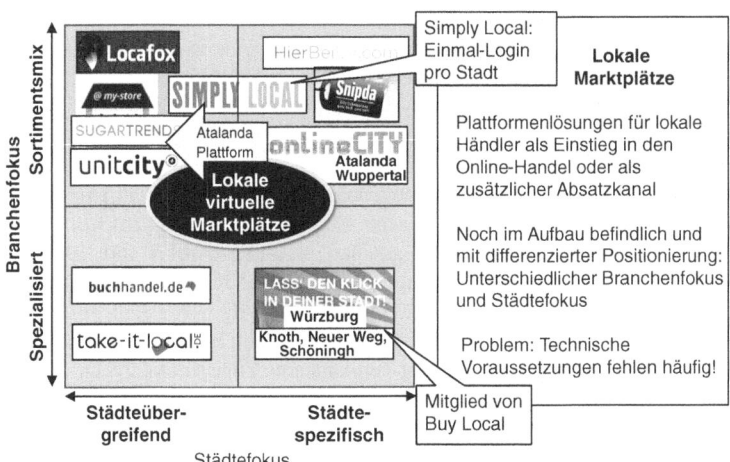

Abb. 3.22 Formen lokaler Marktplätze

Sortimentsspezifische und städteübergreifende regionale Marktplätze widersprechen ebenfalls in ihrer Monostruktur eher dem Marktplatzprinzip. Mit dieser Form geht ebenfalls ein Exklusivitätsprinzip einher, wonach immer nur ein Partner derselben Warengruppe aus einer Stadt Partner sein darf und die lokalen Lieferdienste auch immer auf diesen Partner vor Ort zugeschnitten sind. Beispiele für diese Form sind die Plattform Buchhandel.de oder das Fashion-Portal „take-it-local.de" (Abb. 3.22).

Literatur

Ahlert, D., Große-Bölting, K., & Heinemann, G. (2009). *Handelsmanagement in der Textilwirtschaft, Einzelhandel und Wertschöpfungspartnerschaften.* Frankfurt a. M.: Deutscher Fachverlag.

Allfacebook. (2015). Neue offizielle Facebook-Nutzerzahlen: 1,5 Mrd. aktive Nutzer, 900 Mio. WhatsApp-Nutzer, 400 Mio. Instagram-Nutzer. In allfacebook vom 16. November 2015. http://allfacebook.de/zahlen_fakten/q3-2015. Zugegriffen: 10. Febr. 2016.

Baumgarth, C., & Kastner, O.-L. (2012). Pop-Up-Stores im Modebereich: Erfolgsfaktoren einer vergänglichen Form der Kundeninspiration. In Working Papers No. 69 der Hochschule für Wirtschaft und Recht: Berlin.

Brohan, M. (2012). Nordstrom doubles up on the web. In internetretailer.com. http://www.internetretailer.com/2012/02/20/nordstrom-doubles-web. Zugegriffen: 21. Dez. 2012.

Buggisch, C. (2013). Social Media Nutzerzahlen in Deutschland – Update 2013. In buggisch.wordpress.com. http://buggisch.wordpress.com/2013/01/02/social-media-nutzerzahlen-in-deutschland-update-2013/. Zugegriffen: 5. Jan. 2013.

Burberry. (2013). Store Experiences Regent Street. http://de.burberry.com/store/experiences/regent-street/#/flagship/1. Zugegriffen: 22. Aug. 2013.

Butlers. (2013). Impressionen aus unserer Berliner Möbelfiliale. http://www.butlers.de/Videoberatung/videoberatung_lp,default,pg.html. Zugegriffen: 22. Aug. 2013.

BV Capital/eVenture. (2011). Overview: eCommerce & Online Trends San Francisco, April 2011.

BVH. (2013). „Interaktiver Handel in Deutschland" – Die Entwicklung des Multichannel Online- und Versandhandels B2C im Jahr 2012, Unterlage zur BVH-Jahrespressekonferenz 2013, Berlin.

Chami, N. (2012). *Möglichkeiten des Mobile-Commerce für den stationären Fashion-Handel an ausgewählten Beispielen.* Hochschule Niederrhein: Bachelorarbeit.

Clement, R., & Schreiber, D. (2010). *Internet-Ökonomie.* Heidelberg: Physica.

Couponing. (2016). Online-Couponing – Entstehung, Regeln, Hintergründe. In preisheld.de vom 22.02.2016. https://www.preisheld.de/seite/couponing. Zugegriffen: 22. Febr. 2016.

Crossretail. (2013). Digital-in-Store: Wie finde ich das richtige Konzept? http://crossretail.de/digital-in-store-wie-finde-ich-das-richtige-konzept/. Zugegriffen: 21. Aug. 2013.

Der Handel. (2013). Butlers eröffnet Möbelgeschäft in Berlin, Artikel vom 16.07.2013. http://www.derhandel.de/news/unternehmen/pages/Wohnaccessoires-Butlers-eroeffnet-Moebelgeschaeft-in-Berlin-9875.html. Zugegriffen: 22. Aug. 2013.

dgroup. (Hrsg.) (2012a). Im Test: Click & Collect von Karstadt. In institut.diligenz.de. http://institut.diligenz.de/2012/12/im-test-clickcollect-von-karstadt/. Zugegriffen: 21. Dez. 2012.

dgroup. (Hrsg.) (2012b). Multichannel: Perspektiven für den Stationärhandel; Best Practice: Globetrotter. http://institut.diligenz.de/wp-content/uploads/2012/12/diligenZ_Group_ePaper_Mul-tichannel_Dez20121.pdf. Zugegriffen: 21. Dez. 2012.

Diller, H. (2008). *Preispolitik* (4. Aufl.). Stuttgart: Kohlhammer Verlag.

eBay. (2012a). *Die Zukunft des Handels, Dokumentation über das Projekt „Die Zukunft des Handels".* Berlin: Interne Unterlage.

eBay. (2012b). eBay Kaufraum Fact Sheet. http://presse.ebay.de/sites/ebay.de/files/factsheet_kaufraum.pdf. Zugegriffen: 22. Aug. 2013).

eBay. (2014). „The Inspiration Store": METRO GROUP, eBay und PayPal stellen Einkaufserlebnis der Zukunft vor, Pressemitteilung vom 22.10.2014. http://presse.ebay.de/pressrelease/4675. Zugegriffen: 19. Febr. 2015.

eBay UK. (2011). eBay Christmas Boutique. http://boutique.ebay.co.uk/. Zugegriffen: 22. Aug. 2013.

ECC. (2011). Erfahrung mit dem Bezahlen im Internet positiv, Pressemitteilung vom 30. März 2011.

Eisenbrand, R. (2012). Radcarpet zeigt Entfernung zur Filiale in mobilem Banner an. In onetoone.de. http://www.onetoone.de/Radcarpet-zeigt-Entfernung-zur-Filiale-in-mobilem-Banner-an-22001.html. Zugegriffen: 23. Dez. 2012.

Energate-Messenger. (2016). „Der Kunde kommt mit dem Handy". In Energate-Messenger.de vom 18. Februar 2016. http://www.energate-messenger.de/news/162457/-der-kunde-kommt-mit-dem-handy-. Zugegriffen: 20. Febr. 2016.

etailment. (2013). Ladengeschäfte mit Online-Logistik. http://etailment.de/2013/ladengeschaefte-mit-online-logis-tik-ex-amazon-mitarbeiterin-moechte-fashion-shopping-revolutionieren/. Zugegriffen: 2. Aug. 2013.

Fab.com. (2013). Fab Showroom. http://dby.fab.com/de/showroom.html. Zugegriffen: 22. Aug. 2013.

Fashion for Home. (2013). Multichannel-Strategie mit drei neuen Showrooms in Deutschland. http://media.fashion4home.net/press/docs/pressemitteilungen/20130502_FASHION_FOR_HOME_F.pdf. Zugegriffen: 22. Aug. 2013.

FAZ. (7. Juli 2008). Ebay für Zocker. *Frankfurter Allgemeine Zeitung,156,* 19.

FAZ-net. (2012). Mass Customization – Massenware nach Maß. http://www.faz.net/aktuell/wirtschaft/unternehmen/mass-customi-zation-massenware-nach-mass-11900853.html. Zugegriffen: 24. Okt. 2012.

Firsching, J. (2012). Permalink to Geo-Tags auf dem Vormarsch Immer mehr Content enthält Ortsinformationen. In futurebiz.com. http://www.futurebiz.de/artikel/geo-tags-auf-dem-vormarsch-immer-mehr-content-enthalt-ortsinformationen/. Zugegriffen: 17. Dez. 2012.

Gerling, M. (2012). Goldrausch 2.0: Online-Handel und Mobile-Commerce überschätzt? In ehi.org. http://www.ehi.org/presse/lifeehi/detailanzeige/article/goldrausch-20.html. Zugegriffen: 09. Jan. 2013.

Google. (2012). The new multiscreen world: Understanding cross-platform consumer behaviour, August 2012.

Haarhaus, H. (2013). Opportunities for social commerce in fashion retailing with special consideration of SoLoMo – Final work of the master course of study to get the academic degree „Master of Science". Mönchengladbach.

Haug, K. (2013). Digitale Potenziale für den stationären Handel durch Empfehlungsprozesse, lokale Relevanz und mobile Geräte (SoLoMo). In G. Heinemann, K. Haug, M. Gehrckens, & dgroup (Hrsg.), *Digitalisierung des Handels mit ePace – Innovative E-Commerce-Geschäftsmodelle und digitale Zeitvorteile* (S. 27–49). Springer Gabler: Wiesbaden.

Heinemann, G. (1989). *Betriebstypenprofilierung und Erlebnishandel.* Wiesbaden: Gabler.

Heinemann, G. (2008). *Multi-Channel-Handel – Erfolgsfaktoren und Best Practices* (2. Aufl.). Wiesbaden: Gabler.

Heinemann, G. (2011). *Cross-Channel-Management – Integrationserfordernisse im Multi-Channel- Handel* (3. Aufl.). Wiesbaden: Gabler.

Heinemann, G. (2013). *No-Line-Handel – höchste Evolutionsstufe im Multi-Channeling.* Wiesbaden: Springer Gabler.

Heinemann, G. (2016). *Der neue Online-Handel – Geschäftsmodell und Kanalexzellenz im Digital Commerce* (7. Aufl.). Wiesbaden: Springer Gabler.

Heinemann, G., & Gaiser, C. (2016). Location-based Services – Paradebeispiel für digitale Adoption im Einzelhandel. In G. Heinemann, M. Gehrckens, U. Wolters, & dgroup (Hrsg.), *Digitale Transformation versus digitale Disruption im Handel – vom Point-of-Sale zum Point-of-Decision im Digital Commerce.* Wiesbaden: Springer-Gabler.

Heise. (2016). Oculus Rift – die Virtual-Reality-Brille. In Heise Online vom 22. Februar 2016. http://www.heise.de/thema/Oculus-Rift. Zugegriffen: 22. Febr. 2016.

Heitmeyer, C., & Naveenthirarajah, S. (2010). Online Customer Segmentation in Shopping-Clubs – Auf dem Weg zur ultimativen Kundenorientierung bei Brands4Friends. In G. Heinemann & A. Haug (Hrsg.), *Web-Exzellenz im E-Commerce – Innovation und Transformation im Handel* (S. 71–92). Wiesbaden: Gabler.

Hermes, V. (2010). So profitieren Sie vom Coupon-Boom. In *Absatzwirtschaft, 6,* 86–89.

Hointer. (2013). Explaining Hointers Concept, A video-clip. http://www.hointer.com/ und http://www.hointer.com/blog.php. Zugegriffen: 22. Aug. 2013.

Huffingtonpost. (2016). Das Shopping der Zukunft – Online ist Mobile und Offline muss Mobile. In Huffingtonpost vom 20. Februar 2016. http://www.huffingtonpost.de/gerrit-heinemann/das-shopping-der-zukunft-_b_9271598.html. Zugegriffen: 22. Febr. 2016.

IDC Retail Insights. (2010). Maximizing Value from the Omnichannel Consumer. http://risnews.edgl.com/getmedia/f3f80ac4-a5ef-44a4-a8e7-261e56ce8299/RIS10_IDC_GG.pdf. Zugegriffen: 14. April 2011.

Informatik und Gesellschaft der Universität Köln (Hrsg.). (2011). Entwicklung sozialer Netzwerke. http://www.informatik.uni-oldenburg.de/~iug10/sn/html/impressum.html. Zugegriffen: 25. Mai 2013.

Inside FFM. (Hrsg.). (2010). *Case study: Jimmy choo foursquare campaign.* http://insidefmm.com/2010/05/catchachoo-jimmy-choo-foursquare-campaign/. Zugegriffen: 23. Mai 2013.

InternetRetailing. (Hrsg.). (2012a). Three-channel shoppers spend more than twice as much with Sainsbury's. In internetretailing.net. http://internetretailing.net/2012/11/three-channel-shoppers-spend-more-than-twice-as-much-with-sainsburys/. Zugegriffen: 21. Dez. 2012.

InternetRetailing. (Hrsg.). (2012b). Argos to ‚redefine multichannel shopping' in transformation plan. In internetretailing.net. http://internetretailing.net/2012/10/argos-to-redefine-multichannel-shopping-in-transformation-plan/. Zugegriffen: 21. Dez. 2012.

Internet World Business. (2011a). Nr. 6, S. 36.

Internet World Business. (2011b). Nr. 9, S. 26.

Internet World Business. (2011c). Nr. 11, S. 28.

Internet World Business. (2011d). Nr. 13, S. 12.

Internet World Business. (2011e). Nr. 15, S. 36.

Intertone. (2010). The age of on. http://www.interone.de/iphone-studie/study.php. Zugegriffen: 20. Aug. 2013.

Johnson, L. (2012). Blue Moon spearheads location, context via mobile ads. In mobilemarketer.com. http://www.mobilemarketer.com/cms/news/advertising/13202.html. Zugegriffen: 24. Dez. 2012.

Kantsperger, R., & Meyer, A. (2006). Qualitatives Benchmarking von Customer Interaction-Centern im Handel. In *Thexis, Fachzeitschrift für Marketing, 4*(2006), 26–30.

Kasper, C., Diekmann, T., & Hagenhoff, S. (2007). Context-adaptive mobile systems. In D. Taniar (Hrsg.), *Encyclopedia of mobile computing and commerce.* Hershey.

kaufDA. (2015). Studie zum Thema „Zukunft und Potenziale von Location-based Services für den stationären Handel – Zeitreihenanalyse im Vergleich zu 2013 und 2014". Mönchengladbach.

Kessler, S. (2011). eBay Takes Local Shopping Mobile. In mashable.com. http://mashable. com/2011/06/16/ebay-milo-app/. Zugegriffen: 3. Dez. 2012.

Konrad, J. (2013). *Gamification im Mobile-Commerce – Erscheinungsformen, Beispiele, Relevanz und Zukunftsperspektiven für Fashion Anbieter, Studienarbeit*. Mönchengladbach: Hochschule-Niederrhein.

Kriewald, M. (2007). *Situationsabhängiges mobiles Customer Relationship Management, Analysen – Wettbewerbsvorteile – Beispiele*. Hamburg: Verlag Dr. Kovač.

Kunhardt, F. von. (2012). Aus SoLoMo-Fans werden Kunden, Vortrag auf dem Mobile Gipfel 2012, managementforum, 27.6.2012, Düsseldorf.

Lehmann, N. (2013). Gib der Marke ein Zuhause. In Handelsjournal, Jahr 2010, Seite: 12 ff. http://www.markenlexikon.com/texte/hj_lehmann_flagship-stores_01_2010.pdf. Zugegriffen: 10. Juni 2013.

Link, J., & Seidl, F. (2008). Der Situationsansatz als Erfolgsfaktor des Mobile Marketing. In Bauer et al. (Hrsg.), *Erfolgsfaktoren des Mobile Marketing – Strategien, Konzepte und Instrumente*. Berlin: Springer.

Link, J., & Weiser, C. (2006). *Marketing-Controlling. Systeme für mehr Markt- und Unternehmenserfolg* (S. 214). München: Vahlen.

Locationinsider. (2016). Interview: IfH testet Oculus Rift im Innovation Store. In Locationinsider vom 22. Februar 2016. http://locationinsider.de/kurzinterview-ifh-testet-oculus-rift-im-innovation-store/. Zugegriffen: 22. Febr. 2016.

Logara, T. (2008). *M-Business kompakt* (2. Aufl.). Norderstedt: Books-on-Demand Verlag.

Marine Software. (Hrsg.). (2012). *The state of mobile search advertising in the US. How the emergence of smartphones and tablets changes paid search.* In: marinsoftware.com. http://www. marinsoftware.com/downloads/mobile_search_us2012_marin.pdf. Zugegriffen: 27. Dez. 2012.

Mashable.com. (2013). Signature Neiman Marcus. http://mashable.com/2012/07/06/signature-neiman-marcus/. Zugegriffen: 31. Jan. 2013.

Negele, M. (2011). *Betriebssysteme im Mobile-Shopping – Bestandsaufnahme, Systemvergleich und Zukunftsprognosen für ausgewählte Anwendungsbeispiele, Bachelor-Arbeit*. Mönchengladbach: Hochschule Niederrhein.

Nivea. (Hrsg.). (2013). Nivea Haus. http://www.nivea.de/ext11/de-DE/nivea-erleben/haus. Zugegriffen: 22. Aug. 2013.

OC&C Strategy Consultants. (Hrsg.). (2011). Kanal Total – Kundenbasierte Strategien im Multi-Channel-Handel. http://www.atmedia.at/red/dateien/17846_Kanal_total_2011.pdf. Zugegriffen: 20. Dez. 2012.

OC&C Strategy Consultants. (Hrsg.). (2014). Profil Los! Zeigen Sie Profil, der Kunde erwartet es! Der OC&C-Proposition-Index 2014. Düsseldorf.

ohne tüte. (2012). Bist Du noch Multi- oder schon Omni-Channel? http://ohnetuete.wordpress. com/ vom 22.4.2012. Zugegriffen: 12. Aug. 2012.

Otto Group & Google Inc. (Hrsg.). (2012). Go Smart – 2012: Always in Touch – Studie zur Smartphone- Nutzung 2012. http://www.ottogroup.com/fileadmin/pdf/go_smart.pdf. Zugegriffen: 28. Okt. 2012.

Pointsmith.com. (2013). Top-3 Retailers Defating Showrooming. http://www.pointsmith.com/blog/ top-3-retailers-defeating-showrooming/. Zugegriffen: 22. Aug. 2013.

psfk. (2012). Neiman Marcus App Gives Staff Preferences. http://www.psfk.com/2012/07/neiman-marcus-app-gives-staff-preferences.html. Zugegriffen: 31. Jan. 2013.

Reilly, B. (2012). Lowe's mobile app is worth writing home about. In econsultancy.com. http:// econ-sultancy.com/de/blog/10666-lowe-s-mobile-app-is-worth-writing-home-about. Zugegriffen: 2. Jan 2013.

Rio mobile. (2010). Die empirische Studie zum Thema „Business-Motor mobiles Internet – Wie das mobile Internet unser Leben verändert und bereichert". http://www.riomobile.de/presse/down-load/100331_rio-mobile-Studie_Businessmotor-Internet.pdfh. Zugegriffen: 16. Juli 2011.

RP – Rheinische Post. (2016). Facebook beherrscht die mobile Welt. In Rheinische Post vom 23. Februar 2016, Wirtschaft, S. B3.

Rusli, E. (2010). PopSugar launches Retail Therapy. http://techcrunch.com/2010/07/20/popsugar-launches-retail-therapy-a-farmville-for-shopaholics-video/. Zugegriffen: 25. Mai 2013.

Salt, S. (2012). Social Location Marketing – Erreichen Sie Ihre Kunden mit Lokalisierungsdiensten. München.

Schleusener, M. (2012). Pricing im Multi-Channel-Handel – Herausforderungen und Chancen für Multi-Channel-Händler. In G. Heinemann, M. Schleusener, & S. Zaharia (Hrsg.), *Modernes Multi-Channeling im Fashion-Handel* (S. 165–181). Frankfurt: Deutscher Fachverlag.

Schürmann, J. (2012). Die mobile Revolution – Kernfaktoren für ein erfolgreiches Mobile-Business, Vortrag auf dem Mobile-Gipfel vom 26.7.2012 in Düsseldorf.

Seidenberg, C. (2013). *Online goes Offline – Online Pure Player erobern den stationären Handel: Fallbeispiele, Formen, Relevanz und Perspektiven, Studienarbeit.* Mönchengladbach: Hochschule-Niederrhein.

Shopanbieter. (2013). Local Heroes: BUTLERS innovativer Showroom startet, Artikel vom 18.07.2013. http://www.shopanbieter.de/news/archives/7277-local-heroes-butlers-innovativer-showroom-star-tet.html. Zugegriffen: 22. Aug. 2013.

Siebers, B. (2011). Vertrauensbildende Maßnahmen steigern den Umsatz. In Shopanbieter.de-Blog. http://www.shopanbieter.de/news/archives/4542-vertrauensbildende-massnahmen-steigern-den-umsatz/. Zugegriffen: 28. Okt. 2010.

Silberer, G., & Schulz, S. (2008). mCRM – Möglichkeiten und Grenzen eines modernen Kundenbeziehungsmanagements. In H. Bauer et al. (Hrsg.), Erfolgsfaktoren des Mobile Marketing – Strategien, Konzepte und Instrumente. Springer: Berlin.

Simon, H., & Fassnacht, M. (2009). *Preismanagement. Strategie, Analyse, Entscheidung, Umsetzung* (3. Aufl.). Wiesbaden: Gabler.

Sitzfeldt. (2013). Probe sitzen im Berliner Showroom! http://www.sitzfeldt.com/sofa-berlin. Zugegriffen: 20. Juni 2013.

Springer Gabler Verlag. (2013). *Gabler Wirtschaftslexikon.* Wiesbaden: Springer Gabler.

statista-social-games. (2016). Umsatz im Social Games Markt bei Facebook weltweit in 2010 und Prognose bis 2014 (in Milliarden US-Dollar). http://de.statista.com/statistik/daten/studie/205427/umfrage/weltweiter-umsatz-mit-social-games-bei-facebook. Zugegriffen: 22. Febr. 2016.

statista spieler. (2016). Anzahl der Nutzer von Online- und/oder Browsergames in Deutschland von 2008 bis 2014 in Millionen http://de.statista.com/statistik/daten/studie/200038/umfrage/anzahl-der-nutzer-von-online-und-browsergames-in-deutschland-seit-2008/. Zugegriffen: 22. Febr. 2016.

Sugar Publishing. (Hrsg.). (2010). Sugar Inc. und ShopStyle starten Social Fashion-Game „Retail-Therapy". http://press.shopstyle.de/Sugar-Inc-und-ShopStyle-starten-Social-Fashion-Game-Retail-Therapy-mit-begleitendem-weltweiten-Designer-Handtaschen-Wettbewer-10097004. Zugegriffen: 25. Mai 2013.

Syzygy. (2013). Digital at Point of Sale. Reinventing retail for the connected customer. http://syzygy.de/. Zugegriffen: 22. Aug. 2013.

Telekom. (Hrsg.). (2013). Telekom and Groupon form strategic partnership to accelerate local commerce offerings across Europe. In telekom.com. http://www.telekom.com/media/company/99368. Zugegriffen: 04. Jan. 2013.

Tollmien, S. (2011). The Outernet – Meet Your Future Client, Vortrag von Achim Himmelreich auf dem Online-Handels-Kongress 2011 am 18./19. Januar 2011 in Bonn.

WAMS Welt am Sonntag. (2013). Brillenträger haben das Internet immer vor Augen, Nr. 5 vom 3. Februar 2013, S. 50.

Walsh, M. (2012). Mobile Traffic Tops Desktop for Groupon, LivingSocial. In mediapost.com. http://www.mediapost.com/publications/article/181460/mobile-traffic-tops-desktop-for-groupon-livingsoc.html#axzz2H0BflZsu. Zugegriffen: 04. Jan 2013.

Wegener, M. (2004). Erfolg durch kundenorientiertes Multichannel-Management. In H.-C. Riekhoff (Hrsg.), *Retail Business in Deutschland, Perspektiven, Strategien, Erfolgsmuster* (S. 197–218). Wiesbaden.

Weiss, M. (2010). Retail Therapy: Popsugar bringt Facebook-Game für Modefans. http://www.excitingcommerce.de/2010/07/popsugars-retail-therapy-verbindet-facebook-game-mit-shopping.html. Zugegriffen: 15. Aug. 2010.

Wieschowski, S. (2008). Um Mitternacht gibt es Schnäppchen. In Welt am Sonntag Nr. 27 vom 6. Juli 2008, 47.

Wikipedia. (2012c). Flagship Store. http://de.wikipedia.org/wiki/Flagshipstore. Zugegriffen: 5. Juni 2013.

Wikipedia. (2013). Social. http://en.wikipedia.org/wiki/Social. Zugegriffen: 20. Aug. 2013.

Wikipedia Couponing. (2016). Couponing. https://de.wikipedia.org/wiki/Couponing. Zugegriffen: 22. Febr. 2016.

Wikipedia Foursquare. (2016). Foursquare. https://de.wikipedia.org/wiki/Foursquare. Zugegriffen: 22. Febr. 2016.

Wikipedia Groupon. (2016). Couponing. https://de.wikipedia.org/wiki/Groupon. Zugegriffen: 22. Febr. 2016.

Wikipedia Qype. (2016). Couponing. https://de.wikipedia.org/wiki/Qype. Zugegriffen: 22. Febr. 2016.

Zalando. (2012). Zalando Pop-Up-Store. http://blog.zalando.de/team/2012/03/zalando-pop-up-store/. Zugegriffen: 22. Aug. 2013.

Mobile Commerce als Basisfaktor Nr. 3 des SoLoMo

4

4.1 Entwicklung und Zukunftsaussichten des Mobile Commerce

4.1.1 Entwicklung und Status des Mobile Commerce

Nicht nur die Anzahl der weltweiten Mobilfunkanschlüsse verdeutlicht, dass das mobile Web enorm wächst und bereits Laptop und PC als primäres Gerät für die Internetnutzung abgelöst hat (Examone 2013). Auch die Nutzerzahlen mit 2,33 Mrd. Menschen zeigen, dass das mobile Internet auf der Überholspur ist (Statista 2016a; internetworldstats 2015). Bei weltweit insgesamt rund 3,36 Mrd. Internetnutzern liegt die mobile Nutzerquote bei rund 70 % (vgl. Abb. 4.1). Diese Zahl ist mit annähernd 90 % in Deutschland schon deutlich höher (kaufDA 2015). Die Prognosen gehen von einem weiteren Anstieg der mobilen Internetnutzer aus, und zwar im zweistelligen Bereich (Statista 2016a). Die mobile Internetnutzung weckt neue Erwartungen und Bedürfnisse bei den Kunden, die aus deren Sicht auch von traditionellen Einzelhändlern erfüllt werden sollten. Zweifelsohne spielt der „Mobile Commerce der neuen Generation" diesbezüglich eine Schlüsselrolle im zukünftigen Online-Handel, da damit der simultane Kauf auf allen Kanälen am konsequentesten möglich wird, und zwar mit dem Smartphone im Laden. Wie allerdings ein Händler die disruptive Technologie des mobilen Internets bestmöglich für sein Stationärgeschäft nutzt, kann nicht mehr losgelöst von dem Thema „SoLoMo" beantwortet werden.

Vor allem die Verbindung des Webs mit der Kamerafunktion eines Handys bringt neue Applikationen hervor, die Augmented Reality oder Gamification nutzen. Vorteile bieten diese Dienste auch durch individualisierte Produktempfehlungen. Dieses ermöglicht zum

© Springer Fachmedien Wiesbaden 2016   135
G. Heinemann und C.W. Gaiser, *SoLoMo – Always-on im Handel*,
DOI 10.1007/978-3-658-13545-4_4

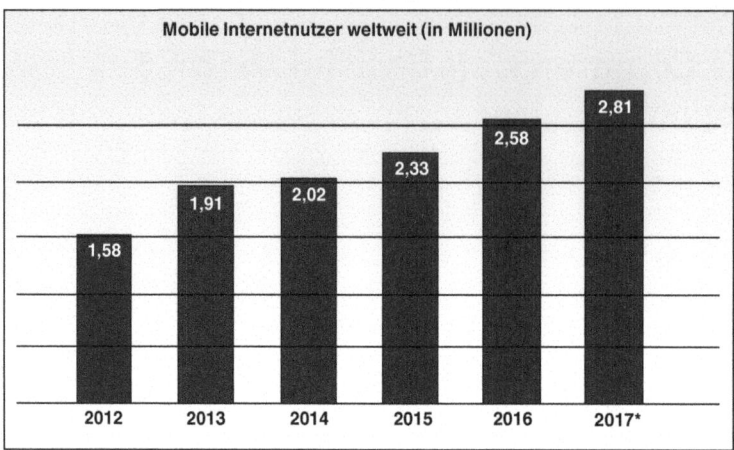

Abb. 4.1 Mobile Internetnutzer weltweit. (Quelle: Statista 2016a)

Beispiel der M-Commerce-Pionier Stylight. Die User können mit der iPhone-App dieses Anbieters beispielsweise ein Foto der Kleidung eines Passanten machen und anschließend nach genau diesen Kleidungsstücken eine Suche starten: Es handelt sich dabei um eine Art Einkaufsinspiration auf der Straße mit direkter Kaufoption. Dadurch wird Mobile als weiterer Informations- und Absatzkanal etabliert (vgl. Bruce 2011, S. 50 ff.).

Wer allerdings als Händler einen Bogen um das Online-Thema macht, sollte es erst recht um das Mobile-Thema tun. Darüber hinaus muss eine Optimierung zu mobilgerechten Inhalten und formatgerechter Website erfolgen. Auch ist das Angebot um Mobile-Dienste und Anwendungen bzw. Killer-Applikationen zu erweitern. Dabei ist die situative und lebensstilgerechte Anpassung der Angebote an die individuellen Einkaufsgewohnheiten der Kunden sicherlich die hohe Schule des Mobile Commerce. Nur so lassen sich die Synergien ausspielen, die sich aus der sozialen, lokalen und mobilen Vernetzung ergeben. Wie bereits in Kap. 2 ausgeführt, geht der Trend ganz klar in Richtung „Social App". Mit 68,7 % wird dabei WhatsApp von allen Messenger-Diensten am häufigsten genutzt, allerdings ist die derzeit am schnellsten wachsende soziale App Snapchat (iBusiness 2016). Ihre Kombination aus Chat, Netzwerk und Nachrichtenquelle ist bestes Beispiel für den Trend zu „SoLoMo". Die Mobile-Nutzung im stationären Handel ist sicherlich auch ein relevantes Thema. Dazu gehören auch individualisierbare virtuelle Regale und der Einsatz der Augmented Reality in allen denkbaren Facetten. Die mobileorientierte Umsetzung von Social-Media-Instrumenten mit Vernetzung zu Facebook, Twitter & Co., ist Standard. Twitter Accounts funktionieren dabei nicht nur als Service-Tool, um Kundenfragen zu beantworten. Sie können auch die anderen Verkaufskanäle nachhaltig befeuern. Viel stärker als im Online-Shop ist im Mobile Commerce auf ein Höchstmaß an Mobile Navigation und Mobile Usability zu achten. Dabei hilft auch eine flexible Formatgestaltung, die den Einsatz unterschiedlicher Geräteformen bis hin zum Tablet-PC ermöglicht. Auch Schnelligkeit im Seitenaufbau und Barrierefreiheit sind insbesondere in Hinblick auf mögliche Übertragungsprobleme bestmöglich umzusetzen. Zu schwere Websites mit minutenlangen Ladezeiten vergraulen Kunden und treiben diese den Mitbewerbern zu, die nur einen Click entfernt sind.

Derzeit vollzieht der Mobile Commerce in Verbindung mit der rasanten Smartphone-Penetration als disruptive Technologie einen radikalen Generationenwechsel und ist geeignet, alle Handelsbranchen nachhaltig zu transformieren. Dieses zeichnet sich in den USA und in China bereits ab (Xing 2016). Da die Etablierung eines vorzeigbaren Online-Shops mit nennenswerter Betriebsgröße ein wesentlicher Erfolgsfaktor für den Mobile Commerce ist, kann der Mobile Shop auch als „verlängerter Arm des E-Commerce" angesehen werden. Dieses beinhaltet einen weitreichenden „Nebeneffekt", denn durch den Mobile-Boom wird der ebenfalls stark wachsende Online-Handel zusätzlich befeuert.

Mobile Commerce als verlängerter Arm des E-Commerce
Ungeklärt ist häufig noch die Frage, was Mobile Commerce, M-Commerce oder M-Shopping konkret bedeuten. Der Begriff „mobile" bzw. „M" verdeutlicht bereits, dass diese Art des Shoppings nicht an einen festen Standort gebunden ist. Mobil wird das Shopping durch die Verwendung von Geräten, die für den mobilen Einsatz entwickelt wurden (Heinzel 2014; Turowski und Pousttchi 2004). Sie können im Alltag mitgenommen und benutzt werden und sind außerdem in der Lage, mobiles Internet darzustellen (vgl. Bernauer 2008, S. 26). Bei den mobilen Endgeräten handelt es sich um klassische Mobiltelefone (Handys) im weiteren Sinne, den „Personal Digital Assistant" (PDA) oder das Smartphone (vgl. Wiecker 2002, S. 405). Allerdings wird als Abgrenzung zum klassischen Online-Handel das Notebook als Möglichkeit des M-Shoppings ausgeschlossen, da es dem stationären PC in seinen Möglichkeiten (z. B. hinsichtlich Displaygröße, Eingabemöglichkeiten etc.) zu ähnlich ist. Hinsichtlich des PDA ist festzustellen, dass der Verkauf dieser Geräte rückläufig ist. Diese werden außerdem immer mehr durch das Smartphone – einer Mischung aus Handy und PDA – ersetzt (vgl. BITKOM/Goldmedia 2008, S. 13; Wiecker 2002, S. 417). Das Smartphone ist dabei als Mobiltelefon zu betrachten, das mit Hilfe von Übertragungstechnologien wie z. B. dem „Universal Mobile Telecommunications System" (UMTS) einen mobilen Internet-Zugang ermöglicht. Der M-Shop unterscheidet sich folglich vom Online-Handel durch den Einsatz eines mobilen Endgerätes anstelle eines stationären PCs. Für ihn gelten ansonsten dieselben Merkmale wie für den „klassischen" Online-Handel und damit den Distanzhandel (vgl. Thelen 2009, S. 4). M-Shopping ist ein Teilbereich des Mobile Commerce (M-Commerce). Zwar steht hier der Austausch von Waren und Dienstleistungen im Vordergrund, doch zählen ebenfalls Informations- und Kommunikationsprozesse, wie z. B. die eben skizzierten Location-based Services, zum M-Commerce (kaufDA 2015; vgl. Scheer et al. 2002, S. 100; Lehner 2002, S. 8; Turowski und Pousttchi 2004, S. 2). M-Commerce und E-Commerce grenzen sich vor allem hinsichtlich der verwendeten Endgeräte voneinander ab. Beim E-Commerce handelt es sich in der Regel um stationäre Geräte, wodurch der Handel überwiegend ortsgebunden stattfindet, während dieser beim M-Shopping nicht an einen Ort gebunden ist (vgl. Turowski und Pousttchi 2004, S. 1).

In den nächsten Jahren wird der Mobile Commerce den E-Commerce nachhaltig prägen und dabei den Online-Handel in eine neue Evolutionsstufe überführen. Wurde in der Anfangsphase von 1993 bis 1999 noch eine Reihe einfacher Konzepte gelauncht und in Traffic investiert, folgte dieser Lernphase das Zeitalter der Shopping-Vergleiche, in dem auch zahlreiche Preisvergleichsseiten gegründet wurden, die im Mobile Commerce einen zweiten Boom erleben. Seit 2005 dauert die Phase der Shop-Optimierung an, in der die Websites auf Perfektion getrimmt werden, was als Erfolgsbasis auch für den Mobile Commerce herausragende Bedeutung hat. Zusätzlich tat sich seit 2008 die Zeit der Sozialisierung des E-Commerce auf, in der die Shopping-Clubs gegründet und die meisten der Web-2.0-Funktionalitäten installiert wurden (Heinemann 2016; BV Capital 2011). Aktuell ist der Online-Handel durch die explosionsartige Nutzung des mobilen Internets wesentlich geprägt. Mittlerweile kann davon ausgegangen werden, dass der Mobile Commerce die höchste Evolutionsstufe im E-Commerce darstellt (Heinemann 2016) und mittlerweile den Online-Handel prägt: So war auch das Motto des Online-Handelskongresses 2016 „Online ist Mobile" (managementforum 2016).

Entwicklung und Status des Mobile Commerce
Das Surfen im Internet per Mobiltelefon ist seit der Einführung des „Wireless Application Protocol" (WAP-Standard) im Jahr 1997 möglich (vgl. Turowski und Pousttchi 2004, S. 89; Alby 2008, S. 22). Langsame Verbindungen, fehlende Angebote und hohe Kosten führten jedoch zunächst zu einer unzureichenden Nutzung des WAP. Inzwischen ist es aufgrund der technischen Weiterentwicklung im Bereich der Übertragungstechnologien und mobilen Endgeräte aber gelungen, eine umfassende Nutzung des mobilen Internets zu ermöglichen, auch wenn die Nutzungsmöglichkeiten aus User-Sicht immer noch nicht den Erwartungen entsprechen (kaufDA 2015). Im Gegensatz zum „stationären Web" hat das Mobile Shopping den Vorteil, dass mittlerweile fast jeder Konsument ein mobiles Endgerät als ständigen Begleiter bei sich hat. In Verbindung mit der immer besser werdenden Übertragungstechnologie führt dies unweigerlich zu einer intensiveren Nutzung des Internets. Bereits heute ist die Marktdurchdringung des Mobiltelefons erheblich höher als die des PCs. Statistisch gesehen besitzt jeder fünfte Deutsche mehr als ein Handy. Bereits im April 2008 wurde die Grenze von 100 Mio. Mobilfunkteilnehmern in Deutschland überschritten (vgl. Gruner + Jahr 2008, S. 6). Von diesen Mobilfunkteilnehmern sind per Ende 2015 rund 50 Mio. Smartphone-Besitzer über 14 Jahren, von denen mehr als die Hälfte täglich mobil im Internet surft (kaufDA 2015). Wesentlicher Grund für die vermehrte Nutzung von Smartphones ist die verbesserte Oberfläche mit benutzerfreundlichen Touchscreens. Die mobilen Endgeräte wie das Apple iPhone werden immer bedienungsfreundlicher und auch die Displays immer größer und besser lesbar (vgl. Otto Group & Google Inc. 2012, S. 5; Negele 2011, S. 1 ff.). Die kontinuierliche technische Weiterentwicklung sowie die zunehmende Bedienerfreundlichkeit über Apps werden auch die Nutzung des mobilen Internets noch einmal beflügeln, auch wenn

die Anzahl mobiler Suchanfragen schon jetzt enorm wächst. Wie Abb. 4.2 zeigt, ist die Nutzung von Smartphones von Ende 2010 bis Ende 2013 um rund 237 % gestiegen (vgl. searchmetrics 2014).

Mit der zusätzlichen, rasanten Verbreitung der Smartphones nimmt die digitale Revolution im Handel ihren Lauf. Dabei stellt das Tempo und die Kraft des mobilen Webs alles in den Schatten, was bisher an Dynamik im Handel zu beobachten war: Mit den mobilen Geräten wird das „Wheel of Retailing" quasi zum Turbolader, durch den der Online-Kauf vom Schreibtisch auf das Sofa und die Straße gezogen wird und dadurch immer neue Anwendungen ermöglicht. Der Reiz in der Verwendung eines Smartphones mit integriertem Betriebssystem ist die ständige Verfügbarkeit von Informationen im Netz. An diese gewöhnt sich der Nutzer schnell, da sie den Alltag erleichtern können und einen Mehrwert bieten (Go-Smart-Studie 2012; Negele 2011, S. 1 ff.). Die Kunden möchten das mobile Internet und dessen Anwendungen im Mobile Shopping möglichst ohne Barrieren nutzen können. Bei der Wahl des Smartphone spielt das Betriebssystem des mobilen Endgerätes eine maßgebliche Rolle, da dieses die einfache und schnelle Bedienung erst möglich macht (vgl. Negele 2011, S. 1 ff.). Je nach Herkunft eines Betriebssystems, der technischen Ausstattung der Hardware und der Marktregion, können die mobilen Endgeräte in ihren Funktionen und Möglichkeiten voneinander abweichen. Im Allgemeinen stehen die Hersteller unter einem enormen Innovationsdruck, denn der Lebenszyklus eines mobilen Endgerätes auf dem Markt liegt gerade einmal bei acht Monaten, bevor es durch eine neue Entwicklung theoretisch ersetzbar wird (vgl. Klopfleisch 2009, S. 56). Die Auswahl an Smartphones ist sehr groß. Meist nutzen verschiedene Hardware-Hersteller ein und dasselbe Betriebssystem für ihre Endprodukte. Mittlerweile dominiert aber das Google-Betriebssystem Android neben dem iPhone OS die Szene (ZDNet 2013 auf Basis von Gartner).

Abb. 4.2 Entwicklung Device-Nutzung. (Quelle: searchmetrics 2014)

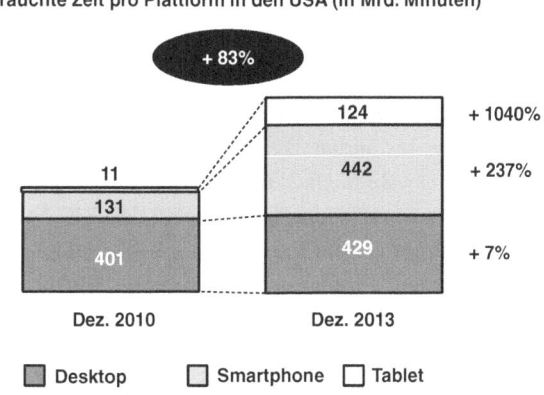

4.1.2   Gängige Anwendungen im Mobile Commerce

Das mobile Internet eröffnet Handelsunternehmen neue Chancen und gibt Raum für neue Geschäftsmodelle. Diesbezüglich können Innovationen wie z. B. die GPS-Ortung mit Hilfe von Apps sehr hilfreich sein. Das mobile Internet kann aber auch einfach auf die schon vorhandene stationäre Webseite übertragen werden und diese durch den mobilen Zugriff unterstützen. Welchen Nutzen die verschiedenen Anwendungen im Mobile Shopping dem Kunden geben können, soll an dieser Stelle ein erster Ausblick aufzeigen, der in den späteren Kapiteln noch einmal detailliert vertieft wird (Negele 2011):

Mobile-Shopping-Webseite
Eine entwickelte mobile Webseite wird nicht betriebssystemspezifisch entwickelt und läuft theoretisch auf allen Betriebssystemen mobiler Endgeräte. Auf den zur Verfügung stehenden Webseiten ist insofern die Auswahl des Kunden nicht durch die Wahl des Betriebssystems begrenzt. Jedes Betriebssystem im Mobile Shopping besitzt einen Internet-Browser, mit dem mobile Webseiten im Netz aufgesucht werden können. Dazu ist das Installieren einer App, also Applikation, nicht unbedingt notwendig. Außerdem sind die Unternehmen für die Wartung ihrer mobilen Webseiten verantwortlich. Dies erweist sich als positiv für den Kunden im Mobile Shopping, denn bei nativen Apps muss die Aktualisierung durch den Anwender selbst geschehen (vgl. Alby 2008, S. 103 ff.). Der mobile Internetnutzer wird dabei teilweise auf die spezialisierte mobile Website-Version weitergeleitet, da er im Browser automatisch erkannt wird. Andererseits kann jedes Unternehmen auch auf der Standard-Website einen Link zur mobilen Website installieren, wenn der Kunde nicht automatisch identifiziert wird (Negele 2011). Der Zugriff auf das mobile Internet kann dem Kunden im Mobile Shopping Informationen über Preise und Produktvergleiche liefern. Deswegen wird dieser mithilfe des Browsers auch häufig auch von den Smartphone-Nutzern favorisiert und für seine Anwendungen genutzt (Negele 2011).

Mobile-Shopping-Apps
Eine App bzw. Applikation muss immer speziell für das spezifische Betriebssystem eines mobilen Endgerätes entwickelt werden und wird durch den betriebssystemeigenen Code für den Kunden ausführbar. Daraus folgt, dass dem Kunden je nach Betriebssystem nicht immer dieselbe Auswahlmöglichkeit geboten wird. Darin muss aber nicht unbedingt ein Nachteil bestehen, wenn sichergestellt wird, dass alle Funktionen ohne Einschränkung auf dem mobilen Endgerät ablaufen können. Im Gegensatz zu der mobilen Webseite greifen Applikationen unter Umständen auf bestimmte Funktionen des Smartphones zu und erlauben dadurch eine personalisierte Anwendung. Im Gegensatz zur mobilen Webseite sind Apps oft schneller zu nutzen, da sie sich in der Regel auf eine bestimmte Aufgabe oder Funktion konzentrieren (vgl. Rio mobile 2010, S. 11; Alby 2008, S. 103 ff.). Dies könnte ein Grund dafür sein, dass mittlerweile die meisten Nutzer des mobilen Internets Applikationen anwenden (vgl. Google 2012a, b). Die Umsetzung von Mobile-Shopping-Applikationen hat vor allem

in Verbindung mit dem stationären Online-Handel dann hohes Erfolgspotenzial, wenn diese unmittelbar an den bereits vorhandenen Online-Shop angeschlossen werden. Beides kann sich dann gegenseitig unterstützen und somit zum beiderseitigen Umsatzwachstum beitragen (vgl. Rio mobile 2010, S. 13; Negele 2011).

Mobile-Shopping-Services im stationären Handel
Mobile Anwendungen können auch dem stationären Handel Chancen bieten und bedeuten nicht automatisch einen Verlust für die Offline-Kanäle (vgl. Klopfleisch 2009, S. 21 f.). Wie im vorherigen Kapiteln bereits geschildert wurde, wird es über mobile Services bzw. Location-based Services sogar möglich, auch Kunden in die Geschäfte zu locken. Diesbezüglich gibt es verschiedene Service-Funktionen, die ein Händler in Form von Mobile-Shopping-Apps seinen Kunden bereitstellen kann. Die Funktion des Store-Locators gehört mittlerweile schon fast zu den Grundanwendungen einer App, da sie eine große Hilfe ist, den Kunden auf einfachstem Wege ins Geschäft zu locken.

Über die Ortung via GPS kann der Standort des Kunden durch die Position seines Smartphones genauestens festgelegt werden und mit den im Internet vorhandenen Informationen aus seiner Umgebung abgeglichen werden. Anhand grafischer Darstellungen kann ein Einzelhändler so auf die nächstgelegene Filiale hinweisen (vgl. Rio mobile 2010, S. 14). Viele Filialisten nutzen diese Möglichkeit bereits in Form eines Store-Locators. Dieser macht es möglich, die nächste Filiale automatisch zu orten, egal an welchem Standort der Welt sich der Nutzer gerade befindet. Ein Nachteil dieser Service–Funktion besteht allerdings darin, dass nur Kunden angesprochen werden, die von vornherein schon die Absicht besitzen, ein bestimmtes Geschäft aufzusuchen. Von Vorteil ist es daher, wenn eine Service-Anwendung automatisch Hinweise und Angebote liefert, sobald sich ein Kunde in der Nähe des Geschäftes aufhält. Dieses ist auf Basis von Geo-Targeting möglich. Location-based Services (LBS) können den Kunden, die sich gerade in der Nähe des Geschäftes aufhalten und dem Dienst zugestimmt haben, gezielt per SMS oder E-Mail anschreiben und Informationen über aktuelle Angebote zustellen. Welche Anwendungen des Mobile Commerce der Smartphone-User in welchem Ausmaß bereits nutzt, ist zusammenfassend in Abb. 4.3 dargestellt.

4.1.3 Tablet-Shopping und Zukunftsaussichten des Mobile Commerce

Bei Betrachtung der mobilen Umsätze der großen E-Commerce-Anbieter birgt Mobile Commerce offensichtlich ein enormes Potenzial für die Einzelhändler. Mit rund 10,0 Mrd. EUR Umsatz in 2015 bewegt sich der Anteil des Mobile Commerce am Online-Handel bereits bei über 23 % und wächst weiterhin überproportional (bevh 2016; eWeb Research Center 2015). Hinzu kommen App- und Service-Umsätze u. a. für Tickets und Downloads in Milliardenhöhe, die nicht in die Einzelhandelsumsätze eingehen. Online-Händler wie u. a. vente-privee tätigen bereits über 50 % ihrer Verkäufe über das mobile

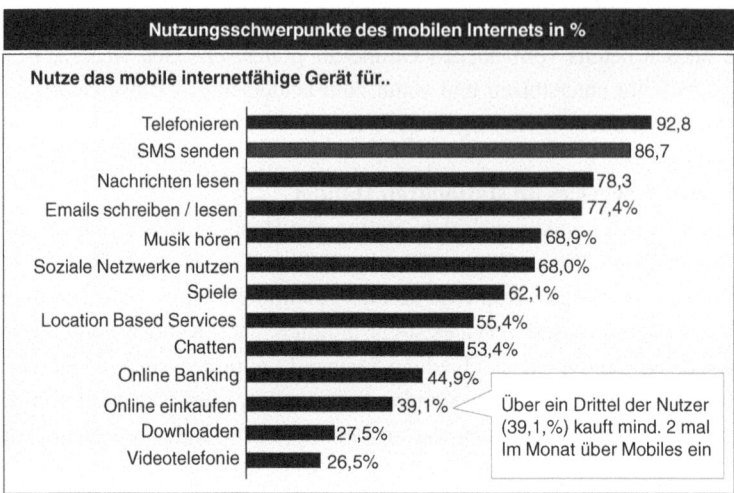

Abb. 4.3   Smartphone-Nutzung. (Quelle: AGOF 2013)

Internet (Heinemann und Nentwich 2016). Umsatzprognosen gehen davon aus, dass bis 2020 mehr als ein Drittel der Online-Umsätze für Waren bereits über Mobile Devices gemacht werden, ohne die enorme Zubringerfunktion dieser Geräte für die anderen Handelsformen zu berücksichtigen. Umso mehr muss erstaunen, dass in Deutschland nicht einmal die Hälfte aller Online-Shops mobil optimiert ist. Auch der aktuelle Trend der Konsumenten zu mehr Mobilität und Ubiquität belegt, dass das M-Shopping in Zukunft deutlich an Bedeutung gewinnen wird. (kaufDA 2015; Zander 2011).

„Das Handy ersetzt nicht den Heim-PC. Es ersetzt Kaugummi und Zigaretten" (Küllenberg und Quente 2006, S. 169). So hieß es noch in der Smartphone-Vorzeit. Mittlerweile setzt sich das mobile Endgerät in der Form eines Smartphones in der Bevölkerung immer mehr durch. Dabei geht die Entwicklung immer mehr dahin, dass das Mobile ein Multifunktionsgerät wird, das neben der IP-Telefonie nützliche Features wie Uhr, Kamera, MP3-Player, Navigation und Internetfunktionen in einem Gerät integriert. Abb. 4.4 belegt den Trend zu Smartphones. Demnach erfolgte in 2014 in Deutschland ein Absatz von rund 29,6 Mio. Smartphones, was einer Steigerung von gut 12 % zum Vorjahr entspricht.

Weitaus gewichtiger wird in Zukunft die Bedeutung des mobilen Internets für das stationäre Geschäft sein. So steigt die Rolle des mobilen Internets zur generellen Kaufvorbereitung stetig und beeinflusst nachhaltig den Kauf im Laden, wie bereits im vorherigen Kapitel ausgeführt wurde.

Smartphone-Shopping substituiert Tablet-Shopping
Die Verwendung von Tablet-PCs gilt nach bisherigen Definitionen nicht dem Mobile Commerce. Bislang wurde zur Abgrenzung zum klassischen Online-Handel das Notebook – als Möglichkeit des M-Shoppings – ausgeschlossen, da es in seinen Möglichkeiten dem stationären PC zu ähnlich ist (zum Beispiel hinsichtlich Displaygröße, Eingabemöglichkeiten etc.). Da der Tablet-PC allerdings eher einen Zwitter zwischen Smartphone und Notebook

Abb. 4.4 Smartphone-Absatz in Deutschland. (Quelle: Bitkom 2014)

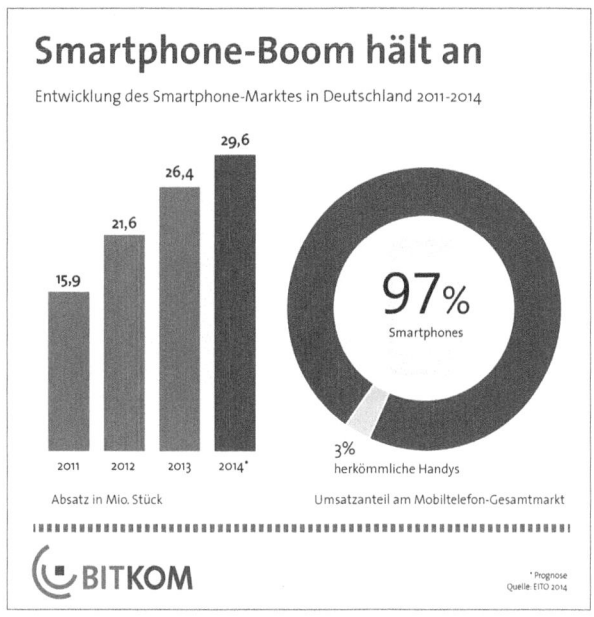

darstellt, der über Zusatzdevices auch eine Telefonmöglichkeit zulässt, ist die bisherige Ausgrenzung gegenüber dem Mobile Commerce nicht aufrecht zu erhalten. Häufig werden Smartphone und Tablet-PC in Doppelfunktion und mit einer Doppel-Twin-Karte für unterwegs genutzt. Der Tablet-Computer ermöglichte dabei bisher bessere Lesemöglichkeiten über das größere Display. Bei Zeitungen erfordert die neue Formatierung andere Seitenumbrüche und daher bei gleichzeitiger Herausgabe unterschiedlicher Formate höhere Produktionskosten. Tablets erlebten bis 2013 einen regelrechten Boom mit rund 8 Mio. verkauften Geräten pro Jahr, wiesen jedoch in den letzten beiden Jahren einen stagnierenden bis rückläufigen Trend auf, der im letzten Quartal 2014 sogar zu 14 % Absatzrückgang führte. Die Absatzentwicklung ist in Abb. 4.5 dargestellt.

Treiber der Entwicklung weg vom Tablet-Computer hin zum Smartphone sind sicherlich die größeren Formate und die bessere Lesbarkeit der Oberflächen. Hinzu kommt der Wunsch, das Gerät unterwegs und „anytime and anywhere" nutzen zu können (kaufDA 2015). Insofern spielt vor allem die Mobilität als Mobile-Commerce-Mehrwert eine herausragende Rolle.

4.1.4 Mobile-Commerce-Mehrwerte

Mobile Commerce bietet den Kunden Vorteile in Form sogenannter Mobile-Mehrwerte, zu denen Mobilität, Erreichbarkeit, Kontextsensitivität und Identifikation gehören (Pichlmeier 2010).

- **Mobilität:** Der Nutzer einer mobilen Technologie ist weder an einen bestimmten Ort noch an eine bestimmte Zeit gebunden. Die physische Präsenz ist frei wählbar,

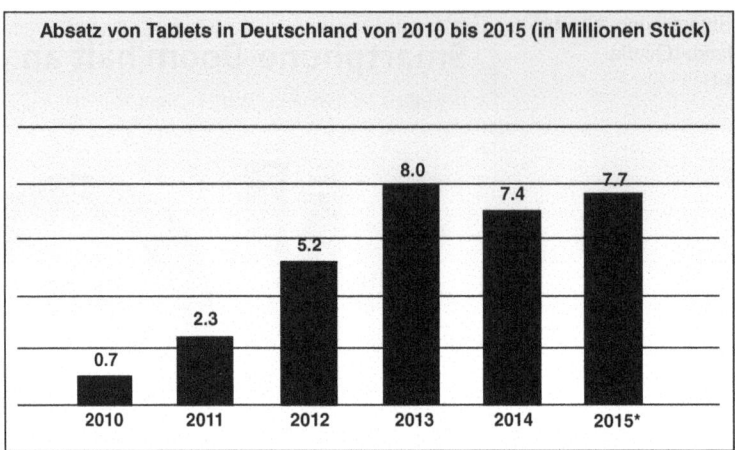

Abb. 4.5 Absatz von Tablets in Deutschland von 2010 bis 2015. (Quelle: Statista 2016b)

soweit die mobile Netzversorgung gegeben ist, was die wohl einzige Nebenbedingung sein dürfte. Die Allgegenwärtigkeit der Informationssysteme lässt sich auch mit dem Begriff Ubiquität kennzeichnen, die durch den Ad-hoc-Zugang im Mobile Commerce einen zusätzlichen „Added Value" erhält.

- **Erreichbarkeit:** Der mobile Nutzer ist zu jeder Zeit an jedem Ort erreichbar, soweit die mobile Netzversorgung gegeben ist. Dieses ermöglicht proaktive Dienste – wie z. B. Kauf- oder Verkaufsempfehlungen von Aktien – oder eine synchrone Kommunikation zwischen Nutzern. Die rasante Verbreitung von SMS im Vergleich zur WAP-Technologie ist zweifelsohne auf die Erreichbarkeit der Teilnehmer zurückzuführen sowie aber auch auf die horrenden Minutenpreise für die Online-Zeit bei der WAP-Nutzung.
- **Kontextsensitivität:** Die für den User relevanten Dienste lassen sich dadurch eingrenzen und aktiv anbieten, indem sein Umfeld erfasst und ausgewertet werden kann. Ein Tourist in einer fremden Stadt wird andere Informationen benötigen als ein Geschäftsreisender. Auch dürften sich die Präferenzen je nach Tageszeit verändern, die sich ja auch an gelernten Öffnungszeiten oder Anlässen (z. B. Konzertbesuche oder Theater) orientieren. Die mobilen Technologien ermöglichen dabei, auf jede Art von Kontext einzugehen. So nehmen ortsbezogene Dienste Bezug auf den lokalen Kontext, während aktuelle Zeitpunkte oder Stundenangebote sich auf den zeitlichen Kontext beziehen. Der persönliche Kontext wird in Präferenzen und persönlichen Eigenschaften berücksichtigt. Kontextsensitivität ermöglicht dabei insbesondere den Einsatz von LBS (Location-based Services).
- **Identifikation:** Auch die Identifizierungsfunktion der Nutzer stellt einen mobilen Mehrwert dar. Aufgrund der Gerätenutzerzuordnungen ist für viele Anwendungen der Besitz eines Endgerätes für die Identifikation ausreichend. Dieses schließt zusätzliche Authentifizierungen nicht aus, z. B. zur Autorisierung von Zahlungen durch PIN–Eingabe. Durch die Verwendung mobiler Signaturen können zusätzliche Sicherheitsanforderungen erfüllt werden.

Ein wesentlicher Grund für die teilweise noch bedingte Nutzung des mobilen Internets liegt in der Art des Vertrages mit dem Netzanbieter. In den klassischen Mobiltelefonverträgen oder auch Prepaid-Tarifen der Mobilfunkbetreiber wird die Nutzung des mobilen Internets zum größten Teil minuten- oder datenvolumenabhängig abgerechnet. Die Angst, die Monatsrechnung in die Höhe zu treiben, hemmte bisher (noch) die Nutzung des mobilen Internets und damit des Mobile Shoppings mit dem Smartphone (vgl. kaufDA 2015). Es ist aber damit zu rechnen, dass sich auf absehbare Zeit durch geänderte Datentarife und vergrößerte Displays die bisherigen Hinderungsgründe weitgehend auflösen werden.

4.2   Technologische Grundlagen des Mobile Commerce

Da die Verbreitung des Mobile Commerce beziehungsweise des M-Shoppings wesentlich durch die Entwicklung von schnelleren Übertragungstechnologien, bedienungsfreundlicher mobiler Endgeräte im Zusammenhang mit mobilen Betriebssystemen sowie aktuellen technologischen Trends beeinflusst wird, sollen diese Aspekte besonders gewürdigt werden (Heinemann 2016; BITKOM und Goldmedia 2008, S. 11).

4.2.1   Mobile Übertragungstechnologien

Als wesentliches Hindernis bei der Smartphone-Nutzung muss – auch aus Kundensicht – immer noch die UMTS-Mobilfunktechnik angesehen werden (kaufDA 2015). Sie sollte ursprünglich als Wachstumsmotor für das mobile Internet gelten, kann aber dem gestiegenen Datenvolumen im Mobilfunk schon lange nicht mehr gerecht werden und gilt inzwischen als überholt (vgl. Kowalewsky 2010, S. A7; Spehr und Jörn 2010, S. T1). Die explosionsartige Zunahme des Datenverkehrs per Mobiltelefon wird gefördert durch den verstärkten Preisverfall bei der Netztechnik, wodurch immer günstigere Angebote für mobiles Surfen möglich werden. In Hinblick auf das heutige Datenvolumen hat sich UMTS in der Rückschau als Fehlschlag erwiesen. Insofern weisen die in 2010 versteigerten neuen Mobilfunkfrequenzen den Weg in die Zukunft: „Long Term Evolution (LTE) ist ein Paradigmenwechsel, es ist die vierte Mobilfunkgeneration, die alles besser machen soll – mehr Kapazität, höhere Bandbreiten, bessere Funkabdeckung – und das zu geringeren Kosten" (vgl. Spehr und Jörn 2010, S. T1). Derzeit bauen die Mobilfunker ihre LTE-Netze vor allem schwerpunktmäßig in den ländlichen Regionen auf. Das erfolgt auf Basis langwelliger Frequenzen, die in der Vergangenheit von Rundfunksendern genutzt wurden. Diese haben den Vorteil, dass die Rundfunksender die Frequenzen wegen der Umstellung auf digitale Technologien nicht mehr benötigen und beim Aufbau derartiger Netze weniger Funkstationen errichtet werden müssen. Die UMTS-Nachfolgetechnologie wird in Deutschland im Gegensatz zu 3G für die UMTS-Technik HSPA+ offiziell mit 4G bezeichnet. Allerdings entspricht nach der offiziellen Definition der Internationalen

Fernmeldeunion das heutige LTE nicht den 4G-Standards und muss somit eigentlich noch als 3G gelten. Sicherlich ist es aber nur noch eine Frage der Zeit, bis diese Standards erfüllt sind (Die Welt 2011b).

Auf die Frage, welche Technologien sich als das Mobilfunksystem der vierten Generation (4G) durchsetzen werden, existieren unterschiedliche Meinungen: Für die einen gilt das „Long Term Evolution" (LTE) als das „mobile Supernetz", die anderen sehen Technologien wie „Worldwide Interoperability for Microwave Access" (WiMAX) oder „IP Multimedia Subsystem" (IMS) an vorderster Stelle (vgl. Alby 2008, S. 30 f.; Bernauer 2008, S. 24, 26 ff.). Egal welche dieser Optionen sich durchsetzen werden, klar dürfte sein, dass derartige Übertragungstechnologien in jedem Fall die für M-Shopping erforderlichen Kapazitäten in naher Zukunft bereitstellen müssen. Denn in der Verbreitung des Mobilfunks, also den Netzen der Zukunft, sieht die Situation dramatisch aus: So kommt Deutschland bei der breitbandigen Mobilfunkversorgung nur auf den 23. von 34 Plätzen. Und das trotz der in den Berichten der Ministerien hochgelobten und angeblich hohen LTE-Verfügbarkeit. Damit reiht sich unser angeblich so hoch entwickeltes Land in die Schlusslichter Slowenien, Portugal, Mexiko oder Griechenland mit ein. Per Ende 2014 surften hierzulande rund 63,9 % der Smartphone- und Tablet-Besitzer breitbandig durchs mobile Netz. Die durchschnittliche Durchdringung in den OECD-Staaten liegt demgegenüber jedoch schon bei 81,3 %. Auf eine mobile Breitbandpenetration von über 100 % kommen sogar die Länder Finnland, Australien, Japan, Schweden, Dänemark, Korea und die USA, weil Nutzer dort häufig mit mehreren Mobilgeräten im Internet unterwegs sind (OECD 2015; Heise 2014). Hinzu kommt, dass die Qualität des mobilen Breitbandnetzes mit nur 5,4 MBit/s Übertragungsrate relativ schlecht ist (Global Digital Report 2015). In Abb. 4.6 ist die OECD Breitbandstatistik für mobiles Internet aller OECD-Länder für 2014 dargestellt (OECD 2015).

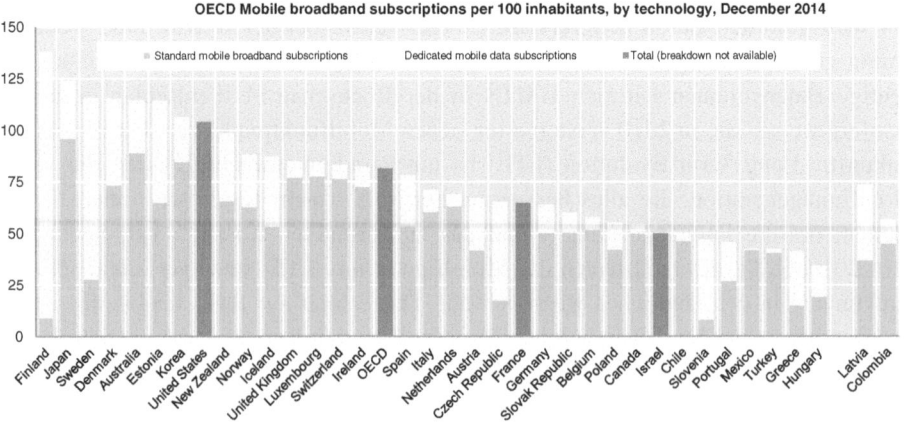

Abb. 4.6 OECD Breitbandstatistik für mobiles Internet 2014. (Quelle: OECD 2015)

4.2.2 Mobile Endgeräte

Mobile Endgeräte sind der Schlüssel zum mobilen Internet und somit zum Mobile Shopping. Das stetige Entwickeln neuer Gerätetypen wirft die Frage auf, was denn genau unter dem Begriff des mobilen Endgerätes verstanden wird (vgl. Negele 2011, S. 3). In der Abb. 4.7 werden die verschiedenen Gerätetypen klassifiziert und ein mobiles Endgerät definiert (vgl. Scholz 2010), wenn als wichtigste Grundfunktion mobiler Endgeräte im Mobile Shopping die Sprach- und Datenkommunikation angesehen werden kann. Erst die Datenkommunikation ermöglicht den Zugang zum Internet und verbindet somit den Anbieter mit dem Kunden. Die folgenden drei wesentlichen Merkmale sind die Grundeigenschaften, welche ein mobiles kommunikationsfähiges Endgerät mitbringen muss, und bilden die drei Achsen der Matrix (vgl. Negele 2011; Scholz 2010):

- Lokalisierbarkeit
- Erreichbarkeit
- Ortsunabhängigkeit

Je nach Charakter des Gerätetyps kann dies in die Matrix übertragen werden. Dabei sind als mobile Endgeräte die Gerätetypen klassifiziert worden, bei denen die Grundeigenschaften jeweils am höchsten ausgeprägt sind. Das Mobiltelefon und das Smartphone können dementsprechend als mobiles Endgerät definiert werden (vgl. Negele 2011; Scholz 2010).

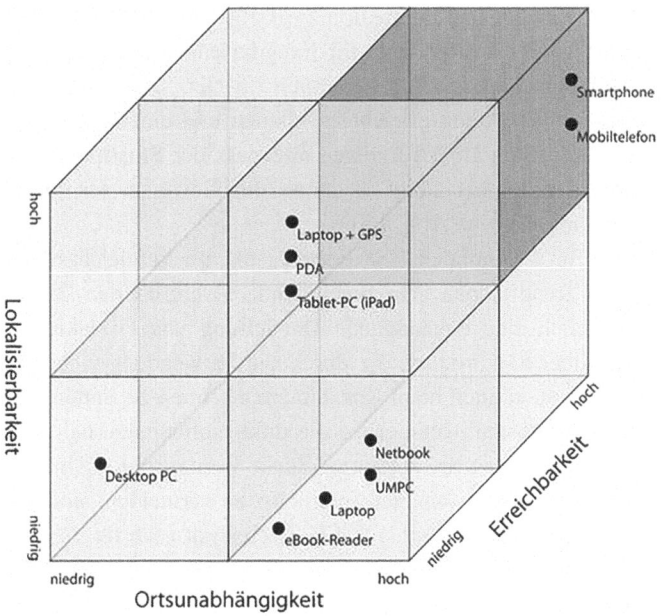

Abb. 4.7 Klassifikation mobiler Endgeräte. (Quelle: Scholz 2010)

Voraussetzung für das Surfen im mobilen Internet ist ein grundsätzlich internetfähiges Gerät. Eine „schnelle" Verbindung ins mobile Netz via UMTS ist nur mit einem speziellen, UMTS-fähigen Gerät möglich. Diesbezüglich sind die auf dem Markt erhältlichen Mobiltelefone/Handys heute fast ausnahmslos UMTS-fähig (vgl. Bernauer 2008, S. 26 ff.). Handys unterscheiden sich dabei vor allem durch ihre kleinere Größe von den Smartphones. Smartphones sind eine Mischung aus Mobiltelefon und PDA, die für sich genommen eigentlich keine Telefoniefunktion besitzen. Sie besitzen i. d. R ein größeres Display als Mobiltelefone und können eine höhere Anzahl von Farben darstellen (vgl. Bernauer 2008, S. 27, 28 ff.). Sie können gewöhnlich mit einem Finger oder Stift bedient werden. Sowohl die Displaygröße als auch die Eingabemöglichkeiten des Smartphones ermöglichen im Vergleich zum Mobiltelefon eine einfachere und komfortablere Nutzung des mobilen Internets. Da der Absatz dieser Geräte steigt, befinden diese sich eindeutig auf dem Vormarsch (vgl. Bernauer 2008, S. 28).

Trotz steigender Kapazität und zunehmender Leistung fallen zunehmend die Gerätepreise. Dies macht die internetfähigen Smartphones für Kunden immer attraktiver (ntv 2015). So ist nachvollziehbar, dass viele Kunden zu Smartphones mit integrierten Betriebssystemen greifen, die zusätzlich zur Internetfunktion auch weitere Mehrwerte, wie den Personal Information Manager, bieten (Negele 2011). Grund für die vermehrte Nutzung von Smartphones sind zum einen die verbesserte Oberfläche mit benutzerfreundlichen Touchscreens und zum anderen aber auch die besser werdenden Übertragungskapazitäten. „Durch die haptische Navigierbarkeit innerhalb von Inhalten und Anwendungen verliert die Nutzung ihre Virtualität. Das Internet wird zum „anfassbaren Erlebnis" (Go-Smart-Studie 2012). Auch die Kombination von berührungsempfindlichen Touchscreens, Sprach- und Texteingabe, Kamera oder Bewegungssensor eröffnet ein breites Spektrum für Eingabe und Interaktion. (vgl. Rio mobile 2010, S. 11).

Die Verwendung eines Smartphones mit integriertem Betriebssystem hat den Reiz einer ständigen Verfügbarkeit von Informationen im Netz. An diese gewöhnt sich der Nutzer schnell, da sie den Alltag erleichtern können und einen Mehrwert bieten (Go-Smart-Studie 2012). Haak et al. 2013 zeigen auf, dass der Smartphone- und vor allem Tablet-Bestand bis 2015 deutlich steigt. Beide werden Gewinner der Endgeräte sein und das PC-Wachstum dämpfen (vgl. Abb. 4.8).

Charakteristisch für die mobilen Endgeräte ist das im Vergleich zum Desktop sehr kleine Display. Der Trend jedoch geht zunehmend zu vergrößerten Displays, da kleine Handydisplays lediglich eine ungenügende Darstellung von Produkten erlauben. Falsche Vorstellungen über das Produkt, die durch die Verwendung eines zu kleinen Displays verursacht werden, können beim Konsumenten schnell zu Enttäuschungen führen. Diese sind besonders wirksam, wenn er das Produkt schließlich erhält und es nicht den Erwartungen entspricht, sodass es zurückgeschickt werden muss. Um diese negativen Shopping-Erlebnisse beim Konsumenten möglichst zu vermeiden, sind größere Handydisplays erforderlich (vgl. Zander 2011, S. 17). Dieses gilt auch für die Altersgruppe der 14- bis 29-Jährigen, die noch die meisten Smartphone-Nutzer stellt (vgl. Negele 2011, S. 9; BITKOM 2010).

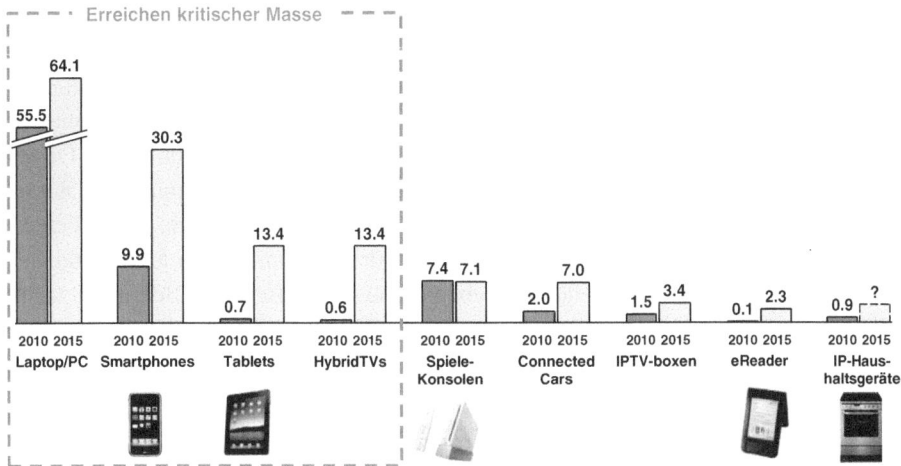

Abb. 4.8 Endgeräte-Bestand 2010 bis 2015 in Millionen. (Quelle: Haak et al. 2013)

4.2.3 Mobile Betriebssysteme

Smartphones sind mit einer Software ausgestattet, dem Betriebssystem, welche die komplexe Bedienung dieses Gerätes erst ermöglicht. Betriebssysteme spielen eine zentrale Rolle bei der Nutzung des mobilen Internets. Die Beantwortung der Frage, welche aktuellen Betriebssysteme dem Kunden im Mobile Shopping zur Verfügung stehen, erfordert zunächst eine Bestandsaufnahme der gängigsten Betriebssysteme. Im Fokus stehen sieben verschiedene Betriebssysteme unterschiedlicher Herkunft.

Android

Das Betriebssystem Android OS wurde gemeinsam von mehreren führenden Unternehmen der Open Handset Alliance (OHA) entwickelt. Die OHA wurde am 5. November 2007 unter Führung von Google und 33 weiteren Unternehmen aus den Bereichen Mobile Operators (T-Mobile, Telefónica), Semiconductor (Intel Corporation), Handset Manufacturers (LG Electronics, Samsung Electronics), Software (eBay) und Commercialization (Wind Rivers System) ins Leben gerufen. Zeitgleich veröffentlichte die neu gegründete OHA den offiziellen Start von Android OS (vgl. Mosemann und Kose 2009, S. 1 ff.). Danach übernahm Google das Unternehmen Android mit dem Vizepräsidenten für Entwicklung Andrew Rubin, dem der heutige Erfolg zum größten Teil zu verdanken ist (vgl. Eckstein et al. 2010, S. 9). Aktuell verfügt die OHA über 79 Mitglieder. Das Betriebssystem Android OS ist auf der Basis des Linux-Betriebssystems aufgebaut. Endgerätehersteller können Android OS kostenlos verwenden, um ein mobiles Endgerät zu entwickeln. Lizenzgebühren werden nicht fällig. Dieses wirkt sich positiv auf die Markterschließung preisgünstiger Smartphones aus. Ein Großteil des Betriebssystems Android OS ist durch die Open-Source-Lizenz für Applikationsentwickler geöffnet, sodass

Android OS in der Open-Source-Community aktiv Projekte mobiler Endgeräte und Anwendungen unterstützt. User von Android OS sind nicht an die auf dem Smartphone vorhandenen Apps gebunden, da das Betriebssystem auch Applikationen von Drittanbietern erlaubt. Das Android OS baut durchgehend auf der Touchscreen-Technologie auf. Das erste mobile Endgerät mit dem Betriebssystem Android OS war das HTC Dream, welches unter dem Namen T-Mobile G1 vermarktet wurde. Es kam erstmals im Oktober 2008 in den USA auf den Markt. Die Einführung in Deutschland folgte am 2. Februar 2009 (vgl. Mosemann und Kose 2009, S. 1 ff.). Android ist mit einem Marktanteil von 75,1 % eindeutiger Marktführer der Betriebssysteme in Deutschland. Bereits 18 % der Android-Nutzer kauften in 2014 häufig mobil ein (Weitekamp 2014). Anhand der weiten Verbreitung des OS ist dieser Wert nicht unerheblich. Die aktuelle Android Version „KitKat 4.4.2", welche anfangs nur schleppend bei den Herstellern ankam und auf wenigen Android-Geräten vertreten war, wird immer öfter auf den Smartphones angeboten (Heinzel 2014). So zogen die großen Hersteller wie LG, HTC oder Samsung besonders ab Mitte 2014 mit der aktuellen KitKat Version nach, die entweder per Update für ältere Modelle zur Verfügung steht oder auf den neuen Geräten bereits vorinstalliert ist. Wegen der hohen Anzahl der verschiedensten Android-Versionen, die von vielen Herstellern mit einer eigenen Oberfläche zusätzlich versehen werden, ist deren Vergleich mit anderen Betriebssystemen kaum noch möglich (Heinzel 2014).

iOS
Nach langen Spekulationen veröffentlichte Apple am 9. September 2007 erstmals Informationen zum iPhone. Knapp ein halbes Jahr später wurde das erste Apple iPhone über die Ladentheke verkauft (vgl. Alby 2008, S. 110). Das Betriebssystem iPhone OS wurde von Apple gezielt entwickelt. Bemerkenswert ist, dass Apple bis heute nur vier ähnlich aussehende Smartphones auf den Markt brachte, die sich konzeptionell nahezu gleichen. Das iPhone OS basiert auf dem Computerbetriebssystem Mac OSX, welches wiederum von dem Betriebssystem Unix abstammt (vgl. Eckstein und Theiss 2010, S. 9). Die aktuellste Version von Apple stellt das iOS 7 dar, die seit dem 18. September 2013 downgeloadet werden kann. Apples' Betriebssystem iOS weist in Deutschland gegenüber Android nur einen vergleichsweise schwachen Marktanteil von 16,2 % auf. Jedoch nimmt iOS im Mobile Commerce einen Sonderstatus ein. Rund 39 % der Apple-User kaufen regelmäßig Produkte über ihr Smartphone, womit sie deutlich vor Android liegen (Weitekamp 2014). Dennoch gingen mit der Version iOS 7.1 einige Probleme einher, die das Betriebssystem gegenüber der Konkurrenz schwächeln ließen. Das im März 2014 veröffentlichte Update hat bei einigen Apple-Produkten, wie dem damaligen Smartphone-Flaggschiff iPhone 5S, erhebliche Probleme mit der Akkulaufzeit, ruckelnden Lockscreens und gelegentlichen App-Abstürzen verursacht.

Windows Phone
Das erste Microsoft-Betriebssystem für mobile Endgeräte wurde 1996 vorgestellt. Der Name Windows CE stellte sich aber als weniger werbewirksam dar. Deswegen wurde

beschlossen, das Betriebssystem in Pocket PC umzubenennen. Je nach Endgerät folgten weitere Bezeichnungen für das gleiche Betriebssystem, wie z. B. Pocket PC Phone Edition, Microsoft·Smartphone und Handheld PC 2000. Mit der Einführung von Windows Mobile 5 fand schließlich auch eine Systematisierung in der Bezeichnung statt, wonach alle mobilen Endgeräte die Bezeichnung Windows Mobile tragen sollten. Die Betriebssysteme Mobile 5 und 6 gab es – ähnlich wie bei Windows – in verschiedenen Versionen. Diese waren in den Versionen Professional, Classic und Standard klar verständlich für Kunden und Entwickler (vgl. Immler und Kaiser 2010, S. 9). Windows Mobile startete Ende 2010 einen Neuanfang, da es mit den Touchscreen-Fähigkeiten anderer Betriebssysteme nicht mehr mithalten konnte (vgl. Immler und Kaiser 2010). Mit der Einführung des aktuellen Betriebssystems Mobile Phone 7 wurde auch die Systematisierung der Bezeichnung erweitert. Demnach werden alle mobilen Endgeräte – ob mit oder ohne Touchscreen – Mobile Phone genannt (vgl. Immler und Kaiser 2010, S. 9). Mit dem aktuellen Betriebssystem stellt Microsoft lediglich die Software bereit. Die Hardware übernehmen Unternehmen wie LG, HTC oder Samsung. Die aktuelle Version Windows Phone 7 hat nicht viel mit Windows Mobile gemeinsam. Der Grund dafür liegt darin, dass Windows Mobile für Smartphones entwickelt wurde, bei denen die Eingabe des Nutzers über einen Eingabestift, nicht aber über Touchscreen, erfolgt (vgl. Eckstein et al. 2010, S. 15). Durch die Übernahme von Nokia und damit von Symbian ist Microsoft deutlich besser gerüstet für die mobile Zukunft als bisher. Der Ursprung des Symbian OS geht auf das Jahr 1981 zurück, als der Physiker David Potter die Firma Psion gründete. Im Juni 1998 wurde die unabhängige Firma Symbian von Psion, Motorola, Nokia, Ericsson und Panasonic gegründet (vgl. Gerlicher und Rupp 2004, S. 4 ff.). Der Gründung gingen zahlreiche Entwicklungen mobiler Endgeräte und Betriebssysteme voraus. Das Hauptziel bestand darin, die Lücke zwischen Mobiltelefonen und Personal Digital Assistant zu schließen. Genau 10 Jahre nach der Gründung kaufte Nokia alle Anteile seiner Partner auf und gründete die Symbian Foundation. Diese zählte bis Oktober 2010 fünfzig Mitglieder mit Unternehmen wie Samsung, AOL, MySpace, VISA, Ericsson, SanDisk Corporation, T-Mobile und Vodafone. Die Symbian Foundation unterstützt seit 2010 das Prinzip des Open-Source-Systems, da man sich dadurch gute Innovationsentwicklungen verspricht. Symbian OS wird durchgängig mit einer gesonderten Benutzeroberfläche versehen, sodass bei Touchscreens die optimierte Version Symbian^3 verwendet werden muss (vgl. Eckstein und Theiss 2010, S. 9; Alby 2008, S. 109). Im Vergleich liegt Windows Phone von Microsoft auf Platz 3 in Deutschland. Im Vergleich zum Vorjahr konnte Windows Phone mit 2,9 % punkten seinen Marktanteil auf 6,8 % verbessern, und rückt demnach hierzulande mehr in den Fokus der Smartphone-User (Heinzel 2014).

BlackBerry OS
Die Blackberry-Produktlinie steht für das kanadische Unternehmen Research in Motion (RIM) mit Hauptsitz in Waterloo, Ontario. Dieses wurde 1984 von Mike Lazaridis gegründet und entwickelt sowohl die Hard- als auch die Software selbstständig. Das erste Blackberry Smartphone wurde 1999 auf den Markt gebracht (vgl. Eckstein und

Theiss 2010, S. 9; Research in Motion Limited 2010). Allerdings ist das Blackberry, wie es von den Funktionalitäten her heute verwendet wird, erst seit 2002 auf dem Markt. Den hohen Bekanntheitsgrad erlangte das Blackberry durch die Push-E-Mail-Funktionalität (vgl. Alby 2008, S. 108). Dabei müssen die E-Mails nicht mehr manuell abgeholt werden, sondern werden über Mobilfunknetze auf das Gerät „gepusht", was alle anderen vorhandenen PDA-Funktionalitäten in ihrer Popularität übertrifft (vgl. Alby 2008, S. 108). Durch die kontinuierlichen Anpassungen der Betriebssysteme an die Nutzerwünsche entstand die Version OS 6. Im Gegensatz zum Betriebssystem Windows Phone 7 überholte Research in Motion nie komplett das Betriebssystem, sondern erweiterte stets die vorhandenen Versionen im Sinne einer evolutorischen Entwicklung (vgl. Eckstein et al. 2010). Die neue Version unterstützt zum ersten Mal in der Geschichte von Research in Motion ein Touchscreen-fähiges Smartphone. Das aktuellste Betriebssystem von BlackBerry ist als Version OS 10.3 erschienen. BlackBerrys Marktanteil liegt allerdings nur noch bei 0,8 %.

Sonstige

Auf dem Mobile World Congress 2014 in Barcelona wurden das zweite Firefox-Smartphone ZTE Open C und das finnische Jolla-Phone mit neuem Betriebssystem vorgestellt (Heinzel 2014). Bis zum heutigen Standpunkt ist jedoch noch kein richtiger Vergleich mit den Betriebssystemen Sailfish OS (Jolla) und Firefox OS möglich. Bei Jolla liegen nur erste Tests von Europas größtem Magazin zur Telekommunikation „Connect" vor, bei welchem es noch nicht überzeugen konnte. Das ZTE hat noch keinen Veröffentlichungstermin und ist auch aufgrund eines fehlenden LTEs kein ernsthafter Vergleichspartner. Die im vorherigen Kapitel genannten Betriebssysteme wie Tizen, COS und Ubuntu spielen im Vergleich der Betriebssysteme auch keine Rolle, da sie noch nicht etabliert sind und Smartphones mit großem Potenzial im gehobenem Bereich bisher missen lassen.

In Abb. 4.9 sind die prognostizierten weltweiten Marktanteile der wichtigsten Betriebssysteme für 2016 denen für 2012 gegenübergestellt. Diese verdeutlichen, dass Android wegen einer Aufholjagd von Microsoft bis 2016 deutlich zurückgehen wird.

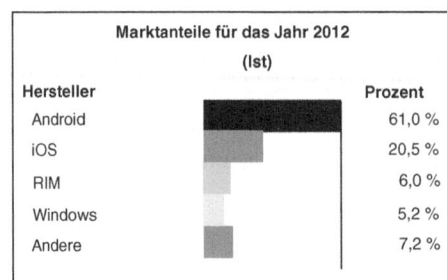
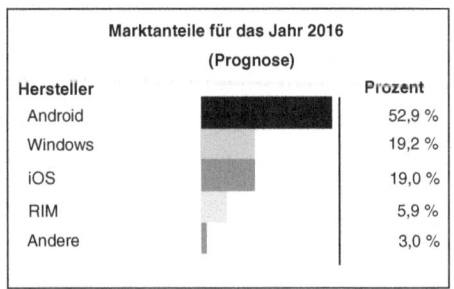

Abb. 4.9 Weltweite Marktanteile der Betriebssysteme 2012 bis 2016. (Quelle: Statista 2012; ZDNet 2013; auf Basis von Gartner 2011)

Mit der Verquickung von Telekommunikation und Informatik ist die relativ junge Disziplin der Telematik entstanden, die im Grunde auch in den Betriebssystemen Anwendung findet. Es handelt sich um die angewandte Informatik verteilter Systeme, wie dieses in miteinander vernetzten EDV-Systemen der Fall ist. Darunter fallen auch PCs, Smartphones, Mobiltelefone, PDAs, Server, Satelliten sowie andere Systeme (vgl. Negele 2011; Logara 2008, S. 22–23). Der Mehrwert des Gesamtsystems ergibt sich aus der Kommunikation zwischen den einzelnen Elementen. Die weltweite Vernetzung und ihre ständige Verbesserung haben zu einem massiven Anstieg von Telematik-Applikationen und deren Anwendungsgebieten geführt. Dabei erfolgt die drahtlose Kommunikation im Bereich der Telematik in der Regel mittels Mobilfunk. Zwar bewegt sich die Telematik noch in der Anfangsphase, jedoch ist ein starker Trend zur Verschmelzung von Technologien zu verspüren. Dieses betrifft neben der Telekommunikation und der Informatik auch das Gebiet Multimedia (vgl. Logara 2008, S. 24). Telematiksysteme finden auch Anwendung als Mautsysteme. Darüber hinaus wird die Telematik zur Steuerung von Fahrzeugflotten eingesetzt.

4.2.4 Smartphones als Cross-Technology-Plattformen

Vereinfacht gesehen gehören zu den genutzten mobilen Endgeräten Smartphones und Tablets. Beide Gerätetypen weisen verschiedene Nutzungs- und Kaufverhaltensmöglichkeiten auf. Mit Smartphones werden oft unterwegs Preise verglichen oder es wird nach kaufrelevanten Produktinformationen recherchiert, während der Kunde mit dem Tablet auf dem heimischen Sofa im Internet surft (kaufDA 2015). Die Warenkörbe sind bei Tablet-Computern deutlich größer, da hier häufiger gekauft wird (Dotsource Whitepaper 2013), in der Regel allerdings über WLAN und eher nicht über mobile Datennetze (Pakalski 2013). Der gängige Begriff dafür lautet „Sofa-Commerce", wobei Tablets eher den heimischen PC oder das Notebook ersetzen, die erst hochgefahren werden müssen. In Hinblick auf Smartphones sind die Modelle in den letzten Jahren zunehmend größer geworden. Zudem hat sich Phablet entwickelt, das sich zwischen Smartphone und Tablet eingegliedert hat. Das sogenannte Phablet ist ein Kunstwort aus einem Smartphone und einem Tablet, mit dem man telefonieren kann. Das Display weist im Gegensatz zum Smartphone einen größeren Bildschirm mit 5 bis 7 Zoll auf. Größere Formate werden oftmals als Tablet, kleinere als Smartphone bezeichnet. Die Unterscheidung und Bezeichnung unterscheidet sich von Hersteller zu Hersteller und ist noch recht unklar (Heinzel 2014). Phablets haben durch ihre Größe oft entscheidende Vorteile gegenüber den kleineren Smartphones. Dieses betrifft insbesondere folgende Aspekte (Heinzel 2014; Eckstein 2012):

- **Akkulaufzeit**: Größere Gerätegehäuse bieten Platz für größere und stärkere Akkus.
- **Display**: Die Displays sind eindeutig größer als die eines gewöhnlichen Smartphones und bieten eine bessere Darstellung von Zeitschriften, Videos und Games.
- **Empfang**: Vereinfachte Platzierung der Antennen sorgen für besseren Empfang.

Andererseits sind Phablets nicht so alltagstauglich wie die Smartphones, die auch mittlerweile Compact-Phones genannt werden. Die negativen Aspekte gegenüber einem normal großen Smartphone sind vor allem folgende (Heinzel 2014; Kaliudis 2014).

- **Bedienung**: Der Touchscreen kann meist nur mit beiden Händen bedient werden.
- **Transport**: Das Gerät mit sich zu transportieren erweist sich nicht als unproblematisch; die Hosen- und Jackeninnentaschen sind oft zu klein für die Geräte.

Trotz einiger Nachteile sind Phablets beliebt wie nie zuvor. In Asien wurden im Jahr 2013 schon mehr Phablets als Tablets und Notebooks zusammen verkauft. Grund ist, dass in den riesigen Metropolen Berufspendler Phablets bequem für die langen Strecken zu ihrer Arbeitsstelle nutzen und sich somit ihre Zeit vertreiben können. Auf diesen Trend reagieren sogar Bekleidungsunternehmen wie der Jeanshersteller Dockers aus den USA, der seine Hosentaschen zugunsten der Phablets vergrößern ließ (Computer Bild – Sonderheft 2014).

Welches Smartphone zu der Kategorie der Phablets gehört, wird oft subjektiv ausgelegt (Heinzel 2014). Das iPhone 5S hat zum Beispiel ein verhältnismäßig kleines Display von 4 Zoll. Andere Hersteller, wie zum Beispiel Samsung, liefern ihre Produkte mit einem 5,1 Zoll Display (beim Samsung S5) aus. Insofern kann Samsungs S5 als Phablet bezeichnet werden, obwohl es als Smartphone vermarktet wurde (Heinzel 2014). Andere XXL-Smartphones wie das Sony Xperia Z Ultra oder das HTC One Max haben sogar noch weitaus größere Bildschirme von 6,4 bzw. 5,8 Zoll.

Um relevante Geräte miteinander vergleichen zu können, müssen sowohl Hardwarespezifische als auch Software-spezifische Eigenschaften miteinander verglichen werden. Typische Hardware-spezifische Kriterien sind u. a. der Prozessor, die Taktfrequenz, das Smartphone-Display, die Stromversorgung bzw. Akkuleistung sowie die Speicherkapazitäten. Softwarespezifische Aspekte sind u. a. Benutzeroberfläche und Usability, Internet-Browser, Commerce-Eigenschaften wie Applikationen oder Mobile-Payment-Möglichkeit sowie Übertragungstechnologien.

Erst die technologischen Entwicklungen ermöglichen die digitale Revolution im Handel und die rasante Penetration der Smartphones. Diese wiederum fördert die Mobilisierung der Kunden und bereitet damit die netzwirtschaftlichen Grundlagen des Mobile Commerce der neuen Generation.

Die Smartphones und Tablets der neuesten Generation machen deutlich, wie sehr die Technologien bereits miteinander vernetzt und auch von der Telematik betroffen sind. Sie ermöglichen die Durchdringung des Alltags mit multimedialen Inhalten und verfügen über bis zu 32 GB oder mehr Speicherkapazität. Außerdem kann – zumindest bei iPads – eine QWERTZ-Tastatur angeschlossen werden, wodurch die Wandlung zu einem Laptop möglich wird. Die Kommunikationsmöglichkeiten reichen von UMTS, HSDPA, EDGE und GSM bis zu WLAN. Weiterhin sind mobile Internet Explorer auf den Geräten installiert und ermöglichen den Zugang zum WWW genauso komfortabel wie zu Hause am PC. Darüber hinaus verfügen die Geräte über mehrere Megapixel-starke Kameras,

E-Mail-Push-Services, MP3-Player und „GPS". Eine zweite Kamera auf der Frontseite für Videotelefonie dürfte bei den Geräten als Standard auch nur noch eine Frage der Zeit sein und damit mobil von unterwegs eine Videotelefonie auf Basis einer standardisierten Kommunikation mit anderen Geräten ermöglichen. Diese Vernetzung der Systeme führt dazu, dass zukünftig immer mehr Geräte wie z. B. die Digital-Kamera, der MP3-Player, das Navigationssystem, das Telefon und der Computer miteinander vereint werden. Dieser Entwicklung entspricht im Mobile Commerce auch der Trend zur Cross-Technology-Plattform, durch die der Einsatz von Location-based Services und das Mobile Payment möglich geworden ist.

4.3 Geschäftsmodelle im Mobile Commerce

Mobile Commerce hatte seine Anfänge bereits zu Beginn der 90er Jahre. Die ersten kommerziellen GSM-Mobilfunknetze (Global System for Mobile Communication) starteten bereits 1992 in Deutschland in etwa zeitgleich mit dem Beginn der kommerziellen Nutzung des Internets durch den Anbieter Compuserve (vgl. Pichlmeier 2010, S. 30). Aufgrund des enormen Wachstums und dem damit einhergehenden Anstieg der Mobilfunkanbieter und -teilnehmer ging diese Anfangsphase mit der Versteigerung der ersten UMTS-Lizenzen im Jahre 2000 zu Ende. Um die Jahrtausendwende platzte auch die Dotcom-Blase, wodurch die Entwicklung des E-Business und in Folge des M-Commerce nachhaltig beeinflusst wurde. Im Grunde konnte erst durch sie die transaktionale Epoche des M-Commerce in Deutschland mit echten Waren- und Dienstleistungsumschlägen eingeläutet werden. So wurde der technologische Quantensprung zunächst von etablierten Unternehmen genutzt, um den Ausbau von Datendiensten wie MMS (Multimedia Messaging Service), E-Mail oder mobilem Internet konsequent voranzutreiben (vgl. Pichlmeier 2010, S. 37). Dabei stieg der Bedarf nach smarten Endgeräten unentwegt an, wodurch sich auch die Machtverhältnisse bei den Geräteherstellern und Mobilfunkprovidern immer mehr verschoben. Im Grunde gipfelte diese Phase in der Versteigerung weiterer UMTS-Frequenzen im April 2010 durch die Bundesnetzagentur (vgl. Pichlmeier 2010).

Die unterschiedlichen Phasen des M-Commerce werden häufig aus unterschiedlichen Perspektiven dargestellt und diskutiert, die nicht vergleichbar sind. Zu Beginn der mobilen Revolution dominierten die Mobilfunkbetreiber das M-Commerce-Angebot. Dieses basierte zunächst auf den allgemeinen technologischen Rahmenbedingungen der damaligen Zeit und bezog sich sehr stark auf die Datenübertragung und Leistungsfähigkeit der Endgeräte. Insofern spielten in dieser Phase auch die Gerätehersteller eine immer größere Rolle und boten zum Teil auch eigene M-Commerce-Leistungen an. Die Dominanz der Mobilfunkanbieter und Gerätehersteller, die zunächst über die Kundenstamm- und Bewegungsdaten verfügten, ging allerdings durch veränderte Vermarktungsmodelle immer mehr zurück. So führten zunehmend die Kooperationspartner die Kundendatenerhebungen durch und verfügten so ebenfalls über erfolgskritische Informationen. Dieses ermöglichte ihnen das „Branded Resell", bei dem der Partner ebenfalls als Aushändiger

des mobilen Endgerätes fungiert und dabei auch Einfluss auf die Software des Endgerätes und die Konfiguration der SIM-Karte nehmen kann (z. B. für den Zugang zu Portalen
und Mehrwertdiensten). Zu den bestehenden M-Commerce-Technologien (IVR – Interactive Voice Response und SMS – Short Message Service) kamen die MMS und WAP-
Technologie („Wireless Application Protocol") sowie die Apps hinzu. Dabei ermöglichte
die WAP-Technologie mit einfachen Auswahlmenüs und Texteingaben internetbasierte
Transaktionen und damit den Online-Handel. Die Apps stellen ein zusätzliches Dienst-
leistungsangebot dar und beruhen auf dem jeweils verwendeten Betriebssystem.

Um die Phasen und unterschiedlichen Möglichkeiten sowie Potenziale des M-Commerce richtig zu verstehen, sollen die unterschiedlichen Perspektiven des Mobile Commerce anhand der Wertschöpfungskette verdeutlicht werden (Pichlmeier 2010).

4.3.1   Perspektive und Wertschöpfungsketten im Mobile Commerce

Die Wertschöpfungsbereiche im Mobile Commerce können vereinfacht in Infrastruktur,
Betrieb, Content, Anwendungen sowie Portale unterteilt werden. Diese werden jeweils
durch Player repräsentiert wie zum Beispiel Mobile Pure Player, Internetunternehmen,
Old Economy Players, Mobilfunkbetreiber sowie Gerätehersteller (vgl. Logara 2008,
S. 19). Die entsprechende Landkarte des Mobile Business ist in Abb. 4.10 dargestellt:

• **Die Infrastruktur** umfasst alles, was für den Betrieb von Anwendungen auf mobilen
  Geräten erforderlich ist. Dazu zählen das Mobilfunknetz, die Software-Plattformen
  sowie die Geräte selbst.

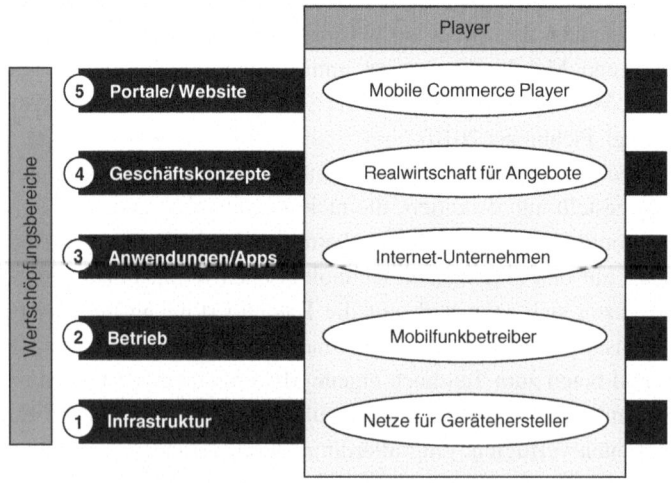

Abb. 4.10 Landkarte des Mobile Business. (Quelle. In Anlehnung an Zobel 2001, S. 4; Logara
2008, S. 22)

- **Der Betrieb** stellt die Schnittstelle zum Kunden dar. Dabei handelt es sich nicht um die Endkunden, sondern die Anbieter von subventionierten Mobiltelefonen oder Smartphones mit einem Vertrag auf dem Markt.
- **Die Anwendungen/Apps** beinhalten Businessmodelle, die sich am Kundennutzen ausrichten und zum Beispiel durch ihren disruptiven Charakter derzeit den gesamten Handel revolutionieren. Anwendungen sind insofern weit mehr als WAP-Seiten, unterscheiden sich jedoch sehr stark je nach zugrunde liegendem Geschäftskonzept. In Form von Apps werden mittlerweile für alle Arten von Services und Produkten Anwendungen angeboten.
- **Das Geschäftskonzept** wurde lange Zeit als Content angesehen, also das, was zum Abruf über das Funknetz als Information zur Verfügung gestellt wird (z. B. Bundesligaergebnisse für Fußballinteressierte). Allerdings ermöglicht die Technik heute auch das Angebot sämtlicher Produkte und Dienstleistungen mit Transaktionscharakter. Hier ist je nach Art der Transaktion eine grundlegende Unterscheidung in B2C- und B2B-Angebote erforderlich, wobei im vorliegenden Werk ausschließlich auf B2C Bezug genommen wird.
- **Die Portale** sind häufig schon mit den Internetportalen identisch und versuchen in der Regel, Anbieter von Content und Anwendungen einzubinden, um den direkten Zugang zum Nutzer zu finden.

In Hinblick auf die Player sei zunächst auf die Gerätehersteller eingegangen, die in der Regel recht bekannt sind, wie z. B. Nokia, Sony, Ericsson, Motorola oder Samsung. Demgegenüber handelt es sich bei den Mobilfunkbetreibern um Oligopole, die durch die hohen Kosten der Infrastruktur sowie die hohen Investitionen für Neueinsteiger gefördert wurden. Dadurch haben sie eine relativ starke Position bei den Playern. Die Realwirtschaft spielt mittlerweile auch umfassend im Mobile Business mit. Dabei muss zwischen B2B- und B2C-Unternehmen sowie Geschäftskonzepten differenziert werden. Durch innovative Anwendungen eröffnen sich unzählige Potenziale für die Old Economy ähnlich wie beim Internethype vor der Jahrtausendwende. Insofern spielen mittlerweile die Internetunternehmen eine herausragende Rolle in der Wertschöpfungskette, da Handys sich zunehmend auch außerhalb des WAP mit dem Internet verstehen (vgl. Logara 2008, S. 21). Bis vor wenigen Jahren mussten Internetseiten für das WAP zugeschnitten werden. Die neuen integrierten WWW-Browser ermöglichen aber in Kombination mit schnellen Datenverbindungen das problemlose Surfen im Internet über Mobiltelefone und Smartphones. Insofern können auch die Mobile Pure Player ihre Angebote für Endgeräte sukzessive ausweiten. Dabei handelt es sich z. B. um Unternehmen, die Applikationen mit dem Vorteil einer Lokalisierungsmöglichkeit entwickeln. Zu nennen sind auch mobile Spiele, die sich mittlerweile im Mobile Commerce größter Beliebtheit erfreuen.

Wertschöpfungskette im Mobile Commerce
Erst durch die Etablierung der gesamten Wertschöpfungskette ist es im Mobile Commerce möglich geworden, Dienstleistungen und Produkte anzubieten. Die Value Chain

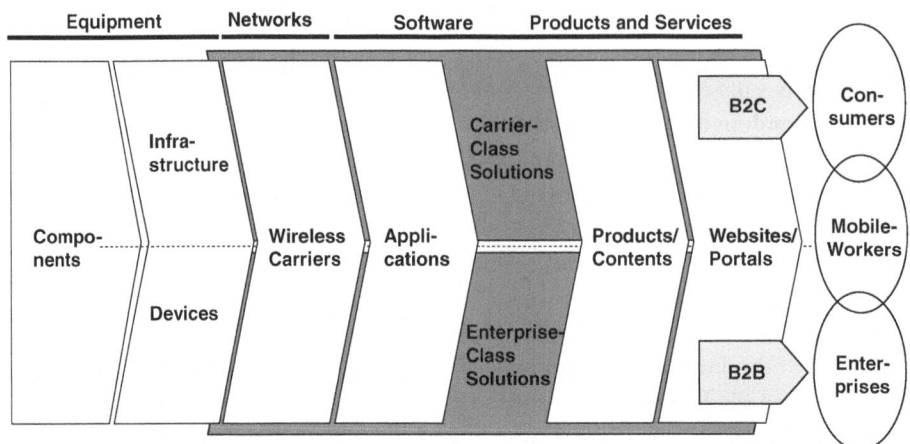

Abb. 4.11 Value Chain im Mobile Commerce. (Quelle: In Anlehnung an Spielberg 2001, S. 291)

fügt dabei alle Wertschöpfungsbereiche sinnvoll in einen reibungslosen Ablauf zusammen. In Abb. 4.11 ist eine derartige Value Chain dargestellt, die von den Geschäftskonzepten her zwischen B2B- und B2C-Ausrichtung unterscheidet.

Im vorliegenden Buch wird allerdings der ausschließliche Fokus auf B2C gelegt (vgl. Spielberg 2001, S. 291). Dabei kann die gesamte Value Chain von einem Dienstleister kontrolliert werden oder sich arbeitsteilig zusammenfügen. In Abb. 4.11 handelt es sich um eine überwiegend selbst kontrollierte Value Chain, der entsprechende Software-Lösungen zugrunde liegen. Sie beginnt mit dem Zusammenfügen von peripheren Komponenten, die von Anbietern entweder selbst eingebracht oder als Standardlösung ausgewählt werden.

In der Regel wird die mobile Datenübertragung über Netzwerkbetreiber sichergestellt. Innerhalb der Wertschöpfungskette kann es unterschiedliche Kernkompetenzen geben. Diese können z. B. in der Entwicklung und dem Betreiben von Applikationen liegen, was einen hohen Grad an technischem, operativem und Marketing-Know-how erfordert. Sie können aber auch im Angebot spezifischer Leistungen, also Produkte, Dienstleistungen oder Contents, liegen, die dann über Webseiten oder Portale vermarktet werden und sich nach B2C oder B2B unterscheiden. Neben den Kernkompetenzen sollten alle anderen Geschäftsaktivitäten innerhalb der Value Chain unterstützenden Charakter haben. Welche Art von Leistung angeboten wird und womit im Mobile Commerce Erlöse erzielt werden, ergibt sich aus dem zugrunde liegenden Geschäftskonzept.

4.3.2 Geschäftskonzepte im Mobile Business

M-Commerce-Dienste stellen Dienstleistungen dar, die über die Sprachtelefonie hinausgehen, jedoch über mobile Endgeräte und Mobilfunknetze vertrieben werden. Diesbezüglich ist die Innovationsrate bei den Geschäftskonzepten sehr hoch und ständig entstehen neue Geschäftsideen. Im Zusammenhang mit SoLoMo wird vorrangig das

Geschäftsmodell „Business-to-Consumer" (B2C) und damit der Einzelhandel betrachtet. Die „Gretchenfrage" in diesem Zusammenhang ist: „Wie können Umsätze erzielt werden?" (Kollmann 2007, S. 49 ff.).

Dazu ist es erforderlich, die grundsätzlichen Optionen elektronischer Geschäftskonzepte darzustellen und zu erläutern. Diese beschreiben den Austausch einer angebotenen Leistung im Rahmen des Mobile Business hinsichtlich des Inhalts und der dabei zum Tragen kommenden Vergütung. Mit Mobile-Content, Mobile Commerce, Mobile-Context und Mobile-Connection können dabei grundsätzlich vier idealtypische Geschäftskonzeptoptionen unterschieden werden (vgl. Kollmann 2007). Einen Überblick über die beschriebenen Mobile-Geschäftskonzepte gibt Abb. 4.12.

- Das Geschäftskonzept **„Mobile Content"** bezieht sich auf die Vermarktung von Inhalten auf einer eigenen Plattform innerhalb eines Netzwerkes. Dabei geht es primär darum, die Inhalte für den Nutzer einfach, bequem, visuell ansprechend und

	Mobile-Content	Mobile-Commerce	Mobile-Context	Mobile-Connection
Definition	Sammlung, Selektion, Systematisierung, Kompilierung und Bereitstellung von Inhalten über Internet	Anbahnung, Aushandlung und/oder Abwicklung von Geschäftstransaktionen über Internet	Klassifikation, Systematisierung und Zusammenführung von verfügbaren Informationen im Internet	Herstellung der Möglichkeit eines Informationsaustausches im Internet
Ziel	Bereitstellung von konsumentenorientierten, personalisierten Inhalten über Internet	Ergänzung bzw. Substitution traditioneller Transaktionsphasen über Internet	Komplexitätsreduktion und Bereitstellung von Navigationshilfen und Matchingfunktionen über Internet	Schaffung von technologischen, kommerziellen oder rein kommunikativen Verbindungen im Internet
Erlösmodell	Direkte (Premiuminhalte) und indirekte Erlösmodelle (Werbung)	Transaktionsabhängige direkte und indirekte Erlösmodelle	Direkte (Inhaltsaufnahme und indirekte Erlösmodelle (Werbung)	Direkte (Objekt-Aufnahme/ Verbindungsgebühr) und indirekte Erlösmodelle (Werbung)
Plattformen	E-Shop, E-Community, E-Company	E-Shop, E-Procurement, E-Marketplace	E-Community, E-Marketplace	E-Marketplace, E-Company E-Community
Beispiel	genios.de, sueddeutsche.de, manager-magazin.de guenstiger.de	hutshopping.de, amazon.com, buch.de gourmondo.de	google.de yahoo.de msn.de Chiao.com	immoscout24.de, travelchannel.de, t-online.de, web.de
Added Value	Überblick, Auswahl, Kooperation, Abwicklung	Überblick, Auswahl, Abwicklung	Überblick, Auswahl, Vermittlung, Austausch	Überblick, Auswahl, Vermittlung, Abwicklung, Austausch

Abb. 4.12 Geschäftskonzepte im Mobile Business. (Quelle: In Anlehnung an Kollmann 2013)

online zugänglich zu präsentieren bzw. zu handhaben. Die Inhalte können informierend, unterhaltend oder bildend sein, wobei die Erlöse bei diesem Konzept entweder direkt (z. B. Verkauf von Inhalten) oder indirekt (z. B. Werbung bei Inhaltspräsentation) erzielt werden können. Der Anbieter LZ-net.de, bei dem Fachartikel nur gegen Nutzungsgebühr gekauft werden können, erzielt z. B. damit direkte Erlöse, wohingegen sämtliche Nachrichten auf t-online.de kostenlos sind und Einnahmen hier indirekt über Werbung generiert werden (z. B. Banner). Zunehmend stark ausgeprägt ist auch der Bereich Unterhaltung, der Audio- und Videoclips, Glücksspiele sowie interaktive Spiele umfasst. Aber auch Such- und Informationsdienste sind dem Content-Bereich zuzuordnen. Diese umfassen Nachrichten-, Börsen-, Wetter-, Firmen- sowie Produkt- und Verbraucherinformationen.

- Im Geschäftskonzept. **„Mobile Commerce"** findet sich der „echte" Online-Handel, denn hier geht es um die Anbahnung, Aushandlung und Abwicklung von geschäftlichen Transaktionen über Netzwerke. Die Transaktionsphasen unterscheiden sich grundsätzlich nicht von denen „traditioneller Anbieter" und werden in der Regel elektronisch unterstützt, ergänzt oder in einzelnen Phasen substituiert. Ziel dieses Konzeptes ist es, Kauf- und Geschäftsprozesse zu vereinfachen oder auch bequemer und schneller abzuwickeln. Erlöse werden hier überwiegend in direkter Art erzielt (echter Verkauf von Produkten und Leistungen). Es können aber auch indirekte Einnahmen erzielt werden, z. B. mit Werbung oder Werbekostenzuschüssen. Typische Vertreter dieses Geschäftskonzeptes sind z. B. buch.de, Amazon oder das Reisunternehmen expedia.de. Beide kaufen Produkte und/oder Leistungen ein, um diese dann mit Margenaufschlag an ihre Kunden weiterzuverkaufen. Mobile Commerce umfasst das Einkaufen, Reservieren oder Buchen von Waren und Dienstleistungen (vgl. Pichlmeier 2010, S. 26). Dieses beinhaltet sowohl digitale Güter, wie z. B. Downloads, als auch den Kauf physischer Güter, wie z. B. eines Buches oder eines Kleides. Ebenso zählen dazu die Reservierung von Hotelzimmern, der Erwerb eines Tickets sowie die Teilnahme an Auktionen.

- Bei dem Geschäftskonzept **„Mobile-Context"** steht die Klassifizierung, Systematisierung und Zusammenführung von verfügbaren Informationen und Leistungen in Netzwerken im Vordergrund. Es geht darum, die Markttransparenz für den Kunden zu verbessern und seinen Suchaufwand zu reduzieren. Erlöse werden hier entweder direkt über Gebühren (für die Aufnahme und/oder Platzierung von Inhalten) oder auch indirekt erzielt (z. B. über Werbung, Statistiken, Inhalte etc.). Suchmaschinenanbieter wie Google und Yahoo praktizieren dieses Geschäftskonzept, mit dem Netzinhalte gesucht und katalogisiert werden. Als Beispiel lassen sich auch Web-Kataloge, die qualitative Bewertungen von Websites vornehmen, nennen. Im Mobile Business sind insbesondere Such- und Informationsdienste relevant, die im Zusammenhang mit dem jeweiligen Standort stehen. Dieses betrifft z. B. Ortungsdienste oder Positionierungsdienste. Denkbar sind auch ortsabhängige Informationsdienste zu Veranstaltungen, Sonderangeboten oder Navigations- und Suchdienstleistungen zu Bankautomaten, Restaurants oder Geschäften (vgl. Pichlmeier 2010, S. 26). Die

Ortung und Lokalisierung bezieht sich auf die Ermittlung des eigenen Standortes für die Positionierung eines Gegenstandes oder einer Person. Dabei sind Pull- und Push-Dienste zu unterscheiden. Während Pull-Dienste eine explizite Anfrage erfordern, werden die Push-Dienste auf Basis einer grundsätzlichen Genehmigung oder eines Abonnements ohne Anfrage direkt an den Empfänger geliefert (vgl. Pichlmeier 2010). Die Geschäftskonzepte des „Mobile-Context" gehen mittlerweile über die skizzierten Ansätze hinaus. Insbesondere die ortsbezogenen Dienste ermöglichen in Kombination mit sozialen Netzen innovative Geschäftskonzepte, denen auch die Location-based Services (LBS) zuzuordnen sind. Diese umfassen das neue Gebiet der Near-Field-Communication, die im Rahmen der Instrumente des Mobile Commerce noch einmal aufgegriffen wird.

- Das vierte Geschäftskonzept **„Mobile Connection"** organisiert die Interaktion von Akteuren in Datennetzen, was nicht nur auf kommerzieller, sondern auch auf kommunikativer oder technologischer Ebene erfolgen kann. Erlöse werden hier entweder direkt erzielt (z. B. mit Objektaufnahme/-anbindung oder Verbindungsgebühren). Gängig sind aber auch indirekte Erlöse z. B. über Werbung, Statistiken oder Cross Selling. Technologische Zusammenführung findet z. B. bei T-Online statt, da hier ein genereller Zugang zum Internet angeboten wird, wofür eine Verbindungsgebühr erhoben wird. Beispiele für eine kommerzielle Zusammenführung sind die Scout24-Marktplätze, wie z. B. ImmobilienScout24.de, die Immobilienmakler zum Zwecke des Hausverkaufs mit einer Datenbankanbindung auf einen E-Markplatz bringen. Beispiel für eine kommunikative Zusammenführung sind Communities oder E-Mail-Serviceanbieter (zum Beispiel gmx.de). Auch der Bereich Social Software mit Instant Messaging und sozialen Netzwerken, wie z. B. Facebook und Xing, zählen zum Bereich „Mobile Connection".

Die Geschäftskonzepte im Mobile Business gehen mittlerweile über die skizzierten vier klassischen und auch dem E-Business im Allgemeinen zugrunde liegenden Geschäftskonzepte hinaus. Zunehmend werden die Geschäftskonzepte kombiniert, was auch nicht selten mit einer Vertikalisierung einhergeht. Darauf wird an späterer Stelle noch einmal eingegangen.

4.3.3 Offline muss Mobile: Websites versus Applikationen (Apps)

Beim Start in die Mobile-Commerce-Welt ist zuallererst die Frage zu beantworten, ob eine App entwickelt werden oder aber, ob der Mobile Shop auf eigenen Webseiten arbeiten soll. Während die App nur spezifisch für ein Betriebssystem ausführbar ist und für andere Plattformen jeweils auch andere Codes erfordert, laufen in der Regel die Webseiten auf unterschiedlichen Mobiltelefonen bzw. Betriebssystemen. Es ist aber auch eine Mischung aus beiden Ansätzen denkbar in Form von sogenannten nativen Applikationen, die Daten aus dem Internet laden und Daten vom mobilen Gerät in das Internet hochladen. Mit nativen

Applikationen kann auf bestimmte Funktionen des Mobilgerätes zurückgegriffen werden, auf die Web-Applikationen keinen Zugriff haben (vgl. Alby 2008, S. 103). Bei einer Entscheidung für Apps sollten wenigstens die beiden Marktführer iPhone OS und Android bedient werden können. Während der App-Store von Apple bisher die meisten Downloads verzeichnen konnte und iTunes damit weltweit auf rund 18 Mrd. US$ Umsatz kommt (Apple 2015), holt der Android Markt kräftig auf. Obwohl viele Firmen in der Regel mit einer iPhone-App starten wollen, wird in nahezu allen Fällen im zweiten Schritt deswegen auch über eine Android-App nachgedacht (vgl. Mobile Internet 2011, S. 4). Auch hier liegt der Königsweg in zwei nativen Apps, die auf die Betriebssysteme zugeschnitten sind und den hybriden HTML5-Ansätzen überlegen sind. Andererseits ist aber die Entwicklung und Vermarktung einer mobilen Website erheblich günstiger.

Insbesondere bei der Vermarktung von Apps können beträchtliche Kosten entstehen. Bei sicherlich mehreren Millionen Apps, die auf den unterschiedlichen Betriebssystemen angeboten werden, schafft es eine neue App nur mit ausgeklügeltem Marketing auf die Top-Ränge. So ist für die Bekanntmachung einer App in etwa das gleiche Budget wie für die Entwicklung einzuplanen, sodass bis zu sechsstellige Budgets zusammenkommen können (vgl. Mobile Internet 2011, S. 5). Die wichtigsten Vor- und Nachteile für die Entscheidung zwischen mobiler Website und App sind in Abb. 4.13 dargestellt. Im Grunde ist aber unstrittig, dass es hier nicht um Alternativen geht, da ein mobile Website mittlerweile Pflicht ist. Dabei geht es nicht mehr nur um ein responsives Design, sondern den gesamten – auf Mobile-Fähigkeit ausgerichteten – Online-Auftritt. Diesbezüglich ist vor allem die Anzahl der auf einer Seite gezeigten Artikel und auch das Gewicht der Seiten zu reduzieren (Heinemann 2012). Das Gesetz, dass schlichte Homepages erfolgreicher sind, gilt umso mehr für mobile Formate. Viele Unternehmen setzen zu oft auf eine Fülle an Informationen und Inhalten. Doch das Gegenteil ist erfolgsversprechender (internetworld.de 2016). Ähnliche Erfahrungen gelten auch für die App-Welt, die einerseits immer unübersichtlicher wird, andererseits immer seltener in das Mindset der

	Mobile Website	App
Pro	Wird von Suchmaschinen gefunden gelerntes Surf-Ergebnis vergleichsweise kostengünstig kann wie gewohnt verlinken	bieten native hervorragende Usability sehr beliebt bei Nutzern Telefonfunktionen einfach integrierbar viele Funktionen auch offline nutzbar
Contra	leicht eingeschränkte Usability noch geringe Reichweite erfordert Entschlackung wird als weniger hochwertig gesehen	Nur für ein Betriebssystem geeignet Optimierung hängt vom Nutzer-Update ab muss herunter geladen werden nicht über ein Link ansteuerbar vergleichsweise teuer

Abb. 4.13 Pros und Cons für Website versus App. (Quelle: Eigene in Anlehnung an Mobile Internet 2011)

Kunden gelangt. Apps stellen die Kür dar und sollten den mobilen Webauftritt unterstützen bzw. ergänzen. Diesbezüglich zeichnet sich ab, dass separierte und auf Einzelfunktionen fokussierte Apps suboptimal sind. Sinnvoller ist es, alle Shop-Funktionen in einer Art Master-App zu integrieren, die idealerweise auch an alle Systeme inklusive Kassensystem angeschlossen ist und dem Kunden einen Einkauf mit „ultimativer Usability" ermöglicht (Markt Intern 2016). Dabei sollte es auch den Kunden möglich sein, über die App alle gängigen Multichannel-Services wie u. a. Verfügbarkeitsabfrage, Artikelreservierung sowie Click & Collect nutzen zu können (Accenture 2012). Das Start-up Good-to-Go Inc. verdeutlicht, wie auf Basis einer Master-App die Zukunft des stationären Handels aussehen könnte: Alle Erfolgsfaktoren von Amazon und dabei insbesondere die Aspekte Selection, Recommendation, Reviews, Easy Payment, 1-Time into Entry sowie Delivery (Same Day, Next Day) sollten auch im Geschäft über eine App des Händlers für den Kunden abrufbar sein. Dieses ermöglicht Discover Everything, Shop Everywhere, Checkout Anytime, Fullfil Anyone sowie Deliver Anywhere (Good-to-Go 2016).

4.3.4   Mobile Payment

Die von Vodafone zum Jahresende 2015 vorgelegten Zahlen für Mobile Payment zeigen noch viel Zurückhaltung unter den Handelshäusern und Verbrauchern in Deutschland. Bei drei Millionen Akzeptanzstellen für Mobile Payment in ganz Europa müssten es hierzulande mit rund elf Prozent der Gesamtbevölkerung rein rechnerisch mindestens 330.000 sein. Nach dem Vodafone-Bericht waren es aber tatsächlich in Deutschland zuletzt gut 80.000 Kassenterminals für das mobile Bezahlen per Smartphone und damit nur ein Bruchteil des europäischen Durchschnitts. Dennoch waren es immerhin 20.000 mehr als ein Jahr zuvor (Computerwoche 2016). Bisher stehen die Global Player Apple, eBay/PayPal, Google und Samsung für das Thema Mobile Payment oder kurz mPayment. In China hat UnionPay (chinesisch Yínlián, wörtlich Bank-Union), einzige Kreditkartenorganisation in dem Land, Ende 2015 zeitgleich mit Apple Pay und Samsung Pay gezeichnet, um gemeinsam den Milliardenmarkt für Mobile Payment zu erschließen. Auch Facebook-Chef Mark Zuckerberg hat einer geplanten digitalen Bezahlfunktion oberste Priorität eingeräumt, nachdem im Jahr davor schon der PayPal-Präsident David Marcus abgeworben wurde und das weltweit größte soziale Netzwerk im März 2015 mit einem eigenen mPayment-Angebot zunächst in den USA an den Start ging (Computerwoche 2016). Mit einem Umsatz von über 2,25 Mrd. $ allein im dritten Quartal 2015 gilt PayPal allerdings als absoluter Branchenprimus, gerät aber durch Apple, Google & Co. zunehmend unter Druck. Während Apple und Samsung Pay zwar schon in Großbritannien erprobt wurden, forcieren die beiden Anbieter ihre mobilen Bezahldienste bislang aber noch nicht im restlichen Europa. Das liegt sicherlich auch an der ungleichen Akzeptanz der Kredit- gegenüber der EC-Karte, die als urdeutsch gilt (Computerwoche 2016).

Samsung Pay ist in Südkorea offiziell im August 2015 und in den USA einen Monat später gestartet, nachdem der Anbieter Anfang 2015 LoopPay übernommen hatte, um

Mobile Payment neben NFC auch über Kreditkarten mit Magnetstreifen zu ermöglichen. Ein Start in Deutschland ist allerdings noch nicht abzusehen, während das Pay-Angebot bereits in Südkorea als bahnbrechender Erfolg gilt (Computerwoche 2016).

Sicherlich behindert auch die Bargeldlastigkeit in Deutschland die Penetration von mPayment. Die Freiheit von Münzen und Scheinen wollen sich die Deutschen nicht nehmen lassen und deswegen ist bargeldloses Bezahlen auch ein gewisses Reizthema. Dennoch haben digitale Zahlungsverfahren längst Einzug gehalten. In wenigen Wochen soll sogar das Zahlungsverfahren Paydirekt den vielen Millionen Sparkassenkunden zur Verfügung stehen. Die deutschen Banken wollen hierzulande ein flächendeckendes Verfahren aufbauen und nicht PayPal das Feld überlassen. „Ab Ende April können alle Sparkassen in Deutschland an Paydirekt angebunden werden", so Alexander von Schmettow vom Deutschen Sparkassen- und Giroverband (waz.m.derwesten.de 2016). Paydirekt kann als zusätzliche Funktion für das Girokonto gesehen werden. Kunden, die das Bezahlverfahren beim Online-Kauf verwenden möchten, müssen sich nur einmal im Onlinebanking ihrer Sparkasse registrieren. Benutzername und Passwort sollen künftig ausreichen, um Überweisungen online zu tätigen. Bisher nehmen neben den Sparkassen die Deutsche Bank, Commerzbank, Postbank, Spardabank, sowie die Volks- und Raiffeisenbanken teil. Erfolgskritisch wird jedoch sein, ob das neue Verfahren vom Handel akzeptiert wird. Paydirekt soll das ältere Verfahren Giropay, das Sparkassen und Volksbanken vereinzelt anbieten, auf Dauer ersetzen, zumal es nicht erfolgreich ist. Ein Grund liegt auch darin, dass die Verbraucher sich beim Bezahlvorgang auf der Onlinebanking-Seite ihrer Bank einloggen und zusätzlich noch eine Transaktionsnummer (TAN) verwenden müssen. Das war vielen Online-Käufern zu kompliziert. PayPal arbeitet demgegenüber kundenfreundlicher, indem die Kunden ihre Konto- oder Kreditkartendaten einmalig bei PayPal hinterlegen und dann nur noch per Klick bezahlen können. Während bei PayPal eine Transaktion über die drei Stationen „Onlinehändler, PayPal und Bank" läuft, sind für Paydirekt nur noch „Händler und Bank" erforderlich. Ob Kunden das allerdings wirklich für vertrauenswürdiger halten, bleibt abzuwarten. Als weiterer Kandidat bei Onlinebezahldiensten gilt die schwedische Firma Klarna. Kunden müssen hier die Zugangsdaten für ihr Onlinebankkonto – also Kontonummer, PIN und TAN – direkt auf der Seite von „Sofort Überweisung" eingeben. Damit werden allerdings sensible Daten preisgegeben (waz.m.derwesten.de 2016).

Viele Online-Kunden nutzen neben den skizzierten Bezahlverfahren Kreditkarten für ihr Girokonto. Nachteil ist allerdings aus Verbrauchersicht, dass viele Daten einzugeben sind. Eine aktuelle Studie der Bundesbank unter gut 2000 Bundesbürgern zeigt, dass diese 2014 immerhin 53 % der Einzelhandelsumsätze mit Bargeld tätigten. Rund 30 % verwendeten eine EC-Karte. Moderne Bezahlmethoden kamen nach wie vor auf geringe Anteile, nämlich 3,9 % für Kreditkarten und 2,8 % für Internetbezahlverfahren. Tendenz allerdings zunehmend (waz.m.derwesten.de 2016). Für Online-Käufe lag PayPal mit großem Abstand vorne, vor Sofort Überweisung und Giropay mit zusammen 2,8 %. Insofern stehen die Deutschen den modernen Bezahlmethoden reserviert gegenüber und sind offenbar skeptischer als die Bevölkerung in anderen europäischen Nachbarländern (waz.m.derwesten.de 2016).

4.4   Besonderheiten des Mobile Marketing

Mit dem Aufkommen des Online-Handels war bereits ein grundlegender Paradigmen-wechsel im Marketing verbunden, der sich im Mobile Marketing fortsetzt. Ziel des Mobile Marketing ist es, die richtigen Sortimente und Dienstleistungen für attraktive Kunden bereitzustellen sowie vorhandene Offline-Aktivitäten zu unterstützen. Neue CRM-Systeme, Kundendatenbanken und ein intelligentes 1:1-Marketing sind erforder-lich, wenn diese nicht schon durch vorhandene Online-Aktivitäten abgedeckt werden. Informationstechnologien werden vorrangig mit dem Ziel eingesetzt, den Kundenwert zu steigern. An diesem Ziel richten sich alle Marketinginstrumente aus. Die Grundprin-zipien des New Marketing betreffen vor allem die spezifischen Marketinganwendungen sowie das CRM und das Kundenbindungsmanagement im Mobile Commerce, beeinflus-sen aber auch unmittelbar die Near-Field-Communication und das Viral Marketing.

4.4.1   Spezifische Anwendungen im Mobile-Marketing-Mix

Abgesehen von den generellen Prinzipien und Besonderheiten, die das Marketing-Mix betreffen und auch für das Mobile Marketing relevant sind (Heinemann 2016), ist das Online Marketing vor allem durch zusätzliche Web-2.0-Anwendungen bzw. Social-Media-Aspekte geprägt. Allerdings wird der Begriff Web 2.0 häufig unpräzise und nicht überschneidungsfrei verwendet (Möhlenbruch et al. 2008, S. 228). Nach dem ursprüng-lichen Ansatz von O'Reilly sollten folgende idealtypische Anforderungen erfüllt sein (Möhlenbruch et al. 2008):

- Netzbasierte Anwendungen, für die lediglich ein Web-Browser notwendig ist.
- Dynamisch erzeugte Inhalte, die sich in Abhängigkeit von den Eingaben der Benutzer ändern.
- Nutzer können auch selbst Inhalte erstellen.
- Differenzierung dahin gehend ist möglich, wer welche Inhalte von welchen Personen einsehen und bearbeiten kann.
- User können ihre eigenen Daten selbst editieren sowie Inhalte und Layouts personalisieren.
- Beiträge anderer Personen können kommentiert werden und gegenseitige Kommuni-kation ist möglich.
- Es liegt ein Zusammengehörigkeitsgefühl unter den Nutzern vor (Community-Gedanke).

Die sich daraus ergebenden Nutzungsmöglichkeiten des Web 2.0 lassen sich nach Anwendungsschwerpunkten den unterschiedlichen Marketinginstrumenten des Mobile Commerce zuordnen. Diese Zuordnung ist in Abb. 4.14 dargestellt.

Neben den Anwendungen sind auch die Einschätzungen bezüglich der aktuellen Nut-zung sowie der zukünftigen Potenziale dargestellt (vgl. Möhlenbruch et al. 2008, S. 228).

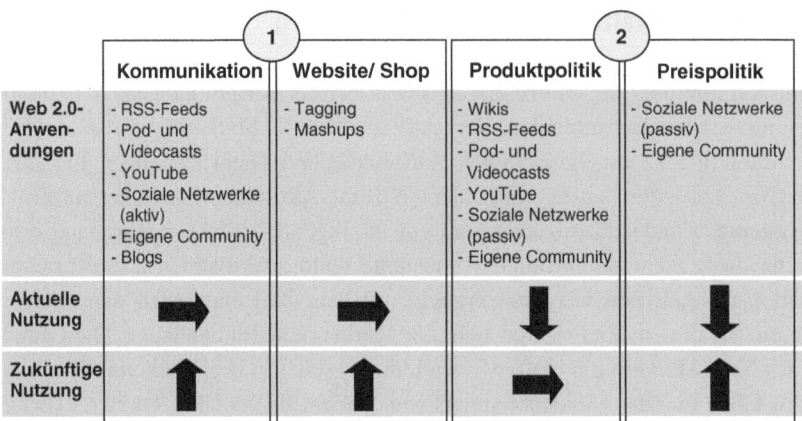

Abb. 4.14 Web-2.0-Anwendungen für Marketinginstrumente des Mobile Commerce. (Quelle: In Anlehnung an Möhlenbruch et al. 2008, S. 228)

Dabei werden Social-Media-Anwendungen, die nicht direkt einem Marketinginstrument zuzuordnen sind, nicht betrachtet. Dieses betrifft zum Beispiel Web-2.0-Anwendungen wie Social News, Social Bookmarking sowie internetbasierte Desktop-Applikationen (Möhlenbruch et al. 2008).

Die Marketinginstrumente werden in zwei Gruppen unterteilt, und zwar die Kommunikation und die Website (Frontend) auf der einen Seite sowie die Produkt- und Preispolitik auf der anderen Seite. Trendpfeile in Abb. 4.14 verdeutlichen die gegenwärtige und zukünftige Richtung der Leistungsfähigkeit der Web-2.0-Anwendungen. Generell lässt sich feststellen, dass die aktuelle Nutzung den zukünftigen Möglichkeiten und Potenzialen deutlich hinterherhinkt (Möhlenbruch et al. 2008).

Kommunikationspolitik im Mobile Commerce
In der Kommunikation werden schon heute umfassend Web-2.0-Anwendungen genutzt. Abonnementdienste (RSS-Feeds) unterstützen dabei häufig das Permission-Marketing und stellen eine zielorientierte Form des SMS-Abonnements dar. Als unidirektionale Anwendungen sind Feeds gut dazu geeignet, individuelle und innovative Push-Kanäle zum Kunden aufzubauen. Dadurch, dass mobile Endgeräte in der Regel in permanenter Netzverbindung stehen, können Nachrichten zeitlich genau zugestellt werden. Dabei akzeptiert der Nutzer deren Empfang und verarbeitet die zugestellten Informationen zeitnah. Dieses ermöglicht die Erstellung kundenspezifischer Profile auf Basis von SIM-Identifikationen, wodurch kundenspezifische Informationen über Produktpräferenzen gesammelt und für individuelle Angebote genutzt werden können (vgl. Möhlenbruch et al. 2008, S. 230).

Kundenorientierte Anwendungen sind auch durch Pod- und Videocasts möglich, die in Form von Audio- bzw. Videodateien den mobilen Nutzern über Abonnementdienste zur Verfügung gestellt werden. Auf einem Webserver stehen diese Dateien dann zur

Verfügung und werden regelmäßig aktualisiert bzw. ergänzt. Sie können zeit- und ortsunabhängig abgespielt werden und versetzen den Mobile-Commerce-Anbieter in Verbindung mit dem Push-Kanal der RSS-Feeds in die Lage, individualisierte Informationen permanent anzubieten. Dieses entspricht in hohem Maße dem Prinzip des One-to-One-Marketing (vgl. Möhlenbruch et al. 2008; Heinemann 2016). Eine besondere Möglichkeit in Form von interaktiven Videos, die gut für Kampagnenzwecke genutzt werden können, stellt YouTube dar.

Das Thema Soziale Netzwerke und Community berücksichtigt die Integration der eigenen Internetpräsenz in die Welt des „World Wide Web". Selbst für kleinere und mittlere Mobile-Commerce-Anbieter ist eine eigene virtuelle Internetgemeinschaft (Community) bezüglich eines Angebotes, Produktes, einer Dienstleistung oder eines damit in Zusammenhang stehenden Themas sinnvoll, beispielsweise in Form eines „schwarzen Brettes" oder eines Gästebuches. Darüber hinaus ist auch die Teilnahme an etablierten Foren und virtuellen Gemeinschaften möglich, um die eigene Fachkompetenz darzustellen und so auf sich aufmerksam zu machen (vgl. HMWVL 2007, S. 13). Neben der Gründung einer eigenen Internetgemeinschaft, also einer Community oder sozialen Gruppe, in der Kunden sich ein Konsumerlebnis teilen, rückt zunehmend auch die Nutzung externer Internetgemeinschaften für Werbezwecke und Kundenakquisition in den Fokus. Hochinteraktive Kommunikationsumgebungen im Web-2.0 bieten den Kunden völlig neue Möglichkeiten, um ihre Interessen zu koordinieren. Das Erschließen und Ausschöpfen von Kundenpotenzialen in derartigen Umgebungen, das neuerdings auch als „Societing" bezeichnet wird (vgl. Bolz 2008, S. 255), entpuppt sich zunehmend als „Key Issue". Denn durch das Internet und die Vernetzung von Millionen von Menschen auf der ganzen Welt gibt es nunmehr für jede Gegebenheit konkrete Erfahrungen – jeder Ort wurde schon einmal besucht, jedes Produkt von jemandem gekauft, jeder positive oder negative Service von jemandem erfahren (Global Brain). In dieser Welt haben Werbeversprechen keine Glaubwürdigkeit mehr. „Nur was gut ist, wird gut genannt" – das sollte die Strategie von Unternehmen sein: mithilfe des Kunden, gute Produkte und Services mit Mehrwert anzubieten und Kunden dazu zu motivieren, durch Beteiligung in Kundenempfehlungen und/oder Produktbewertungen glaubwürdig darüber zu berichten (vgl. Haug und Küper 2010, S. 117).

Es ist davon auszugehen, dass mit den permanenten technischen Verbesserungen der Smartphones die Potenziale von sozialen Netzwerken und Communities stark wachsen werden. Auch Blogs, die als ein auf der Website geführtes und öffentlich einsehbares Tagebuch oder Journal bezeichnet werden können, werden bereits genutzt. Der Blog stellt ein einfach zu handhabendes Medium dar, mit dem z. B. innerhalb einer Community Aspekte des eigenen Lebens, Meinungen zu Themen oder Einkaufserlebnisse dargestellt werden. Es ähnelt dem Internetforum und dient dem Informations- und Erfahrungsaustausch (vgl. Wikipedia 2008). Eine besondere Form ist der Mikro-Blog. Dabei können angemeldete Benutzer limitierte Textnachrichten (z. B. 140 Zeichen bei Twitter) senden und die Nachrichten anderer Benutzer empfangen. Die Nachrichten anderer Benutzer sind als „Follower" abonnierbar. Auf der Twitter-Startseite kann man

Nachrichten eingeben und die Nachrichten der Personen, denen man folgt, chronologisch sortiert sehen. Der Absender entscheidet, ob er seine Nachrichten oder den Zugang auf eine Freundesgruppe beschränken möchte (vgl. Wikipedia 2008). Vor allem diesen Mikro-Blogs kommt im Zusammenhang mit der Smartphone-Technologie großes Zukunftspotenzial zu.

Shop- und Erlebnisgestaltung im Mobile Commerce
Grundsätzlich sind Shop-Gestaltung und Kundenerlebnis wichtige Säulen, um sich im Wettbewerb zu positionieren. Bezogen auf die Shop- und Erlebnisgestaltung im Online-Handel lassen sich die in Abb. 4.15 dargestellten Dimensionen und Elemente unterscheiden. Die Dimensionen betreffen im Wesentlichen die Usability des Mobile Shops. Diese umschreibt die Bedienbarkeit in Hinblick auf Produktzugänge, Darstellung, Beratung, Bestellprozesse und Kundeneinbindung. Darüber hinaus beeinflussen der Check-out, die Lieferung und das Retouren-Handling – also der Service – ebenfalls das Kundenerlebnis (Heinemann 2016; Gehrckens und Boersma 2013). Produktzugänge, Darstellung, Produktinformationen und Beratung lassen sich als Art der Angebotspräsentation zusammenfassen und beeinflussen maßgeblich die Inspirationen und emotionale Ansprache. Die Kundeneinbindung bietet gute Möglichkeiten zur Differenzierung gegenüber Wettbewerbern. Eine sichtbar gemachte Interaktion im (Online-)Shop lässt diesen lebendiger wirken, z. B. durch die vom User erstellten Looks/Outfits. Dabei handelt es sich um Empfehlungen von zueinander passenden Produkten, die vom User als Produktcollagen erstellt werden. Abgesehen von den zentralen Aktivitäten in der Kommunikationspolitik

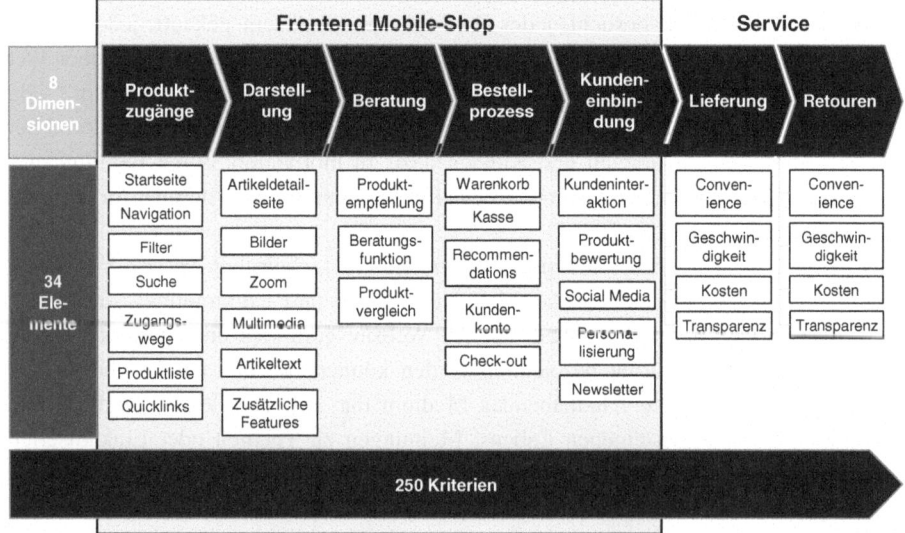

Abb. 4.15 Shop- und Erlebnisgestaltung im Mobile Commerce. (Quelle: in Anlehnung an Boersma und Gehrckens 2013)

sind auch Web-2.0-Anwendungen im Frontend möglich. So erleichtert das Tagging bei-spielsweise den Nutzern, Inhalte individuell zu beschreiben. Bei der Speicherung von Daten in Dateien bezeichnet Tag eine Meta- oder Zusatzinformation (z. B. Schlagwör-ter in Form von Karteireitern), die einer Datei angefügt wird, um sie auf einer ande-ren Website durch bloßes Anklicken jederzeit zu finden und direkt dorthin gelangen zu können. Dabei werden neben den zu speichernden Daten zusätzlich Informationen z. B. über deren Ursprung oder Verwendungszweck abgelegt (vgl. Wikipedia 2008). So bie-tet das ID3-Tag etwa in Musikdateien Informationen über Name, Genre, Interpret etc. an. Für Bilddaten ist das „Tagged Image File Format" (TIFF) gängig. Weiterhin gibt es zur zusätzlichen Auszeichnung von beliebigen Daten den „Exchangeable Image File" (EXIF). Die Technologie des Tagging kann von Unternehmen insbesondere als Untersu-chungsinstrument genutzt werden, um Trends und Präferenzen zu analysieren.

Zu den webbasierten Dienstleistungen, die im Frontend nutzbar sind, zählen auch „Informationsremixe" anderer Homepagebetreiber, sogenannte Mashups (vgl. Möhlen-bruch et al. 2008, S. 232). Mashups nutzen das Konzept offener Schnittstellen und gene-rieren durch die Kombination von Inhalten und Daten unterschiedlicher Anbieter einen Mehrwert für den Nutzer. Dabei werden häufig relevante Leistungen zu neuen Angebo-ten kombiniert. Auch wenn Mashups aufgrund der technischen Restriktionen noch relativ unüblich im Mobile Marketing sind, dürfte sich dieses im Zuge des technischen Fort-schritts bei den Endgeräten zukünftig ändern.

Produkt- und Sortimentspolitik im Mobile Commerce
Auch im Mobile Commerce stellt das Sortiment „das Herz" des Geschäftes dar. Im Ver-gleich zum Stationär- und auch Versandhandel zeichnen sich der Online-Handel sowie der Mobile Commerce allerdings durch „unbegrenzte" Sortimentsvielfalt aus, die aus dem Wegfall zeitlicher und räumlicher Restriktionen resultiert. Im konventionel-len Geschäftsansatz (Stationär- oder Versandgeschäft) kann aufgrund der räumlichen Beschränkung das „100.000 × 100.000 Kombinationen"-Problem nicht gelöst werden (vgl. Ahlert et al. 2002, S. 22 ff.). Hier setzt das digitale Category Management an, bei dem die kundenindividuelle Zusammenstellung der Categories möglich wird, wenn Waren digital dargestellt werden können. In der virtuellen Welt spielen dabei weder räumliche Begrenzungen, zeitliche Beschränkungen, noch Kombinationsprobleme und Darstellungsschwierigkeiten eine Rolle.

Auch wenn Web-2.0-Anwendungen im Bereich der Produkt- und Sortimentspolitik bisher nur vereinzelt genutzt werden, lassen diese in Zukunft vielversprechende Anwen-dungen im Mobile Commerce erwarten (vgl. Möhlenbruch et al. 2008, S. 232). Soziale Netzwerke und Communities sind z. B. sehr gut für die Generierung von Konsumente-nideen (Consumer-Generated-Contents) nutzbar. Die Nutzer entwickeln sich zunehmend von Konsumenten zu „Prosumenten", also zu mit in die Erstellung integrierten Kunden. Mit dem Interneteinkauf und dabei vor allem der Produktkonfiguration gibt der Kon-sument freiwillig Informationen über seine Präferenzen preis, die Basis für die Erstel-lung des eigentlichen Gutes ist. Dabei verwischt die Grenze zwischen Konsument und

Produzent. Dementsprechend wird User-Generated-Content als Elementargut im Web gehandelt, wie YouTube, Flickr oder Facebook eindrucksvoll verdeutlichen. Von insgesamt mehr als sieben Milliarden monatlich betrachteten Online-Videos ist der größte Teil offensichtlich User-Generated-Content (vgl. Unterberg 2008, S. 205). Den interaktiven Gesprächen über Konsumerlebnisse können sich vor allem Online-Händler heute nicht mehr entziehen. Die Konsumenten haben sich mithilfe des Internets emanzipiert und entscheiden heute in zunehmendem Maße darüber, wann, wo und auf welche Weise Medien genutzt und damit Werbung „konsumiert" wird. Der passiv rezipierende Konsument gehört immer mehr der Vergangenheit an. Für die Werbetreibenden wird es zunehmend wichtiger, an den Gesprächen der Konsumenten teilzunehmen oder auch derartige Gespräche zu organisieren. Die damit einhergehende Aktivierung der Kunden ist Inhalt des Consumer-Generated- Advertising (CGA). Dieser Begriff bezeichnet alle vom Konsumenten erzeugten Inhalte, die werbenden Charakter haben. Ist also die Erstellung werblicher Inhalte von Konsumenten durch ein Unternehmen initiiert, handelt es sich um eine Consumer-Generated-Advertising-Kampagne, die erfahrungsgemäß von anderen Konsumenten als ehrlicher und glaubhafter wahrgenommen wird. Auch sind z. B. Teilnehmer von CGA-Kampagnen häufig Meinungsführer in ihren Konsumwelten oder sogar Erstverwender des beworbenen Produktes (vgl. Unterberg 2008, S. 208 ff.).

Auch RSS-Feeds bieten Ansatzpunkte für eine Optimierung von Sortimenten. Anbieter sind in der Lage, Informationen über den individuellen Geschmack zu generieren und diese im Rahmen der Produktpolitik zu nutzen. Derartige Informationen können auch für die Senkung von Warenbeständen sowie für Cross-Selling-Aktivitäten genutzt werden.

Wikis sind auch als Web-2.0-Anwendung nutzbar. Diese bezeichnen Softwarelösungen oder Sammlungen von Webseiten, die von den Benutzern gelesen und auch direkt online geändert werden können. Sie ermöglichen es verschiedenen Autoren, gemeinsam an Texten zu arbeiten und so Erfahrung und Wissen der Autoren kollaborativ zu erfassen (vgl. Wikipedia 2008). Bisher werden Wiki-Anwendungen insbesondere aufgrund der mangelnden Displaygrößen noch unzureichend im Mobile Marketing genutzt. Ihnen kommt jedoch großes Potenzial zu, da nutzergenerierte Inhalte für die Entwicklung von Value-Added-Services gut brauchbar sind.

Preispolitik im Mobile Commerce

Der Mobile Commerce ist in hohem Maße vom dynamischen Pricing betroffen, wie es bereits unter Berücksichtigung des lokalen Bezugs im vorherigen Kapitel dargestellt wurde. Im mobilen Web lassen sich Preise verschiedener Anbieter, unterstützt von Preisvergleichsseiten, problemlos und schnell vergleichen. Insofern spielt der Preisvergleich hier ebenfalls eine herausragende Rolle. Dieser hat nicht nur zur Erhöhung der Preistransparenz beigetragen, sondern auch das Kaufverhalten der Kunden maßgeblich beeinflusst. Beim Mobile Shopping legen die Internet-User Wert auf günstige Preise, weshalb sie immer mehr Preisagenten oder auch Preissuchmaschinen einsetzen (z. B. guenstiger.de, preisvergleich.de, geizhals.at oder preissuchmaschine.de). Aufgrund der steigenden Markttransparenz und des damit einhergehenden Wettbewerbsdrucks durch das mobile Internet erwartet der Kunde, dass die Preisspielräume der Anbieter Abschläge zulassen. Die Kunden haben gelernt, dass die Preise in den neuen Kanälen knapper kalkuliert werden als in den anderen Kanälen. Dieses wird auch dadurch gefördert, dass die Kunden selbst Teilaufgaben der Kaufprozesse übernehmen (z. B. Selbstbedienung, Bestellabwicklung etc.). Die Erfahrung zeigt, dass das Preisniveau vergleichbarer Artikel im Mobile-Kanal geringer ist als in den stationären Geschäften. Dafür erhält der Kunde aber keine persönliche Beratung und muss häufig auch Versandkosten zahlen, die als Preisbestandteil nicht zu vernachlässigen sind (vgl. Die Welt 2011c).

Aufgrund der großen Preistransparenz im mobilen Internet besteht für Anbieter die latente Gefahr eines Preisdrucks, dem sie nur durch Individualisierung und Personalisierung ihrer Angebote standhalten können. Zudem spielt die Verlässlichkeit von Anbietern im Netz eine zunehmend größere Rolle und dürfte Auswirkungen auf Preisbereitschaften bei den Usern haben (vgl. Die Welt 2011c). Außerdem empfiehlt sich das Angebot von Eigenmarken im Web. Auch ein Handelsunternehmen kann Paketangebote bzw. Preisbündel für zusammengestellte Produkte schnüren, um die Vergleichbarkeit mit den Mitbewerbern zu erschweren. Grundsätzlich erfolgt die Preiskalkulation im elektronischen Absatz aber nach denselben Prinzipien und Methoden wie im nichtelektronischen Handel. Eine Ausnahme bilden jedoch die dynamischen Preisstrategien nach dem Online-Request-Prinzip oder Online-Auction-Prinzip. Kennzeichen des Online-Request-Prinzips ist eine aggregierte Nachfrageerfassung in Hinblick auf Kaufwünsche und Preisvorstellungen, die an einen Vermittler (z. B. Marktplatzbetreiber) weitergegeben werden. Dieser prüft die Angaben in anonymisierter Form (auch z. B. Bonitätsprüfung) und leitet sie dann an geeignete Transaktionspartner auf der Anbieterseite weiter (Request for Proposal). Diese entscheiden dann, ob sie ein auf die Nachfrage passendes Angebot formulieren. Ein derartiges Online-Request-Prinzip findet z. B. Anwendung bei dem Reise-Marktplatzbetreiber askerus.de (vgl. Kollmann 2007, S. 124).

Mit dem Online-Auction-Prinzip versuchen mobile Internetanbieter, durch den Einsatz verschiedener Auktionsformen den individuellen Nutzen und die persönliche Zahlungsbereitschaft des Käufers zu quantifizieren. Dabei kommt ein offener Preismechanismus zum Tragen, bei dem sich der Kaufpreis eines Produktes nach der Angabe eines Startpreises seitens des Anbieters durch immer höhere Gebote verschiedener Nachfrager auf dasselbe angebotene Gut entwickelt (einseitig dynamische Preisbildung). Dabei ist die Laufzeit einer Auktion in der Regel zeitlich begrenzt (vgl. Kollmann 2007, S. 127). Dem Online-Auction-Prinzip folgt z. B. der elektronische Marktplatz eBay, über den bereits selbst die Deutsche Bahn AG Fahrkarten angeboten hat.

Auch für die Preispolitik sind zahlreiche Web-2.0-Anwendungen nutzbar. Die passive Teilnahme an sozialen Netzwerkaktivitäten ermöglicht Beobachtungen über Preisbereitschaften. Aber auch Preisvergleichsseiten kommt diesbezüglich eine große Bedeutung zu, denn mit ihnen lassen sich im World Wide Web Preise verschiedener Anbieter problemlos und schnell vergleichen. Insofern spielt der Preisvergleich im Mobile Commerce eine herausragende Rolle und findet seinen Niederschlag in entsprechenden Apps (z. B. woabi.de). Dieses hat auch enorme Auswirkungen auf das Stationärgeschäft von

Multichannel-Händlern, wenn die Kunden mit ihren Smartphones online im Laden stehen und Preise vergleichen. Vor allem fördert das Mobile Shopping die preisorientierten Geschäftsmodelle wie die „Daily Deals" und das „Collective Buying" (vgl. Heinemann 2016). So können bei Groupon lokale Händler Gutscheine mit kräftigen Abschlägen verkaufen und damit neue Kunden gewinnen. Rund um das Couponing werden dabei reale Einkäufe mit dem Online-Verkauf verknüpft (vgl. FAZ 2011). Groupon bietet die Gutscheine seinen vielen Millionen Nutzern an, davon bereits mehr als 3 Mio. in Deutschland. Dabei hat sich Groupon nicht auf den Gruppenkauf mit vordefinierten Mindest- oder Höchstmengen festgelegt. Das Thema Gutscheindienste ist derzeit ein großes Thema auf allen Fachkonferenzen, ob von Groupon.de, Dailydeal.de oder den mobilen Gutscheinen von Coupies.de und Mymobai.com (vgl. Internet World Business 2011). Größter Konkurrent von Groupon ist LivingSocial, das gerade von Amazon übernommen wurde und danach mit über 1 Mio. Gutscheinen den größten Gruppenverkauf aller Zeiten hinlegte. Auch Google (Google Offers) und Facebook (Facebook Deals) steigen in dieses Geschäft ein, das vor allem gut für Kundenakquisitionen geeignet ist („Laser-Beam- Focus-Akquisition").

Aber auch das Social Shopping ist für die Preispolitik im Mobile Commerce relevant. Zu dieser Kategorie zählen Social-Commerce-Anbieter wie Etsy oder Dawanda, Open-Innovation-Plattformen wie Threadless und Spreadshirt, Shopping-Börsen à la Ginahhot sowie die Shopping-Clubs mit Clubverkauf. Als Pionier für den Clubverkauf gilt vente-privee.com. Der Online-Händler hat in 2002 dieses neue Verkaufskonzept eingeführt, das in Deutschland recht erfolgreich von Brands4Friends kopiert wird. Bei den Clubverkäufen darf nur der Kunde einkaufen, der sich vorher angemeldet hat. Das geht aber wiederum nur, wenn dieser vorher von einem Freund eingeladen wurde. Exklusivität steht demnach im Vordergrund, wobei der Schwerpunkt des Angebotes mit den Prinzipien „Closed-Shop, Kundenloyalität, Verknappung" auf Marken-, Mode- und Lifestyle-Produkten liegt (z. B. von Diesel, Swatch, Dolce & Gabbana, Armani oder Converse). Gängig sind fünf Aktionen pro Woche, über die alle Clubmitglieder per E-Mail informiert werden und die dann ein bis zwei Tage laufen (vgl. Heinemann 2016). Ein zukunftsfähiges Anwendungsgebiet dürften auch regionale Preisdifferenzierungen im Zusammenhang mit Location-based Services (LBS) sein.

Die Zuordnung der Web-2.0-Anwendungen zu den Marketingmixinstrumenten liefert einen Systematisierungsansatz, der im Rahmen des nächsten Unterkapitels über CRM und Kundenbindungsmanagement erneut aufgegriffen wird.

4.4.2   mCRM – Customer Relationship Management im Mobile Commerce

Aufgrund der Interaktivität des Mediums Internet sind auch der Mobile Commerce und das Customer Relationship Management (CRM) untrennbar miteinander verbunden, was durch den Begriff mCRM zum Ausdruck kommt (vgl. Silberer und Schulz 2008, S. 150 ff.; Schneider 2001, S. 31 ff.). Die Kundengewinnung, Gestaltung von Kundenbeziehungen und die gezielte Ausrichtung aller Prozesse auf die Kundenbedürfnisse haben für den Mobile Commerce herausragende Bedeutung. Der Aufbau direkter und loyaler Kundenbeziehungen ist unmittelbar erfolgsrelevant im Mobile Commerce. Er zielt darauf ab, den Wert des einzelnen Kunden für das Unternehmen zu steigern und damit Gewinne und Unternehmenswert zu erhöhen. CRM bringt eine radikale Neuausrichtung der Marketingpolitik im Mobile Commerce mit sich. Im Gegensatz zum Massenmarketing, das im stationären Handel weit verbreitet ist und in dem es vor allem darum geht, zur Steigerung der Marktanteile möglichst viele standardisierte Massenprodukte zu vermarkten, setzt CRM auf den langfristigen Aufbau loyaler Kundenbeziehungen. Die wichtigsten Ziele von CRM im Online-Handel sind damit (vgl. Schneider 2001):

- Individuelle Kunden gewinnen und binden.
- Profitable Kundenbeziehung dauerhaft pflegen.
- Kundenzufriedenheit und Kundenwert permanent steigern.

Enge Kundenbeziehungen und hohe Kundenloyalität sind wichtige Erfolgsvoraussetzungen, insbesondere für interaktive Absatzkanäle, und haben diesbezüglich einen direkten Einfluss auf das Unternehmensergebnis. Wichtig ist hier, dass im Mobile Commerce die Kundenbindungsmaßnahmen an dem Potenzial der jeweiligen Kunden ausgerichtet werden, was detailliertes Wissen über jeden einzelnen Kunden erfordert. Loyale Kunden und langfristige Geschäftsbeziehungen sind folglich unumstößlich mit Kostensenkung, Umsatzsteigerung und Wachstum verbunden. Zusätzlich bringt ein hoher Stammkundenanteil dem Anbieter eine verbesserte Planungssicherheit bzw. geringere Fehlerquoten in Hinblick auf Disposition der Produkte und Leistungen für Folgeperioden.

Hilfreich kann die Einordnung der einzelnen Kunden in einen typischen Lebenszyklus sein. So spielen z. B. im Möbelhandel Alter und Familienstand eine wichtige Rolle für Marketingmaßnahmen, da die Bedürfnisse von Singles, Rentnern und Familien sich hier eklatant unterscheiden. Mit jedem Jahr, in dem die Geschäftsbeziehung fortdauert, wird ein Kunde wertvoller für den Online-Händler. Der mit loyalen Kunden nach mehreren Jahren erzielbare Jahresgewinn erreicht nicht selten ein Vielfaches des Grundgewinns im ersten Jahr. Das strategische Potenzial der Kundenbindung zeigt sich vor allem in solchen Märkten, in denen das Erstkäuferpotenzial nahezu ausgeschöpft ist, wie aktuell zum Beispiel in der Mobilfunkbranche. Auch angesichts der zunehmenden Austauschbarkeit von Produkten und Leistungen, nimmt der Stellenwert der Kundenbindung als Erfolgsfaktor zu. Die skizzierten Zusammenhänge verdeutlichen, dass es für den Online-Anbieter immer wichtiger wird, die Kundenbindung zu erhöhen bzw. die Kundenabwanderung („Churn-Rate" oder Migration) so gering wie möglich zu halten. Dazu gehört es auch, abwanderungsgefährdete Kunden rechtzeitig zu identifizieren. Auch sollte der Online-Händler zusammen mit den abgewanderten Kunden die Umstände analysieren, die letztendlich zur Abwanderung geführt haben. Die Informationen über abwanderungswillige oder bereits abgewanderte Kunden und die daraus gewonnenen Erkenntnisse über Abwanderungsgründe können dazu genutzt werden, durch adäquate Maßnahmen die Abwanderung weiterer Kunden in Zukunft zu verhindern (vgl. Schrödter 2003, S. 14–15). Aus ökonomischer Sicht können die Aktivitäten der Kundenbindung folglich als strategische und lohnenswerte Investitionen angesehen werden (vgl. Möhlenbruch et al. 2008, S. 223). Diese kommt im Wesentlichen durch Zufriedenheit und Vertrauen zustande, wenn Sie auf freiwilliger Basis betrachtet wird.

In Abb. 4.16 ist die Wirkungskette der Kundenbindung dargestellt. Die erste Phase betrachtet die Zufriedenheit, die durch einen positiven Soll-Ist-Vergleich zustande kommt. Der Vergleich zielgerichteter Erwartungen mit den tatsächlich wahrgenommen Leistungen (Confirmation-/Disconfirmation-Paradigma) resultiert in eine Vertrauensebene. Diese führt in der zweiten Phase zur Kundenloyalität. Diese fußt auf Vertrauen und Akzeptanz. Sie kann außerdem Begeisterung aufbauen und führt schließlich in der dritten Phase zur Kundenbindung. Die Kundenbindung äußert sich u. a. in Wiederkäufen, im Cross-Buying, in Weiterempfehlungen sowie in der Senkung von Preissensitivitäten (vgl. Möhlenbruch et al. 2008, S. 224).

Die Information bildet den Schwerpunkt in der Phase der Kundenzufriedenheit, die im Wesentlichen durch Wikis, RSS-Feeds und Pod- bzw. Videocasts unterstützt wird. Kundenindividuelle Inhalte auf Anfragen liefern dabei die RSS-Feeds, die ebenfalls individuelle Präferenzen dokumentieren. Im Rahmen von Promotion-Aktivitäten fördern sie außerdem die Erhöhung der Kundenzufriedenheit, da sie häufig für zielgerichtete Push-Kommunikation genutzt werden. Dieses gilt auch für Video- und Podcasts. Auch Wikis enthalten das Potenzial, nutzergesteuerte Informationen zu erzeugen, was die Einstellung des Kunden zum Unternehmen positiv beeinflussen kann. Allerdings ist dazu die Komplexität der Dateneingabe bei mobilen Endgeräten zu verringern, um die Zunahme der Quantität bereitgestellter Inhalte bewältigen zu können. Im Rahmen der Frontendpolitik des Mobile Marketing ist das Tagging eine weitere Anwendung mit Fokus auf Informationen. Es ermöglicht eine kundenorientierte Informationssuche und erhöht auch die unternehmensspezifische Transparenz (vgl. Möhlenbruch et al. 2008, S. 234).

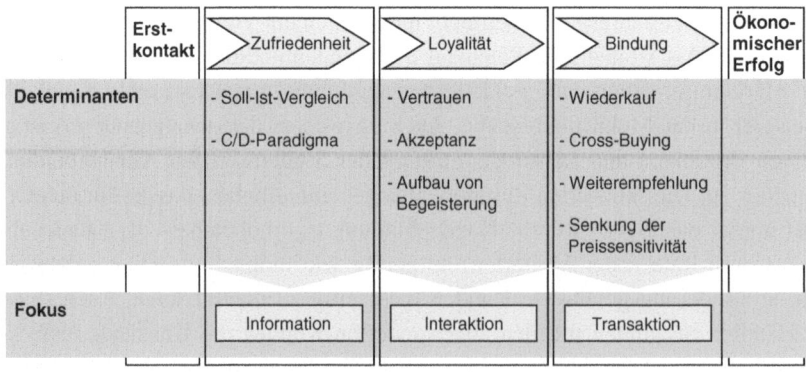

Abb. 4.16 Wirkungskette der Kundenbindung im Mobile Commerce. (Quelle: Möhlenbruch et al. 2008, S. 228)

Die Kundenloyalität als zweite Wirkungskette legt den Fokus auf die Interaktion. Dabei können Social Networks als interaktionsorientierte Anwendungen angesehen werden, die die Kundenloyalität positiv beeinflussen (Heinemann 2016). Die aus einem passiven Monitoring gewonnenen präzisen Informationen helfen dabei, das Vertrauen und die Kundenakzeptanz zu verbessern. Sie erlauben zudem eine zielgerichtete Beeinflussung der Community, um das Produkt- und Unternehmensimage positiv zu beeinflussen. Dieses erfordert jedoch Authentizität, sonst steigt das Risiko eines Fehlschlages. Das Social Shopping kann durch Interaktion der Nutzer insbesondere für die Preissetzung genutzt werden, da direkte Aussagen über Preisbereitschaften eingeholt werden können (Heinemann 2016; BV Capital/eVenture 2011). Die Integration der interaktiven Möglichkeiten von Webblogs erlaubt eine aktive Kommunikation, was ebenfalls einen positiven Effekt auf die Kundenloyalität haben kann. Gleiches gilt für Mashups, die eine Kombination verschiedener Dienstleistungen darstellen, durch die die Bedienerakzeptanz von Websites erhöht werden kann (vgl. Möhlenbruch et al. 2008, S. 235).

In Hinblick auf die Kundenbindung kann das Social Shopping helfen, Transaktionen positiv zu beeinflussen (Heinemann 2016; BV Capital/eVenture 2011). Kooperative Kauferlebnisse sind geeignet, Wiederkaufraten und Cross-Buying zu steigern. Zudem ist das Vertrauen in Communities höher, insbesondere in Hinblick auf Kaufempfehlungen. Ähnliches gilt für Mashups im Zusammenhang mit Value-Added-Services (vgl. Möhlenbruch et al. 2008, S. 235). Alles in allem bieten die innovativen Anwendungen der Web-2.0-Funktionalitäten aufgrund ihrer Einflussmöglichkeiten auf die Kundenzufriedenheit und Kundenloyalität Ansatzpunkte für das Kundenbindungsmanagement. Diese sind zusammenfassend in Abb. 4.17 dargestellt. Dabei ist eine integrierte Betrachtung von großer Bedeutung, denn die Unterstützung in allen Phasen der Wirkungskette wirkt sich positiv auf die Kundenbindung aus.

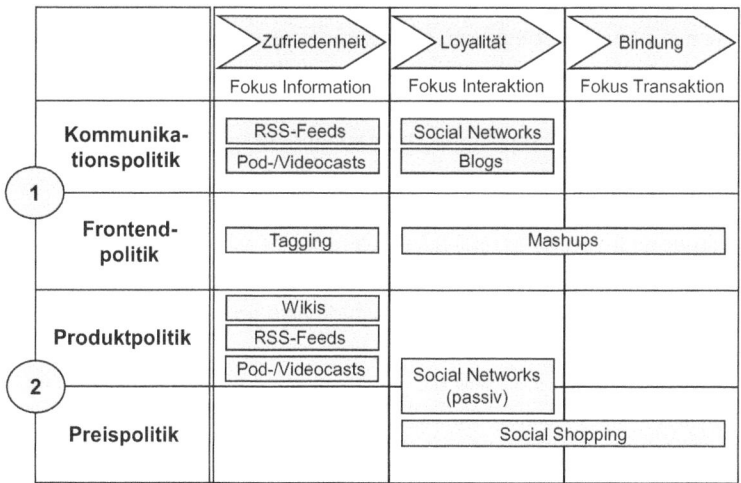

Abb. 4.17 Anwendungen des Web-2.0-Kundenbindungsmanagements. (Quelle: Möhlenbruch et al. 2008, S. 22)

4.4.3   NFC – Near-Field-Communication im Mobile Commerce

NFC steht im jährlichen „Gartner Hype-Cycle" der aktuell angesagtesten Technologie-Trends auf den obersten Plätzen. Im Vordergrund stehen „NFC-Zahlungen", wonach Besitzer von Smartphones künftig ihre Rechnungen quasi im Vorbeigehen bezahlen können.

Unter NFC (Near-Field-Communication) ist eine Nahfunktechnik bzw. Technologie zu verstehen, mit der Daten kontaktlos ausgetauscht werden können (vgl. Alby 2008, S. 204). NFC wird bei der anwenderfreundlichen Vernetzung mobiler Endgeräte eingesetzt. Dabei können Handys, PDAs oder Smartphones untereinander oder aber auch mit feststehenden Einheiten wie Kunden- oder EC-Terminals verbunden werden (vgl. Wiedmann et al. 2008, S. 306). NFC soll von Geräteherstellern, Netzbetreibern und Serviceprovidern in Zukunft verstärkt dazu genutzt werden, den Mobilfunkkunden innovative Dienste anzubieten, die die Vorteile des Mobile Commerce stärker herausstellen können. Bisher sind zwar noch relativ wenige NFC-fähige Geräte im Einsatz, allerdings finden bereits etliche Feldversuche statt (vgl. Alby 2008, S. 204). Neben der Erhöhung der Benutzerfreundlichkeit durch technischen Fortschritt sollte dabei insbesondere der Frage nachgegangen werden, wie der Mobile Commerce aus Sicht der Kunden echte Vorteile bieten kann. Neben der Leichtigkeit des Zugangs betrifft dieses die allgegenwärtig verfügbaren Informations-, Unterhaltungs-, Dienstleistungs- und Warenangebote. Diesbezüglich stellt die NFC einen wesentlichen Wegbereiter dar. Dabei soll es den Anwendern möglich sein, durch einfaches Touching des Handys mit anderen Mobiltelefonen, elektronischen Kleingeräten, Kundenterminals oder Bankautomaten verbunden zu werden und eingebundene Dienste sofort starten zu können (vgl. Wiedmann et al. 2008, S. 306–307).

Ziel des NFC-Forschungsprojektes in 2002 war die Schaffung eines einheitlichen Kommunikationsprotokolls, das die bis dahin konkurrierenden Smart-Card-Standards von Philips und Sony vereinen sollte. Smart Cards stellen speicherfähige Kunden-, Kredit- oder Zugangskarten dar. Informationen und Personendaten werden auf ihnen zur elektronischen Authentifizierung und Autorisation gespeichert, wobei die MiFare-Card von Philips das am weitesten verbreitete System in Europa ist. Die Funkreichweite der NFC beträgt maximal 20 cm, worin ein Sicherheitsvorteil liegt, da dadurch Eingriffe in die Datenintegrität oder Manipulation der Datenübertragung kaum möglich sind (vgl. Wiedmann et al. 2008).

Einsatzbedingungen von NFC im Mobile Commerce
Mobile Services bieten dem User den Vorteil, wirklich jederzeit ubiquitär erreichbar zu sein. Dadurch ist die Voraussetzung für Bezahldienste und -inhalte gegeben. Da Mobile Marketing häufig der Cross-Werbefinanzierung anderer mobiler Dienste dient, sollte NFC genau in der Schnittstelle zwischen Electronic- und Mobile Commerce positioniert sein. So lässt sich der Übergang zu weiterhin kostenpflichtigen mobilen Services entschärfen. In Abb. 4.18 sind die Einsatzmöglichkeiten von NFC im Mobile Commerce dargestellt. Dabei lassen sich für jedes Marketinginstrument spezifische NFC-Einsatzmöglichkeiten benennen (vgl. Wiedmann et al. 2008, S. 310–311).

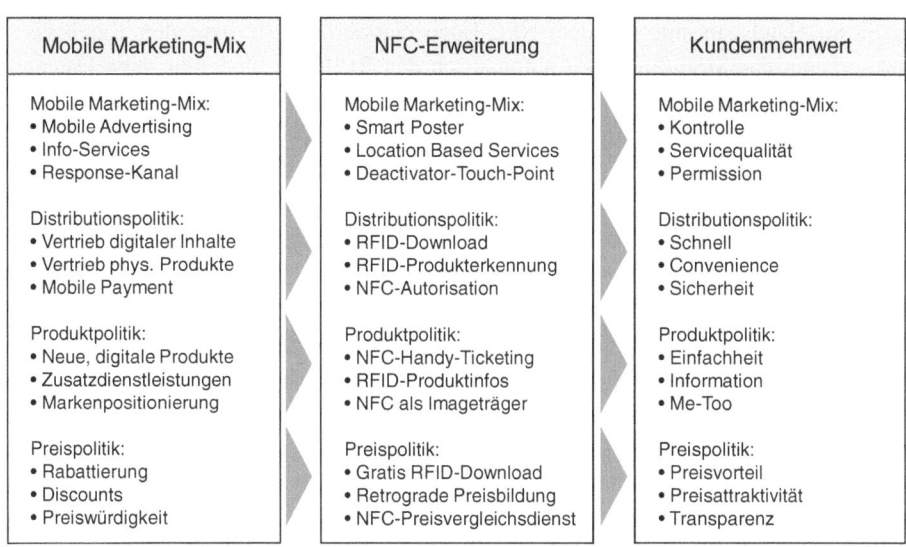

Abb. 4.18 NFC-Einsatz im Mobile Commerce. (Quelle: Wiedmann et al. 2008, S. 311)

Entsprechend der großen Kontaktreichweite und der minimalen Streuung zeichnet sich das Mobile Marketing vor allem durch einen hohen Grad an Individualisierung und damit Personalisierung aus (Heinemann 2016). Dieses wird auch durch die spezifische Eigenschaft von Handys ermöglicht, Inhalte orts-, zeit- und kontextbezogen darstellen zu können. Die hohe Kontaktreichweite wiederum ist Ergebnis der orts- und zeitunabhängigen, ubiquitären Erreichbarkeit (vgl. Pichlmeier 2010, S. 27–29).

Eine weitere Besonderheit des Mobile Marketing ist die Einteilung in Push- und Pull–Dienste. Während Push-Dienste zu Verkaufsförderungszwecken ohne Aufforderung versendet werden, erfolgt dies bei Pull-Diensten nur auf unmittelbare Nachfrage hin, wodurch auch die Reaktanzgefahr niedriger ist. NFC stellt einen eindeutigen Pull-Dienst dar und ist dadurch geeignet, die Probleme eines überzogenen Permission-Marketings zu reduzieren. Dieses betrifft den Versand von Werbe- und Informationsnachrichten nach ausdrücklicher und widerrufbarer Erlaubnis durch den Nutzer. Insofern sollte das häufig negativ besetzte „Erreichbarkeitsdilemma" nicht ausgenutzt werden. Empfehlenswert wäre insofern ein NFC-gestütztes Opt-out-Verfahren, durch das ein einfaches Widerrufen abonnierter Dienste durch Berühren eines „Deaktivator-Touch Points" möglich wird. Dieses könnte auch helfen, Berührungsängste vor „undurchsichtigen technischen Vorgängen" abzubauen (vgl. Wiedmann et al. 2008, S. 311).

Die Möglichkeiten von NFC-Applikationen sind eigentlich unbegrenzt. Schon den mit der Emulation von Smart Cards verbundenen Anwendungen sind keine Grenzen gesetzt. Vor allem die Anwendungen im Bereich Werbung und Kommunikation dürften überproportional an Bedeutung gewinnen. Darunter fällt auch das Smart Poster, das einen einmal beschriebenen RFID-Tag (Radio Frequency Identification-System) in eine Printanzeige oder ein Werbeplakat integriert (Heinemann 2016). Wann immer eine

Person ihr Handy an eine mit dem NFC-Logo markierte Stelle bzw. den Touch Point führt, erkennt das Mobilfunkgerät automatisch den RFID-Tag und führt eine Datenabfrage und ein Peering durch. Das geladene Kontextmenü auf dem Handy erlaubt das Abspielen visueller oder auditiver Werbeelemente. Dabei können auch Internetadressen in den Webbrowser des Gerätes übernommen und abgerufen werden, was eine erhebliche Erleichterung darstellt. Auch kann der weitere Download von Software, Apps, Demo-MP3-Songs oder Werbevideos kostenneutral vom RFID-Tag angeboten oder nachgeladen werden. Dadurch dass der aktiv und bewusst beworbene Nutzer über die SIM-Karte seines Mobiltelefons identifizierbar ist, können weitere Angebote und Verlinkungen entsprechend dem Orts- und Kundenprofil erfolgen (vgl. Wiedmann et al. 2008, S. 311). NFC kann durch das mögliche Runterladen großer Datenmengen vom Smart Poster auch für kreative und Image fördernde Werbeaktionen genutzt werden, die weit über die SMS-Möglichkeiten hinausgehen.

NFC ermöglicht auch Mobile Payment und Mobile Ticketing und ändert dabei vor allem die Art und Weise des Zugangs (vgl. Internet World Business 2011). So genügt es mit NFC, das Handy zur eigenen Authentifizierung sowie Autorisation des Bezahlvorgangs an den Touch Point des Kassenterminals zu halten. Ergänzende Add-on- Services und Dienstleistungen können ebenfalls als akquisitorische Maßnahme oder für Kundenbindungsmaßnahmen eingesetzt werden, wie z. B. kundenindividuelle Rabatt- und Bonussysteme. Die kurze Reichweite ermöglicht nicht nur die eindeutige Zuordnung von Anwendung und User, sondern stellt auch einen inhärenten Schutz gegenüber Fehlbedienung oder Manipulationen sicher.

Aktuelles Beispiel für NFC-Einsatz
Die Deutsche Bahn hat NFC unter dem Namen „Touch & Travel" bereits zum 1. November 2011 getestet und dabei alle Fernbahnhöfe mit dieser Technik ausgestattet. Reisende konnten sich beim Einstieg in den Zug mit ihrem Smartphone an- und am Zielort wieder abmelden, wobei das System dann die gefahrenen Kilometer berechnete und den Ticketpreis im Lastschriftverfahren von einem angegebenen Konto abbuchte. Interessenten mussten sich bei der Bahn registrieren und ihre Kontoverbindung hinterlegen, was eine Bonitätsprüfung voraussetzt. Dabei war Touch & Travel nur über die Mobilfunknetze der Deutschen Telekom und Vodafone nutzbar. Zudem waren die Apps nur für Smartphones mit den Betriebssystemen von Apple und Google (Android) erhältlich. Das System sollte aber offen sein für andere Provider. Es war vergleichsweise kundenfreundlich, da eine Kontrolle von Chipkarten nicht erforderlich wurde. Zudem bestand ein großer – zumindest theoretischer – Vorteil für Kunden darin, dass diese ohne lästiges Ticketlösen Verkehrsmittel wechseln konnten, was aber das Einbinden der öffentlichen Personenverkehre in den Städten voraussetzte. Dieses war sicherlich eine große Herausforderung, da in der Pilotphase nur der Verkehrsverbund Berlin-Brandenburg an das System angeschlossen war. Weitere 70 Verkehrsverbünde sollten mitmachen. Die Ergebnisse des Tests wurden aber bisher nicht kommuniziert, zumindest nicht öffentlichkeitswirksam. Deswegen ist davon auszugehen, dass die Bahn den mobilen Zahlungssystemen mit dem NFC-Einsatz nicht zum Durchbruch wird verhelfen können.

4.4.4 Mobile-Viral-Marketing

Viral Marketing kennzeichnet klassischerweise ein Marketinginstrument zur gezielten Kundengewinnung im E-Commerce. Es kann als moderne Form des Word-of-Mouth, also der „Mund-zu-Mund-Propaganda", angesehen werden und gilt als effizientes und effektives Marketinginstrument im Online-Handel. Internet-User sollen gezielt dazu animiert werden, Kommunikationsbotschaften kostenlos zu verbreiten, ähnlich dem Prinzip der Mund-zu-Mund-Propaganda. Allerdings werden die Netzeffekte des Internets genutzt, um möglichst schnell und wirksam eine kostenfreie Verbreitung der Informationen zu erreichen. Dabei bedient sich das Viral Marketing verschiedener Trägerinstrumente wie z. B. Suchmaschinen (z. B. yahoo.de, google.de) und Linkseiten (z. B. ec-net. de). In speziellen Linkseiten können zusätzlich kostenlose Leistungen bekannt gemacht werden (z. B. umsonst.de). Darüber hinaus können virtuelle Kommunikationsräume wie Themenforen oder Chats, spezielle Kommunikationsträger wie z. B. Hotmail oder aber Weiterempfehlungen von Contentseiten (z. B. spiegel.de) zur Informationsverbreitung genutzt werden. Schließlich sind auch Gewinnspiele ein effektives Instrument, um auf Leistungsangebote aufmerksam zu machen (Heinemann 2016; Schwarz 2007, S. 37; Kollmann 2009, S. 304).

Anwendung von Viral Marketing im Mobile Commerce
Wie im stationären Internet ergibt sich auch im Mobile Commerce der Bezug zu Viren durch die exponentielle Diffusion der Inhalte. Nutzer, die mobile Inhalte erhalten, senden Empfehlungen an andere User, die dann „infiziert" werden. Im Mobile-Viral-Marketing werden Konsumenten motiviert, mobile virale Inhalte mittels Mobilfunktechnik an andere potenzielle Kunden aus ihrem persönlichen Netzwerk zu senden, die dann wiederum zur Empfehlung animiert werden. Bei den mobilen Inhalten handelt es sich in der Regel um mobile Dienste und Werbebotschaften, die typischerweise zwischen Personen mit denselben Interessen ausgetauscht werden und damit zielgruppenspezifische sowie personalisierte Werbemaßnahmen erlauben. Diese Art der Werbung gilt zudem aufgrund geringer Streuverluste als sehr effizient (vgl. Pousttchi et al. 2008, S. 293). In Abb. 4.19 sind die typischen Eigenschaften des Mobile-Viral-Marketing beschrieben (vgl. Pousttchi et al. 2008). Hinsichtlich der Art der Inhalteerzeugung kann zwischen User-Generated-Content und Company-Generated-Content unterschieden werden. Als Beispiel für User-Generated-Content, bei dem Privatpersonen als Initiator auftreten, können Beiträge auf Mobile Communities angesehen werden.

Im Folgenden soll nicht auf alle, sondern nur auf ausgewählte Merkmale eingegangen werden. Die Valenz zeigt an, ob das Mobile-Viral-Marketing fördernden oder schädigenden Charakter hat. Es gibt zwar noch kaum Beispiele für negative Effekte, jedoch weisen Meinungsplattformen durchaus Bedrohungspotenziale auf.

Demgegenüber beeinflusst die Höhe des Netzwerkeffektes den Diffusionsverlauf von Gütern. Ab einer bestimmten kritischen Masse von Nutzern ist zu erwarten, dass sich die Gewinnung weiterer Kunden aus sich selbst entwickelt. Je mehr Nutzer zum Beispiel den Instant-Messaging-Dienst verwenden, desto größer ist auch für einen

Merkmale	Ausprägungen der Merkmale				
Akteure	Initiator	Connection Point	Erstkontakt	Kommunikator	Rezipient
Motiv des Kommunikators	Intrinsisch			Extrinsisch	
Rolle des Kommunikators	Standardisiert			Differenziert	
Mehrwert für Rezipienten	Information	Unterhaltung		Gewinnspiel	Monetärer Mehrwert
Art des Inhalts	Mobile Anwendung	Video	Audio	Bild	Text
Art der Inhaltserzeugung	User Generated Content			Company Generated Content	
Valenz	Positiv			Negativ	
Höhe des Netzwerkeffekts	Hoch			Niedrig	
Kosten	Premiumtarif		Volumengebühr	Keine	
Empfehlungstyp	Pull			Push	
Realisierungstechnologie	Höhere Program-miersprache	Mobile Tagging	WAP/ i-mode	Mobile E-Mail	MMS	SMS	IVR
Mobile Kommuni-kationstechnologie	Mobilfunk	Wireless LAN	Bluetooth	Infrarot	RFID/ NFC

Abb. 4.19 Merkmale des Mobile-Viral-Marketing. (Quelle: Pousttchi et al. 2008, S. 295)

Nutzer der erzielbare Nutzen, da sich damit die Anzahl der Kommunikationsbeziehun-
gen erhöht. Niedrige Netzwerkeffekte liegen beispielsweise bei SMS-Gutscheinen vor,
da dabei weder Kommunikator noch Rezipient von einer hohen Verbreitung profitieren. Monetäre Kosten stellen dagegen eine potenzielle Hürde für die Teilnahme an viralen Marketingaktionen dar. Bei Nutzung von Bluetooth oder NFC treten in der Regel
keine Kosten auf (vgl. Alby 2008, S. 56). Jedoch beim Versenden von SMS oder dem
Download von Daten über Mobilfunk entstehen häufig Volumengebühren. Es sind aber
auch Premiumgebühren für erbrachte Leistungen denkbar, z. B. bei der Premium-SMS.
Das Push-Prinzip ist im Mobile Marketing als Auslöser einer Aktion zu verstehen, die
durch externe Simulation unter Anwendung eines Werbeträgers zustande kommt. Demgegenüber bezeichnet das Pull-Prinzip das unaufgeforderte Versenden einer mobilen
Werbebotschaft. Sowohl Push als auch Pull werden im Mobile-Viral-Marketing als Emp-
fehlungstyp interpretiert (vgl. Pousttchi et al. 2008, S. 293).

Präferenzen und Typologien für Mobile-Marketingstrategien
Empirische Studien zum Konsumentenverhalten im Mobile-Viral-Marketing belegen,
dass werbefinanzierte Free-SMS-Dienste über Webseiten sowie Videoclips und mobile
Gutscheine am meisten genutzt werden. Dieses gilt auch für ortsbasierte Friendfinder
oder Instant-Messaging-Dienste. Abb. 4.20 zeigt die entsprechenden Präferenzen für
unterschiedliche Mobile-Viral-Marketingstrategien. Aus den verschiedenen Präferenzen
lassen sich Typologien für die Mobile-Marketingnutzung ableiten. Die von Pousttchi und

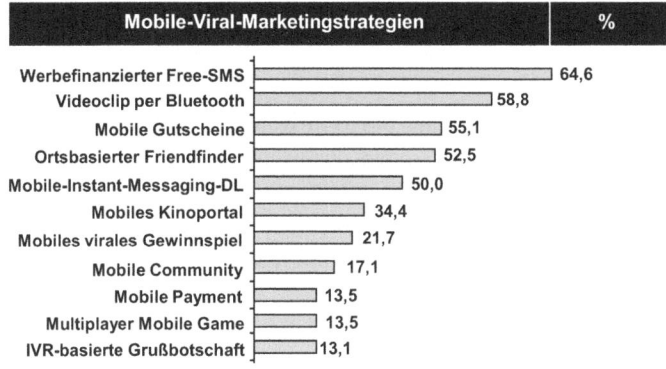

Abb. 4.20 Präferenzen für Mobile-Viral-Marketingstrategien. (Quelle: Pousttchi et al. 2008, S. 298)

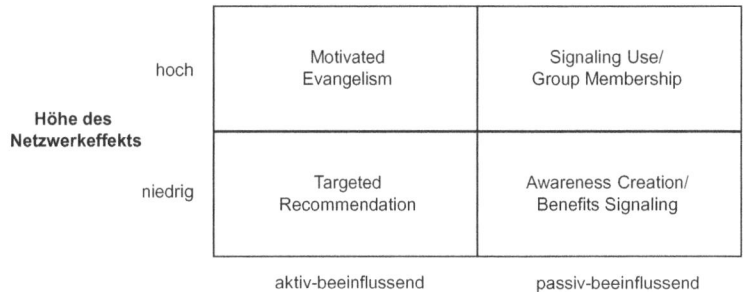

Abb. 4.21 Mobile-Viral-Marketingstandardtypen. (Quelle: Pousttchi et al. 2008, S. 299)

Wiedemann auf Basis von Subramani und Rajogopalan entwickelte Mobile-Viral-Marketingtypologie lässt typische Muster erkennen, die auf den beiden Dimensionen „Rolle des Kommunikators" sowie „Höhe des Netzwerkeffektes" beruhen. Die Typologie ist in Abb. 4.21 dargestellt und zeigt vier Standardtypen, nämlich den Motivated Evangelism, die Signaling Use/Group Membership, die Targeted Recommendation sowie die Awareness Creation bzw. das Benefit Signaling (vgl. Subramani und Rajagopalan 2003, S. 300 ff.; Pousttchi et al. 2008, S. 298):

- Der Typ **Motivate Evangelism** zeichnet sich durch hohe Netzwerkeffekte sowie eine aktive Rolle des Kommunikators aus. Bei diesem Typ muss sowohl der Kommunikator als auch der Rezipient den entsprechenden Dienst nutzen, um einen Mehrwert zu erhalten. Dieses motiviert Kommunikatoren, aktiv weitere User von der Nutzung dieser Dienste zu überzeugen. Beispiele für derartige Dienste sind spezielle mobile Kommunikationsdienste, wie z. B. Zlango, Mobile-Instant-Messaging-Dienste, wie

z. B. Bing, Mobile Communities (z. B. Pepronity) oder ortsbasierte Friendfinder, wie
z. B. Qiro (vgl. Pousttchi et al. 2008).

- Der Standardtyp **Signaling Use/Group Membership** ergibt sich aus der Kombination
hoher Netzwerkeffekte sowie einer passiven Rolle des Kommunikators. Das mobile
Bezahlverfahren Paybox kann als eines der wenigen Beispiele für diesen Typ ange-
führt werden. Dabei weist ein Paybox-Nutzer einen nicht registrierten Nutzer zur
Zahlung an. Dieser wird darüber informiert und erhält Informationen über die notwendige Anmeldung. Erst nach Registrierung kann die Zahlung empfangen werden
(vgl. Pousttchi et al. 2008).
- Der Typ **Targeted Recommendation** zeichnet sich durch das Fehlen von Netzwerkeffekten sowie eine aktive Rolle des Kommunikators aus. Typisch dafür ist die Send-
to-a-Friend-Anwendung. Dabei versendet der Kommunikator einen viralen Inhalt wie
z. B. mobile Gutscheine oder mobile Kurzfilme. Aufgrund des meist hohen Daten-
volumens wird bei der Weiterleitung Bluetooth benutzt. Auch Gewinnspiele, die die
Teilnahme weiterer Personen erfordern, fallen unter diesen Typ (vgl. Pousttchi et al.
2008, S. 300).
- Der vierte Typ **Awareness Creation/Benefits Signaling** lässt sich durch das Fehlen
von Netzwerkeffekten sowie eine passive Rolle des Kommunikators kennzeichnen.
Dabei wird die Bekanntheit eines Dienstes nur durch deren Nutzung gesteigert. Als
Beispiel lassen sich mobile Grußkarten nennen, die Interactive Voice Response (IVR)
verwenden und mit einer nachfolgenden SMS in Verbindung stehen. Diese informiert
dann über den Kommunikator und den Weiterleitungsmechanismus.

Zusammenfassend lässt sich zum Mobile-Viral-Marketing festhalten, dass es sich hier
um ein innovatives Marketinginstrument handelt, dass zwar noch nicht ausreichend
erforscht ist, jedoch im Zuge der rasanten Mobile-Phone-Penetration zukünftig stark an
Bedeutung gewinnen wird.

4.5   Formen des Mobile Commerce

Mittlerweile sind verschiedene Formen des Mobile Commerce anzutreffen. Als die Top-
Player gelten hier zweifelsohne die Pure-Online-Händler, die nahezu alle über einen
funktionierenden Mobile Shop verfügen. Sie bilden mit dem Parallelbetrieb aus klassi-
schem Online-Handel sowie Mobile Commerce den „hybriden Mobile Commerce" als
eine weit verbreitete Form des Mobile Commerce. Diese ist vom reinen Mobile Commerce abzugrenzen. „Pure-Mobile-Commerce"-Anbieter bieten häufig Informations-
und Unterhaltungsdienste an und fokussieren sich auf digitale Produkte. Über Portale
sind zunehmend aber auch Kooperationen im Mobile Commerce zu beobachten, die
damit den „kooperierenden Mobile Commerce" bilden. Auch Suchmaschinenanbieter
wie Google, die jetzt auch als Händler E-Bücher anbieten und offene Marktplätze for-
cieren, können in diese Kategorie eingeordnet werden. Eine weitere Form des Mobile

Commerce stellt der Multichannel-Mobile-Commerce dar. Diese kennzeichnet die Kombination aus stationären sowie elektronischen Verkaufskanälen inklusive Mobile Commerce, wobei der No-Line-Handel eine spezielle Form dieses Multichannel-Mobile-Commerce darstellt. Zunehmend nutzen aber auch Mobilfunkunternehmen oder Gerätehersteller den Mobile-Kanal, um Produkte und Dienstleistungen zu vertreiben. Diese Form des Mobile-Verkaufs an Endkunden stellt den „vertikalisierten Mobile Commerce" dar. Die unterschiedlichen Formen des Mobile Commerce sind in Abb. 4.22 dargestellt und werden in den folgenden Unterkapiteln detailliert beschrieben.

Pure-Mobile-Commerce
Wird der Mobile-Kanal als einziger Vertriebsweg für Produkte oder Dienstleistungen genutzt, handelt es sich um „Mobile-Commerce-Pure-Player". Dieses betrifft zum Beispiel Anbieter von Klingeltönen oder Apps sowie Tickets. Jamba kann zum Beispiel als typischer Vertreter des Pure-Mobile-Commerce angesehen werden und gilt als führender Anbieter mobiler Inhalte (vgl. Richter 2009). Auch als Vertreter der Mobile Music kann Jamba dem Pure-Mobile-Commerce zugeordnet werden. Jamba gilt als bekanntes Portal für das Herunterladen von Musiktiteln auf Handys und bewirbt zusammen mit Debitel aktiv die Mobilfunkkunden bei Vertragsabschlüssen mit Zusatzleistungen. Als weiterer Vertreter des Pure-Mobile-Commerce lässt sich die Yoc AG nennen. Yoc bietet im Bereich Mobile-B2C-Services mobile Inhalte an. Dabei handelt es sich um digitale Produkte wie z. B. Klingeltöne, Bilder, Logos oder Animationen. Diese Leistungen werden zum Teil selbst entwickelt, aber auch von Dienstleistern eingekauft. Die Endverbraucher können diese im Abonnement oder per Einzelbestellung beziehen. Die Werbemaßnahmen finden dabei auch über klassische Kommunikationsmittel, wie Fernsehen und Zeitung, statt, aber ebenso über das Internet und das Handy. Verkauft wird allerdings

Abb. 4.22 Formen des Mobile Commerce

ausschließlich über den Mobile Kanal. Zudem werden die mobilen Inhalte den registrierten Nutzern der eigenen Community angeboten. Die Yoc AG bietet ihren Kunden außerdem die Konzeption und Entwicklung von mobilen Portalen an, welche vom Handy des Kunden aus erreichbar sind.

Kooperativer Mobile Commerce

Mittlerweile ist aber auch die Nutzung eines Mobile Shops über das Auktionshaus eBay oder auch als Partner von Amazon möglich. Das ist relativ unkompliziert und mit überschaubaren Kosten durchführbar. Mit externen Tools lässt sich z. B. ein eBay-Shop relativ einfach und schnell zu einem vollständigen E-Commerce-System ausbauen. Dabei unterstützen die gängigen eBay-Services, wie z. B. PayPal, Inkasso und Treuhandkonto, die Abwicklung. Es ermöglicht zudem, vom Vertrauenspotenzial, von der Bekanntheit sowie von den Werbemaßnahmen dieser beiden beliebten Handelsplattformen zu profitieren. Amazon ist z. B. mit einer großen Anzahl fremder Websites dynamisch verlinkt. Außerdem kann man den Inkassoservice „Amazon Payments" in Anspruch nehmen. Der kooperierende Mobile Commerce, zu dem auch Mobile-Auktionen gezählt werden können, hat offensichtlich großes Potenzial. Das beweisen die Geschäftszahlen von Amazon und eBay. So hat Amazon über seine mobile Website im Geschäftsjahr 2009/2010 bereits eine Milliarde US-Dollar Umsatz gemacht, eBay konnte im Geschäftsjahr 2010 mit Mobile Commerce sogar über zwei Milliarden US-Dollar umsetzen. Auch Jesta Digital betreibt kooperierenden Mobile Commerce und bietet neben mobilen Diensten ebenfalls die Konzeption und Entwicklung von mobilen Portalen an, welche vom Handy des Kunden aus erreichbar sind. (vgl. Richter 2009). Auch die Vertreter des Mobile-TV können dem kooperierenden Mobile Commerce zugeordnet werden. Neben zunehmend live gestreamten TV-Sendern gibt es auch eigens dafür entwickelte Kanäle, wie z. B. einen Comedy-Kanal, der die Tops aus der Rubrik Komödie von diversen Privatsendern anbietet. Fernsehen auf Handy bzw. mobilen Endgeräten über „Digital Video Broadcasting" (DVB-H, DVB-T) und „Digital Multimedia Broadcasting" (DMB) zählen zum Mobile-TV. Dabei werden die Daten nicht über das Internetprotokoll (IP), sondern über einen Satelliten übertragen. Auch das Video-Portal YouTube ist mit einem Portal für mobile Endgeräte im Mobile Commerce vertreten. Dieses wird unter dem Namen TinyTube.net geführt, auf dem die Filme mit dem für Handys standardisierten 3GP-Format dargestellt werden.

Multichannel-Mobile-Commerce

Im Zuge der Online-Diffusion und -Evolution nehmen immer mehr Handelsunternehmen aus dem stationären Bereich das Internet in ihr Vertriebsportfolio auf und setzen dabei auch zusätzlich auf den Mobile Commerce als neuen Verkaufskanal. Häufig wird der Mobile-Kanal dabei auch als Informationsmedium für den stationären Kanal eingesetzt. Das stationäre Geschäft behält sicherlich auch weiterhin seine herausragende Bedeutung, kann aber nicht mehr isoliert betrachtet werden, da auch die meisten stationären Kunden online sind und verschiedene Zugangswege wollen. In bis zu 50 % der Einkaufsfälle steht mittlerweile zuerst das Stöbern im Netz (Searching und Browsing) als Einstieg in einen Kaufprozess. Erst nach dieser Recherche auf der Website des Händlers erfolgt je nach Situation und Tagesverlauf die Entscheidung, ob per Click oder Filialbesuch gekauft wird, unabhängig davon, wohin das Produkt geliefert werden soll. Und dabei haben die Händler das Nachsehen, die keine Kaufmöglichkeit auf ihrer Website anbieten, obwohl täglich etliche ihrer Stammkunden dort schon suchen und dadurch bereits viel „natürliche" Frequenz generieren. Das „ROPO" – Research online Purchase offline – also die bereits den meisten Käufen im Geschäft vorausgehende Informationssuche im Internet, verlagert sich nachweislich immer mehr auf das Smartphone (vgl. Bruce 2011, S. 50 ff.). Die Kunden fordern deswegen auch unter Einbeziehung des Mobile-Kanals das Multichannel-Hopping und honorieren, wenn sie zwischen Mobile Shop und Laden hin- und herspringen können. Dieses Hin- und Herspringen zwischen den Kanälen trägt ihrem veränderten Einkaufsverhalten Rechnung, was sie nachweislich dann auch durch höhere Einkaufsbeträge honorieren (vgl. Heinemann 2011, S. 1 ff.). Dieses gilt vor allem für digitalisierbare Produkte wie z. B. E-Books oder Videos. Auch die Verlagshäuser, die ihre Zeitungs- und Zeitschrifteninhalte zunehmend online oder in Form von Apps anbieten, können als Vertreter des Multichannel-Mobile-Commerce angesehen werden. Bei Springer stammt bereits rund ein Viertel des Konzernumsatzes aus dem Digitalgeschäft. Dabei setzt der Axel-Springer-Verlag neben Investments auf neue Bezahlschranken im Netz. Demgegenüber gleicht die Online-Strategie von Burda eher der eines Finanzinvestors. So kauft Burda neben journalistischen Websites auch Online-Plattformen, die nichts mehr mit Journalismus zu tun haben. Gruner + Jahr hinkt eher hinterher, denn der digitale Zeitschriftenkiosk liegt brach.

Hybrider Mobile Commerce
Online-Händler, die neben dem Online-Kanal auch M-Commerce betreiben, betreiben „hybriden Mobile Commerce". Sie nutzen zusammengenommen denselben Verkaufskanal und tragen mit dem zusätzlichen Mobile Shop dem Mobilisierungstrend der Kunden Rechnung. Bis auf wenige Ausnahmen betreiben die namhaften Online-Händler nicht auch Mobile Commerce. Auch Versandhändler, die einen Online-Shop betreiben und zusätzlich im Mobile Commerce tätig sind, können als Vertreter des hybriden Mobile Commerce angesehen werden. Sie nutzen zusammengenommen denselben Distanzhandelskanal und haben mittlerweile eine große Umsatzbedeutung im Mobile Commerce. Dieser Mobile-Erfolg der Versandhändler ist kein Zufall. Im Internetkanal können in vielen Fällen natürliche Versandstärken genutzt werden. Dieses betrifft die Logistik und Warenwirtschaft, den Katalog als gute Basis für eine Mobile Adaption sowie CRM-Fähigkeiten im Zusammenhang mit Einzelkundenoptimierungen. So steht im Versand zunächst die kundenorientierte Umsatzausschöpfung im Mittelpunkt. Es gilt, aus den vorliegenden Kundenadressen den höchstmöglichen Nutzen zu ziehen, was im Zuge des allgemeinen Mobilisierungstrends auch ein Engagement im Mobile Commerce voraussetzt. Dabei ist es unerheblich, ob es sich im Mobile-Kanal um neue Umsätze oder um Substitution handelt. Jeder traditionelle Händler ist betroffen, wenn in seinem Segment nennenswerte Umsatzanteile über das mobile Internet realisiert werden und dieser

Umsatz aufgrund der für Kunden nicht gegebenen Online-Einkaufsmöglichkeit verloren geht. Auch eine virtuelle Videothek, die ihre Videos parallel über den Online- und Mobile Shop vertreibt, kann als Vertreter des hybriden Mobile Commerce angesehen werden. Herausragendes Beispiel hierfür ist das Best-Practice-Unternehmen Netflix. Der US-Online-Händler Netflix bietet sowohl den Verleih von Film-DVDs und Blu-rays per Post als auch per Video-on-Demand-Streams sowie entsprechende technische Geräte und Ausstattungen dazu an. Im Grunde handelt es sich um eine Kombination aus virtueller Videothek und Elektronikhändler, die eine ideale Plattform für weiteres Wachstum über den hybriden Mobile Commerce mit digitalisierten Produkten darstellt (Heinemann 2016).

Vertikaler Mobile Commerce
Zunehmend nutzen Mobilfunkunternehmen oder Gerätehersteller wie Apple oder T-Mobile den Mobile-Kanal, um auch Produkte und Dienstleistungen zu vertreiben. Diese Form des Mobile-Verkaufs an Endkunden stellt den „vertikalisierten Mobile Commerce" dar. Als typischer Gerätehersteller hat Nokia in den letzten Jahren verstärkt das mobile Internet in seine Geschäftsstrategie mit aufgenommen und dadurch im Mobile Commerce vertikalisiert. Nokia war nicht nur einer der Protagonisten bei der Erschaffung des mobi-TLD, sondern hat auch mit Ovi ein Portal für Benutzer eingeführt, das Nokia-Internetservices anbietet. Im Angebot sind z. B. ein Kartenservice, ein Nokia Music-Store, Sharing-Services sowie ein Interface zur N-gage-Plattform enthalten. Bereits in 2007 wurde von Nokia auch das Social Network „mosh" gelauncht, über das die User Medien und Applikationen hoch- und runterladen können. Über „Comes with Music" erlaubt Nokia beim Kauf eines Nokia-Gerätes dem Käufer ein Jahr lang kostenlose Music-Downloads. Darüber hinaus bietet Nokia über Plazes einen Location-Tracking-Dienst an (vgl. Alby 2008, S. 89–90). Anders als Nokia setzt der Gerätehersteller Apple auf den Mobile-Kanal. Apple nutzt sowohl den virtuellen Apple-Store als Absatzkanal für die eigenen Geräte als auch den iTunes-Apple-Store zum Verkauf verschiedenster Apps. Neben den Geräteherstellern wie Nokia oder auch Apple betreiben auch diverse Netzbetreiber vertikalisierten Mobile Commerce. Zu nennen ist neben T-Mobile, die die T-Online-Plattform für Mobile Commerce jeder Art nutzt, auch Vodafone, immerhin die Nummer drei im mobilen Downloadmarkt. Vodafone bietet z. B. Mobile-Music an und vermarktet die Song-Titel über Plakate, indem ein Barcode auf dem Plakat abfotografiert wird und nur noch die Transaktion bestätigt werden muss. Vodafone bietet über 600.000 Musiktitel zum Download an und wurde für den 2.000.000-fachen Verkauf von einem Nelly Furtado-Lied sogar mit einem Platin-Award ausgezeichnet (vgl. Logara 2008, S. 84). Während die bisher beschriebenen Formen der Vertikalisierung eher eine Vorwärtsintegration von Netzbetreibern und Geräteherstellern in Richtung Mobile Shop darstellen, gibt es jetzt auch ein aktuelles Beispiel für eine Rückwärtsintegration (vgl. Abb. 4.23). Google mutiert einerseits verstärkt zum Mobile-Commerce-Anbieter und hat bereits in den USA die Bücherplattform „Google eBooks" gestartet. Zugleich entwickelt Google eigene Bezahlsysteme („One Pass") und macht so wie Amazon („Simple Pay")

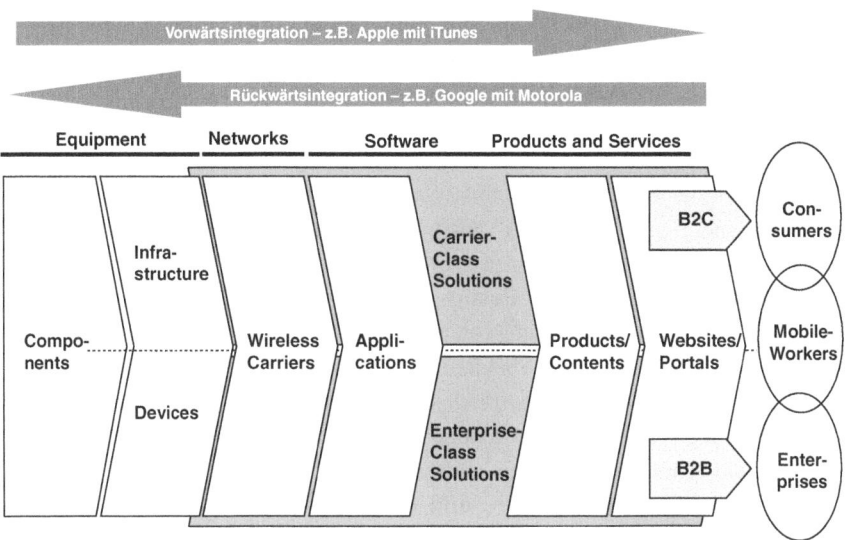

Abb. 4.23 Vertikalisierungsformen im Mobile Commerce. (Quelle: In Anlehnung an Spielberg 2001, S. 291)

jetzt auch der eBay-Tochter PayPal Konkurrenz. Andererseits wird Google durch den Erwerb von Motorola zum Gerätehersteller und damit zu einem rückwärts integrierten Mobile-Commerce-Unternehmen (vgl. Die Welt 2011a).

4.6 Relevante Erfolgsfaktoren des Mobile Commerce

Derzeit vollzieht der Mobile Commerce in Verbindung mit der rasanten Smartphone-Penetration als disruptive Technologie einen radikalen Generationenwechsel und ist dabei, alle Handelsbranchen nachhaltig zu transformieren. Dieses zeichnet sich in den USA bereits ab. Die Frage, wie man den „Mobile Commerce der neuen Generation" als disruptive Technologie bestmöglich nutzt, identifiziert sieben zentrale Erfolgsfaktoren („7 B-Erfolgsfaktoren") (Heinemann 2012):

- **Erfolgsfaktor Nr. 1 – Bestehender und bereits erfolgreicher Online-Shop:** Grundvoraussetzung ist die Existenz eines bereits erfolgreichen Online-Shops. Zuallererst sollte ein vorzeigbarer Online-Shop mit nennenswerter Betriebsgröße etabliert worden sein, was sicherlich kein Zuckerschlecken ist und ohne substanzielle Investitionen nicht funktionieren wird. Denn der Mobile Shop ist quasi sein „verlängerter Arm mit Zusatzfunktion". Wer als Händler einen Bogen um das Online-Thema macht, sollte es erst recht um das Mobile-Thema tun. Dabei gelten für den Mobile-Online-Handel die gleichen gültigen Gesetzmäßigkeiten wie im Online-Handel auch, allerdings in verschärfter Form. Darüber hinaus muss eine Optimierung zu mobilgerechten Inhalten und formatgerechten Websites erfolgen. Das Angebot ist um Mobile-Dienste und Anwendungen zu erweitern.

- **Erfolgsfaktor Nr. 2 – Bedeutung für die situative und reale Lebenswelt:** Die situative und lebensstilgerechte Anpassung der Angebote an die individuellen Einkaufsgewohnheiten der Kunden ist die hohe Schule des Mobile Commerce. Nur so lassen sich die „Synergien des SoLoMo" ausspielen, die sich aus der sozialen, lokalen und mobilen Ver-netzung ergeben. Dazu gehören auch individualisierbare virtuelle Regale und der Einsatz der Augmented Reality in allen denkbaren Facetten. Mobile-2.0, also die mobile-orientierte Umsetzung von Social-Media-Instrumenten mit Vernetzung zu Facebook, Twitter & Co., ist Standard. Twitter Accounts funktionieren dabei nicht nur als Service-Tool, um Kundenfragen zu beantworten, wie bei BestBuy mit seinem Twelpforce prak-tiziert. Sie können auch die anderen Verkaufskanäle nachhaltig befeuern, wie Whole Foods Market (WFM) zeigt.

- **Erfolgsfaktor Nr. 3 – Best Price und Bargaining:** Der Mobile Shopper gilt als Smart-Shopper auf der Suche nach smarten Informationen und Schnäppchen. Couponing, SMS-Gutscheine und virtuelle Bonuskarten sind geeignet, diese Kunden den anderen Kanälen zuzuführen. Dabei nimmt die Lokalisierung, also das „Local Pricing", eine Schlüsselrolle ein. Die Bestpreisgarantien müssen jedoch mit den anderen Vertriebskanälen abgestimmt sein, was angesichts immer noch fehlender valider Untersuchungen bzw. Erkenntnisse zum Multichannel-Pricing ein sensibles Vorgehen erfordert.

- **Erfolgsfaktor Nr. 4 – Broadcasting und Blogging:** Das Senden von Content und die Interaktion mit den Kunden geht mit dem Trend zum Crowdsourcing einher und führt zur Einschätzung, dass sich das „Internet zum Outernet" entwickelt. Hier wird eine völlig neue Sprache gesprochen, die von vielen Einzelhändlern erst noch gelernt werden muss: Ob „Pay with a Tweet", „Pay with Facebook Credits" oder „Sellaround with Widgets", New-Economy-Begriffe werden zum Sprachstandard. Auch „Group-Deals" und das „Shopping-Together" sind eine Zeiterscheinung des Mobile Commerce, die auch den Einsatz virtueller Spiele vorsieht („Gamification").

- **Erfolgsfaktor Nr. 5 – Bedienungsfreundlichkeit und Block-Reduktion:** Viel stärker als im Online-Shop ist im Mobile Commerce auf ein Höchstmaß an Mobile Navigation und Mobile Usability zu achten. Dabei hilft auch eine flexible Formatgestaltung, die den Einsatz unterschiedlicher Geräteformen bis hin zu Tablet-PCs ermöglicht. Schnelligkeit im Seitenaufbau und Barrierefreiheit sind insbesondere in Hinblick auf denkbare Übertragungsprobleme bestmöglich umzusetzen. Zu schwere Websites mit minutenlangen Ladezeiten vergraulen Kunden und treiben diese den Mitbewerbern zu, die nur einen Click entfernt sind.

- **Erfolgsfaktor Nr. 6 – Betriebssystem und Browsertechnologie:** Das (immer noch) breite Angebot an Betriebssystemen darf nicht darüber hinwegtäuschen, dass bis auf das iPhone OS von Apple kein Betriebssystem die gebotenen kommerziellen Möglichkeiten auch nur ansatzweise umsetzen kann. Dieses lässt sich an der überwiegend unzureichenden Anzahl mobiler Shopping Apps festmachen. Selbst Android ermöglicht bisher nur Applikationen von Amazon und eBay, wird dort aber auch kurzfristig radikal aufholen. Insofern spielt die Auswahl der geeigneten Betriebssysteme und Browsertechnologien in Kombination mit der passenden Geräteausstattung eine absolut erfolgskritische Rolle. Dabei sind auch die Netzabdeckungen und -verfügbarkeiten der verschiedenen Anbieter mit ins Kalkül einzubeziehen, um den Kunden die richtigen Empfehlungen für die bestmögliche Netzanbieterwahl eines Betriebssystems geben zu können.

- **Erfolgsfaktor Nr. 7 – Backend-Sicherheit und Benutzer-Risikoreduktion:** Die steigende Sensibilität in Hinblick auf den Datenschutz erfordert eine genaue Formulierung der Sicherheitsziele und Eingrenzung der Angriffspunkte. Bei der Verwendung von WLAN bestehen immer noch große Sicherheitsrisiken, die im GSM durch eine temporäre Teilnehmeridentität weitestgehend reduziert werden. Auch Bluetooth erreicht eine gewisse Abhörsicherheit durch Verschlüsselung, allerdings nur auf verhältnismäßig kurzer Entfernung. In jedem Fall sind den Nutzern die bestehenden Risiken offen darzulegen und alternative Risikooptionen anzubieten.

Im Zusammenspiel der skizzierten Erfolgsfaktoren vollzieht der Mobile Commerce in Verbindung mit der rasanten Smartphone-Penetration nicht nur einen radikalen Generationswechsel, sondern erlebt nach Gründung vor rund 20 Jahren auch einen zweiten Frühling. Denn nach anfänglicher Euphorie in den 90er Jahren und langem Dahindümpeln in der ersten Dekade des neuen Jahrtausends schnellt jetzt der Mobile Commerce fast exponentiell nach oben. Dieses beinhaltet auch einen weitreichenden „Nebeneffekt", denn durch den Mobile-Boom wird der ebenfalls stark wachsende Online-Handel zusätzlich befeuert. Auch in den kommenden Jahren wird in Deutschland der Verkauf über den Online-Kanal weiter boomen, während der stationäre Einzelhandel seit Jahren nur auf der Stelle tritt. Eine weitere Steigerung der Online-Anteile an den Einzelhandelsumsätzen ist offensichtlich auch für die nächsten Jahre sichergestellt.

Literatur

Accenture. (2012). Preisbereitschaften für Multi-Channel-Leistungen, Studie in Kooperation mit dem eWeb Research Center der Hochschule Niederrhein.

AGOF. (2013). Dem mobilen User auf der Spur, Zahlen, Daten, Fakten, Vortrag von Stefan Brax auf dem Mobile-Gipfel 2013 am 28.05.2013 in Berlin.

Ahlert, D., Becker, J., Knackstedt, R., & Wunderlich, M. (Hrsg.). (2002). *Customer Relationship Management im Handel; Strategien – Konzepte – Erfahrungen*. Berlin: Springer.

Alby, T. (2008). *Das mobile web*. München: Hanser.

Apple. (2015). Apple Inc. Form 10-K for the fiscal year ended December 31st, 2014.

Bevh – Bundesverband des Versandhandels. (2016). Aktuelle Zahlen zum Interaktiven Handel – bevh-Studie 2015. http://www.bevh.org/markt-statistik/zahlen-fakten/. Zugegriffen: 18. März 2016.

Bernauer, D. (2008). *Mobile Internet – Grundlagen, Erfolgsfaktoren und Praxisbeispiele*. Saarbrücken: VDM.

BITKOM. (2010). Der Bundesverband Informationswirtschaft, Telekommunikation und neue Medien e. V., 2010a. Presseinformation 28.07.2010 – Bald mehr als 5 Mrd. http://www.bitkom. org/de/markt_statistik/64046_64681.aspx. Zugegriffen: 1. Juli 2011.

Bitkom. (2014). Smartphone-Boom setzt sich 2014 ungebrochen fort, Presseinformation vom 12. Februar 2014, Berlin.

BITKOM, Goldmedia. (Hrsg.). (2008). Goldmedia Mobile Life Report 2012 – Mobile Life in the 21st century – Status quo and outlook, Berlin. http://www.goldmedia.com/publikationen/ bestellung-mobile-life-2012.html. Zugegriffen: 17. Jan 2009.

Bolz, N. (2008). Linking Value – der Mehrwert des 21. Jahrhunderts. In H. Kaul & C. Steinmann (Hrsg.), *Community Marketing – Wie Unternehmen in sozialen Netzwerken Werte schaffen* (S. 251–260). Stuttgart: Schäffer-Poeschel.

Bruce, A. (2011). Multi-Channeling der Zukunft – Multi-Channel-Erfolgsfaktoren im wachsenden Markt aus Sicht von Google. In G. Heinemann, M. Schleusener, & S. Zaharia (Hrsg.), *Modernes Multi-Channeling im Fashion-Handel*. Frankfurt: Deutscher Fachverlag.

BV Capital/eVenture. (2011). Overview: eCommerce & Online Trends San Francisco, April 2011.

Computer Bild – Sonderheft. (2014). Phablet-Test. In Computer Bild – Sonderheft Smartphone, 2014, Heft 01, S. 28 ff.

Computerwoche. (2016). Mobile Payment in Deutschland kommt langsam in Gang. In Computerwoche.de vom 9. Februar 2016. http://www.computerwoche.de/a/mobile-payment-in-deutschland-kommt-langsam-in-gang,3096970?tap=23b9a5dcbd40383cf809d33d97473483& utm_source=Nachrichten%20morgens&utm_medium=email&utm_campaign=newsletter&r= 2647286158248171&lid=486581&pm_ln=43. Zugegriffen: 25. Febr. 2016.

Die Welt. (2011a). Google kauft Motorolas Handy-Sparte, 16. August, S. 11.

Die Welt. (2011b). Netzbetreiber beschleunigen mobiles Web, 16. Februar, 2011, 12.

Die Welt. (2011c). Suchmaschinen für Superschnäppchen, 9. Mai, 2011, 17.

Dotsource Whitepaper. (Hrsg.) (2013). Mobile Commerce für Shopbetreiber. http://www. dotsource.de/wp-content/uploads/2013/09/dotSource_whitepaper_mobile_commerce_shopbe-treiber.pdf. Zugegriffen: 20. März 2014.

Eckstein, A. (2012). Digitalisierung des Handels über Smartphones, Vortrag auf dem Mobile-Gipfel vom 27.7.2012 in Düsseldorf.

Eckstein, M., & Theiss, B. (2010). Eine Frage des Systems. Connect Smartphone-Sonderheft, 01/2011, S. 8 ff.

Eckstein, M., Kaliudis, A., & Peuckert, M. (2010). Publikumsmagneten. Connect, 12/2010, S. 36 ff.

eWeb Research Center. (2015). Umsatzzahlen des Online-Handels 2015 in Deutschland, unveröffentlichte Berechnungen, Mönchengladbach.

Examone. (2013). Mobile Internet Users. http://blog.examone.com/why-innovation-matters-toyour-applicants-a-consumer-driven-process/. Zugegriffen: 24. Aug. 2013.

FAZ (Frankfurter Allgemeine Zeitung). (2011). Rabatte ohne Ende. Nr. 26, S. 17

Gartner. (2011). Weltweite Marktanteile der Betriebssysteme. http://www.gartner.com/it/page. jsp?id=1622614. Zugegriffen: 28. Aug. 2011.

Gehrckens, M., & Boersma, T. (2013). Zukunftsvision Retail – Hat der Handel eine Daseinsberechtigung? In G. Heinemann, M. Gehrckens, K. Haug, & dgroup (Hrsg.), *Digitalisierung des Handels mit ePace – Innovative E-Commerce-Geschäftsmodelle unter Timing-Aspekten* (S. 51–76). Wiesbaden: Springer Gabler.

Gerlicher, A., & Rupp, S. (2004). *Symbian OS – Einführung in die Anwendungsentwicklung*. Heidelberg: dpunkt Verlag.

Global Digital Report. (2015). Aktuelle Zahlen zur weltweiten Internet- und Social Media-Nutzung. http://www.jobambition.de/global-digital-report-2015-zahlen-digital-social-mobile/. Zugegriffen: 5. Aug. 2015.

Good-to-Go. (2016). Business Idea and Business Model. Sausalito.

Google. (2012a). The New Multiscreen World: Understanding Cross-platform Consumer Behaviour, August 2012.

Google (Ipsos OTX MediaCT). (2012b). *Unser mobiler Planet: Deutschland*. In services.google. com. http://services.google.com/fh/files/blogs/our_mobile_planet_germany_de.pdf. Zugegriffen: 2. Jan 2013.

Go-Smart-Studie. (2012). Allways-In-Touch, Studie zur Smartphone-Nutzung 2012, Google, Otto Group, TNS-Infratest, Trendbüro.

Gruner + Jahr. (Hrsg.) (2008). G+J Branchenbild Telekommunikation. Hamburg: G + J Media Sales.

Haak, A., Finger, L., & Smolinski, R. (2013). Im Labyrinth der Screens – Produktstrategien in einem Multi-Device-E-Commerce. In G. Heinemann, K. Haug, M. Gehrckens, & dgroup (Hrsg.), *Digitalisierung des Handels mit ePace – Innovative E-Commerce-Geschäftsmodelle und digitale Zeitvorteile* (S. 27–49). Wiesbaden: Springer Gabler.

Haug, K., & Küper, J. (2010). Das Potenzial von Kundenbeteiligung im Web-2.0-Online-Shop – Produktbewertungen als Kernfaktor des „Consumer-Generated-Marketing". In G. Heinemann & A. Haug (Hrsg.), *Web-Exzellenz im E-Commerce – Innovation und Transformation im Handel* (S. 115–134). Wiesbaden: Springer Gabler.

Heinemann, G. (2011). *Cross-Channel-Management – Integrationserfordernisse im Multi-Channel-Handel* (3. Aufl.). Wiesbaden: Gabler.

Heinemann, G. (2012). *Der neue Mobile Commerce – Erfolgsfaktoren und Best Practices*. Wiesbaden: Springer Gabler.

Heinemann, G. (2016). *Der neue Online-Handel – Geschäftsmodell und Kanalexzellenz im Digital Commerce* (7. Aufl.). Wiesbaden: Springer Gabler.

Heinemann, G., & Nentwich, M. (2016). Le Fashion Disrupteur – die Erfolgsgeschichte von vente priveé. In G. Heinemann, M. Gehrckens, & U. Wolters (Hrsg.), *Digitale Transformation versus digitale Disruption – vom Point-of-Sale zum Point-of-Decision im Digital Commerce*. Springer-Gabler: Wiesbaden.

Heinzel, A. (2014). Relevante Betriebssysteme im Mobile-Commerce – Bestandsaufnahme, Bewertung und kritischer Vergleich. Bachelorarbeit am Fachbereich für Textil- und Bekleidungstechnik, Mönchengladbach.

Heise. (2014). OECD: Deutschland hinkt beim mobilen Breitband und Glasfaser hinterher. heise. de vom 24.7.2014. http://www.heise.de/newsticker/meldung/OECD-Deutschland-hinkt-beim-mobilen-Breitband-und-Glasfaser-hinterher-2267789.html. Zugegriffen: 25. Aug. 2014.

HMWVL – Hessisches Ministerium für Wirtschaft, Verkehr und Landesentwicklung. (2007). Internet-Marketing nicht nur für kleine und mittlere Unternehmen.

iBusiness. (2016). Snapchat-Marketing: So wichtig wird Facebooks ‚Angstgegner' wirklich. In iBusiness vom 23. Februar 2016. https://www.ibusiness.de/members/aktuell/db/723661veg. html. Zugegriffen: 23. Febr. 2016.

Immler, C., & Kaiser, D. (2010). *Das inoffizielle Windows Phone Buch* (1. Aufl.). Poing: Franzis Verlag.

Internet World Business. (2011). Groupon ja, aber richtig! Nr. 12, S. 26.

Internetworld.de. (2016). Der große Twitter-Fehler – keep it simple: Warum schlichte Homepages erfolgreicher sind. In Internetworld.de vom 24. Februar 2016. http://www.internetworld.de/onlinemarketing/homepage/keep-it-simple-schlichte-homepages-erfolgreicher-1078619.html. Zugegriffen: 25. Febr. 2016.

Internetworldstats. (2015). Internet Users in the World by regions November 2015. http://www.internetworldstats.com/stats.htm. Zugegriffen: 23. Febr. 2016.

Kaliudis. (2014). Touchwiz, Sense & Co.: Android-UIS im Vergleich. http://www.connect.de/ratgeber/touchwiz-sense-android-uis-im-vergleich-1489525.html. Zugegriffen: 28. März 2014.

kaufDA. (2015). Studie zum Thema „Zukunft und Potenziale von Location-based Services für den stationären Handel – Zeitreihenanalyse im Vergleich zu 2013 und 2014", Mönchengladbach.

Klopfleisch, M. (2009). *Mobile E-commerce: Business in motion. Masterarbeit.* Jena: Fachhochschule Jena.

Kollmann, T. (2007). *Online-Marketing – Grundlagen der Absatzpolitik in der Net Economy.* Stuttgart: Kohlhammer Verlag.

Kollmann, T. (2009). *E-Business – Grundlagen elektronischer Geschäftsprozesse in der Net Economy* (3. Aufl.). Wiesbaden: Gabler.

Kollmann, T. (2013). *E-Business; Grundlagen elektronischer Geschäftsprozesse in der Net Economy.* Wiesbaden: Springer Gabler.

Kowalewsky, R. (2010). Neue Mobilfunkrevolution kommt. In RP vom 13. April 2010, S. A7.

Küllenberg, B., & Quente, C. (2006). *Kreative Markenkommunikation mit Handy & Co.* Landsberg am Lech: mi-Fachverlag.

Lehner, F. (2002). Einführung und Motivation. In R. Teichmann & F. Lehner (Hrsg.), *Mobile Commerce – Strategien, Geschäftsmodelle, Fallstudien.* Berlin: Springer.

Logara, T. (2008). *M-Business kompakt* (2. Aufl.). Norderstedt: Books-on-Demand Verlag.

managementforum. (2016). Online ist Mobile. 12. Online-Handel 16 & Congressmesse Interactive World. 27. und 28. Januar. Van der Valk Hotel. Düsseldorf.

Markt Intern. (2016). Amazon Bookstore – Der Buchladen der Zukunft. Interview mit Prof. Dr. Gerrit Heinemann vom 10. Februar 2016. http://www.markt-intern.de/online/interview-prof-heinemann/. Zugegriffen: 10. Febr. 2016.

Mobile Internet. (2011). Sonderheft Internet World Business. August 2011.

Möhlenbruch, D., Dölling, S., & Ritschel, R. (2008). Web. In H. H. Bauer et al. (Hrsg.), *Erfolgsfaktoren des Mobile Marketing – Strategien, Konzepte und Instrumente.* Berlin: Springer.

Mosemann, H., & Kose, M. (2009). *Android – Anwendungen für das Handy-Betriebssystem erfolgreich programmieren.* München: Hanser.

Negele, M. (2011). *Betriebssysteme im Mobile-Shopping – Bestandsaufnahme, Systemvergleich und Zukunftsprognosen für ausgewählte Anwendungsbeispiele, Bachelor-Arbeit.* Mönchengladbach: Hochschule Niederrhein.

ntv. (2015). Smartphone-Neuheiten – so sinken die Preise. ntv vom 25. Febr. 2016. http://www.n-tv.de/technik/So-sinken-die-Preise-article14580331.html. Zugegriffen: 23. Febr. 2016.

OECD. (2015). OECD broadbandstatistics update 2014. http://www.oecd.org/internet/oecd broadbandportal.htm. Zugegriffen: 12. Aug. 2015.

Otto Group, Google Inc. (Hrsg.). (2012). Go Smart – 2012: Always in Touch – Studie zur Smartphone-Nutzung 2012. http://www.ottogroup.com/fileadmin/pdf/go_smart.pdf. Zugegriffen: 28. Okt. 2010.

Pakalski, I. (2013). Studie: Mehrzahl der Nutzer verwendet Tablet nur mit WLAN. http://www.golem.de/news/studie-mehrzahl-der-nutzer-verwendet-tablet-nur-mit-wlan-1308-101248.html. Zugegriffen: 23. März 2014.

Pichlmeier, T. (2010). *Die Bedeutung des M-Commerce als eigenständige Multi Channel-Strategie des stationären Einzelhandels, Bachelorarbeit.* Ingolstadt: GRIN Verlag.

Pousttchi, K., Turowski, K., & Wiedemann, D. G. (2008). Mobile viral marketing. In H. H. Bauer et al. (Hrsg.), *Erfolgsfaktoren des Mobile Marketing – Strategien, Konzepte und Instrumente.* Berlin: Springer.

Research in Motion Limited. (2010). The company behind the Blackberry Solution. http://www.rim.com/company/. Zugegriffen: 1. Dez. 2010.

Richter, T. (2009). Perspektiven für den mobilen Vertriebskanal. In K. Backhaus et al. (Hrsg.), Multi-Channel-Management – Effizienzfalle oder Motor in rezessiven Zeiten, Dokumentationspapier Nr. 204 der Wissenschaftlichen Gesellschaft für Marketing und Unternehmensführung. Leipzig.

Rio mobile. (2010). Die empirische Studie zum Thema „Business-Motor mobiles Internet" – Wie das mobile Internet unser Leben verändert und bereichert. http://www.riomobile.de/presse/download/100331_rio-mobile-Studie_Businessmotor-Internet.pdf. Zugegriffen: 6. Juli 2011.

Scheer, A.-W., Feld, T., Göbl, M., & Hoffmann, M. (2002). Das mobile Unternehmen. In G. Silberer, J. Wohlfahrt, & T. Wilhelm (Hrsg.), *Mobile Commerce – Grundlagen, Geschäftsmodelle – Erfolgsfaktoren*. Wiesbaden: Gabler.

Schneider, D. (2001). *Marketing 2.0 – Absatzstrategien für turbulente Zeiten*. Wiesbaden: Gabler.

Scholz, H. (Hrsg.). (2010). Was ist ein mobiles Endgerät? http://www.mobile-zeitgeist.com/2010/03/09/was-ist-ein-mobiles-endgeraet/. Zugegriffen: 27. Dez. 2010.

Schrödter, J. (2003). *Kundenbindung im Internet*. Köln: Josef Eul Verlag.

Schwarz, T. (2007). Leitfaden Online-Marketing, 28 innovative Praxisbeispiele. Waghäusel.

Searchmetrics. (2014). Mobile Ranking-Faktoren 2014 Google Deutschland. http://pagessearchmetrics.com/rs/searchmetricsgmbh/images/Searchmetrics%20Whitepaper%20Mobile%20SEO%20Ranking-Faktoren%202014%20DE.pdf. Zugegriffen: 22. Febr. 2015.

Silberer, G., & Schulz, S. (2008). mCRM – Möglichkeiten und Grenzen eines modernen Kundenbeziehungsmanagements. In H. H. Bauer et al. (Hrsg.), *Erfolgsfaktoren des Mobile Marketing – Strategien, Konzepte und Instrumente*. Berlin: Springer.

Spehr, M., & Jörn, F. (2010). „Long Term Evolution" im Mobilfunk – Geduldsprobe für den mobilen Internetmenschen. In FAZ Nr. 63 vom 16. März 2010, S. T1.

Spielberg, H. (2001). Das Geschäftsmodell von @Road. In A.-T. Nicolai & T. Petersmann (Hrsg.), *Strategien im M-Commerce*. Stuttgart: Schäffer-Poeschl.

Statista. (2012). Prognose der globalen Marktanteile der Smartphone-Betriebssysteme 2012 und 2016. Prognose vom 7. Juni 2012. http://de.statista.com/infografik/364/prognose-marktanteile-der-smartphone-betriebssysteme/ Zugegriffen: 22. Febr. 2015.

Statista. (2016a). Anzahl der Mobiltelefonnutzer, die das mobile Internet nutzen in den Jahren 2012 bis 2014 sowie eine Prognose bis 2019 (in Milliarden). http://de.statista.com/statistik/daten/studie/172505/umfrage/anzahl-der-personen-weltweit-die-mobil-das-internet-nutzen. Zugegriffen: 22. Febr. 2016.

Statista. (2016b). Anzahl von Tablets in Deutschland von 2010 bis 2015 (in Millionen Stück). http://de.statista.com/statistik/daten/studie/157928/absatz-von-tablet-pcs-in-deutschland. Zugegriffen: 22. Febr. 2016.

Subramani, M. R., & Rajagopalan, B. (2003). Knowledge-sharing and Influence in social networks via viral marketing. *Communications of the ACM, 46*(12), 300–207.

Thelen, K. (2009). *Eignung des Mobile-Shopping für Bekleidung, Studienarbeit an der Hochschule Niederrhein*. Mönchengladbach: Fachbereich Textil- und Bekleidungstechnik.

Turowski, K., & Pousttchi, K. (2004). *Mobile Commerce – Grundlagen und Techniken*. Berlin: Springer.

Unterberg, B. (2008). Consumer Generated Advertising; Konsumenten als Markenpartner in der Werbung. In H. Kaul & C. Steinmann (Hrsg.), *Community Marketing – Wie Unternehmen in sozialen Netzwerken Werte schaffen* (S. 203–216). Stuttgart: Schäffer-Poeschel.

Waz.m.derwesten.de. (2016). Der Online-Bezahldienst Paydirekt will Paypal ablösen. Der Westen vom 16. Februar 2016. http://waz.m.derwesten.de/dw/wirtschaft/der-online-bezahldienst-paydirekt-will-paypal-abloesen-id11568995.html?service=mobile#plx.1864657607. Zugegriffen: 22. Febr. 2016.

Weitekamp. (2014). Mobile Shopping: Wachstumstreiber im E-Commerce?, verfügbar unter: http://t3n.de/news/internet-world-kongress-mobile-commerce-530994/, Zugegriffen: 20. März 2014.

Wiecker, M. (2002). Endgeräte für mobile Anwendungen. In W. Gora & S. Rötther-Gerigk (Hrsg.), *Handbuch Mobile-Commerce – Technische Grundlagen, Marktchancen und Einsatzmöglichkeiten*. Berlin: Springer.

Wiedmann, K.-P., Reeh, M.-O., & Schumacher, H. (2008). Near field communication im mobile marketing. In H. H. Bauer, et al. (Hrsg.), *Erfolgsfaktoren des Mobile Marketing – Strategien, Konzepte und Instrumente*. Berlin: Springer.

Wikipedia. (2008). Blog, Tag und Wiki. http://en.wikipedia.org/wiki. Zugegriffen: 2. Okt. 2008.

Xing. (2016). Mobile Shopping is doubling in China each year. In Xing vom 22. Febr. 2016. http://www.xing-news.com/reader/news/articles/204923?newsletter_id=11385&xng_share_origin=email. Zugegriffen: 22. Febr. 2016.

Zander, C. (2011). *Möglichkeiten des Cross-Channel-Management unter besonderer Berücksichtigung der Integration des M-Shopping, Studienarbeit*. Mönchengladbach: Hochschule Niederrhein.

ZDNet. (2013). Android erreicht fast 75 % Marktanteil. http://www.zdnet.de/88154889/gartner-android-erreicht-fast-75-prozent. Zugegriffen: 22. Aug. 2013.

Zobel, J. (2001). *Mobile Business und M-Commerce – Die Märkte der Zukunft erobern*. München: Hanser.

Studie – Status und Potenziale von Location-based Services

5

5.1 Konzept und Ziele der Studie

5.1.1 Ausgangssituation und Anlass der Studie

Die in der zweiten Auflage dieses Buches veröffentlichte Studie über die „Zukunft und Potenziale von standortbezogenen Diensten für den stationären Handel" aus 2014 machte bereits deutlich, dass die Smartphone-Nutzung auch für standortbezogene Dienste enorm zunimmt. Verbraucher schätzen die Vorteile eines mobilen, vernetzten Lebens und stellen entsprechende Erwartungen an ihr Einkaufserlebnis. Deswegen erschien es sinnvoll, den aktuellen Stand der Nutzung von standortbezogenen Diensten im Zeitreihenvergleich zwischen 2013, 2014 und 2015 zu überprüfen und der Frage nachzugehen, inwieweit sich die im letzten Jahr angenommenen Potenziale bestätigen.

5.1.2 kaufDA als LBS-Anbieter

Das App- und Onlineangebot kaufDA stellt eine Plattform mit standortbezogenen Diensten für den stationären Einzelhandel bereit. Diese bieten dem Handel einen Zugang zu Verbrauchern mit lokalem Bezug, indem das mobile Netzwerk von kaufDA Verbraucher bequem und tagesaktuell rund um den lokalen Einkauf informiert. Das funktioniert auf allen gängigen Betriebssystemen. Nutzer von kaufDA können Prospekte, Angebote und Öffnungszeiten aus ihrer direkten Umgebung online durchsuchen und vergleichen. Das Unternehmen ist Teil der Bonial.com Group, die mit einem Team von über 330 Mitarbeitern Verbraucher in elf Märkten erreicht: in den USA, Deutschland, Frankreich, Schweden, Dänemark, Norwegen, Brasilien, Spanien, Mexiko, Kolumbien und Chile. Das Unternehmen gehört zur Axel Springer SE.

© Springer Fachmedien Wiesbaden 2016
G. Heinemann und C.W. Gaiser, *SoLoMo – Always-on im Handel,*
DOI 10.1007/978-3-658-13545-4_5

Leistungen und Bedeutung von kaufDA

Seit Gründung haben Verbraucher bis heute mehr als zwölf Milliarden digitale Prospektseiten bei kaufDA und der ebenfalls zur Bonial.com Group gehörenden Marke MeinProspekt aufgerufen. Dabei werden alleine in Deutschland die Informationen von rund 247.000 Einzelhandelsgeschäften in 12.000 deutschen Städten und Gemeinden ständig aktualisiert. Monatlich erreichen kaufDA und MeinProspekt 8 Mio. Nutzer. Die deutsche Marketing-Zeitung „Horizont" beschrieb den Marktführer kaufDA als „Heilsbringer des stationären Handels".

5.1.3 Ausgangslage und Kernfragen

Es ist offenkundig, dass sich die Handelsbranche durch das veränderte Nutzungs- und Kaufverhalten insbesondere der – als Smart Natives bezeichneten – jüngeren Konsumenten im Umbruch befindet. Alteingesessene Handelsunternehmen sind gezwungen, ihre Geschäftsmodelle auf den Prüfstand zu stellen, zumal immer mehr Hersteller oder Startups mithilfe der Digitalisierung Teile der etablierten Wertschöpfungskette überspringen. Damit Handelsformate sich verändern und anpassen können, ist die Kenntnis der Faktoren, welche die Handelsbranche heute und zukünftig beeinflussen werden, erforderlich. Ferner ist es unverzichtbar, die neuen Interessen, Bedürfnisse sowie Nutzungsmuster der Konsumenten im Zusammenhang mit mobilem Internet abschätzen zu können. Im Rahmen dieser Studie soll die grundsätzliche These „Mobiles Internet fördert die Wiederentdeckung des stationären Handels" überprüft werden. Kenntnisse und Bereitschaften von Konsumenten zu dem Thema Location-based Services (LBS) sowie aktuelle Entwicklungen in den Bereichen Rechercheverhalten, Shoppingtypen und Erwartungshaltung stehen im Fokus. Darüber hinaus werden in einem Zeitreihenvergleich von 2013, 2014 und 2015 Veränderungen der Interessen und Bedürfnisse von Konsumenten überprüft. Die Studienergebnisse aus den Jahren 2013 und 2014 zeigten bereits, dass auf Kundenseite Bereitschaft für LBS vorhanden ist. Im Zeitreihenvergleich interessiert insbesondere die Veränderung der Nutzung von Smartphones in der Kaufsituation am POS sowie die veränderte Nutzung von und die neue Erwartungshaltung an standortbezogene Dienste. Des Weiteren ist im Zeitreihenvergleich erkennbar, welche „digitalen" Faktoren zu Hygienefaktoren für den stationären Handel avancieren.

Folgende Kernfragen stehen im Vordergrund der aktuellen Untersuchung:

1. Welche Faktoren beeinflussen das Einkaufsverhalten im Zeitreihenvergleich 2013, 2014 und 2015?
2. Welche Anforderungen gibt es an Handelsformate im Zeitreihenvergleich 2013, 2014 und 2015?
3. Welche aktuellen Entwicklungen gibt es in der Smartphone-Penetration und Smartphone-Nutzung?
4. Welche Erwartungen stellen Konsumenten an den Handel der Zukunft?

5. Welche Veränderungen zeigen sich durch die Nutzung von LBS auf den Handel der Zukunft?
6. Wie sieht der Handel der Zukunft aus?

5.1.4 Studiendesign und Soziodemografie

Im Jahr 2015 hat kaufDA in Zusammenarbeit mit der Hochschule Niederrhein zum dritten Mal eine repräsentative Verbraucherbefragung zum Thema Location-based Services (LBS) durchgeführt. Im Rahmen der Studie wurde die grundsätzliche These „Mobiles Internet fördert die Wiederentdeckung des stationären Handels" analysiert sowie ein Zeitreihenvergleich zu den Studienergebnissen aus dem Vorjahren 2013 und 2014 realisiert.

Erhebungsart
Die Erhebung erfolgte zweistufig in zwei Befragungsrunden mit Unterstützung der INNOFACT AG:

- Befragungsrunde: **CATI-Befragung** (Computer Assisted Telephone Interview). Dabei wird eine bevölkerungsrepräsentative Stichprobe von Verbrauchern aus dem INNOFACT-Telefonstudio angerufen und befragt. Es kamen ausschließlich erfahrene Interviewer(innen) zum Einsatz, die spezifisch für das Projekt geschult wurden und unter laufender. Kontrolle und Anleitung des jeweiligen INNOFACT-Projektleiters standen (n = 1000).
- Befragungsrunde: **Online-Befragung.** Die Probanden wurden aus dem Consumer-Panel der INNOFACT AG rekrutiert. Eine zufällige Stichprobe wurde per E-Mail eingeladen und konnte am Online-Fragebogen teilnehmen. Der Zugang zur Online-Befragung war für jeden dieser Teilnehmer nur über eine individuelle Transaktionsnummer möglich, Mehrfachteilnahmen waren somit ausgeschlossen (n = 1018).

In der ersten Befragungsrunde wurden im Zeitraum vom 21. Juli 2015 bis 30. Juli 2015 in einer Telefonbefragung 1000 Personen im Alter ab 14 Jahren in bevölkerungsrepräsentativer Struktur für die Merkmale Geschlecht, Alter und Berufstätigkeit nach ihrem Nutzungsverhalten im Umgang mit internetfähigen Endgeräten befragt. Die zweite Online-Befragungsrunde wurde ebenfalls mit Personen im Alter ab 14 Jahren durchgeführt. Die Stichprobe von 1018 Befragten, die Smartphone-Nutzer bzw. Tablet-PC-Nutzer sind, wurde parallel zur ersten Befragungsrunde vom 21. Juli 2015 bis 23. Juli 2015 durchgeführt. Quelle der Quotenvorgaben war die AWA 2013 (Allensbacher Markt- und Werbeträgeranalyse). Es erfolgt eine Gewichtung der Online-Stichprobe anhand der Verteilung der CATI-Befragung der Smartphone bzw. Tablet-PC-Nutzer für die Merkmale Geschlecht, Alter und Berufstätigkeit. Die Stichprobenbeschreibung der ersten CATI-Befragungsrunde ist in Abb. 5.1 dargestellt. Die der zweiten Online-Befragungsrunde in Abb. 5.2.

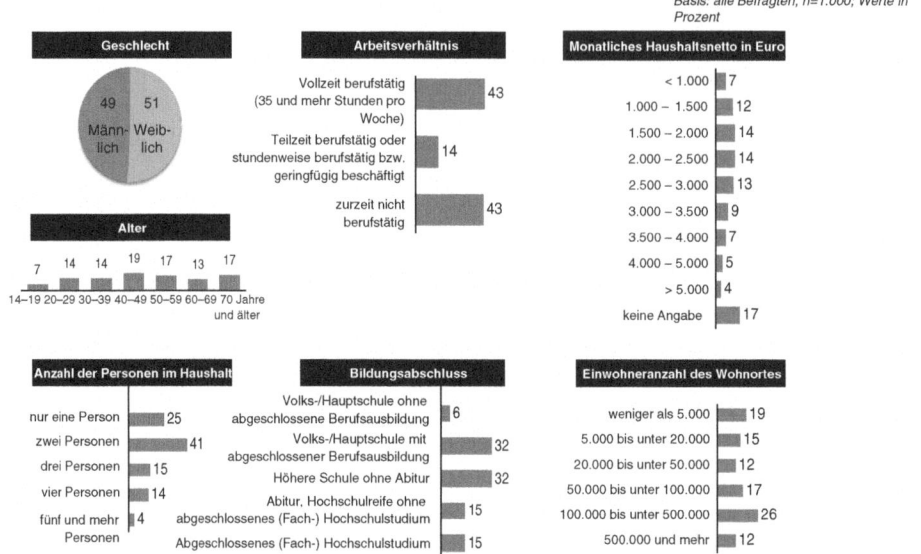

Abb. 5.1   Stichprobe der ersten Befragungsrunde, CATI 2015. (Quelle: Eigene und kaufDA 2015)

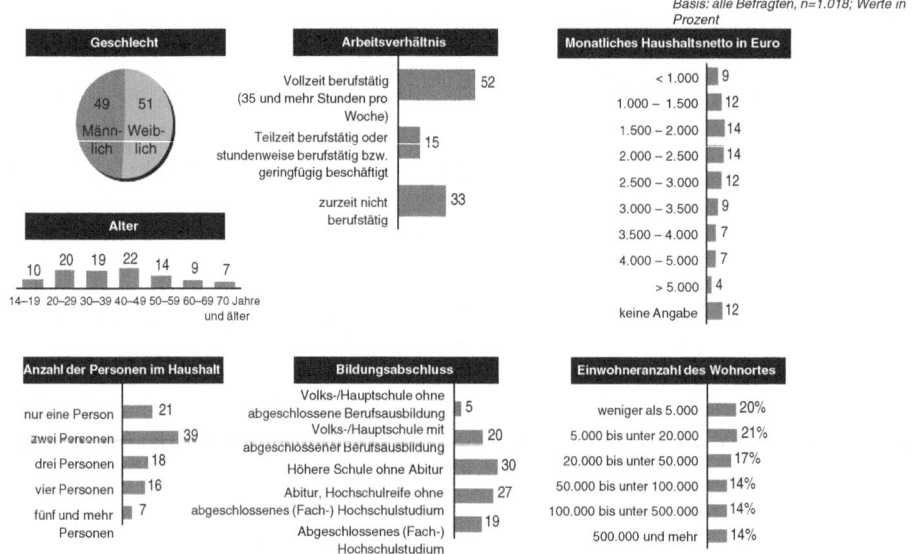

Abb. 5.2   Stichprobe der zweiten Befragungsrunde, Online-Befragung 2015. (Quelle: Eigene und kaufDA 2015)

5.2 Smartphone-Besitz und -Nutzung im Zusammenhang mit LBS

Der Bereich Smartphone-Besitz und -Nutzung wurde im Zusammenhang mit LBS in Hinblick auf vier Aspekte, die auch den Schwerpunkt der CATI-Befragung bildeten, untersucht. Im Fokus stehen zunächst der Besitz und die Nutzung von Smartphones sowie deren geplanter Neukauf. Weiterhin geht es um den Gebrauch von Smartphones und Tablets sowie die Nutzung von Informationskanälen im Zeitreihenvergleich.

5.2.1 Besitz und Nutzung von Smartphones

Die Penetration von Smartphones und Tablet-PCs pendelt sich auf einem konstant hohen Niveau ein. Die Zahl der befragten Personen, die im Besitz eines Smartphones und/oder Tablet-PCs sind, liegt bei 70 % im Jahr 2015. Vor allem 30-Jährige und 30- bis 49-Jährige mit höherem Einkommen nutzen das mobile Internet. Der Unterschied zwischen Männern ist diesbezüglich marginal. Fast alle 30-Jährigen besitzen mittlerweile ein Smartphone (96 % in 2015, 94 % in 2014).

Die Nutzung von klassischen Handys – ohne mobilen Internetzugang – geht weiter leicht zurück und sinkt auf 33 % in 2015 (51 % in 2013; 35 % in 2014).

Die Nutzung von anderen mobilen Geräten wie zum Beispiel internetfähige Uhren, Brillen oder Armbändern wurde im Jahr 2014 erstmals abgefragt. Der Anteil der befragten Personen, die ein solches Gerät nutzen, lag bei 3 % und ging in 2015 sogar noch leicht zurück.

Die ermittelte Art der Gerätenutzung stellt auf Basis der CATI-Befragung real-repräsentative Werte dar, da in der telefonischen Befragung auch die nicht das Internet und/oder Mobiles nutzenden Bevölkerungsteile mit abgebildet sind. Die Ergebnisse sind in Abb. 5.3 dargestellt.

5.2.2 Geplanter Neukauf von Geräten

Proportional zur hohen Penetration von Smartphones und Tablet-PCs hält sich auch die Anzahl der geplanten Neuanschaffungen in 2015 im Vergleich zu 2014 konstant. Etwa ein Drittel der Befragten plant in den nächsten 6 Monaten mindestens eines der abgefragten Geräte neu zu erwerben, wobei Devices zur mobilen Internetnutzung den mit Abstand größten Teil der geplanten Neukäufe ausmachen. 15 % wollen sich ein neues Smartphone kaufen, nur 2 % ein klassisches Handy. Die geplante Anschaffung von anderen mobilen Geräten wie z. B. internetfähigen Uhren, Brillen oder Armbändern liegt ebenfalls bei 2 %.

Die Ergebnisse zum geplanten Neukauf sind in Abb. 5.4 dargestellt.

Zeitreihenvergleich Gerätenutzung

Basis: alle Befragten, n=1.000 in 2015,
n=1.004 in 2014. n=2.000 in 2013,
Werte in Prozent

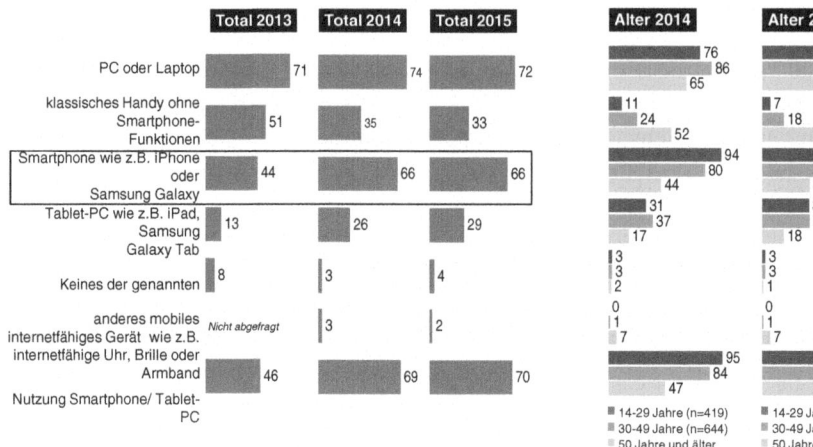

Frage: „Nutzen Sie persönlich eines oder mehrere der nachfolgenden Geräte?"

Abb. 5.3   Zeitreihenvergleich der Gerätenutzung in der deutschen Bevölkerung. (Quelle: Eigene und kaufDA 2015)

Zeitreihenvergleich Geplanter Neukauf von Geräten

Basis: alle Befragten, n=1.000 in 2015,
n=1.004 in 2014. n=2.000 in 2013,
Werte in Prozent

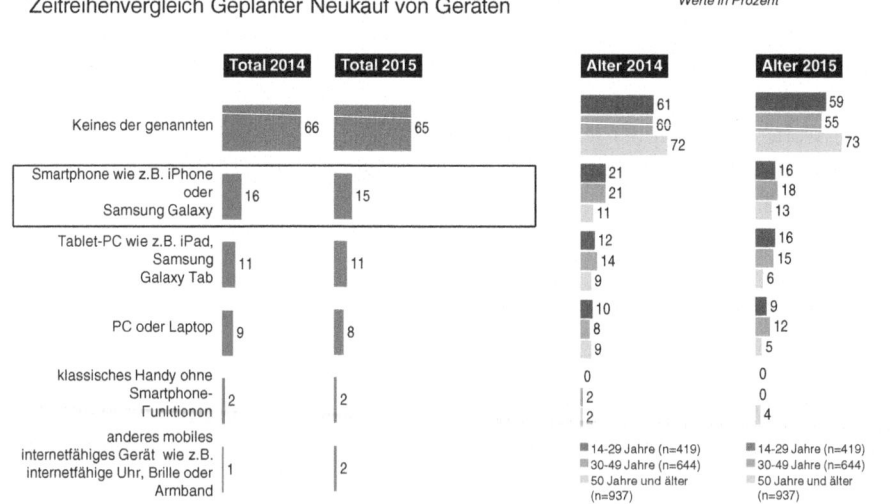

Frage: „Planen Sie, für sich selbst eines oder mehrere der nachfolgenden Geräte in den nächsten 6 Monaten neu zu erwerben?"

Abb. 5.4   Geplanter Neukauf von Geräten im Zeitreihenvergleich. (Quelle: Eigene und kaufDA 2015)

5.2.3   Genutzte Funktionen auf Smartphones und Tablets

Mit 79 % wird von den Smartphone- bzw. Tablet-PC-Nutzern ihr Gerät am häufigsten zur Suche von kaufrelevanten Produktinformationen genutzt (78 % in 2014). Etwas über die Hälfte der User benutzt spezielle Apps, um Informationen über Preis- und Warenangebote von bestimmten Händlern bzw. Läden in der Nähe zu erhalten. Die Nutzerzahl geht hier gegenüber dem Vorjahr allerdings leicht von 56 auf 53 % zurück. Die gezielte Suche nach Informationen über stationäre.

Geschäfte und deren Angebote steigt demgegenüber auf 70 % an (68 % in 2014 und 65 % in 2013).

Der Kauf via Smartphone oder Tablet-PC steigt in 2015 von 55 auf 59 % an (48 % in 2013). Die Altersanteile bei der App-Nutzung entsprechen in etwa den Anteilen der Gerätenutzung. So nutzen vor allem jüngere Personen unter 30 Jahren bevorzugt Apps und Angebote mit lokalem Bezug, gefolgt von der Gruppe der 30- bis 49-Jährigen.

Der konkrete Kauf via Smartphone oder Tablet-PC nimmt in 2015 von 55 auf 59 % zu. Die genutzten Funktionen von Smartphones und Tablets sind im Zeitreihenvergleich in Abb. 5.5 dargestellt.

5.2.4   Genutzte Kanäle bei der Suche nach Produktinformationen

Von hoher Relevanz für die Produktsuche sind vor allem Suchmaschinen, wie z. B. Google, die ihre dominierende Stellung gegenüber 2014 sogar von 80 auf 82 % ausbauen konnten. Während im Vorjahresvergleich die großen Einkaufsplattformen (Amazon und eBay) mit 72 % sowie die Preisvergleichsplattformen mit 56 % gleich bleiben konnten, erhöhte sich der Wert für eigene Websites und mobile Online-Shops erheblich. Hier stieg der Wert von 47 auf 51 % und bestätigt die Notwendigkeit für Händler, in dieser Form „digital präsent" zu sein.

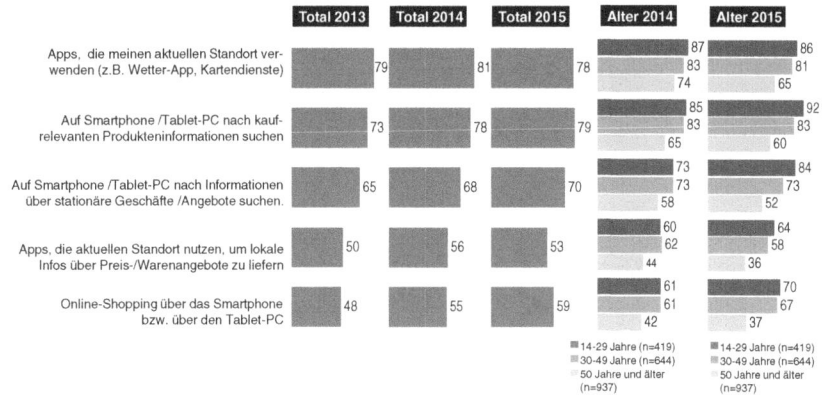

Abb. 5.5 Genutzte Smartphone-Funktionen im Zeitreihenvergleich. (Quelle: Eigene und kaufDA 2015)

Bei der Frage nach den genutzten Kanälen zur Suche von Produktinformationen auf mobilen Geräten rangiert das soziale Netzwerk mit 24 % weiterhin an letzter Stelle (24 % in 2014). Somit bestätigt die aktuelle Befragung das Ergebnis aus dem letzten Jahr. Danach sind soziale Netzwerke zur Produktinformationssuche für Konsumenten von geringer Relevanz.

Insgesamt zeigen die Befragungsergebnisse auch einen Bezug zu Social Shopping, jedoch immer auch im Zusammenhang mit sozialen Medien im Internet. Diese werden in ihrer Nutzung eher unbewusst wahrgenommen. Betont wird allerdings die Relevanz von Produktbewertungen durch andere Kunden.

Bei den unter 30-jährigen Usern ist die Nutzung eines tragbaren internetfähigen Gerätes nahezu habitualisiert. Somit ist vor allem in diesem Segment die Möglichkeit zur Nutzung von Location-based Services (LBS) gegeben. Jedoch zeigt der geringe Bekanntheitsgrad, dass sich LBS noch in der Einführungsphase befinden. Dies lässt vermuten, dass hier besonders für stationäre Händler Potenzial besteht.

Des Weiteren zeigt die Nutzung von Smartphones und Tablet-PCs im Detail, dass diese überwiegend zur Informationsbeschaffung verwendet werden und weniger zum Produktkauf. Sie haben damit vor allem auch eine Zubringerfunktion für andere Kanäle. Diesbezüglich sind Nutzungsanteile von Informationen mit lokalem Bezug durchaus gegeben, jedoch besteht auch hier weiteres Potenzial für Händler, Informationen entsprechend der Erwartung der Nutzer zur Verfügung zu stellen.

Die genutzten Kanäle für die Suche von Produktinformationen und wichtige Aspekte dabei sind in Abb. 5.6 dargestellt.

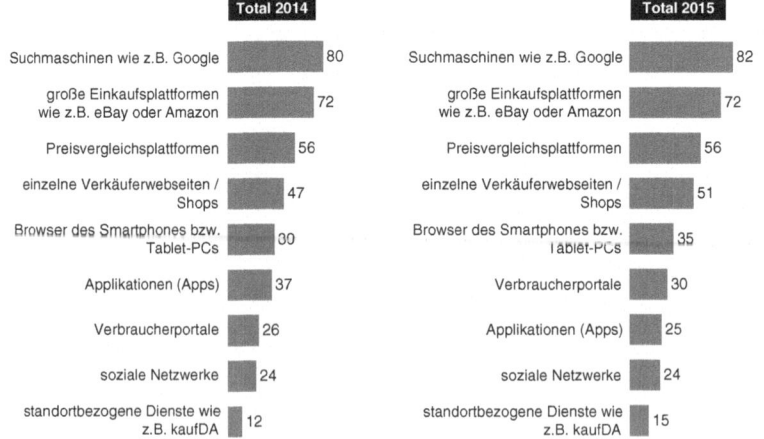

Abb. 5.6 Genutzte Kanäle für Produktinformationssuche im Zeitreihenvergleich. (Quelle: Heinemann und kaufDA 2015; Basis: Nur Befragte, die schon einmal auf ihrem Smartphone bzw. Tablet-PC gezielt nach Informationen zu Produkten gesucht haben)

5.3   „So" – Soziale und LBS-relevante Aspekte beim Einkauf

Soziale und LBS-relevante Aspekte beim Einkauf bilden den Auftakt der Online-Befragung, bei der der SoLoMo-Faktor im Vordergrund steht. Dabei geht es zunächst um das
aktuelle und zukünftige Informationsverhalten und den Einfluss attraktiver Angebote auf
das Einkaufsverhalten. Weiterhin stehen die Orte der Informationsnutzung und insbesondere der Social-Media-Kanal für lokale Angebote im Fokus. Dementsprechend werden u .a. die Bekanntheit von Location-based Services sowie die Erwartungen an lokale
Dienste aus sozialer Sicht untersucht.

5.3.1   Aktuelles und zukünftiges Informationsverhalten

Die Online-Recherche mit anschließendem Online-Kauf liegt in 2015 wie auch in 2014
auf dem ersten Platz. Rund 38 % der Befragten bevorzugen dieses Einkaufsmuster. Deutlich zu erkennen ist ein Zuwachs der Informationssuche über mobiles Internet via Smartphone oder Tablet-PC mit anschließendem Kauf auf Desktop bzw. Laptop zu Hause.
Dieses Kaufverhalten steigt von 5 % in 2013 auf 12 % in 2015 an. Aber auch das Verhaltensmuster „Informationssuche auf dem mobilen Endgerät und anschließender Kauf
dort" nimmt deutlich zu, und zwar von 4 % in 2013 auf 11 % in 2015.

   Somit bestätigen die Befragungsergebnisse in 2015 die zunehmende Relevanz von
mobilen internetfähigen Endgeräten im Kaufentscheidungsprozess, insbesondere in
der Informationssuche und -beschaffung. Die in diesem Jahr erstmalige Unterteilung
von Online-Kauf im Geschäft a) auf dem eigenen Gerät und b) auf einem Terminal im
Geschäft zeigen in Summe einen höheren Wert als die einfache Abfrage in 2014. Dies
weist auf die Bereitschaft hin, dass Kunden auch im Geschäft weiterhin online einkaufen
möchten.

   Die Offline-Informationssuche im Geschäft mit anschließendem Kauf im Internet liegt weiterhin auf dem letzten Platz mit 6 %. Das Showrooming, in Deutschland
auch als „Beratungsklau" tituliert, zeigt unverändert geringe Relevanz. „Ausschließlich
Online-Kauf ohne vorherigen Geschäftsbesuch" liegt in 2015 mit 36 % auf gleichem
Niveau wie die „Online-Recherche und dann Kauf im Geschäft" mit ebenfalls 36 %.
Dies weist auf die steigende Relevanz der Informationssuche im Internet hin sowohl für
den Offline-Kauf als auch für den Online-Kauf.

   Das aktuelle und zukünftige Informations- und Kaufverhalten ist in Abb. 5.7
dargestellt.

5.3.2   Einfluss attraktiver Angebote auf das Einkaufsverhalten

Rund 83 % der befragten Personen informieren sich auch in 2015 regelmäßig über aktuelle Angebote mit lokalem Bezug. Damit wird das hohe Interesse an lokalen Angeboten

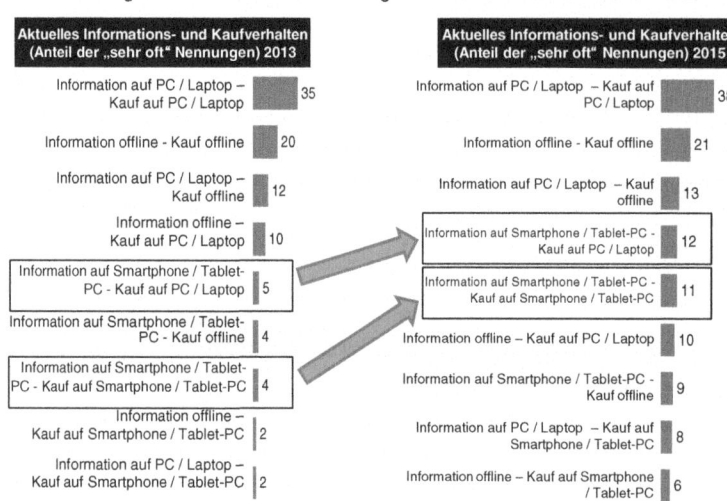

Basis: alle Befragten,
n=1.017 in 2013,
n=1.012 in 2014;
N=1.018 in 2015
Werte in Prozent

Frage: „Bitte lesen Sie sich die obige Aussage aufmerksam durch und geben Sie an, wie häufig dieses Verhalten auf Sie zutrifft?"

Abb. 5.7 Informations- und Kaufverhalten online/offline im Zeitreihenvergleich. (Quelle: Eigene und kaufDA 2015)

bestätigt. Für 94 % der Befragten, die zumindest teilweise in Stammläden einkaufen, ist das Einkaufsverhalten habitualisiert. Dieses gilt für 72 % der Kunden, die häufig und an festen Tagen einkaufen (67 % in 2014). Jedoch kann dieses Verhalten offensichtlich durch besonders attraktive Angebote beeinflusst werden: In 2015 sagen 90 % der befragten Personen (90 % in 2014, 93 % in 2013), dass sie für ein besonders attraktives Angebot nicht nur einen weiteren Weg auf sich nehmen, sondern auch ein anderes Geschäft als dem Stammladen aufsuchen würden.

In Hinblick auf Bereitschaft der Anpassung ihres Einkaufsrhythmus für ein besonders attraktives Angebot signalisieren 94 % Zustimmung in 2015 (94 % in 2014). Weitere 97 % der Befragten geben an, ein besonders attraktives Angebot gekauft, ohne zuvor den Erwerb des Produktes geplant zu haben.

Diese Befragungsergebnisse lassen auf ein enormes Potenzial von Location-based Services schließen. Konsumenten sind gleichbleibend empfänglich für attraktive Produktangebote in ihrer Nähe und reagieren bei Kenntnisnahme häufig unmittelbar. Dabei werden auch längere Wege und das Einkaufen in bisher nicht genutzten Geschäften in Betracht gezogen. Außerdem ist Potenzial für Spontankäufe und Cross-Selling-Angebote durch Location-based Services vorhanden.

Der Einfluss auf das Einkaufsverhalten durch attraktive Angebote ist in Abb. 5.8 dargestellt.

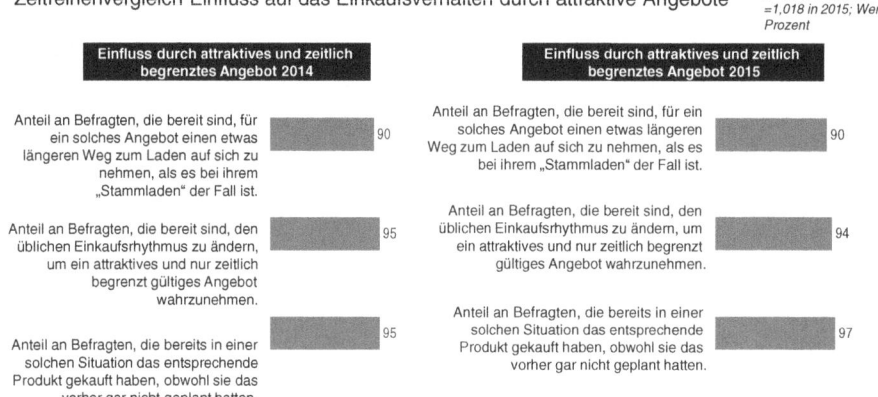

Basis: alle Befragten, n=1.017 in 2013, n=1.012 in 2014;n =1,018 in 2015; Werte in Prozent

Zeitreihenvergleich Einfluss auf das Einkaufsverhalten durch attraktive Angebote

Einfluss durch attraktives und zeitlich begrenztes Angebot 2014

Anteil an Befragten, die bereit sind, für ein solches Angebot einen etwas längeren Weg zum Laden auf sich zu nehmen, als es bei ihrem „Stammladen" der Fall ist. 90

Anteil an Befragten, die bereit sind, den üblichen Einkaufsrhythmus zu ändern, um ein attraktives und nur zeitlich begrenzt gültiges Angebot wahrzunehmen. 95

Anteil an Befragten, die bereits in einer solchen Situation das entsprechende Produkt gekauft haben, obwohl sie das vorher gar nicht geplant hatten. 95

Einfluss durch attraktives und zeitlich begrenztes Angebot 2015

Anteil an Befragten, die bereit sind, für ein solches Angebot einen etwas längeren Weg zum Laden auf sich zu nehmen, als es bei ihrem „Stammladen" der Fall ist. 90

Anteil an Befragten, die bereit sind, den üblichen Einkaufsrhythmus zu ändern, um ein attraktives und nur zeitlich begrenzt gültiges Angebot wahrzunehmen. 94

Anteil an Befragten, die bereits in einer solchen Situation das entsprechende Produkt gekauft haben, obwohl sie das vorher gar nicht geplant hatten. 97

Fragen: „Wenn Sie von einem besonders attraktiven Angebot eines Händlers erfahren: Wären Sie bereit, dafür ggf. einen etwas längeren Weg zum Laden auf sich zu nehmen, als es bei Ihrem 'Stammladen' der Fall ist?"
„Wären Sie bereit, Ihren üblichen Einkaufsrhythmus zu ändern, um ein attraktives und nur zeitlich begrenzt gültiges Angebot wahrzunehmen?"
„Wenn Sie von einem besonders attraktiven Angebot in Ihrer Nähe erfahren, haben Sie dann bereits in einer solchen Situation das entsprechende Produkt gekauft, obwohl Sie das vorher gar nicht geplant hatten?"

Abb. 5.8 Einfluss attraktiver Angebote auf den Einkauf im Zeitreihenvergleich. (Quelle: Eigene und kaufDA 2015)

5.3.3 Nutzungsorte bei der Informationssuche

Die Mehrheit der Befragten informieren sich 2015 – wie auch in 2014 – zu Hause mit ihrem Tablet-PC (90 %) oder PC/Laptop (97 %). Hingegen wird das Smartphone verwendet, um sich unterwegs mobil zu informieren. Mit 94 % (92 % in 2014) nutzen nahezu alle der Befragten das Smartphone als Informationsquelle außer Haus. Dabei verwendet rund zwei Drittel aller Befragten das Smartphone dort, wo das Produkt verkauft wird, nämlich im Laden. Genauso viele verwenden es auf der Straße, unterwegs (65 %) oder im Einkaufscenter (60 %).

Zu Hause werden Tablet-PC und Smartphone überwiegend parallel zum Fernseher genutzt. PCs und Laptops dagegen werden eher ohne parallele Mediennutzung verwendet (66 %). Möglicherweise steht der PC oder Laptop nicht dort, wo der Fernseher sich befindet.

Diese Ergebnisse zeigen, dass der Konsument das Smartphone mit ins Geschäft bzw. zum Point-of-Sale nimmt und auch dort zur Informationsrecherche nutzt.

Die Nutzungsorte bei der Informationssuche sind in Abb. 5.9 dargestellt.

5.3.4 Nutzung von Social-Media-Kanälen für lokale Angebote

Der Anteil der befragten Personen, die in einem stationären Geschäft Angebote im eigenen sozialen Netzwerk teilen möchten, stagniert 2015 im Vorjahresvergleich, und zwar bei 46 % (44 % in 2013 und 47 % in 2014).

a

Situation und Ortsbezug von Rechercheverhalten und Informationsquellen

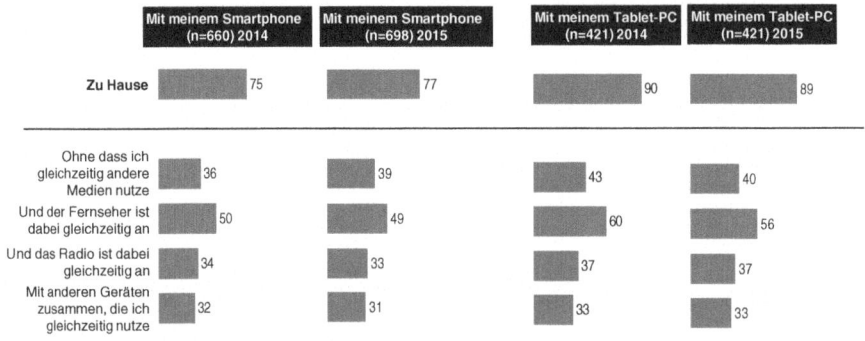

Frage: „Wenn Sie sich auf Ihrem Smartphone bzw. Tablet-PC bzw. PC oder Laptop über ein Produkt informieren, dass Sie kaufen möchten, in welcher Situation geschieht dies?", nur Befragte, die schon einmal auf Ihrem Smartphone bzw. Tablet-PC bzw. PC oder Laptop gezielt nach Informationen zu Produkten gesucht haben

b

Situation und Ortsbezug von Rechercheverhalten und Informationsquellen

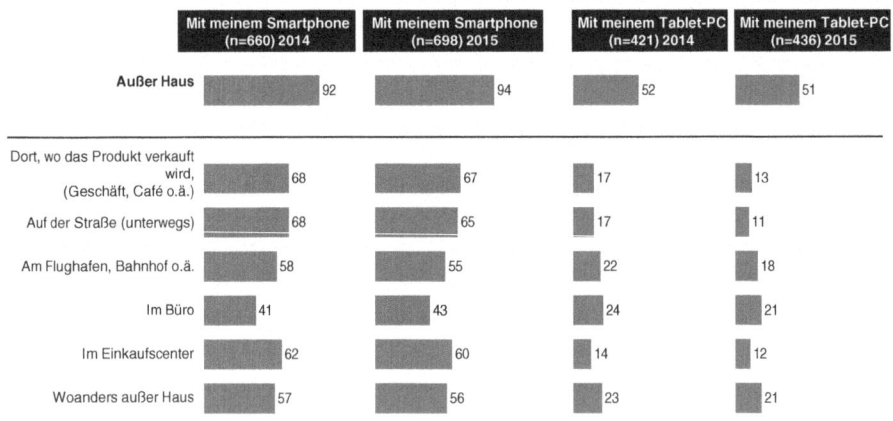

Frage: „Wenn Sie sich auf Ihrem Smartphone bzw. Tablet-PC bzw. PC oder Laptop über ein Produkt informieren, dass Sie kaufen möchten, in welcher Situation geschieht dies?", nur Befragte, die schon einmal auf Ihrem Smartphone bzw. Tablet-PC bzw. PC oder Laptop gezielt nach Informationen zu Produkten gesucht haben

Abb. 5.9 Nutzungsorte bei der mobilen Internetrecherche im Zeitreihenvergleich. (Quelle: Heinemann und kaufDA 2014)

Wie auch in den Vorjahren stehen aus Nutzersicht außergewöhnliche Sonderangebote und Schnäppchen mit 34 % an erster Stelle der mitteilenswerten Informationen. Dem folgen auf Platz zwei Preis sowie Informationen über das Preis-Leistungs-Verhältnis, und zwar mit 23 % (23 % in 2014). Die Beurteilung der Qualität des Produktes oder Angebotes steht wie im Vorjahr auf Platz drei mit 9 %. Interesse von Freunden (7 %) und Name des Anbieters (5 %) folgen mit etwas Abstand.

Die Befragungsergebnisse zeigen 2015 im Vorjahresvergleich eine gleichbleibende Wichtigkeit für Social Shopping, dieses ist jedoch nicht für die Mehrheit der Befragten

Basis: alle Befragten, n=1.017 in
2013, n=1.012 in 2014; n=1.018 in
2105; Werte in Prozent

Zeitreihenvergleich Nutzung von Social Media Kanälen für Kommunikation von stationären Angeboten 3/3

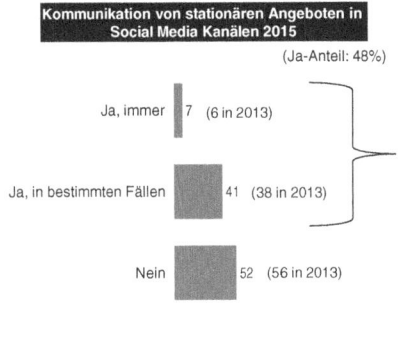

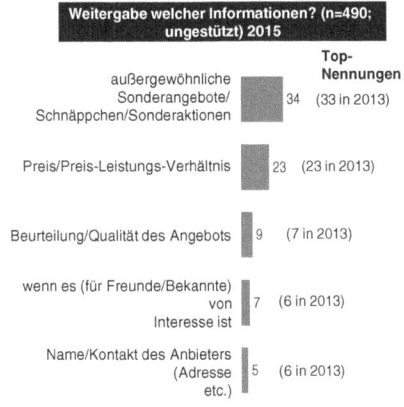

Frage: „Möchten Sie Angebote in einem lokalen Geschäft in eigenen
sozialen Online-Netzwerken (Social Media, z.B. Facebook) teilen
können?"

Frage: „Welche Informationen mit einem Angebotsbezug aus dem
lokalen Geschäft würden Sie an Ihr soziales Online-Netzwerk
weitergeben wollen?"
Basis: Nur Befragte, die vorher „Ja" angegeben haben

Abb. 5.10 Social-Media-Kanalnutzung für lokale Angebote im Zeitreihenvergleich. (Quelle: Eigene und kaufDA 2014)

einkaufsrelevant. Allerdings ist spätestens mit den Ergebnissen in 2015 die Vermutung widerlegt, dass für stationäre Einkäufe Kundenrezensionen irrelevant seien.

Die Nutzung von Social-Media-Kanälen für lokale Angebote ist in Abb. 5.10 dargestellt.

5.3.5 Bekanntheit von und Erwartungen an LBS aus sozialer Sicht

In 2015 bleibt der Anteil der Befragten, die wissen was der Begriff „Location-based Services" genau bedeutet, im Vorjahresvergleich mit 12 % konstant. Dabei geben besonders die unter 50-jährigen Männer mit hohen Haushaltseinkommen an, mit diesem Begriff etwas anfangen zu können.

Der Anteil derer, die diesen Begriff noch nie gehört haben, sinkt insgesamt leicht auf 68 % und ist signifikant hoch bei den über 50-Jährigen. Hier beträgt er 81 % und ist damit in etwa gleich hoch wie im Vorjahr.

Auffallend ist, dass der erstmals in 2015 abgefragte Bekanntheitsgrad von kaufDA bei 46 % liegt. Insofern ist davon auszugehen, dass die Mehrzahl der Kunden LBS nutzt, ohne zu wissen, was sich genau hinter dem Begriff verbirgt.

Die Bekanntheit von Location-based Services aus sozialer Sicht ist in Abb. 5.11 dargestellt.

Internetnutzer kennen LBS erwartungsgemäß in höherem Maße als die Gesamtbevölkerung, in der sich ja auch immer noch einige Internetnichtnutzer befinden. Die Bekanntheit von LBS aus Internetnutzersicht ist in Abb. 5.12 dargestellt als Ergebnis der Online-Befragung.

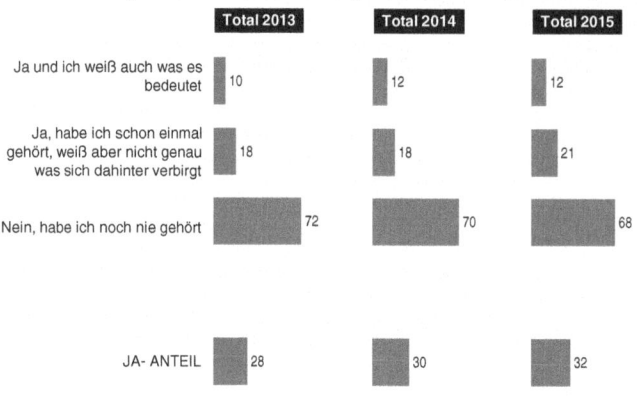

Zeitreihenvergleich Bekanntheit des Begriffs „Location-based Services" aus CATI-Befragung

	Total 2013	Total 2014	Total 2015
Ja und ich weiß auch was es bedeutet	10	12	12
Ja, habe ich schon einmal gehört, weiß aber nicht genau was sich dahinter verbirgt	18	18	21
Nein, habe ich noch nie gehört	72	70	68
JA- ANTEIL	28	30	32

Frage: „Haben Sie den Begriff „Location-based Services" schon einmal gehört?"

Abb. 5.11 Bekanntheit des Begriffs LBS aus CATI-Befragung im Zeitreihenvergleich. (Quelle: Eigene und kaufDA 2015)

n=1.012 in 2014;
n=1.018 in 2015; Werte
in Prozent

Zeitreichenvergleich Bekanntheit von Location-based Services-Diensten

*Nur Befragte, die LBS-Dienste im Bereich
Einkaufen oder zur Produkt-Recherche kennen;
Mehrfachnennungen möglich; Werte in
Prozent

	Total 2014	Total 2015	Bekanntheit von LBS Diensten (n=328) 2014*	Bekanntheit von LBS Diensten (n=355) 2015*
			Offene Frage, ungestützt	Offene Frage, ungestützt
			kaufDA 17	kaufDA 15
Ja	32	35	Google 8	Google 8
			Restaurant-Dienste/Apps 6	Restaurant-Dienste/Apps 3
			Barcoo 1	Barcoo 1
			AroundMe 5	AroundMe 1
Nein	68	65	Gettings 1	Gettings 1
			meinestadt.de 1	meinestadt.de 3
			Tankstellen-Dienste 8	Tankstellen-Dienste 7
			Supermarkt/Kaufhäuser-App 4	Supermarkt/Kaufhäuser-App 3
			Lieferheld 3	Lieferheld 4
			eBay 3	eBay 2
				Lieferando 4

Frage: „Welche standortbezogenen Dienste über Apps (bzw. LBS)
im Bereich Einkaufen oder zur Produkt-Recherche (Gemeint sind
also Apps, die Ihnen Informationen über Preis- und Produktangebote in Ihrer Nähe liefern) kennen Sie?"

Abb. 5.12 Bekanntheit des Begriffs LBS aus Online-Befragung. (Quelle: Eigene und kaufDA 2015)

Immerhin 65 % der Internetnutzer geben an, den Begriff LBS noch nicht gehört zu haben. Auch bei standortbezogenen Diensten auf Basis von Apps ist der Bekanntheitsgrad mit 35 % relativ niedrig, steigt allerdings im Vergleich zu 2014 (32 %).

Diesbezüglich sind offensichtlich die unter 50-Jährigen besser informiert als die über 50-Jährigen.

Unter den LBS-Diensten, die den befragten Personen bekannt sind, führt kaufDA auch im Jahr 2015 mit rund 15 % das Ranking an, verglichen mit 17 % in 2014. Es folgt Google mit 8 % (8 % in 2014). Auf Platz drei findet sich mit knapp 7 % die „Tankstellen-Dienste-App", gefolgt von Lieferheld und Lieferando mit jeweils 4 %. Die Restaurant-Dienste-App hat sich gegenüber dem Vorjahreswert deutlich verschlechtert auf jetzt 3 % und wird wahrscheinlich durch die Liefer-Apps substituiert. Danach folgen AroundMe, Supermarkt-/Kaufhäuser-App, Gettings, meinestadt.de und eBay mit jeweils 1 bis 4 %.

Insgesamt zeichnet sich ab, dass die Bekanntheit von LBS-Diensten im Vorjahresvergleich gestiegen ist. Zudem werden jetzt auch einige Apps mit lokalem Bezug häufiger genannt, die im Vorjahr noch relativ unbekannt waren (z. B. Lieferheld). Trotz der steigenden Bekanntheit befinden sich Location-based Services allerdings noch in der Anfangsphase der Nutzung und sind daher überwiegend noch nicht unter ihrem Begriff bekannt. Allerdings sind LBS für rund die Hälfte der Befragten attraktiv. Nur ein geringer Teil gibt an, dass LBS völlig unattraktiv seien. Diesbezüglich ist die Verteilung nach Geschlecht in etwa gleich. Die Verteilung nach Alter hingegen zeigt auch im Jahr 2014 eine höhere Attraktivität von LBS für jüngere als für ältere Personen auf.

Die hohe Attraktivität von LBS verdeutlicht auch bei den Befragungsergebnissen im Jahr 2015 das große Potenzial von LBS aus Kundensicht.

Genauso wie in 2014 nannten die befragten Personen auf die Frage, welche weiterführenden Informationen sie insbesondere zu lokalen Angeboten erhalten möchten, zuallererst mit 82 % „Informationen zur Verfügbarkeit im Laden" (84 % in 2014, 77 % in 2013). An zweiter Stelle stehen mit 80 % nun „detailliertere Informationen zu den Produkteigenschaften" (83 % in 2014, 78 % in 2013), gefolgt von „Informationen zu Bewertungen von anderen Kunden" mit 67 % (69 % in 2014, 71 % in 2013). Auffallend ist, dass der Wunsch „Ich möchte unaufgefordert über besondere Angebote in meiner Nähe auf dem Laufenden gehalten werden" von 19 auf 31 % zunimmt. Dies weist darauf hin, dass für Konsumenten die lokalen Informationen sowie Angebote und Händler von steigendem Interesse sind, sofern diese auch digital zur Verfügung stellen.

Die Erwartungen an LBS aus sozialer Sicht sind in Abb. 5.13 dargestellt.

Bei der Frage nach Anforderungen an LBS zur häufigeren Nutzung werden jeweils zu rund einem Drittel höhere Sicherheit, größeres Angebot und bessere Funktionalitäten genannt. Die Befragungsergebnisse weisen bereits an mehreren Stellen darauf hin, dass Konsumenten noch Sicherheitsbedenken bei der Verwendung von LBS haben. Für stationäre Händler würde dies bedeuten, dass in der Unternehmenskommunikation Vertrauen zu diesen Diensten geschaffen werden sollte. Weitere Befragungsergebnisse zeigen erneut, dass LBS noch in der Anfangsphase stecken und deren Potenziale noch nicht ausgeschöpft sind.

Auf die Frage nach den Hindernissen für eine häufigere Produktinformationssuche auf mobilen Geräten nannten die befragten Personen zu 33 % an erster Stelle „schnellere Übertragungsraten" (41 % in 2014). Jeweils zu rund einem Drittel wurden „günstigere Mobilfunkpreise", „größere Verbreitung von Hotspots", „bessere Netzabdeckung" sowie

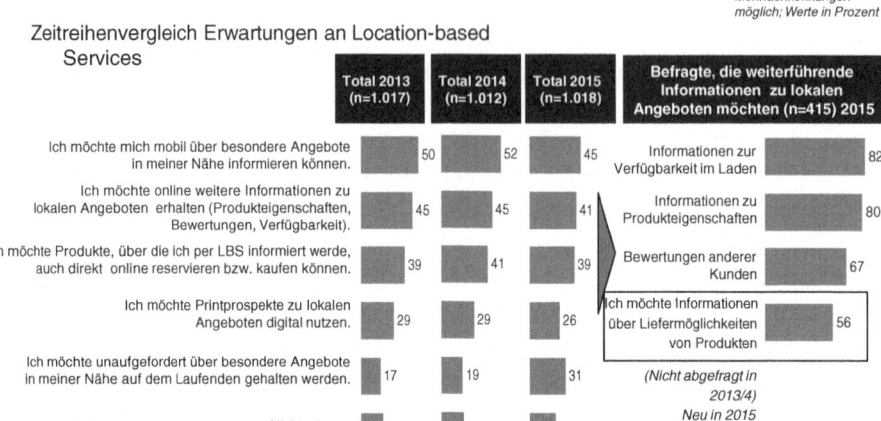

Abb. 5.13 Erwartungen von Location-based Services aus sozialer Sicht. (Quelle: Eigene und kaufDA 2015)

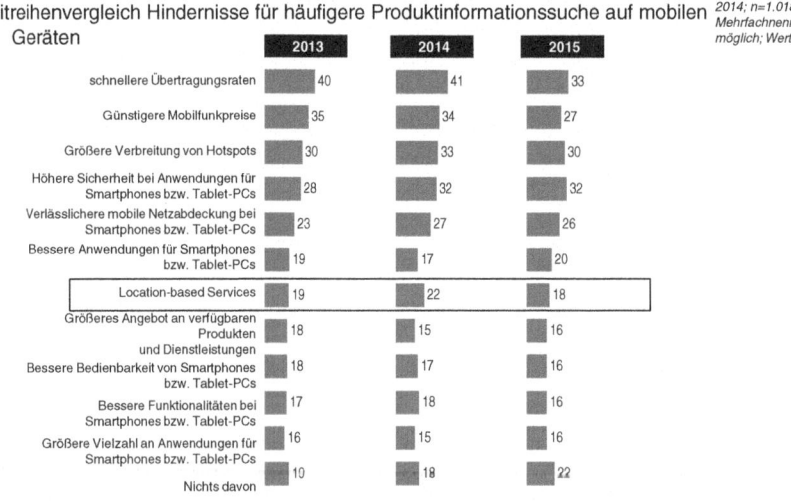

Abb. 5.14 Nutzungsanforderungen an LBS im Zeitreihenvergleich. (Quelle: Eigene und kaufDA 2015)

„höhere Sicherheit bei Anwendungen für Smartphones bzw. Tablet-PCs" genannt. LBS sinken auf 18 % (22 % in 2014).

Die Anforderungen an LBS für eine häufigere Nutzung von Produktrecherchen auf mobilen Endgeräten sind in Abb. 5.14 dargestellt.

Die Befragungsergebnisse bestätigen die Ergebnisse aus dem Vorjahr: Auch in Hinblick auf die Bereitschaft und Akzeptanz von LBS sind Potenziale vorhanden. Technische Einschränkungen wie WLAN-Zugang und Übertragungsraten sowie Sicherheitsbedenken stellen auch weiterhin Hemmnisse für eine stärkere Nutzung von LBS dar.

5.4 „Lo" – Attraktivität und Nutzung von LBS am POS

Lokale Aspekte stehen im Vordergrund dieses Teilabschnitts, der den Auftakt mit der Attraktivität von LBS macht. Weiter geht es mit der bisherigen Nutzung von LBS und deren Nutzungshäufigkeit, bevor die Gründe für deren Nutzung oder auch Nichtnutzung behandelt werden. Relevante Inhalte von LBS sowie Interesse und Kauf nach LBS-Nutzung bilden den Abschluss in diesem Kapitel.

5.4.1 Attraktivität von LBS

Die hohe Attraktivität von LBS verdeutlicht auch bei den Befragungsergebnissen im Jahr 2015 das große Potenzial von LBS aus Kundensicht. Die Attraktivität von LBS ist für rund die Hälfte der Befragten auch in 2015 gegeben. Nur rund 6 % gaben an, dass LBS völlig unattraktiv seien (6 % in 2014). Diesbezüglich ist die Verteilung nach Geschlecht in etwa gleich. Die Verteilung nach Alter hingegen zeigt auch im Jahr 2015 eine höhere Attraktivität von LBS für jüngere als für ältere Personen auf.

Die Attraktivität von LBS ist in Abb. 5.15 dargestellt.

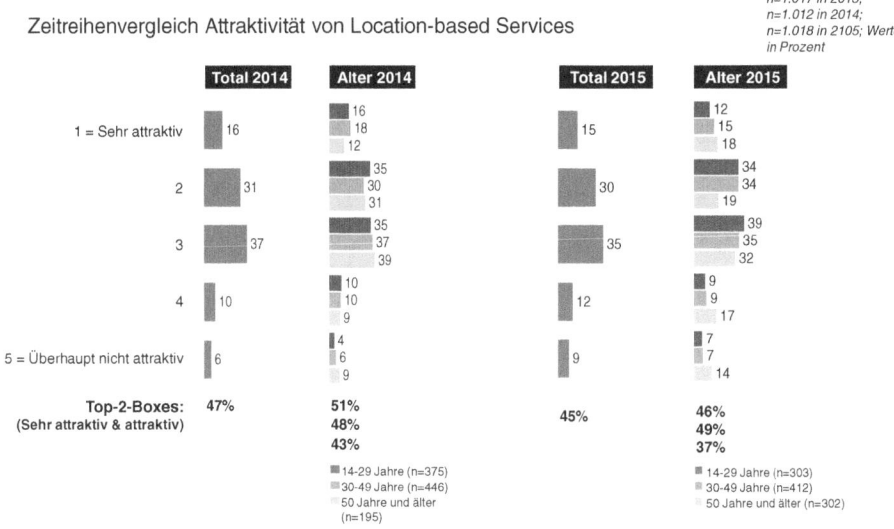

Frage: „Unabhängig davon, ob Sie Location-based Services bereits kennen: Wie attraktiv ist für Sie diese Art von Service?"

Abb. 5.15 Attraktivität von LBS im Zeitreihenvergleich. (Quelle: Eigene und kaufDA 2015)

5.4.2   Bisherige Nutzung von LBS und deren Ortsbezug

Mit 52 % der Nennungen gibt die Mehrheit an, LBS bereits einmal genutzt zu haben (55 % in 2014). Auch in 2015 wird kaufDA mit 16 % als der am meisten genutzte LBS genannt (21 % in 2014, 14 % in 2013). Hinter kaufDA folgen Tankstellen-Dienste-Apps mit nahezu gleichen Vorjahreswerten (8 % in 2014 und 10 % in 2013). Auf Rang drei liegt wie im Jahr 2013 Google mit 8 %.

Bei der Frage nach den Gründen für die Nichtnutzung von LBS wird mit 25 % die Antwort „Kein Interesse/Bedarf" angegeben (25 % in 2014). „Wusste nicht, dass es das gibt" antworten 12 % (12 % in 2014). Anders als im Vorjahr folgen danach mit 7 % die Antwort „Ich kenne die Angebote/Händler gut genug" und mit 6 % „Ich möchte nicht so viele Informationen preisgeben". Letzteres wird im Jahr 2015 zum ersten Mal genannt.

Diese Antworten bestätigen die aus den Vorjahresergebnissen vermutete unterschiedliche Haltung bei den befragten Personen: Kein Interesse/Bedarf bedeutet, dass eine Kenntnis des Dienstes vorhanden ist, jedoch kein Bedürfnis durch ihn befriedigt wird und hier auch kein Potenzial für LBS besteht. Die Personen, die mit „Wusste nicht, dass es das gibt" geantwortet haben, zeigen jedoch, dass bei diesem Personenkreis weiterhin Potenzial für die Verwendung von LBS vorhanden sein könnte.

Die Nutzung von LBS und Gründe für und gegen deren Nutzung sind in Abb. 5.16 dargestellt.

Auf die Frage nach der Nutzungshäufigkeit von unterschiedlichen Aspekten von LBS wird wie in den Vorjahren „Informationen zu Ladenöffnungszeiten" mit 37 % am

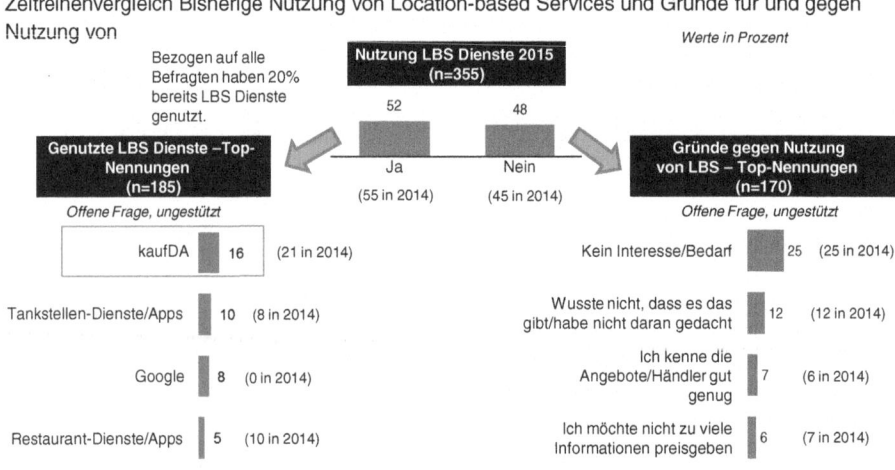

Abb. 5.16 Nutzung von LBS und Gründe für und gegen deren Nutzung. (Quelle: Eigene und kaufDA 2015)

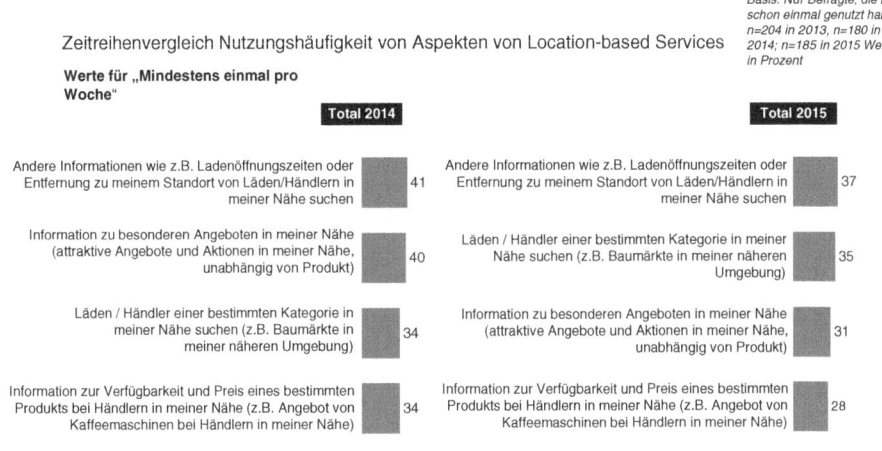

Abb. 5.17 Nutzungshäufigkeit von LBS-Aspekten im Zeitreihenvergleich. (Quelle: Eigene und kaufDA 2015)

häufigsten genannt (41 % in 2014). Die Antwort „die Entfernung zu stationären Händlern in der Nähe" liegt in diesem Jahr mit 31 % auf Platz drei. Abgelöst wurde sie vom zweiten Platz durch die Informationen mit lokalem Bezug „Läden/Händler einer bestimmten Kategorie in meiner Nähe suchen" mit 35 %.

Im Dreijahresvergleich bleiben die Werte grundsätzlich hoch. Dies bedeutet, dass die Relevanz der Informationen wie Ladenöffnungszeiten, Entfernung zum Geschäft, Händler in der Nähe sowie Informationen zu Angeboten für Konsumenten gleichbleibend hoch ist.

Die Befragungsergebnisse aus 2015 bestätigen die Vermutung aus dem Vorjahr, dass zum einen unter den Konsumenten die Bekanntheit von LBS noch nicht so hoch ist und zum anderen Konsumenten für sich selbst den Vorteil von LBS noch nicht erkannt haben. Daher lautet die Empfehlung wie im Vorjahr: Das Bekanntmachen von LBS sollte priorisiert werden.

Die Nutzungshäufigkeiten von LBS sind in Abb. 5.17 dargestellt.

Die Gründe gegen eine Nutzung des Smartphones und Tablet-PCs am POS zeigen ein ähnliches Bild wie in 2014: „Kein Bedarf" führt mit 45 % die Antwortliste an (47 % in 2014), gefolgt von „Das gehört sich nicht" mit 34 % (36 % in 2014).

Wieder auf Platz drei liegt mit 34 % „mangelnder Empfang". Hier ist ein deutlicher Anstieg um rund 140 % festzustellen. Dies bedeutet, dass die eigentliche Nutzung zur Informationsrecherche im Internet am POS höher wäre, würde es dort ausreichend Zugriff auf das Internet geben.

Die Gründe sind in Abb. 5.18 dargestellt.

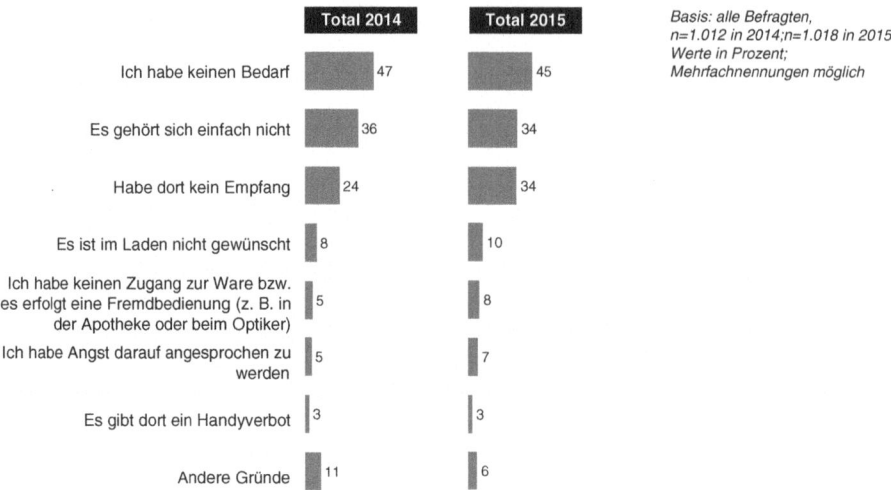

Gründe für Situation und Ortsbezug von Rechercheverhalten und Informationsquellen

	Total 2014	Total 2015
Ich habe keinen Bedarf	47	45
Es gehört sich einfach nicht	36	34
Habe dort kein Empfang	24	34
Es ist im Laden nicht gewünscht	8	10
Ich habe keinen Zugang zur Ware bzw. es erfolgt eine Fremdbedienung (z. B. in der Apotheke oder beim Optiker)	5	8
Ich habe Angst darauf angesprochen zu werden	5	7
Es gibt dort ein Handyverbot	3	3
Andere Gründe	11	6

Basis: alle Befragten, n=1.012 in 2014;n=1.018 in 2015, Werte in Prozent; Mehrfachnennungen möglich

Frage: „Aus welchen Gründen informieren Sie sich nicht im Geschäft auf Ihrem Smartphone bzw. Tablet?", nur Befragte, die das Smartphone bzw. Tablet nicht im Geschäft nutzen, n=271 in 2014, n=274 in 2015

Abb. 5.18 Situation und Ortsbezug der LBS-Nutzung im Zeitreihenvergleich. (Quelle: Eigene und kaufDA 2015)

5.4.3   Gründe für Nutzung und Nichtnutzung von LBS

Auf die Fragen nach den Hindernissen für die häufigere Nutzung von LBS gaben in 2015 rund 42 % der Befragten „fehlendes Wissen und Kenntnis über LBS" als Gründe an, jedoch mit leicht sinkender Tendenz. Zu jeweils einem Fünftel wurden als weitere Hindernisse lückenhaftes Angebot, zu geringe Vielfalt oder mangelndes Angebot genannt.

Auch diese Nennungen deuten darauf hin, dass LBS noch nicht vollumfänglich penetriert sind und es aus Konsumentensicht noch keine wirklich guten Angebote gibt. Auch kann es sein, dass die Angebote, die es gibt, nicht bekannt genug sind.

Die Hindernisse für eine häufigere Nutzung von LBS sind in Abb. 5.19 dargestellt.

5.4.4   Relevante Inhalte von LBS

Relevante Inhalte von LBS waren in 2015 vor allem der Preis (83 %), gefolgt von Verfügbarkeit (73 %), Rezensionen (54 %) und dann Produkteigenschaften (54 %). Mit etwas Abstand folgen „Beschaffenheit und Material" (55 %), „Alternative Produkte" (39 %) und „Nachhaltigkeitsinformationen" (31 %).

Dabei zeigt sich eine steigende Relevanz von funktionalen Produkteigenschaften und Umweltaspekten, während die relative Bedeutung des Preises leicht abnimmt.

Die relevanten Inhalte von LBS sind in Abb. 5.20 dargestellt.

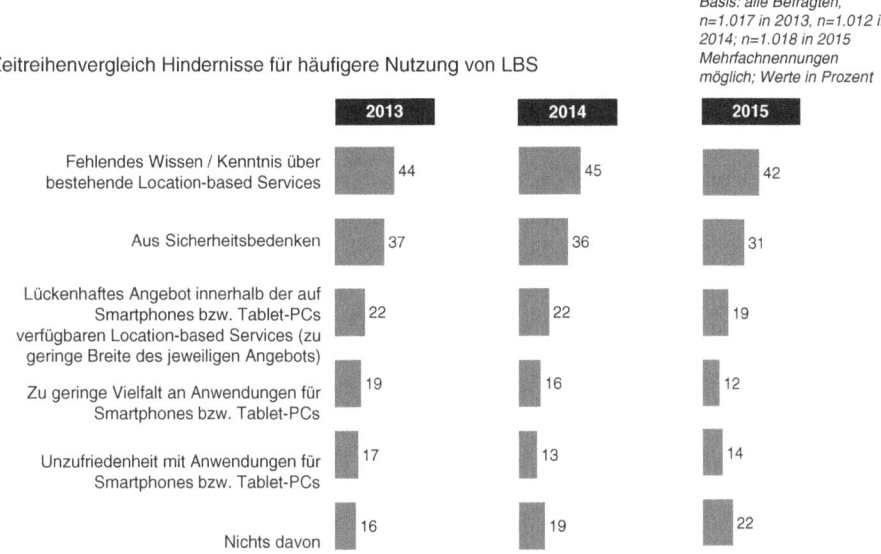

Abb. 5.19 Hindernisse für häufigere Nutzung von LBS im Zeitreihenvergleich. (Quelle: Eigene und kaufDA 2015)

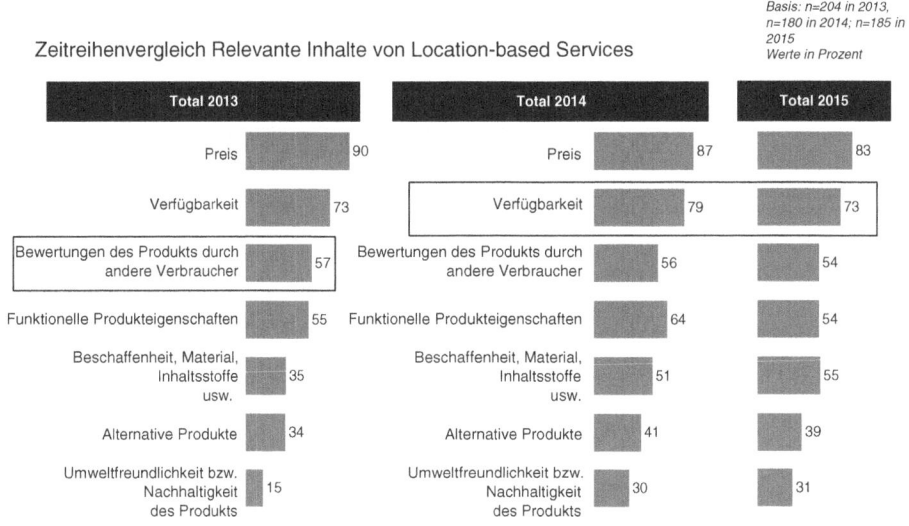

Abb. 5.20 Relevante Inhalte von Location-based Services im Zeitreihenvergleich. (Quelle: Eigene und kaufDA 2015)

5.4.5   Interesse für und Kauf nach LBS-Nutzung

Genauso wie in 2014 nannten die befragten Personen auf die Frage, welche weiterführenden Informationen sie insbesondere zu lokalen Angeboten erhalten möchten, an erster Stelle „Informationen zur Verfügbarkeit im Laden" (82 % in 2015; 84 % in 2014; 77 % in 2013). An zweiter Stelle stehen nun „detailliertere Informationen zu den Produkteigenschaften" mit 80 % (83 % in 2014, 78 % in 2013), gefolgt von „Informationen zu Bewertungen von anderen Kunden" (67 % in 2015; 69 % in 2014, 71 % in 2013).

Auffallend ist, dass die Antwort „Ich möchte unaufgefordert über besondere Angebote in meiner Nähe auf dem Laufenden gehalten werden" eine Zunahme von 19 auf 31 % aufweist. Dieses deutet darauf hin, dass für Konsumenten die lokalen Informationen sowie Angebote und Händler von steigendem Interesse sind, sofern diese auch digital zumindest Informationen zur Verfügung stellen.

Die Interessen für LBS-Nutzung sind in Abb. 5.21 dargestellt.

Der Vergleich der Ergebnisse aus dem Vorjahr mit den diesjährigen Ergebnissen zeigt, dass die Bereitschaft mit dem Smartphone oder Tablet-PC gesuchte und gefundene Produkte direkt auf demselben Kanal zu kaufen, zwar einen leichten Rückgang erlebt, jedoch weiterhin eine hohe Bereitschaft vorhanden ist. Die befragten Personen gaben zu 55 % an, dass sie die Produkte, die sie über LBS gesucht und gefunden haben, auch auf diesem Wege kaufen würden, falls diese Möglichkeit gegeben sei (61 % in 2014).

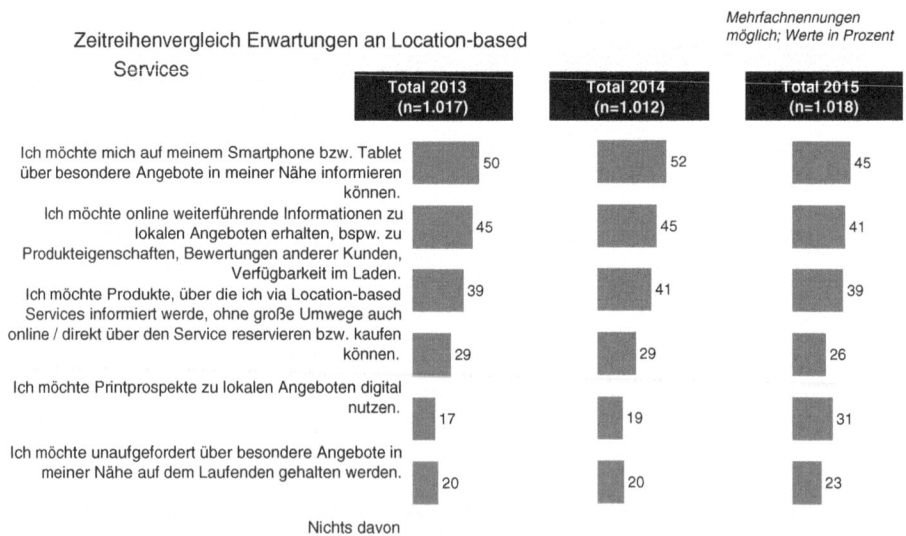

Abb. 5.21 Interessenbewertung der LBS-Nutzung im Zeitreihenvergleich. (Quelle: Eigene und kaufDA 2015; nur Befragte, die LBS schon einmal genutzt haben)

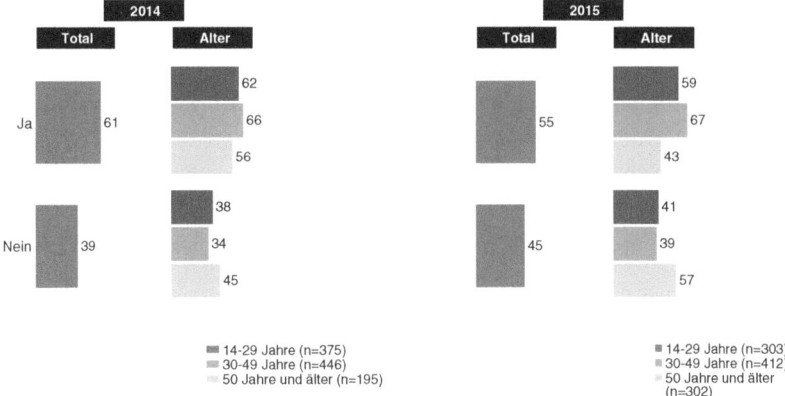

Frage: „Unabhängig davon, ob Sie Location-based Services schon einmal genutzt haben: Würden Sie die hierbei gesuchten und gefundenen Warenangebote auch direkt über Ihr Smartphone bzw. Tablet-PC bestellen/kaufen, wenn das möglich wäre?"

Abb. 5.22 Mobiler Kauf nach erfolgreicher LBS-Nutzung im Zeitreihenvergleich. (Quelle: Eigene und kaufDA 2015)

Dieses Ergebnis zeigt für stationäre Händler Handlungsbedarf auf: Nicht nur Informationen über das Geschäft selbst (Produktangebot, Öffnungszeiten, Erreichbarkeit, Angebote und Warenverfügbarkeit) sollten in Internet verfügbar und auffindbar sein, sondern auch die Möglichkeit via Smartphone und Tablet-PC direkt zu bestellen, ist von Konsumenten gewünscht und würde genutzt. Dies weist darauf hin, dass die Bindung von Kunden an ein Geschäft mittels LBS gestärkt werden könnte.

Die Kaufabsichten nach LBS-Nutzung sind in Abb. 5.22 dargestellt.

5.5 „Mo" – Mobile Nutzung von LBS

Die Suche nach Produktinformationen über Smartphones betreffen zunächst mobile Aspekte, bevor die Voraussetzungen für eine stärkere Nutzung derartiger Leistungen untersucht werden. Danach geht es weiter mit den Anforderungen für die Informationssuche auf mobilen Geräten sowie die konkrete Nutzung von Smartphones und digitalen Displays beim Einkauf. Präferenzen für eigene oder bereitgestellte Geräte bilden den Abschluss des Kapitels.

5.5.1 Suche nach Produktinformationen über Smartphones

Die Anzahl der befragten Personen, die schon einmal mit einem Smartphone nach Produktinformationen gesucht zu haben steigt in diesem Jahr auf 71 % an (69 % in 2014). Parallel sinkt die Zahl derer, die das Smartphone nicht zur Informationssuche verwenden. Die Suche nach Produktinformationen via Tablet-PC ist im Vergleich zum Vorjahr ungefähr gleichbleibend bei 81 % (80 % in 2014).

Jüngere Befragte suchen häufiger per Smartphone Produktinformationen als ältere Befragte. Auffallend ist, dass die Nutzer von Tablet-PCs nahezu gleich auf die Altersklassen verteilt sind. Tablet-PCs werden über Altersgruppen hinweg zur Produktsuche verwendet, während Smartphones überwiegend von jüngeren Konsumenten als Informationsquelle genutzt werden.

Tablet-PCs werden in Mehrpersonenhaushalten ganz im Gegensatz zu Smartphones von mehreren Personen genutzt. Der Tablet-PC ist in Mehrpersonenhaushalten eine Art soziales Objekt, auf dem durch sein größeres Display auch mehrere Personen gleichzeitig gucken können.

Die Frequenz der Smartphone-Nutzung nimmt zu: Mehr Befragte geben an das Smartphone mehrmals täglich oder mehrmals pro Woche zu nutzen. Parallel dazu nehmen geringere Nutzungsfrequenzen ab.

Die Suche nach Produktinformationen über Smartphones ist in Abb. 5.23 dargestellt.

Auffallend ist, dass bei der Produktinformationssuche auf mobilen Geräten die Relevanz der Verfügbarkeit von Waren gleichbleibend hoch ist mit 79 %. Die Information über Warenverfügbarkeit scheint für Konsumenten immer wichtiger zu werden.

Dies zeigen auch die diesjährigen Antworten auf die Frage nach relevanten Inhalten von Location-based Services und Erwartungen an Location-based Services. Die Antwort „Informationen zur Verfügbarkeit im Laden" führt auch in diesem Jahr mit 82 % das Ranking an (77 % noch in 2013).

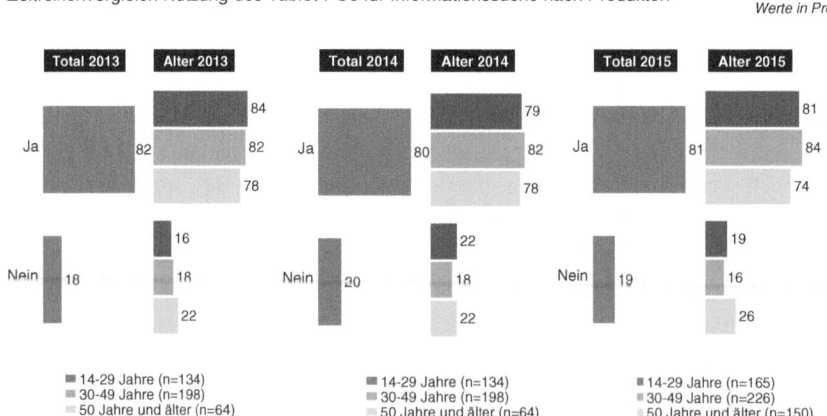

Abb. 5.23 Zeitreihenvergleich Smartphone-Nutzung für Informationssuche. (Quelle: Eigene und kaufDA 2015)

In diesem Jahr wurde zum ersten Mal die Relevanz von Informationen über Liefer-möglichkeiten abgefragt. Mit 56 % erhielt diese Antwortmöglichkeit direkt einen hohen Wert und weißt damit auf hohe Wichtigkeit für den Nutzer hin.

Die hohe Bewertung der Verfügbarkeit könnte darauf hinweisen, dass Konsumenten negative Erfahrungen vermeiden möchten, die immer auch mit einem hohen zeitlichen Aufwand verbunden sind. Wichtig ist nicht die einfache Abrufbarkeit von Information, sondern auch die Darstellung von Information. Insbesondere im Bereich der Usability und Optimierung von Informationsdarstellung auf unterschiedlichen Displays besteht offensichtlich Nachholbedarf.

Wichtige Aspekte bei der Produktinformationssuche über Smartphones sind in Abb. 5.24 dargestellt.

Bei der Frage nach Produktkategorien bleiben die technischen Kategorien und elekt-ronische Artikel weiterhin vorne. Erstmals dabei mit einem Wert von 11 % ist die Suche nach Autos im Internet.

Bei der Frage nach Produktkategorien antworten 85 %, dass sie sich lieber selbst über Non-Food-Produkte informieren möchten. In Bezug auf Lebensmittel sind dies 67 %. Bei der „Beratung durch eine Person" liegen die Werte bei 39 %. In Selbstbedienung ein-kaufen möchten lieber 29 % und beides zusammen hätten gerne 30 % der Befragten.

Die Ergebnisse zeigen, dass Konsumenten bei technischen Produkten einen höheren Beratungsbedarf haben, sowohl beim „Selbst Informieren" als auch beim „Informieren durch eine Person".

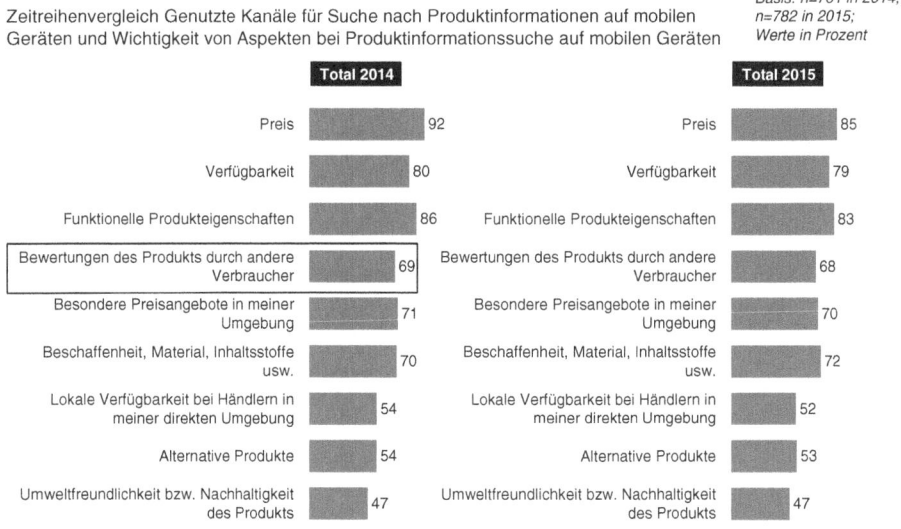

Abb. 5.24 Wichtige Aspekte bei mobiler Informationssuche im Zeitreihenvergleich. (Quelle: Eigene und kaufDA 2015; *Basis*: Nur Befragte, die schon einmal auf ihrem Smartphone bzw. Tab-let-PC gezielt nach Informationen zu Produkten gesucht haben)

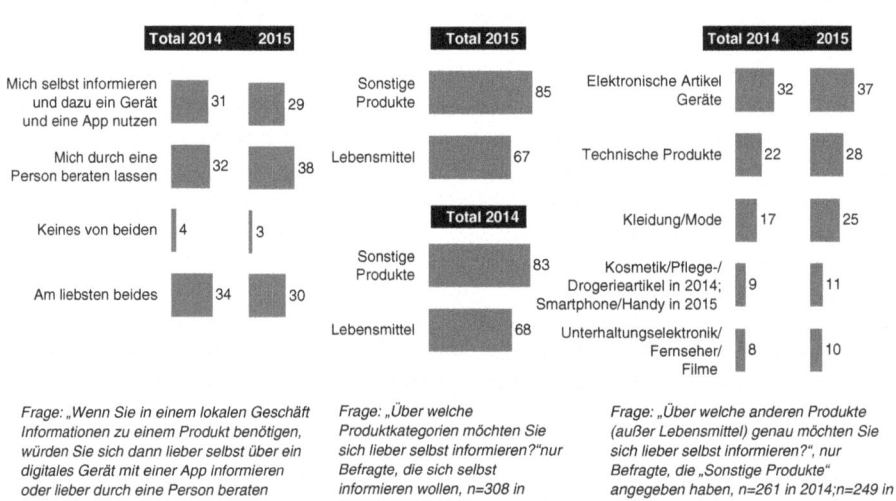

Abb. 5.25 Gesuchte Produktkategorien bei Informationssuche über Smartphones. (Quelle: Eigene und kaufDA 2015)

Die betroffenen Produktkategorien bei der Informationssuche über Smartphones sind in Abb. 5.25 dargestellt.

In 2015 wurde neben dem Bedienungsaspekt auch die Erwartungshaltung an gesuchte Informationen über Smartphones detaillierter abgefragt. Hinsichtlich der Gründe, warum sich Konsumenten lieber selbst informieren, liegt die Antwort „im Internet bessere Informationen zu finden" auch in 2015 mit Abstand auf dem ersten Platz (75 % in 2015; 79 % in 2014). Darauf folgt, „Das Personal findet nicht die für mich wichtigen Informationen" (36 % in 2015; 37 % in 2014). Auch im Jahr 2015 wird von einem erheblichen Teil der Befragten das Personal als inkompetent eingeschätzt: „Ich halte das Personal für inkompetent" (19 % in 2015 und 22 % in 2014).

Zum zweiten Mal wurde in 2015 die Erwartungshaltung von Konsumenten an verfügbare Informationen über Händler im Internet abgefragt. Dabei wurden mit 79 % wiederholt am häufigsten die Öffnungszeiten genannt (82 % in 2014). Mit 74 % liegt knapp dahinter bereits die Verfügbarkeitsabfrage (78 % in 2014). An dritter Stelle folgt – allerdings aufgrund einer möglichen Mehrfachnennung – mit 104 % „Lieferservice" (67 % in 2014). Dabei ist zu berücksichtigen, dass im Jahr 2015 der Lieferservice einmal für die „Lieferung nach Hause" mit einem Ergebnis von 61 % und die „Lieferung in ein Geschäft in meiner Nähe" mit einem Ergebnis von 43 % abgefragt wurde. Die Ergebnisse zeigen, dass beide Aspekte für Konsumenten interessant sind.

Die Erwartungshaltungen an verfügbare Informationen sind in Abb. 5.26 dargestellt.

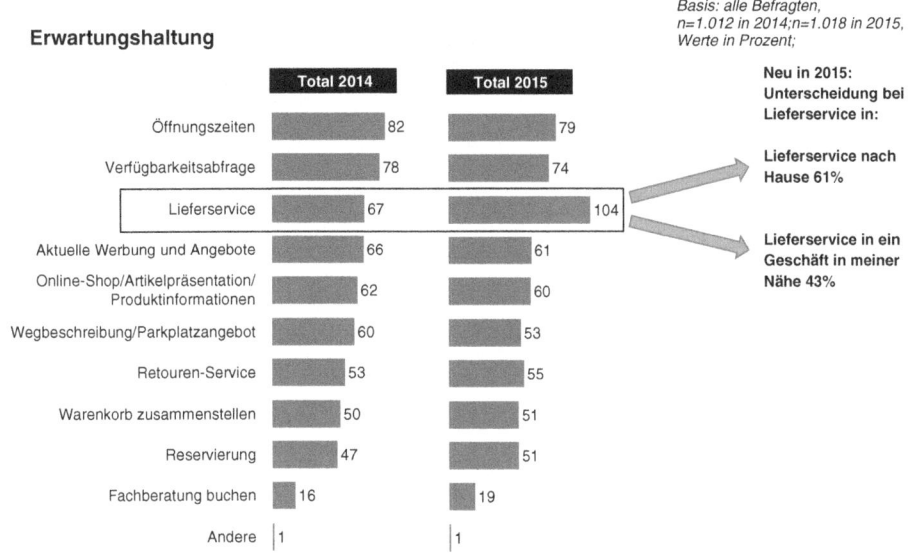

Frage: „Welche Informationen über Händler sollten im Internet verfügbar sein?"

Abb. 5.26 Erwartungshaltung an gesuchte Informationen über Smartphones. (Quelle: Eigene und kaufDA 2015)

5.5.2 Voraussetzungen für eine stärkere Nutzung mobiler Geräte

Auf die direkte Frage nach Hindernissen für eine häufigere Produktinformationssuche auf mobilen Geräten nennen die befragten Personen auch in diesem Jahr vorrangig Sicherheitsbedenken, und zwar mit 32 % (34 % in 2014). Danach folgt Unzufriedenheit mit der Netzabdeckung, insbesondere „Zu geringe Übertragungsraten" mit 31 %, „Geringe Verbreitung von Hotspots" mit 25 % und „Schlechte mobile Netzabdeckung bei Smartphones bzw. Tablet-PCs" mit 24 %. Dieser Wert steigt kumuliert im Zeitreihenvergleich an. Dies deutet auf eine steigende Unzufriedenheit bei den Nutzern hin.

Hervorzuheben ist, dass die Mobilfunkpreise weiterhin fallend auf Rang sechs verortet werden. Die offenbar sinkenden Mobilfunkpreise spiegeln sich ebenfalls im Zeitreihenvergleich der Befragung wieder.

Die Befragungsergebnisse bestätigen die Ergebnisse aus dem Vorjahr: Potenziale sind vorhanden, jedoch technische Einschränkungen wie WLAN-Zugang, Übertragungsraten und schlechte Netzabdeckung sowie Sicherheitsbedenken sind Hemmnisse für eine stärkere Nutzung von LBS.

Alle Hindernisse hinsichtlich der Nutzung mobiler Geräte sind in Abb. 5.27 dargestellt.

Voraussetzungen für eine stärkere Nutzung von mobilen Geräten am POS sind in erster Linie schnellere Übertragungsraten mit 33 % (41 % in 2014). Jeweils zu rund einem

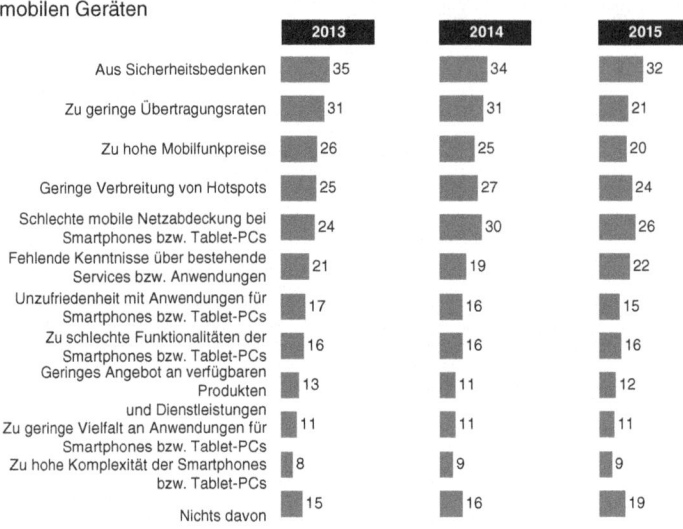

Abb. 5.27 Hindernisse für häufigere Produktinformationssuche auf Mobiles. (Quelle: Eigene und kaufDA 2015)

Drittel wurden günstigere Mobilfunkpreise, größere Verbreitung von Hotspots, bessere Netzabdeckung und höhere Sicherheit bei Anwendungen für Smartphones bzw. Tablet-PCs genannt.

LBS liegen relativ konstant bei 18 % (19 % in 2013 und 22 % in 2014).

Die Voraussetzungen für eine stärkere Nutzung mobiler Geräte sind in Abb. 5.28 dargestellt.

5.5.3   Anforderungen für Informationssuche auf mobilen Geräten

Auf die Fragen nach den Hindernissen für die häufigere Nutzung von LBS nannte in 2015 rund die Hälfte der Befragten fehlendes Wissen und Kenntnis über LBS als Gründe (42 %) jedoch mit leicht sinkender Tendenz. Zu jeweils einem Fünftel wurden als weitere Hindernisse lückenhaftes Angebot, zu geringe Vielfalt oder mangelndes Angebot genannt.

Auch diese Nennungen weisen darauf hin, dass LBS noch nicht vollumfänglich penetriert sind und es aus Konsumentensicht noch keine wirklich guten Angebote gibt. Oder dass zumindest die Angebote, die es gibt, nicht bekannt genug sind.

Die Anforderungen für Informationssuche auf mobilen Geräten sind in Abb. 5.29 dargestellt.

Zeitreihenvergleich Hindernisse für häufigere Produktinformationssuche auf mobilen Geräten

Basis: alle Befragten,
n=1.017 in 2013, n=1.012 in
2014; n=1.018 in 2015
Mehrfachnennungen
möglich; Werte in Prozent

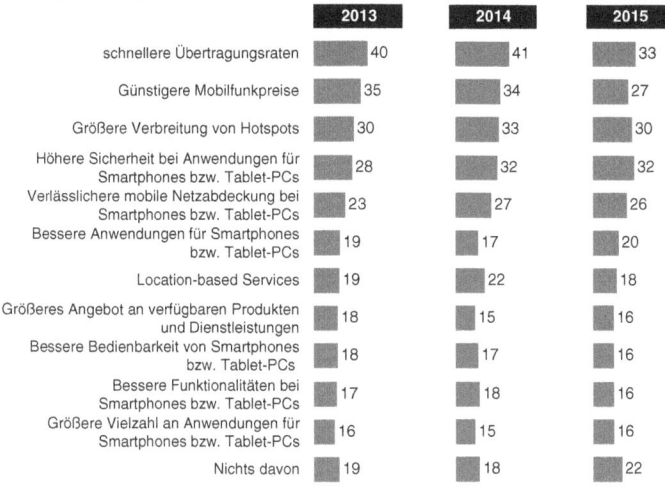

	2013	2014	2015
schnellere Übertragungsraten	40	41	33
Günstigere Mobilfunkpreise	35	34	27
Größere Verbreitung von Hotspots	30	33	30
Höhere Sicherheit bei Anwendungen für Smartphones bzw. Tablet-PCs	28	32	32
Verlässlichere mobile Netzabdeckung bei Smartphones bzw. Tablet-PCs	23	27	26
Bessere Anwendungen für Smartphones bzw. Tablet-PCs	19	17	20
Location-based Services	19	22	18
Größeres Angebot an verfügbaren Produkten und Dienstleistungen	18	15	16
Bessere Bedienbarkeit von Smartphones bzw. Tablet-PCs	18	17	16
Bessere Funktionalitäten bei Smartphones bzw. Tablet-PCs	17	18	16
Größere Vielzahl an Anwendungen für Smartphones bzw. Tablet-PCs	16	15	16
Nichts davon	19	18	22

Frage: „Was würde Sie dazu bringen, sich künftig häufiger via Smartphone oder Tablet-PC, über Produkte und Anbieter zu informieren?"

Abb. 5.28 Voraussetzungen für Gerätenutzung am POS im Zeitreihenvergleich. (Quelle: Eigene und kaufDA 2015)

Zeitreihenvergleich Hindernisse für häufigere Nutzung von LBS

Basis: alle Befragten,
n=1.017 in 2013, n=1.012 in
2014; n=1.018 in 2015
Mehrfachnennungen
möglich; Werte in Prozent

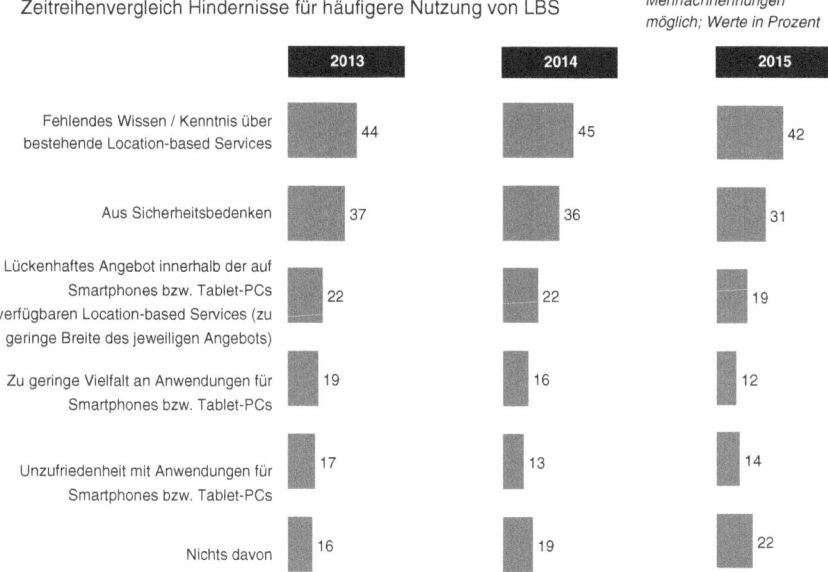

	2013	2014	2015
Fehlendes Wissen / Kenntnis über bestehende Location-based Services	44	45	42
Aus Sicherheitsbedenken	37	36	31
Lückenhaftes Angebot innerhalb der auf Smartphones bzw. Tablet-PCs verfügbaren Location-based Services (zu geringe Breite des jeweiligen Angebots)	22	22	19
Zu geringe Vielfalt an Anwendungen für Smartphones bzw. Tablet-PCs	19	16	12
Unzufriedenheit mit Anwendungen für Smartphones bzw. Tablet-PCs	17	13	14
Nichts davon	16	19	22

Frage: „Was hindert Sie derzeit noch daran, sich häufiger mithilfe von Location-based Services vor dem Einkauf zu informieren?"

Abb. 5.29 Anforderungen für häufigere Produktinformationssuche auf Mobiles. (Quelle: Eigene und kaufDA 2015)

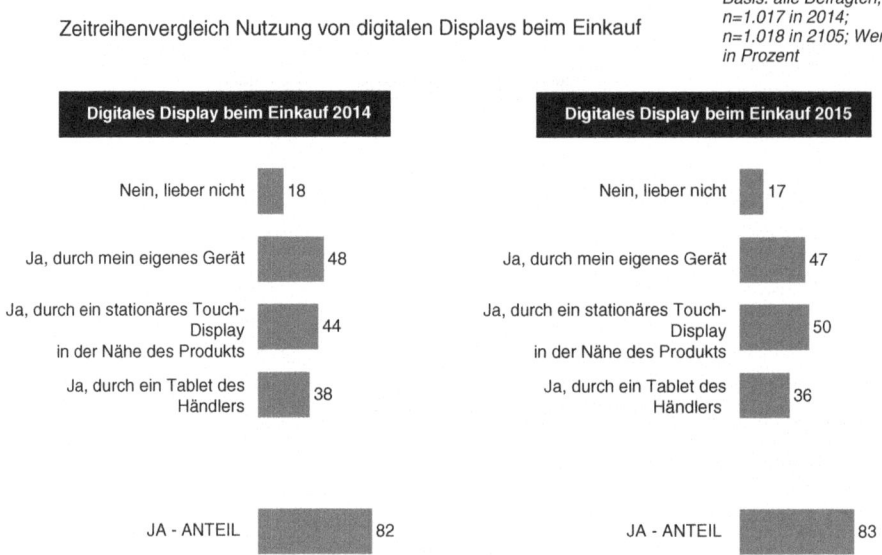

Abb. 5.30 Nutzung von digitalen Displays beim Einkauf im Zeitreihenvergleich. (Quelle: Eigene und kaufDA 2015)

5.5.4   Nutzung von Smartphones/digitalen Displays beim Einkauf

Potenzial für die Unterstützung von digitalen Displays ist auch in 2015 gegeben, denn 83 % der befragten Personen können sich vorstellen, beim Einkaufen durch ein digitales Display unterstützt zu werden. Fast gleichbleibend wie im Vorjahr möchten das eigene Gerät 47 % und ein Tablet-PC des Händlers rund 36 % nutzen. Entgegen der Annahme, dass vermehrt junge Menschen portable digitale Geräte nutzen, ist auch bei den über 50-jährigen Befragten die Bereitschaft, durch ein digitales Display beim Einkauf unterstützt zu werden, mit 75 % hohe Zustimmung gegeben.

Diese Befragungsergebnisse bestätigen, dass bei Konsumenten eine hohe Bereitschaft gegeben ist, durch einen digitalen Assistenten beim Einkauf unterstützt zu werden. Dies bedeutet, dass hier ein hohes Potenzial für den stationären Handel vorhanden ist. Der Anteil der Digital-Shopping-Verweigerer ist gleichbleibend gering bei 17 % in 2015 (18 % in 2014 und 15 % in 2013).

Die Nutzung von Smartphones und digitalen Displays beim Einkauf ist in Abb. 5.30 dargestellt.

5.5.5   Präferenzen für den Beratungskauf

Hinsichtlich der Gründe, warum sich Konsumenten lieber selbst informieren, liegt die Antwort „Im Internet bessere Informationen zu finden" auch in 2015 mit Abstand auf

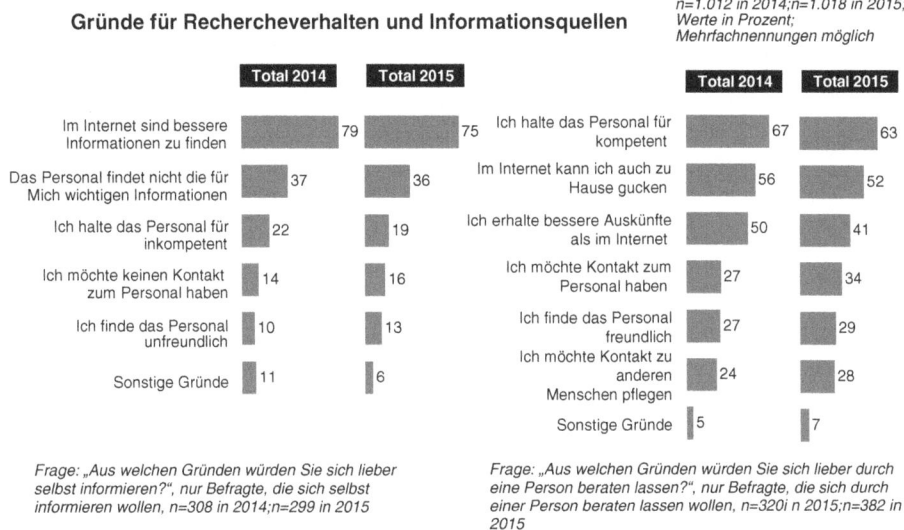

Abb. 5.31 Präferenzen für Beratungskauf. (Quelle: Heinemann und kaufDA 2014)

dem ersten Platz (75 % in 2015; 79 % in 2014). Darauf folgt, „Das Personal findet nicht die für mich wichtigen Informationen" (36 % in 2015; 37 % in 2014) und „Ich halte das Personal für inkompetent" (19 % in 2015 und 22 % in 2014).

Bei der Frage, „Aus welchen Gründen sich Konsumenten lieber durch Personal beraten lassen" liegt die Antwort „Ich halte das Personal für kompetent" mit 63 % vorne (67 % in 2014). Darauf folgt „Im Internet kann ich auch zu Hause gucken" mit 52 % und „Ich erhalte bessere Auskünfte als im Internet" mit 41 %.

Diese teils widersprüchlichen Antworten lassen sich möglicherweise durch eine unterschiedliche Kompetenz von Konsumtenn bei der Recherche nach Informationen im Internet erklären.

Die Ergebnisse dazu sind in Abb. 5.31 dargestellt.

5.6   Relevanz der Ergebnisse für den stationären Handel

5.6.1   Differenzierung der Kunden und Nutzer

Aus den Antworten der Fragen über aktuelles und zukünftiges Informations- und Kaufverhalten sowohl aus 2013, 2014 als auch aus 2015 wurden folgende Cluster gebildet:

1. Informationssuche Online -> Kauf Online
2. Informationssuche Online -> Kauf Offline
3. Informationssuche Offline -> Kauf Online
4. Informationssuche Offline -> Kauf Offline

Der in 2014 aufgezeigte Trend in der mobilen Internetnutzung am POS weitet sich aus: Der Anteil der Befragten, die zukünftig ihr mobiles internetfähiges Device am POS nutzen möchten, stieg von 5 % in 2013 auf 17 % in 2014. Äquivalent steigt in 2015 der Anteil derer, die zukünftig ihr mobiles Endgerät am POS zum Kauf nutzen möchten: Erstmals in 2015 wird die Aufteilung des Online-Kaufs im Geschäft detailliert abgefragt: „Auf dem eigenen Gerät" möchten 11 % und „Auf einem Terminal oder Gerät im Geschäft" 14 % kaufen. Beide Ergebnisse zeigen gegenüber dem aktuellen Informations- und Kaufverhalten ein hohes Potenzial für LBS (jeweils 4 %).

5.6.2 Schlussfolgerungen und 20 Hinweise für den LBS-Einsatz

Die skizzierten Ergebnisse der kaufDA-Studie erlauben Schlussfolgerungen für den LBS-Einsatz in folgenden 18 Hinweisen:

1. Eine Verortung bzw. ein Lokalbezug von Konsumenten ist gegeben, denn sie erwarten lokale Produktangebote von stationären Händlern, mit steigender Tendenz gegenüber 2013/2014.
2. Das habitualisierte Einkaufsverhalten wird durch LBS-spezifische Informationen verändert und lenkt auch vom Kauf in Stammläden ab. Dieses deutete sich auch schon letztes Jahr an.
3. Die Kunden erwarten eine digitale Shopping-Unterstützung. Für bestimmte Produktgruppen wird jedoch auch eine persönliche Beratung gewünscht.
4. Auch für Cross-Selling und Spontankäufe sind enorme LBS-Potenziale gegeben, wie im letzten Jahr schon vermutet.
5. Aus Nutzersicht ist durchaus eine Bereitschaft für Social Shopping gegeben, zum Beispiel für Verknüpfungen zu sozialen Netzwerken während des Besuchs im stationären Geschäft, jedoch gibt es Hinweise darauf, dass dies bisher nur für Intensivnutzer interessant ist oder die Nutzung unbewusst erfolgt.
6. Die Kombination aus Online-Suche und Offline-Kauf findet zunehmend Verwendung und deutet auf weitere LBS-Potenziale als Zubringerfunktion für stationäre Händler hin, mit steigender Tendenz.
7. Die Produktsuche per Smartphone und Tablet-PC ist weit verbreitet, jedoch werden Tablet-PCs vermehrt zu Hause verwendet, wohingegen das Smartphone am POS zu finden ist.
8. Insbesondere das Smartphone könnte eine konversionssteigernde Funktion für stationäre Geschäfte übernehmen, wenn es auch am POS entsprechend Kaufmöglichkeiten via Smartphone gäbe.
9. Bei der mobilen Produktsuche ist die Online-Verfügbarkeit entsprechender Informationen wichtig. Hier bestätigt sich nicht nur die herausragende Bedeutung, sie nimmt sogar noch zu.

10. Auch die auf allen Endgeräten optimierte Informationsdarstellung ist weiterhin wichtig.
11. Offensichtlich wünschen sich Kunden für alle Produktarten/-kategorien LBS-Nutzungsmöglichkeiten, mit steigender Tendenz auch für Lebensmittel.
12. Kunden wünschen sich Informationen der Händler über die Liefermöglichkeit: Infos zur Lieferung nach Hause mit 61 % und Infos zur Lieferung in ein Geschäft in ihrer Nähe mit 43 %.
13. Für Konsumenten beinhalten LBS hohe Attraktivität, nicht gegebene Voraussetzungen hindern sie aber an deren Nutzung. Die Barrieren wurden gegenüber 2013 und 2014 nicht abgebaut. Bei LBS-Muffeln sind nach wie vor Sicherheitsbedenken (Datenmissbrauch, mangelndes Vertrauen) vorrangige Gründe für die Nichtnutzung.
14. LBS sind noch relativ unbekannt als Begriff, sodass Potenziale in Bekanntmachung von LBS liegen. Allerdings ist der Bekanntheitsgrad gegenüber 2013 und 2014 deutlich angestiegen.
15. LBS und der Kauf per Smartphone sollen aus Kundensicht in Zukunft auch von unterwegs aus verstärkt möglich gemacht werden. Ladengeschäfte müssen sich digitalisieren: Digital-in-Store!
16. Interessante LBS-Informationen aus Kundensicht sind Verfügbarkeit der Ware im Laden mit steigender Relevanz, Preisinformationen, Angebote in der Nähe, Ladenöffnungszeiten sowie Liefermöglichkeiten.
17. In sozialer Hinsicht sind Produktbewertungen anderer Kunden und weitere Informationen über Produkteigenschaften für die Kunden interessant.
18. LBS-Hemmnisse sind technische Grenzen wie fehlendes WLAN, langsame Übertragungsraten und hohe Mobilfunkkosten.
19. LBS sind ausbaufähig in Hinblick auf Angebotsvielfalt, Bekanntheitsgrad und Informationen über Servicedienstleistungen. Dieses bestätigt sich ebenfalls erneut in 2015.

In Summe sind enorme LBS-Potenziale für den stationären Handel gegeben, die aber bisher ungenutzt bleiben.

5.7 Übergreifende Empfehlungen für den stationären Handel

Die Untersuchung über die Zukunft und Potenziale von Location-based Services (LBS) für den stationären Handel zeigt, dass auf Kundenseite Bereitschaft für LBS vorhanden ist. Die Ergebnisse weisen darauf hin, dass LBS als attraktiv angesehen werden und bereits habitualisierte Verhaltensweisen infrage stellen können. LBS befinden sich noch im Anfangsstadium, lassen allerdings große Potenziale erkennen.

Die diesjährige Untersuchung über den aktuellen Stand der Nutzung von Location-based Services (LBS) im Zeitreihenvergleich 2013, 2014 und 2015 bestätigt die im letzten Jahr angenommenen Potenziale. Verbreitung und Nutzerzahlen des mobilen Internets pendeln sich auf einem hohen Niveau ein. Allerdings nimmt die Intensität der

Smartphone-Nutzung dramatisch zu: Deutlich mehr Befragte geben an, das Smartphone mehrmals wöchentlich und auch täglich zu nutzen. So steigt der Kauf via Smartphone oder Tablet-PC von 55 auf 59 % in 2015 weiter an (48 % in 2013). Die Implikationen für den Handel sind gewaltig, vor allem weil auch die Erwartungen der Kunden in Hinblick auf Nutzungsmöglichkeiten des mobilen Internets enorm ansteigen.

In kürzester Zeit hat sich das mobile Internet unangefochten zum Medium für unterwegs entwickelt: Gut 94 % der Befragten (92 % in 2014) nutzen das Smartphone als Informationsquelle außer Haus. Das sind 65 % der erwachsenen Bevölkerung. Zugleich wird auch immer häufiger via Smartphone oder Tablet-PC eingekauft: Die Informationssuche auf dem mobilen Endgerät führt 2015 bereits in 12 % aller Fälle zum unmittelbaren Kauf (gegenüber 5 % in 2013).

Der Bekanntheitsgrad von „KaufDA" liegt nunmehr bei 46 % (per August 2015). Die kaufDA-App nutzen 19 % der User, die sich dort auch regelmäßig informieren. Somit bestätigen die Befragungsergebnisse in 2015 die zunehmende Relevanz von Location-based Services im Kaufentscheidungsprozess.

Konsumenten verwenden LBS überwiegend zur Informationsbeschaffung: Dabei liegen „Informationen zu Ladenöffnungszeiten" mit 37 % vorne. „Läden/Händler einer bestimmten Kategorie in meiner Nähe suchen" liegt mit 35 % an zweiter Stelle.

Vor allem die Relevanz von Informationen mit Lokalbezug steigt stark an. Die Vermutung, dass im stationären Geschäft Kundenrezensionen von geringerer Relevanz seien, scheint mit den Ergebnissen aus 2015 endgültig widerlegt: Der Anteil an Smartphone-Nutzern, die in einem stationären Geschäft Angebote im eigenen sozialen Netzwerk teilen möchten, erhöht sich auf 48 %. Zusätzlich steigt auch die Erwartung der Kunden, dass stationäre Händler mit eigenen Verkäuferwebsites/Shops im mobilen Internet präsent sind, auf 51 % an (gegenüber 47 % in 2014 und 44 % in 2013).

Vor allem Informationen zur Verfügbarkeit im Laden und Liefermöglichkeiten sind den Kunden sehr wichtig. „Ich möchte Informationen über Liefermöglichkeiten von Produkten" liegt bei 56 %. Dementsprechend wünschen sich die Befragten Informationen zu lokalbezogenen Lieferservices: Zu 61 % über die Lieferung nach Hause und zu 43 % über die Lieferung in ein Geschäft in der Nähe.

Hindernis für eine häufigere Produktinformationssuche auf mobilen Geräten ist vor allem die Unzufriedenheit mit der Netzabdeckung: „Zu geringe Übertragungsraten" (31 %), „Geringe Verbreitung von Hotspots" (25 %) sowie „Schlechte mobile Netzabdeckung bei Smartphones bzw. Tablet-PCs" (24 %). Diese Werte sind im Zeitreihenvergleich sogar angestiegen. Auch Sicherheitsbedenken stellen immer noch ein Barriere dar, und zwar zu 32 % (34 % in 2014).

In Hinblick auf das Informations- und Kaufverhalten der Kunden bestätigen die Befragungsergebnisse die herausragende Zubringerfunktion des Internets für den stationären Handel: Die Informationssuche auf dem Smartphone nimmt in allen abgefragten Kategorien deutlich zu, unabhängig davon, ob darauf der Kauf im Geschäft am Laptop oder direkt auf dem Smartphone erfolgt.

Während im Jahr 2013 noch die meisten der befragten Personen (35 %) angaben, auf dem Laptop/PC nach Informationen zu suchen um dann auch dort zu kaufen, zeigt sich in 2015, wie zuvor schon in 2014, eine grundsätzliche Veränderung. So steigt in 2015 der Anteile derer, die zukünftig ihr mobiles Endgerät am POS zum Kauf nutzen möchten, stark an: Bereits 11 % der mobilen Internetnutzer wünschen sich den Online-Kauf im Geschäft „auf dem eigenen Gerät" und zu 14 % „auf einem Terminal oder Gerät im Geschäft". Für stationäre Händler, ist dies ein wichtiger Hinweis, um die Erwartungshaltung von Konsumenten erfüllen zu können und Akzeptanz ihrer Dienste zu erreichen.

Die Nutzung des eigenes Gerätes am POS wird allerdings durch mangelnden Empfang gehemmt: 34 % antworten, dass mangelnder Empfang sie an der Smartphone-Nutzung im Geschäft hindert. Hier ist ein auffälliger Anstieg um 140 % zu bemerken. Dies bedeutet, dass die eigentliche Nutzung zur Informationsrecherche im Internet am POS höher wäre, würde es dort eine ausreichende Zugriffsmöglichkeit auf das Internet geben.

Insgesamt erlauben die Ergebnisse folgende abschließenden Handlungsempfehlungen für den stationären Handel:

1. Stationäre Händler müssen sich neu erfinden und ihren Ladenraum digital ausrichten („Digital-in-Store",) z. B. mit der Möglichkeit zur Bestellung von Waren per Smartphone im Geschäft. Dazu gehört auch, den Zugriff zum Internet sicherzustellen, sei es mittels freiem WLAN/Beacon oder Verstärkung des Mobilfunknetzes.
2. Die Erwartungshaltung an verfügbare Information über Händler sowie Produktangebote hat sich im Vergleich zum Vorjahr dahingegen geändert, dass die Verfügbarkeit und der Preis von Produkten deutlich an Relevanz gewonnen haben. Außerdem erwarten Konsumenten Informationen über Ladenöffnungszeiten, Standorte von Händlern, Liefermöglichkeiten und aktuelle Angebote. Händler sollten diese Informationen online und mobile entsprechend bereitstellen.
3. Des Weiteren ist bei Konsumenten vermehrt der Wunsch nach Serviceleistungen erkennbar: Lieferservice, Retourenabwicklung, Reservierung von Produkten und Buchung von Beratungsterminen stellen neue Anforderungen an den stationären Handel. Händler sollten mit Serviceangeboten bei Konsumenten punkten und können so möglicherweise die Kundenbindung erhöhen.
4. Sicherheitsbedenken gegenüber LBS gehören auch in diesem Jahr zu den häufigsten Hinderungsgründen für deren Nutzung. Händler sollten daher durch entsprechende Unternehmenskommunikation und LBS-Angebote mit tatsächlichem Mehrwert, nicht einfach nur Werbung, das Vertrauen der Konsumenten in den Dienst und gleichzeitig in den Händler selbst gewinnen und stärken.
5. Allgemeine Informationen über lokale Händler sind bei LBS-Diensten zu Hygienefaktoren geworden. Diese sollten von Händlern als Pflicht angesehen werden und weitere Angebote sollten als Kür hinzugefügt werden.

Folglich sollten LBS-Dienste, die Begeisterung bei Konsumenten auslösen sollen, genau überlegt und zuverlässig umgesetzt werden.

Literatur

kaufDA. (2014). *Studie zum Thema „Aktueller Stand der Nutzung von Location-based Services im Jahresvergleich"*. Zeitreihenvergleich 2013 und 2014. Mönchengladbach.

kaufDA. (2015). *Studie zum Thema „Aktueller Stand der Nutzung von Location-based Services im Jahresvergleich"*. Zeitreihenvergleich 2013, 2014 und 2015. Mönchengladbach.

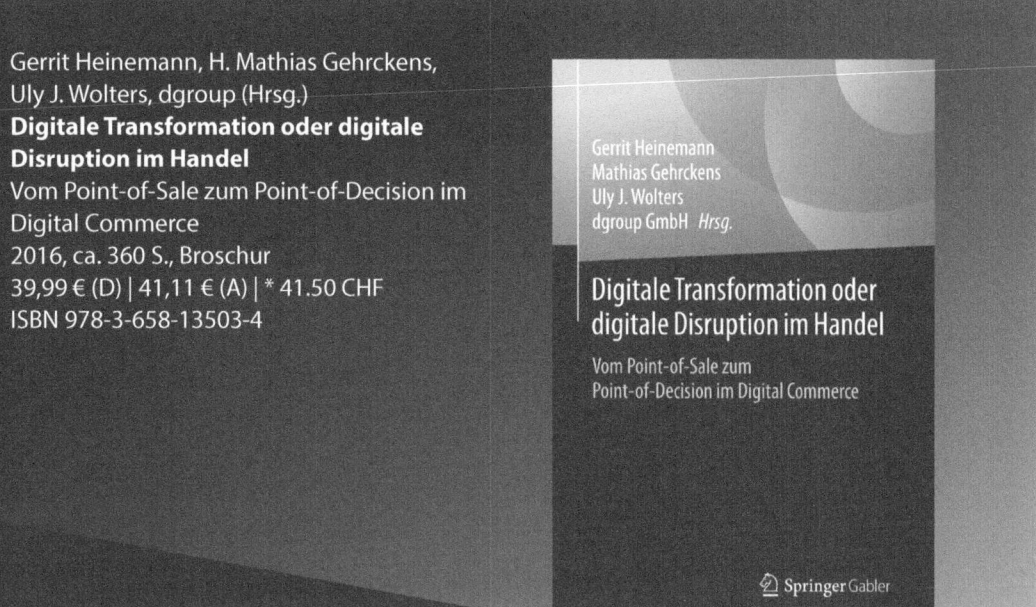

The manufacturer's authorised representative in the EU is Springer
Nature Customer Service Centre GmbH, Europaplatz 3, 69115 Heidelberg,
Germany. If you have any concerns regarding our products, please
contact ProductSafety@springernature.com

Printed and bound by CPI Group (UK) Ltd, Croydon, CR0 4YY
27/04/2026
02097633-0005